알고 쓰자
고사성어
故 事 成 語

알고 쓰자
고사성어

개정
증보판

故　事　成　語

고사성어 공부를 통해 얻는
자기주도 학습, 리더십 훈련, 경영지혜

한국사마천학회 김영수 지음

창해

머리말

왜 고사성어인가?

– '알고 쓰는 고사성어'의 힘 –

미국 지도자들, 중국의 격언과 고사성어를 언급하다

미국 오바마 정권 시절에 재무부 장관을 지낸 티모시 가이트너가 2009년 워싱턴에서 열린 중미전략경제대화에서 《관장현형기(官場現形記)》라는 중국 관료 사회의 문제점을 다룬 청나라 말기 심각한 사회소설의 한 대목을 언급한 적이 있다. '유복동향(有福同享), 유난동당(有難同當)'이 그것이었다. '복은 함께 누리고, 어려움은 함께 감당하자'는 뜻으로 서로 잘해 보자는 메시지였다. 그러면서 티모시 가이트너는 '풍우동주(風雨同舟)'라는 사자성어도 함께 언급했다. '미국과 중국, 중국과 미국 사이는 비바람이 몰아치지만 같은 배를 탄 신세다', 이런 뜻을 네 글자에 담은 것이다. 이 대목은 《손자병법(孫子兵法)》을 비롯한 여러 고전에 나오는 널리 알려진 사자성어일 뿐만 아니라 '오월춘추(吳越春秋)'나 '오월동주(吳越同舟)' 같은 익히 아는 고사와도 관련이 있다. 중국과 미국의 관계는 좋을 때도 있고 나쁠 때도 있지만 같은 배를 탄 사이이기 때문에 좋은 일은 함께 누리고 어려움은 함께 감당하자는 취지였다. 미국 정치가로서 고위급 회담에서 중국의 고사성어를 인용한 비교적 빠른 사례를 남긴 셈인데, 티모시 가이트너는 중국에서 공부한 경력도 있고 해서 충분히 수긍이 간다.

그 후 중·미 외교뿐만 아니라 중국과 서양 국가 사이의 고위급 회담이나 교류에서 중국의 고사성어가 인용되는 사례는 갈수록 늘었고, 지금은 거의 상례가 되었다. 한·중 사이

티모시 가이트너는 중국과의 고위급 회담에서 고사성어를 인용한 대표 사례를 남겼다.

에서도 마찬가지다. 2017년 한·중 정상회담에서는 고사성어를 비롯하여 중국 고전이 인용된 사례가 십 수 건이나 될 정도였다.

힐러리 클린턴도 국무장관 시절 중국과의 관계 문제를 언급하면서 '인심제(人心齊), 태산이(泰山移)'와 '봉산개도(逢山開道), 우수조교(遇水造桥)'라는 속담을 인용한 바 있다. 앞의 속담은 '사람 마음이 하나로 모이면 태산도 옮긴다'는 뜻이고, 뒤의 것은 '산을 만나면 길을 내고, 물을 만나면 다리를 놓는다'는 뜻이다. 앞의 속담은 너무도 유명한 '어리석은 늙은이가 산을 옮긴다'는 뜻을 가진 사자성어 '우공이산(愚公移山)'과 같은 맥락을 갖고 있다. 중·미 관계가 때로는 난관에 부딪칠 수 있지만 한마음으로 헤쳐 나가면 태산도 옮기듯 성과를 낼 것이라는 상투적인 메시지라 할 수 있는데, 고위급 만남에서 중국의 속담과 고전이 인용되었다는 점에서 눈길을 끌었다.

힐러리는 또 '돌을 더듬으며 강을 건넌다'는 뜻의 '모석두과강(摸石頭過江)'이란 격언과 '목이 마르기 전에 먼저 우물을 파야 한다'는 '임

힐러리 클린턴은 중국인에게 너무나 친숙한 격언과 속담의 한 대목을 언급하며 분위기를 이끌었다.

갈굴정(臨渴掘井)'이란 사자성어도 언급한 바 있다.(후자는《치가격언治家格言》이라는 격언집의 한 대목이다.)

힐러리가 인용한 '봉산개도, 우수조교'는 2021년 우리 군 장성들이 승진하는 자리에서 또 한 번 언급되었다. 당시 문재인 대통령은 '절치부심(切齒腐心)'이란 사자성어를 언급하며 군의 자세와 각오를 주문했다.('절치부심'은《전국책》과《사기》〈자객열전〉에 보인다.) '이를 갈고 마음을 삭힌다', 즉 분을 삭이면서 각오를 다지며 새로운 군으로 거듭나기를 바란다는 당부로 '절치부심'을 언급한 것인데, 여기에 신임 공군 참모총장이 '봉산개도, 우수조교'를 인용했다. '산을 만나면 길을 내고, 물을 만나면 다리를 놓는' 심정으로 난관을 헤쳐 나가겠다는 화답이었다.

오바마 전 대통령도 중국 고전의 한 대목을 인용한 적이 있다.《맹자(孟子)》〈〈진심盡心〉 하〉 편에 나오는 꽤 어려운 대목이다.

"산경지혜간(山徑之蹊間), 개연용지이성로(介然用之而成路), 위간불용즉모새지의(爲間不用則茅塞之矣)."

문장은 어렵지만 뜻은 아주 간단하다. '산속에 난 좁은 길도 자꾸 다니고 사용하면 신작로가 되지만, 다니지 않으면 풀만 우거진다'는 뜻이다. '자주 만나자', 이런 메시지를《맹자》라는 전형적인 중국 고전의 한 대목으로 전한 것이다. 영어 속담의 'Out of sight, out of mind'와 같다. '안 보면 멀어진다.'

중국의 위상과 고사성어

중국의 위상이 높아지면서 전 세계가 중국의 역사와 문화에 대한 기본 지식을 얻고자 한다. 그 방법의 하나로 수천 년 역사를 통해 축적하고 만들어 놓은 고사성어, 사자성어, 속담, 격언, 명언, 명구들을 익혀 회의 석상이나 비즈니스에서 활용하고 있다. 중국과의 관계를 부드럽게 만들고, 비즈니스를 성공적으로 이끌기 위해서, 좀 속되게 말하자면 이런 방식으로 중국 사람의 비위를 맞추고 있다. 사업으로 보자면 현지화 전략의 일환이라고 할 수 있다.

현지화 전략은 자기 나라라 해도 마찬가지다. 예를 들어 경상도 사람이 전라도에 가서 사업을 하거나, 전라도 사람이 경상도에 가서 사업을 할 때도 그 지역의 풍토와 그 지역 사람들의 특성이라든지 그 지역의 개성에 맞추어 사업 전략을 구상해야 하거늘 하물며 외국이야 오죽하겠는가. 중국의 경제력이 세계 2위로 올라섰고, 14억이 넘는 중국 시장을 공략하려면 현지화는 필수다. 우리의 경우 대중국 무역 비중이 전체의 4분의 1 이상 아닌가. 그러니 중국을 알고, 중국인을 이해하기 위한, 즉 현지화를 위해 공부는 선택이 아니라 필수다. 그 공부의 하나로 비교적 손쉬우면서 중국의 역사와 문화가 집약된 고사성어를 공부하라는

고사성어의 보물창고라 할 수 있는 사마천의 《사기》에는 무려 600항목에 가까운 사자성어가 수록되어 있다.

것이다.

중국과 관련된 정치, 외교, 비즈니스 석상에서는 중국의 구미에 맞는 이야기가 오갈 수밖에 없다. 이때 가장 유용한 것이 다름 아닌 고사성어다. 그러다 보니 세계 각국의 정치가와 외교관, 관련 사업가들이 개인 교사까지 두고 중국의 역사와 문화, 고사성어와 격언 등을 배우는 상황이다. 중국의 고사성어와 격언은 이제 중국을 전문으로 하는 사람만의 전유물이 아니라 전 세계인이 배우고자 하는 보편적 지식의 한 영역이 되어 가고 있다.(정확하지는 않지만 2020년을 전후해서 중국어를 배우는 외국인을 1억 5천만 정도로 추정하고 있다.)

중국 지도자들의 인문 소양 – 원자바오 전 총리

"긴 한숨 내쉬며 남몰래 우는 건, 고생하는 백성이 애처로워!" –굴원(屈原), 〈이소(離騷)〉

"서재에 누워 듣는 대나무 잎 흔들리는 소리, 백성의 고통 소리처럼 들리는구나!" –정판교(鄭板橋)

중국 지도자들의 고사성어 인용은 일상화되어 있다. 자국의 문화 자산이니 당연하지만, 지도자들이 고전과 고사성어를 수시로 인용하는 데는 다른 까닭도 있다. 중국은 56개의 민족으로 이루어진 다민족 국가다. 지도자의 한마디가 대단히 중요한 영향을 미친다. 미묘한 문제일수록 더욱 그렇다. 지도자들은 가능한 한 단정법과 직설법으로 연설하거나 이야기하지 않는다. 자칫 말 한마디로 정치적 파장이 걷잡을 길 없이 커질 수 있기 때문이다. 자기 속마음이나 속뜻을 권위 있는 고전, 옛사람들의 시구, 고사성어 등에 담아서 간접적으로 전달하는 방식이 몸에 배어 있다.

간접 화법과 전달 방식이 가져다주는 효과는 당장 일어날 수도 있는 충돌·모순·갈등을 약화하거나 완화한다. 직진이 아니라 돌아가는 방식이 습관처럼 확실하게 자리 잡은 것이다.

현대 중국 지도자들 가운데 고사성어나 시를 즐겨 인용한 인물을 꼽자면 원자바오(溫家寶, 1942~) 전 총리가 있다. 그와 관련하여 유명한 일화가 전한다. 원자바오 총리가 외신 기자와의 간담회에서 공무가 끝나고 숙소에 돌아오면 주로 무엇을 하며 시간을 보내느냐는 질문에 위에 소개한 굴원(기원전 약 340~기원전 278)과 정판교(1693~1766)의 시를 인용했다. 자신은 오로지 14억 인민만 생각한다는 뜻을 두 시에 실어서 전한 것이다. 이런 메시지를 전하기 위해 대놓고 '나는 그저 자나 깨나 오로지 14억 인민만 생각한다'라고 했다면 감동을 주기는커녕 건방지고 오만하다는 비판을 듣기 십상이다.

원자바오 전 총리는 중국 사람들이 누구나 아는 전국시대 초나라 애국 시인 굴원의 시와 청나라의 유명한 시인이자 예술가로서 늘 백성의 삶을 걱정했던 정판교의 시를 인용했다. '일을 끝내고 서재에 돌아와 누우니, 문밖으로 바람에 흔들리는 대나무 잎사귀 소리가 마치 백성들 신음 소리처럼 들리더라.' 이렇게 정판교의 시를 인용했으니 듣는 사람들이 자연스럽게 감동할 수밖에 없었다.

원자바오 총리는 물러날 무렵에 이런 말을 남겼다. '나라를 위한다면 살고 죽는 것이 무슨 상관이며, 어찌 화를 피하고 복을 쫓겠는가?' 일편단심 백성을 위하고 나라를 위했던 청나라 말기 애국

원자바오 전 총리만큼 고전, 시, 고사성어를 적절하게 잘 구사한 지도자도 드물다.

정치가 임칙서(林則書, 1785~1850)의 마음을 빌려 자신의 심경을 드러냈다. 임칙서라는 명인과 그가 남긴 명언을 인용하여 자리에서 물러나지만 내 마음속에는 오로지 나라와 인민을 위하는 마음밖에 없다는 뜻을 보여 주었다. 인민에 대한 그의 관심은 '백성이 나라의 근본이다. 근본이 튼튼해야 나라가 평안하다'는 《서경(書經)》의 한 구절을 인용한 데서도 잘 드러난다. 원자바오 전 총리는 '장강의 뒤 물결이 앞 물결을 밀어내고, 세상은 새 사람들이 옛사람들을 대신한다'라는 말로 세대교체의 당위성을 고상하게 인정하기도 했다.

전 세계의 지도자들, 특히 중국 지도자들은 일상 대화에서도, 공식 석상에서도, 중요한 정책을 발표할 때도 늘 그 안에 수천 년 지혜가 농축된 고사성어나 명언명구를 인용함으로써 좀 더 깊이 있게 자신의 뜻을 전달하는 일이 몸에 배어 있다. 이렇게 본다면 중국과 중국인을 이해하기 위해 고사성어를 배우는 일은 대단히 실용적인 방법이자 지름길이라고 할 수 있다.

중국 지도자들의 인문 소양 – 시진핑 국가주석과 2014년 한·중 정상회담

현재 14억 중국 인민을 이끄는 시진핑(習近平, 1953~) 국가주석의 인문 소양도 다른 지도자 못지않다. 그는 박근혜 정권 때인 2014년

7월 한국을 방문한 자리에서 한국과 중국의 관계는 '동주상제(同舟相濟)'와 같다는 사자성어를 언급했다.(《회남자淮南子》에 나오는 성어다.) '같은 배를 타서 서로 도운다'는 뜻이다.

한국 언론이나 방송은 너나 할 것 없이 한·중 관계를 매우 긍정적으로 인정하는 메시지로 해석했다. 중국과 한국을 같은 배를 탄 아주 친밀한 관계로 비유했다고 본 것이다. 사실 이 네 글자에는 뼈아픈 일침이 들어 있었다. '동주상제'에서 '상제'는 서로 돕는다는 뜻이다. 같은 배를 탔기 때문에 같이 노를 저어야 한다는 말이다. 이 성어의 원래 뜻이 그렇기도 하다. 건널 '제(濟)'란 글자가 '같이 노를 젓는다'는 뜻을 가지고 있다.

시 주석의 속내는 '한쪽만 열심히 노를 젓고 있다'라는 것이었다. 한·중 관계를 보면 한국이 중국에서 경제적으로 상당한 흑자를 내고 있음에도 불구하고 정치나 군사적으로는 미국에 종속되어 중국을 외면 내지 무시한다는 뜻이었다. 같은 배를 탔으면 함께 노를 저어야 하는데 중국 혼자 젓는 것은 아닌지, 섭섭하다는 메시지였다. 한국 언론은 그 속뜻을 파악하지 못한 채 '아전인수(我田引水)' 식으로 보도했다. 정상회담의 성과도 거의 없었다.

당시 한·중 정상회담은 중국이 아닌 한국에서 먼저 이루어졌는데, 시 주석은 그간의 관례를 깨고 북한보다 한국을 먼저 찾았다. 박근혜 정권은 이를 대대적으로 내세우며 시진핑 주석이 북한에 대해 한마디 해 주길 바랐다. 북한과 혈맹 관계인 중국이 북한에 경고성 메시지라도 날려 준다면 외교적으로 큰 성과를 거둘 것이라고 김칫국을 마시고 있었다. 핵실험과 미사일 발사 등 심각한

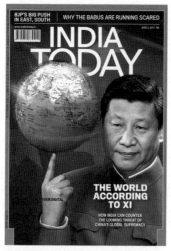

14억 인민을 이끄는 시진핑 국가주석의
인문 소양은 역대 어떤 지도자 못지않다.
잡지 표지에 실린 시진핑 주석.

사태가 계속되는 상황에서 북한을 향한 중국의 한마디는 대단히 의미 있고 중요했기 때문인데, 결과는 아무것도 없었다. 부랴부랴 이런저런 채널을 통해 애걸하다시피 북한에 대해 한마디 해 달라고 사정을 했다. 그렇게 해서 나온 메시지가 바로 이것이었다.

"빙동삼척(氷凍三尺), 비일일지한(非一日之寒)."

한나라의 유물론자 왕충(王充, 27~97)의 대표 저서 《논형(論衡)》에 나오는 구절이다. '(겨울에) 얼음이 석 자씩 얼려면 하루 추워서는 안 된다'는 뜻이다. 오랫동안 냉전 관계를 유지해 온 남북이 관계를 회복하려면 시간이 많이 필요하다는 뼈아픈 지적이었다. 혹 떼려다가 혹 붙인 꼴이 되었는데, 정상회담에 따른 사전 준비가 부족해도 한참 부족했던 당연한 결과이자 중국을 몰라도 너무 몰랐다는 비판을 피할 수 없는 어설픈 회담이었다. 그 후 한중 관계는 온탕과 냉탕을 오가다 결국 사드 배치로 완전히 등을 돌렸고, 그 영향은 아직도 완전히 회복되지 못한 상황이다.(윤석열 정권의 한·중 관계는 출발부터 삐걱거려서 앞날이 몹시 걱정이다. 바닷물을 다 마셔야 맛을 알겠는가마는 아직 정상회담을 비롯하여 본격적인 외교 접촉이 없는 상황이라 우려의 마음만 남긴다.)

중국 지도자들의 인문 소양 – 일본에 대한 시진핑 국가주석의 경고 메시지

2013년 취임한 이후 시진핑 주석이 가장 많이 인용한 대목은 사마천(司馬遷)의 《사기(史記)》〈진시황본기(秦始皇本紀)〉에 나오는 《전국책(戰國策)》의 다음과 같은 명언이다. 주로 일본에 경고하는 메시지로 활용했다.

"전사지불망(前事之不忘), 후사지사야(後事之師也)."

"지난 일을 잊지 않는 것은 다가올 일의 스승이 된다." 과거가 미래의 스승이 된다는 뜻이다. 과거의 역사를 잊지 않아야 한다는 말이다. 과거사를 반성하기는커녕 계속 왜곡하고, 위안부 문제를 비롯해 태평양전쟁에서 저지른 만행을 전혀 반성하지 않는 일본에 대해 시 주석은 세 차례나 이 대목을 언급했다.

우리도 고사성어를 인용하는 사례가 빈번하다. 연말만 되면 신문 등 다양한 매체를 통해 올해의 사자성어를 발표하는가 하면, 새해를 밝히는 소망을 실어 각계각층의 지도자들이 사자성어나 고사성어를 인용하곤 한다. 고사성어가 중국인의 심리와 특성을 이해하고 중국의 역사와 문화를 공부하는 데 도움이 된다는 뜻이다. 한자 문화권의 이점을 잘 살리면 한·중 관계를 정상화하는 것은 물론 심화하는 데도 적지 않은 도움이 된다. 이 책도 그러한 취지에서 집필한 것이다.

시진핑 주석 이야기로 다시 넘어간다. 2018년을 기점으로 시진핑은 정권 2기를 보냈고, 얼마 전 정권 3기를 확정하여 다시 10년 권력을 보장받았다. 시 주석이 지난 10년 동안 중국에서 발휘한 정치력 가운데 가장 대표적인 것은 공직자 비리와 부정부패 척결이었다. 시 주석은 2013년 취임한 후 얼마 지나지 않아 공직자 비리나 부정부패 문제를 척결하겠다는 의지를 보이면서 "호랑이도 잡아야 하지만 모기도 잡아야 한다"는 유명한 말을 남겼다. 호랑이는 군대를 포함한 고위 공직자를 말한다. 1기 5년은 고위 공직자를 사정하고, 이들을 내치고, 비리를 엄단하는 데 할애했다. 그리고 2기는 인민에게 직접적인 피해를 주는 하위급 공직자들, 즉 시 주석이 비유한 모기를 잡는 시간이었다.

2014년 시진핑 주석은 《논어(論語)》를 인용하면서 다시 한 번 세계인의 눈길을 끌었다.

"자공이 '평생 동안 몸소 실천해야 할 덕목 하나만 말씀해 주실 수 있습니까'라고 하자 공자는 '서(恕, 용서)가 아니겠느냐? 내가 원치 않으면 남에게 베풀지 마라'라고 했다."

《논어》〈안연(顏淵)〉 편과 〈위령공(衛靈公)〉 편에 걸쳐 두 차례 반복되는 명구다. 혹자는 《논어》 전체를 통틀어 10대 명구의 하나로 꼽기도 한다. 취임 이듬해인 2014년 7월 시진핑 주석은 제6차 미·중 전략경제대화에 참석하여 기조연설을 하면서 이 대목을 언급했다. 미국의 일방적 행보 내지 막무가내식 대외 정책을 염두에 둔 다분히 계산된 발언이었다. 상대국이 원치 않으면 하지 말아야 하거늘 미국은 그렇지 못하다는 비판을 공자의 '내가 원치 않으면 남에게 베풀지 마라'라는 '기소불욕(己所不欲), 물시어인(勿施於人)' 말씀에 실어 전한 것이다.

시 주석의 언어는 평이(平易)하다. 시 주석과 관련한 책 가운데

《평이근인(平易近人)》이 있는데, 《사기》에 나오는 명언이다. '정치는 쉽고 사람들에게 가까워야 한다'는 뜻이다. 공교롭게도 이 책 제목은 시 주석의 이름인 근평(斤平)과 관계가 있다. 책 제목에 시 주석의 정치가 인민에게 쉽고 가깝게 다가간다는 의미를 함축해 놓은 것이다. 사실 공부를 많이 한 사람은 말도 글도 쉽게 한다. 이런 점에서 보자면 시 주석의 인문학적 소양은 그 내공이 만만치 않다. 관련하여 몇 가지만 더 소개한다.

시진핑 주석은 청나라 진담연(陳澹然, 1859~1930)의 글 "불모만세자(不謀萬世者), 부족모일시(不足謀一時); 불모전국자(不謀全局者), 부족모일역(不足謀一域)"을 인용하여 공직자들에게 자신의 통치 철학을 전했다. "만세, 즉 먼 앞날을 도모하지 못하는 사람은 한순간도 도모할 수 없고, 큰 그림, 즉 전체 국면을 도모하지 못하는 사람은 한 구역도 도모할 수 없다"라는 뜻이다. 그러면서 전국시대 법가 사상을 집대성한 한비자(韓非子, 기원전 약 280~기원전 233)의 말을 빌려 "천하난사필작어이(天下難事必作於易), 천하대사필작어세(天下大事必作於細)"라고도 했다. 지도자는 큰 그림을 그려야 하고 먼 앞날을 내다보기도 해야 하지만, "천하의 어려운 일은 반드시 쉬운 일에서 시작해야 하고, 천하의 큰일은 반드시 세

시 주석은 많은 책을 출간했다. 《평이근인》은 시 주석이 인용한 역대 고전과 시구 등을 분석하여 시 주석의 통치 철학을 설명한 책이다. 위 오른쪽 두 번째 책이 《평이근인》이고 나머지는 시 주석의 저서와 관련 서적이다.

세한 작은 일에서 시작해야 한다"는 메시지다. 요컨대 큰일, 어려운 일을 해내려면 작은 일과 쉬운 일을 못 해서는 안 된다는 뜻이다. 이는 '호랑이도 잡아야 하지만 모기도 잡아야 한다'는 명쾌한 논리와 일맥상통한다. 리더는 큰일과 작은 일, 어려운 일과 쉬운 일을 동시에 해내야 한다는, 이것이 큰 리더의 운명이라는 뜻이다. 리더는 이상과 현실이라는 두 마리 토끼를 다 잡아야 한다고 할 수 있겠다.

고사성어 공부의 필요성과 자세

세계 각국의 지도자, 특히 중국의 지도자와 외교 무대에서 주고받는 속담과 격언 그리고 고사성어에 주목하여 공부하면 대중국 관계를 비롯해 자기 사업 등에서 적지 않은 도움을 받을 수 있다. 그렇다면 고사성어가 어떤 장점과 특징이 있으며, 고사성어를 공부하고 이해하면 어떤 도움을 받을 수 있는지 좀 더 이야기해 보겠다.

고사성어는 우선 지식(知識)이다. 첫째, 한자(漢字)를 알아야 한다. 글자를 알아야 하고, 가장 바탕이 되는 기초 지식을 늘려야 한다. 둘째, 한자로 이루어진 고사성어의 지식 안에 정보가 들어 있다. 그것도 상당히 많은 정보가 들어 있다. 고사성어를 공부하다 보면 실감하는 부분이다. 셋째, 고사성어는 오랜 세월을 거치면서 다듬어졌기 때문에 중국인의 처세, 일 처리 방식, 세태를 바라보는 관점, 인간관계에 대한 지혜가 함축되어 있다. 꾸준히 공부해 나가면 지식·정보·지혜라는 세 가지를 통해 통찰력(洞察力, Insight)을 얻을 수 있다.

고사성어를 제대로 공부하면서 갖춰야 할 자세가 있다. 바로 '심사(深思)'다. 깊게 생각하라는 것이다. 사마천은 "호학심사(好學深思), 심지기의(心知其意)"라는 천하의 명언을 남겼다. "배우길 좋아하고 깊게 생각하면 마음으로 그 뜻을 알게 된다"는 말이다. 이 여덟 글자를 잘 들여다보면 글자의 배치가 얼마나 절묘한가를 알 수 있다. 앞 네 글자 중 마지막 글자 생각 '思'의 아랫부분은 마음 '心'이다. 뒤 네 글자의 첫 글자가 마음 '心'이고 마지막 뜻 '意'의 아랫부분도 마음 '心'이다. 사마천이 마음속의 깊은 생각을 얼마나 중시했는가를 잘 보여 준다. 생각이 깊어지면 어떻게 되는가? 입에서 나오는 말이 달라진다. 글도 마찬가지다.

다음으로 고사성어(故事成語)는 '고사'와 '성어'를 합친 단어라는 점에 주목해야 할 필요가 있다. '고사'는 영어로 표현하자면 Old Story고, '성어'는 Idiom 정도가 된다. 옛이야기를 관용구(慣用句)로 압축한 것이 고사성어다. 여기서 중요한 것은 '고사'다. '고사'에는 글자 뜻 그대로 오래된 이야기를 비롯하여 역사적 사실, 일화, 설화, 전설 등이 다양하게 포함되어 있다. 이런 '고사'의 핵심 주제를 몇 글자로 압축한 것이 고사성어다. '고사'를 모르면 핵심 주제를 정확하게 파악할 수 없고, 그 안에 함축된 다양한 코드를 이해하지 못한 채 수박의

사마천은 깊은 생각을 강조했다. 생각은 공부의 질을 결정한다. 옥중에서도 집필에 몰두하는 사마천의 모습을 그린 기록화다.

겉만 핥게 된다. '고사' 안에 모든 것이 다 들어 있다. 고사는 성어의 내용을 구성하는 스토리텔링이다. 말이 아닌 글로 구성된 차이만 있을 뿐이다. 필자는 고사성어를 '스토리텔링의 보물창고'라고 말한다. 고사성어를 제대로 구사하는 것은 결국 그 사람이 갖춘 인문 소양의 표지가 된다는 점을 강조하고 싶다.

고사성어의 특징과 매력

고사성어의 특징과 매력을 좀 더 이야기해 보겠다. 고사성어에 무슨 매력이 있냐고 반문할지도 모르는데, 실제로 공부하다 보면 그 매력을 충분히 느낄 수 있다. 고사성어의 특징과 매력을 한마디로 표현하자면 '온고지신(溫故知新)'이다. '온고지신'은 공자가 말한 천고의 명언이다. '지나간 옛것을 익혀 새로운 것을 알아낸다'는 뜻이다. 지난 것들, 역사나 고전 등을 계속 공부하고 생각하면 새로운 것을 알게 된다는 말이다. 과거는 단순히 흘러간 시간이 아니다. 과거는 축적된 경험이고 오래된 미래다. 과거는 현재의 그림자이고 미래를 비추는 거울이다. 과거로부터 쌓인 경험과 지식 그리고 지혜를 활용하여 새로운 것을 창출해 가는 일, 이것이 우리의 삶 아닌가? 과학도, 경영도, 공부도, 교육도 다 마찬가지다. 지난 것을 배워서 새로운 것을 알아내는 일이다. 공자는 이를 아주 간결하게 '온고지신'이란 말로 요약했다. 고사성어의 핵심은 '온고지신'이다.

좀 더 구체적으로 고사성어의 특징과 매력을 말해 보자면 이렇다. 고사성어는 압축(壓縮, Compression)이다. 쉽게 비유하자면 압축 파일이다. 짧게는 두 글자, 기본적으로 네 글자, 길어야 열 글자 안에 많은 정보가 압축되어 있다. 많은 이야기가 들어 있는 것이다. 그러니 당연히 압축 파일이다. 고사성어를 구사하다 보면 압축의 맛과 멋이 생긴다.

압축만 있는 것이 아니라 함축(含蓄, Implication)도 있다. 내용과 의미를 줄여서 그 안에 드러나지 않는 무엇인가를 숨겨 두었다. 속뜻이 있다는 말이다. 고사성어는 이런 함축의 미와 멋도 갖고 있다.

고사성어에 직접적인 표현이 없는 것은 아니지만 대부분은 간접적이고 비유적이다. 야구로 말하자면 직구가 아니라 커브다. 돌려서 이야기한다. 그래서 간접(間接, Indirect)의 묘미가 있다. 간접은 직선이 아니라 곡선에 가깝다. 미학적으로 표현하자면 '곡선의 미'를 가지고 있다. 이 모든 특징이 합쳐지면 의미심장해질 수밖에 없다. 뜻이 깊어지고 호흡이 길어진다.

뭘 그렇게 어렵게 말하냐고 할 수도 있겠다. 이렇게 생각해 보자. 우리 사회가 안고 있는 여러 가지 문제 가운데 하나가 언어의 격이 너무 떨어진다는 사실이다. 언어가 많이 천박하다. 방송에 나오는 정치인 등이 내뱉는 말이나 요즘 젊은이들이 대화 나누는 걸 보면 굉장히 거칠다. 직선적이고 거칠고 천박하다. 그런데 말한 바와 같이 고사성어는 곡선이고 의미심장하다. 이런 점이 인간

중국인의 바이블로 불리는 《논어》의 문장은 가장 많이 인용되는 고사성어의 원천이다. 초상화는 공자.

관계를 다르게 만들어 준다. 언어의 격이 달라지면 인간의 격, 인격이 달라질 수밖에 없지 않은가?

무엇보다 이 짤막한 몇 글자 안에 오랜 역사적 문화적 배경이 도사리고 있다. 길면 수천 년 전 역사와 문화에 대한 다양한 정보가 그 안에 숨어 있다. 또한 제대로 배우면 인생의 철리(哲理), 철학적 이치를 깨우친다. 이 정도면 대단히 매력적이지 않나. 고사성어를 공부하면 여러 가지 선물을 받을 수 있다. 이 이야기를 한번 해 보자.

고사성어 공부의 선물

고사성어 공부가 우리에게 줄 수 있는 선물의 의미를 간명하게 요약해 보겠다. 첫 번째, 요약 능력이다. 학생들과 이야기를 나누다 보면 자기 지식과 그 내용을 요약하는 힘이 부족하다는 것을 많이 느낀다. 고사성어는 일단 요약되어 있다. 길어야 열 글자이고 기본이 네 글자, 짧으면 두 글자로 요약되어 있다. 이 요약된 고사성어의 내용을 공부하다 보면 요약 능력이 절로 길러진다.

둘째, 요약을 하려면 내용과 상황을 파악해야 한다. 내용 파악과 상황 파악이 안 되는데 어떻게 요약할 수 있겠나? 고사성어를 제대로 공부하여 요약 능력이 생긴다는 것은 곧 상황 파악력이 이미 생겼다는 뜻이다. 상황 파악 능력은 상황 판단력으로 자연스럽게 이어진다. 이것은 덤이다.

셋째, 요약한 것을 제대로 전달하려면 어떻게 해야 하나? 언어 구사력이 필요하지 않나? 요컨대 언어 구사력이 또 하나의 선물로 따라온다.

넷째, 고사성어는 말한 대로 돌아가기다. 직접이 아닌 간접이고, 따라서 돌아가는 우회(迂廻, Bypass)다. 간접은 직선(直線, Straight)이 아닌 곡선(曲線, Curve)과 통한다. 갈등을 완화하고, 부딪치지 않고 돌아가게 하는, 충돌을 우회하는 힘도 생긴다.

다섯째, 직접적인 충돌을 우회할 줄 아는 힘과 지혜가 생기면 자연스럽게 모순(矛盾)을 조화시키는 모순 조화력도 생긴다.

여섯째, 이런 힘들이 생기다 보면 인간관계의 수준과 격이 달라지고, 나아가 차원도 달라져 그 관계가 오래 지속된다. 관계 지속력이다.

일곱째, 각종 사업에 필요한 스토리텔링 능력이 생긴다. 상업 광고를 비롯한 모든 영역에서 스토리텔링 기법이 보편화되었다. 소비자의 감성을 건드릴 수 있는 인문학적 성찰과 통찰을 광고 안에 담는다. 잘 만든 광고는 뛰어난 인문학적 소양을 바탕에 깔고 있다. 스토리텔링이 바로 그런 인문학적 소양과 자질을 길러 내는 데 큰 도움을 준다. 고사성어에서 고사는 그 자체가 스토리이고, 그 스토리를 따라가면 자연스럽게 스토리텔링 능력이 생긴다.

여덟째, 중국의 역사와 문화 그리고 중국인에 대해 좀 더 심도 있게 이해하는 지름길이 고사성어에 있다는 점을 꼭 지적하고 싶다. 국가 간의 외교뿐만 아니라 중국과 관계하는 모든 영역에서 중국을 제대로 알고 이해하는 일은 선택이 아니라 필수다. 고사성어는 그 필수 코스, 즉 지름길로 안내하는 좋은 길잡이가 된다. 고사성어 공부가 줄 수 있는 선물이 매우 많다.

고사성어(故事成語)와 성어전고(成語典故)

우리는 고사성어라는 표현을 많이 쓰지만 중국은 성어전고를 많이 쓴다. 독자들을 위한 참고 자료로 성어전고에 대해 좀 더 알아보고자 한다.

성어(成語)가 곧 전고(典故)는 아니다. 전고가 곧 성어도 아니다. 병렬관계로 연결한 단어일 뿐이다. 성어란 무엇인가? 성어는 사람들이 오랜 세월 즐겨 사용해 온 정제된 짧은 단어이자 문구로 영어의 Phrase 또는 Idiom에 가깝다. 성어는 특수한 고정된 단어(短語)로 흔히 문장이나 어구 안에서 한 덩어리로 쓰인다. 성어는 역사 속에서 형성되었고, 또 오랜 세월 사용하면서 다듬어진 것이다. 간결하지만 그 의미가 깊고 정제되어 있으며 다채롭다.

중국어의 성어는 대부분 네 글자, 즉 사자성어이고 대체로 출처가 있다. 일부 성어는 글자만 봐도 그 뜻을 금세 알 수 있을 정도로 쉽다. '부지기수(不知其數)', '일석이조(一石二鳥)' 등이 대표적이다. 반면 그 성어가 나온 원전과 전고를 알아야만 의미를 이해할 수 있는 경우도 있다. '조삼모사(朝三暮四)'나 '다다익선(多多益善)' 등이다.('다다익선'은 '많으면 많을수록 좋다'는 의미라는 걸 금세 알 수 있는데, 그 배경에는 아주 흥미롭고 심각한 역사적 사실과 이야기가 깔려 있다.)

다음으로 '전고'란 무엇인가? 시나 문장 등 작품에 인용된 옛 서적에 나오는 고사나 문장을 가리킨다. 이로써 알 수 있듯이 성어는 성어, 전고는 전고다. 다만 전고와 고사가 겹치는 일이 많다. 그리고 넓은 의미에서 고사는 전고의 일부분이다. 성어와 전고는 뜻이 비슷하지만 완전히 같은 개념은 아니다. 많은 성어가 전고이고, 많은 전고가 성어이긴 하지만 성어와 전고 사이에 완전히 같은 관계는 존재하지 않는다.

내친김에 오랜 시간 인구에 회자되어 온 성어전고의 특징 몇 가지를 소개한다. 이 특징들은 좋은 뜻을 가진 정제된 고급 성어전고를 고르는 기준이기도 하다.

첫째, 역사성이다. 의미 있는 성어전고는 생활 속에서 나름의 역사를 가진 것들이다. 전문가들은 성어전고는 당·송 이전은 대부분 '근원(根源)'에 속하고, 당·송 이후는 대부분 그 원천에서 흘러 내려온 '유행(流行)'에 속한다고 말한다. 원천을 포함하여 지금까지 흘러 내려온 성어전고가 어림잡아 2만 항목이 넘고, 그중 '원천'을 확인할 수 있는 것은 10퍼센트도 채 안 된다고 한다. 따라서 같은 성어전고라도 당·송 이전 것이며 그 원천을 확인할 수 있는, 비유하자면 골동품 같은 항목일수록 더욱 값어치가 있다. 이런 성어전고들은 사용 빈도가 아주 높고 사용 범위가 대단히 넓은, 생명력이 강한 것들로 그 특유의 매력을 끊임없이 발휘하고 있다.

둘째, 과학성이다. 그 언어가 이치에 맞고 근거가 있어야 한다는 말이다. 바꾸어 말하자면 성어전고를 풀이하면서 단순히 공구서(工具書)의 단계에 머무르지 말고 그 근원을 추적하여 출처를 하나하나 밝혀야 하는데, 그렇게 찾아낸 성어전고라야 과학성을 갖추었다고 할 수 있다. 예컨대 '길에 떨어진 물건도 줍지 않는다'는 '노불습유(路不拾遺)'는 흔히 '도불습유(道不拾遺)'로 많이 쓴다. 이 둘은 정말 구별이 없을까? 그 출처를 탐색한 결과 《진서(晉書)》〈주충전(朱冲傳)〉

의 '노불습유'와 《전국책(戰國策)》〈진책(秦策)〉의 '도불습유'는 같으면서 다른 점이 있었다. 둘 다 같은 뜻이지만, 앞의 경우는 길에 떨어진 물건에 관심이 없어 줍지 않았다는 것이고, 뒤의 경우는 길에 떨어진 물건이라도 주워 가면 처벌받기 때문에 줍지 못한 것이다. '도불습유'는 그 안에 담긴 역사적 배경을 알아야 제대로 이해할 수 있는 경우다.

셋째, 지식성이다. 지식이란 학술·문화·학문이기도 하다. 따라서 좋은 성어전고는 풍부한 지식을 바탕으로 한다. 중국의 저명한 철학가이자 논리학자인 김악림(金岳霖, 1895~1984)은 "이른바 학문이란 포용한다는 '용(容)' 이 글자 하나를 벗어나지 않는다"라고 했다. 이 말을 현대 용어로 바꾸어 이해하자면 '정보량을 확대하는' 것이다. 글자의 발음과 그 변화, 글자체의 변천, 글자의 표면적인 뜻, 글자 안에 함축된 또 다른 뜻, 성어 전체가 가리키거나 의미하는 것의 시대적 사회적 의의, 전고의 출처, 원문 풀이, 비슷하거나 상반되는 뜻의 성어 등 다양한 정보를 제공해야 한다는 말이다.

넷째, 흥미성이다. 재미있고 흡인력이 있어야 한다는 뜻이다. 아무리 오래되고 좋은 뜻을 가진 성어전고라 해도 재미가 없고 관심을 끄는 매력이 없다면 널리 받아들여지지 않거나 인용되지 않는다. 언어의 생명력이란 관점에서 볼 때 판에 박힌 무미건조한 성어전고는 자연스럽게 외면당하거나 사라진다. 흥미를 끌 수 있는 유머러스한 성어전고일수록 많은 사람의 입과 글을 통해 전파될 것이다.

북튜브와 북튜버를 위한 '알고 쓰자, 고사성어'

　고사성어를 비롯하여 역대 전적들에 수록된 명언명구에 관심을 가진 까닭은 필자의 공부 분야인 사마천의 《사기》 때문이다. 《사기》에는 어림잡아 600개 항목 가까운 '사자성어'와 그 못지않은 양의 명언명구가 주옥같이 아로새겨져 있다. 30년 넘게 사마천과 《사기》를 공부하면서 대중들에게 좀 더 쉽게 사마천의 언어와 《사기》의 문장을 소개하는 방편으로 고사성어와 명언명구에 주목할 수밖에 없었고, 관련한 책도 몇 권 출간했다.

　그 후 《사기》 외 다른 전적들에 수록된 다양한 고사성어에도 눈길을 돌렸고, 그 결과 유튜브 '김영수의 좀 알자, 중국'을 통해 먼저 《사기》의 고사성어를 전달하기에 이르렀다. 여기서 한 걸음 더 나아가 교과서에 수록된 고사성어를 비롯해 여러 방면에서 넓게 활용되는 고사성어를 계속 소개하기로 마음먹고 유튜브 채널에 '좀 알자, 고사성어' 카테고리를 따로 마련했다. 유튜브를 위한 콘텐츠 제공 기반으로 책을 통해 좋은 고사성어를 정리하는 한편 《사기》 고사성어 대사전을 만들기 시작했다. 몇 년에 걸친 코로나바이러스 재난이 엄두도 못 냈던 이 방대한 작업에 착수하는 시간과 기회를 준 것이다.

　이 책은 유튜브 '김영수의 좀 알자, 중국'에 딸린 '좀 알자, 고사성어'와 연계되어 있다. 이 책을 비롯하여 지금까지의 작업을 통해 탄생했거나 탄생할 고사성어 관련 책들과 유튜브 '좀 알자, 중국'에 딸린 '좀 알자, 고사성어'의 특징을 간단하게 소개하고 긴 서문을 마칠까 한다.

첫째, 단순한 한자 공부는 가능한 한 피한다. 하늘 天, 따 地 이런 식의 공부는 하지 않는다. 한자는 한 글자에 뜻이 여럿인 '다의어(多義語, Polysemy)'다. 글자 하나가 많은 뜻을 갖는다. 한 가지 뜻만 전달하여 그것이 머리에 박히면 결국 그 뜻 하나에만 집착할 수밖에 없다. 지식이 좁아지는 것은 물론 본래 뜻과 더욱 깊은 정보가 차단된다.

둘째, 몇 차례 강조했듯이 고사에 중점을 둔다. 아울러 스토리텔링에도 초점을 맞춘다.

셋째, 사자성어 중심에서 탈피하고자 한다. 지금까지 사회 각계각층의 지도자들이나 중국의 고사성어를 공부하는 사람들 대부분이 사자성어에 중점을 두었다. 물론 사자성어가 운율도 좋고 딱딱 맞아떨어지긴 한다. 입맛에 맞다. 하지만 그보다 훨씬 좋은, 또 그것 말고도 더 많은 정보와 지혜를 함축한 다른 명언명구나 단어들이 묻혀 버리기 쉽다. 여기서는 다양한 단어와 명언명구를 함께 공부할 것이다.

넷째, 고사성어는 우리에게 삶의 지혜를 준다. 거기에 더하여 간혹 경영이나 비즈니스와 관계된 문제와 사례도 언급한다.

끝으로 영상을 비롯한 다양한 비주얼 자료를 활용함으로써 좀 더 쉽고 효율적이면서도 깊이 있는 공부가 되고자 한다.

이상의 내용을 좀 더 상세히 알고 싶으면 유튜브 '김영수의 좀 알자, 중국'의 관련 영상을 시청하면 된다. 이 책에 실린 고사성어는 물론 다양한 분야의 고사성어와 관련한 다양한 콘텐츠 역시 '김영수의 좀 알자, 중국'을 통해 지속적으로 업로드된다는 점을 밝혀 둔다.

유튜브가 대세인 세상이다. 그 역할에 대해서는 다양한 평가가 있겠지만 대세인 것만큼은 확실하다. 필자는 오랫동안 책으로 독자를 만나 왔다. 최근 10년 넘게 이 책들을 바탕 삼아 각계각층의 리더들을 대상으로 오프라인 강의를 해 오고 있다. 마침 젊은 기업 '호오TV'의 도움으로 이 강의를 영상으로 만들었고, 이를 가지고 한국사마천학회와 김영수의 이름으로 '김영수의 좀 알자, 중국' 채널을 열었다. 영상을 올리면서 늘 강조하는 점은 책과 영상의 결합이다. 이를 '북튜브' 또는 '북튜버'라고 부르는 것 같다. 필자 역시 이 방향을 지지하고 추구한다. 이 책 역시 북튜브의 실천이라 할 수 있다. 한국사마천학회와 김영수의 '좀 알자, 중국(좀알중)', '좀 가보자, 중국(좀가중)', '좀 알자, 고사성어(좀알고)' 세 분야의 주요한 활동 중 '좀 알고'의 '알고 쓰자, 고사성어: 교과서 편'을 시작으로 중국을 알고 공부하는 데 도움이 되는 길을 진지하게 모색하는 계기가 되길 바란다.

끝으로 190개가 넘는 고사성어 항목을 여러 교과서에서 찾아 엑셀 파일로 일목요연(一目瞭然)하게 정리하여 작업을 한결 수월하게 만들어 준 유주현 씨와 21년에 걸쳐 발표된 올해의 사자성어 자료를 정리해 준 절강대학의 김요섭 군에게 감사의 말씀을 전한다.

2021년 11월 14일 처음 쓰고
2022년 9월까지 몇 차례 고쳐 쓰다

머리말

왜 고사성어인가? – '알고 쓰는 고사성어'의 힘

들어가기에 앞서

교과서 고사성어 종합 분석

〈교수신문〉 선정 올해의 사자성어(2001~2021)

독서 관련 고사성어 모음

부록 3 ━━━━━━━━━━━━━━━━━━━━━━━

가정, 부모, 교육, 독서 관련 격언 명언명구 · 643

부록 4 ━━━━━━━━━━━━━━━━━━━━━━━

숫자가 들어 있는 성어

들어가기에
앞서

교과서 고사성어 종합 분석

개관

'알고 쓰자, 고사성어' '알쓰고'를 위하여 일반인들이 접근하기 쉬운 초·중·고 교과서, 주로 한문과 국어 교과서에 나오는 고사성어를 추려 그 출처와 뜻, 관련 정보를 정리해 보았다. 교과서의 종수가 워낙 많기 때문에 특정 교과서 몇 종을 선택하여 총 193개 항목을 뽑아냈다. 대략적인 통계에 따르면 초·중·고 교과서에 나오는 고사성어 항목은 460개가 넘는다. 이 책에 소개하지 못한 성어 276개 항목은 별도의 표를 통해 정리하여 참고용으로 제시해 두었다.(교과서를 출판한 출판사는 밝히지 않는다.)

이 책에 실린 193개 항목의 고사성어에 대해서는 중복되는 것들은 하나로 묶은 다음 항목, 중국어 발음(한어병음자모 표기), 성어 번역, 의미, 교과서 출처, 출전 등을 틀 안에 넣어 공통적으로 정리하고, 그 아래에 해당 고사성어에 대한 기본 내용과 관련한 정보를 소개했다. 관련 정보로 고사성어의 출전과 해당 인물, 알아 두면 좋은 기본 지식과 상식 등을 소개했다. 먼저 ㄱㄴㄷ 순으로 항목의 개수를 소개하면 37쪽의 표와 같다.

193개 중 '과대망상(誇大妄想)'은 고사성어가 아닌 정신병리학 용어라서 제외했다. 또 '사상누각(砂上樓閣)'은 '공중누각(空中樓閣)'과 같은 뜻이라 공중누각 항목에서 함께 설명하고 제외했다. '온고지신(溫故知新)' 항목도 네 번 중복되므로 한 항목으로 합쳤다. '임전무퇴(臨戰無退)'는 세속오계(世俗五戒)의 하나로 '교우이신(交友以信)' 항목에서

| ㄱ 항목 : 31개(과대망상 제외 30개) |
| ㄴ 항목 : 6개 |
| ㄷ 항목 : 18개 |
| ㅁ 항목 : 12개 |
| ㅂ 항목 : 15개(백전불퇴 제외 14개) |
| ㅅ 항목 : 34개(사상누각 제외 33개) |
| ㅇ 항목 : 44개(온고지신, 임전무퇴 제외 42개) |
| ㅈ 항목 : 16개 |
| ㅊ 항목 : 3개 |
| ㅋ 항목 : 1개 |
| ㅌ 항목 : 1개 |
| ㅍ 항목 : 5개 |
| ㅎ 항목 : 7개 |
| 총 193개 항목 |

설명되므로 해설을 생략했다. '지피지기(知彼知己), 백전불태(百戰不殆)' 항목은 '지피지기' 항목에서 해설되므로 '백전불태' 항목은 따로 설명하지 않았다. 해설이 딸린 항목은 총 188개 항목이다.

총 193개 항목 중 사자성어가 173개 항목으로 90퍼센트를 차지하여 전체적으로 사자성어가 압도적인 비중임이 확인되었다.

총 193개 항목 중 초등학교 교과서에 실린 고사성어는 총 95개로 전체의 약 50퍼센트를 차지한다. 이 중 중·고교 한문에 나오는 고사성어와 중복되는 항목은 모두 21개다. '온고지신'과 '새옹지마'는 초·중·고 교과서 모두 수록되어 있다. 중학교의 경우는 총 46개

1. 고진감래(苦盡甘來)-초·중	
2. 과유불급(過猶不及)-초·중	
3. 교각살우(矯角殺牛)-초·고	
4. 군계일학(群鷄一鶴)-중·고	
5. 대기만성(大器晚成)-초·고	
6. 동고동락(同苦同樂)-초·중	
7. 동상이몽(同床異夢)-초·고	
8. 명실상부(名實相符)-초·고	
9. 사면초가(四面楚歌)-초·고	
10. 사필귀정(事必歸正)-초·중	
11. 새옹지마(塞翁之馬)-초·중·고	
12. 속수무책(束手無策)-초·고	
13. 순망치한(脣亡齒寒)-초·고	
14. 오비이락(烏飛梨落)-중·고	
15. 온고지신(溫故知新)-초·중·고	
16. 외유내강(外柔內剛)-초·고	
17. 우공이산(愚公移山)-중·고	
18. 유비무환(有備無患)-초·중	
19. 일석이조(一石二鳥)-초·고	
20. 전화위복(轉禍爲福)-초·고	
21. 조삼모사(朝三暮四)-초·중	
22. 지피지기(知彼知己)-초·중	
23. 청출어람(靑出於藍)-초·중	
24. 타산지석(他山之石)-초·고	
25. 호연지기(浩然之氣)-초·고	

항목에 중복은 15개 항목이었다. 고등학교는 총 66개 항목에 중복은 14개 항목이었다.

초·중·고에 각각 중복된 항목은 모두 25개로 전체의 약 13퍼센트를 차지한다. 해당 항목은 왼쪽 표와 같다.(가나다 순)

교육 현장을 보면 해당 고사성어가 나온 원전과 출전, 출처 등에 대한 기본 정보가 부족할 뿐만 아니라 학교에서는 거의 가르치지 않는다. 이 책은 교사, 학생, 학부모는 물론 일반 독자까지 고려한 자습서로 자리매김할 수 있도록 구성했다. 이를 바탕으로 영상 시대를 맞이하여 책과 영상을 결합한 새로운 패턴의 인문 학습이 되기를 기대해 본다. 책에 수록된 항목에 대한 좀 더 상세한 설명과 학습은 유튜브를 통해 제공할 예정이다.

고사성어의 설명과 해설 등은 중국 최대 포털사이트 바이두의 지식 검색과 일본의 성어 검색 사이트 kotobank를 최대한 활용하여 기존의 콘텐츠를 비교·검토하는 절차를 거쳤다. 그런 다음 중국의 대표적인 고사성어 관련 대형 사전들을 찾아 정확도를 한 번 더 점검했다. 참고한 책들은 부록에 별도로 제시해 두었다.

이와 함께 우리식 고사성어에 대한 해설 등은 《속담사전》(이기문·조남호 공편, 일조각, 2014)을 참조했고, 국내 고사성어 사전은 가장 많은 항목이 수록된 《고사성어대사전》(임종욱 엮음, 시대의 창, 2008)을 참조했다. 참고로 임종욱의 《고사성어대사전》에 수록된 항목과 이 책에 수록된 교과서 고사성어가 중복되는 항목은 총 71개 항목으로 약 40퍼센트가 중복된다. 해당 항목을 가나다 순서로 소개하면 아래의 표와 같다.(한자 표기 생략)

가화만사성	결초보은	고식지계	공중누각	과유불급	관포지교	교학상장
구상유취	국사무쌍	군계일학	권선징악	금란지계	금의야행	난형난제
낭중지추	누란지위	다다익선	단기지계 (단기지교)	당랑거철 (당랑거부)	대기만성	도원결의
동병상련	등용문	마이동풍	모수자천	목불식정	문일지십	배수지진
백문불여 일견	백아절현 (지음)	백절불굴 (백절불요)	부하뇌동	사면초가	사문난적	산전수전
살신성인	삼고초려	삼성오신	삼척동자	상전벽해	새옹지마	송양지인
수주대토	순망치한	어부지리	연목구어	오리무중	오십보백보	오월동주
온고지신	와신상담	우공이산	유비무환	읍참마속	이심전심	이전투구
일석이조 (일거양득)	임기응변	작심삼일	전화위복	조삼모사	지록위마	지피지기
천고마비	청출어람	쾌도난마	타산지석	파죽지세	합종연횡	형설지공
호가호위	호연지기	호접지몽	화사첨족			

우리식 고사성어의 발견

　이번 교과서 고사성어를 정리하면서 새삼 확인한 사실은 우리 고유의 속담을 한문으로 바꾼 우리식 고사성어였다. 대표적인 고사성어 몇 개를 소개한다.

농부아사(農夫餓死), 침궐종자(枕厥種子)	농부는 굶어 죽을지언정 그 씨앗을 베고 눕는다.(《이담속찬》)
등하불명(燈下不明)	등잔 아래가 밝지 않다. 즉 등잔 밑이 어둡다.(《동언해》)
담호호지(談虎虎至), 담인인지(談人人至)	호랑이를 말하면 호랑이가 오고 사람을 말하면 그 사람이 온다.(호랑이도 제 말 하면 온다. 《순오지》 외)
십시일반(十匙一飯)	열 사람이 한 술씩 보태면 한 사람 먹을 분량이 된다.(《이담속찬》)
오비삼척(吾鼻三尺)	내 코가 석 자다.(《동한역어》 외)

　이 밖에 우리 속담을 한문으로 바꾼 성어와, 출처가 분명하지 않지만 중국과 일본에서는 사용되지 않는 우리식 성어에는 다음과 같은 것들이 있었다. 한자 표기를 생략하고 항목만 열거한다. 출처가 있는 성어는 괄호 안에 밝혔다.

감언이설	거어고미, 내어방호 《백언해, 이담속찬》		견물생심	결자해지 《순오지》
금시초문	농부아사, 침궐종자《이담속찬》		담호호지, 담인인지《순오지》	
동가홍상 《동언해》	등하불명 《동언해, 백언해》	마행처, 우역거 《순오지, 열상방언》	막상막하	명재경각
백골난망	부지기수	비일비재	사생결단	사필귀정

산전수전	승승장구	십시일반 《이담속찬》	아복기포불찰노기 《이담속찬, 백언해》	
어불성설	역지사지	오비삼척 《동한역어》 외	오비이락 《순오지》	유구무언
이실직고	이전투구 《택리지》	자격지심	작심삼일	적공지탑 《순오지》
적반하장 《순오지, 백언해, 동언해, 송남잡지》		주마간산	지성감천 《춘향전》	홍일점

　이 밖에 《삼국유사》와 《삼국사기》에 나오는 원광법사의 '세속오
계(世俗五戒)' 중 '교우이신(交友以信)'과 '임전무퇴(臨戰無退)'가 교과서에
실렸고, 최치원의 〈토황소격문(討黃巢檄文)〉에 나오는 '지자성지어순
시(智者成之於順時), 우자패지어역리(愚者敗之於逆理)'가 고등학교 한문
교과서에 수록되어 있다.

　한편 일본식 성어도 여럿 눈에 띄었는데, 자세한 내용은 해당 항
목에서 해설했으니 여기서는 검색 항목에 올라 있는 것들만 나열
해 둔다.(디지털 일본 고사성어 사전은 앞서 말한 kotobank가 대표적이다. 이를 통해 검
색하여 밝혔다.)

교각살우	난공불락	대의명분	사상누각	시기상조
심기일전	아전인수	우왕좌왕	유유자적	풍전등화

　기타 한·중·일 어디에서도 출처를 확인하지 못한 항목들은 다음
과 같다.

기고만장	무아도취	무용지물	위풍당당

출처를 확인할 수 있는 한문으로 이루어진 고사성어는 대부분 우리 속담을 한자로 바꾼 것이다. 이렇게 우리 속담의 한자 성어를 모은 속담집이 조선 후기에 몇 종 출간되었다. 이 부분을 좀 더 살펴보겠다.

대표적인 속담집이 다산 정약용(1762~1836)의 《여유당전서(與猶堂全書)》(1820년 출간)에 수록된 《이담속찬(耳談續纂)》이다. 이 책은 명나라 시인이자 소설가인 왕동궤(王同軌, 1535~1620)가 편찬한 필기소설집 《이담(耳談)》에 나오는 속담에 우리 고유의 속담을 보탠 것인데, 214수의 우리 속담과 중국 속언 170여 수가 실려 있다. 우리 속담을 여덟 자의 한자로 바꾸어 놓은 점이 이채롭다. '세 살 버릇 여든까지 간다'는 '삼세지습(三歲之習), 지우팔십(至于八十)'으로, '하룻밤을 자도 만리장성을 쌓는다'는 '일야지숙(一夜之宿), 장성혹축(長城或築)'으로 옮겨 놓았다.

《이담속찬(耳談續纂)》보다 훨씬 앞서 출간된 우리나라 한문 속담 모음은 문학 평론집이라 할 수 있는 홍만종(1643~1725)의 《순오지(旬五志)》 끝 부분에 수록되어 있다. 이 밖에 작자 미상의 《동언해(東言解)》, 순조 때(1800~1834) 조재삼이 편찬한 《송남잡지(松南雜識)》, 정조 연간(1776~1800) 이덕무가 수집한 한역 속담집 《열상방언(洌上方言)》 등이 있다.

왕동궤의 필기소설집 《이담》 판본.

《동언해》는 《공사항용록(公私恒用錄)》이라는 공사(公私) 문서에 흔히 사용되는 용어를 정리한 책 속의 또 다른 책이다. 모두 425개 항목의 우리 속담을 한문으로 번역했다. 체제는《순오지》와 비슷한데 문장이 상대적으로 조잡하고 미숙하지만 나름대로 특색을 갖추고 있다는 평이다. 예를 들어 '늙은 말이 콩을 마다할까'라는 속담을 우리말 어순에 따라 '노마염태호(老馬厭太乎)'로 번역한 것이나, '풍년거지'는 '풍년화자(豊年花子)'로도 충분한데 '尤悲'를 더 넣어 '풍년화자우비(豊年花子尤悲)', 즉 '풍년거지 더 섧다'로 표현한 점 등이다.

《송남잡지》는 19세기 재야 학자 조재삼(1808~1866)이 편찬한 백과전서 성격의 책이다. 모두 14권 7책에 총 33개 부류 4,300여 개 항목이 정리되어 있다. 특히 이 책은 중국 중심의 지식에서 벗어나 조선의 역사·문화·생활 자료를 수록하고 있다. 속담은 '방언류' 부분에 수록해 놓았다.《이담속찬》에서 '하룻밤을 자도 만리장성을 쌓는다'는 속담을 '일야지숙(一夜之宿), 장성혹축(長城或築)'으로 번역했는데,《송남잡지》는 이를 '일야만리성(一夜萬里城)'으로 줄여 놓았다.

《송남잡지》는 일부 속담은 풍자와 유머가 깃들어 있다. '작사도방(作舍道傍), 삼년불성(三年不成)' 같은 것으로, '길 옆에 집을 지으려 하니 3년이 지나도록 짓지 못한다'는 뜻이다. 지나다니는 사람들이 너나 할 것 없이 이렇게 지어라, 그건 안 좋다 등 한마디씩 하는 통에 집을 짓지 못하는 상황을 표현한 것이다.

《열상방언》은 이덕무의《청장관전서(靑莊館全書)》제62권에 수록되어 있다. 조선시대에 널리 사용되는 속담 99항목을 정리한 것인데 모두 여섯 자로 압축하고 운까지 맞추다 보니 어색한 부분이 있다. 다만 속담뿐 아니라 전국 각지의 세시풍속, 방언 등이 정리되어 있어 자료 가치는 높은 편이다.

우리 속담을 한문으로 바꾸어 소개한 《이담속찬(耳談續纂)》 판본 (한국학중앙연구원 소장).

교과서에 실린 고사성어를 분석한 결과 이렇게 우리의 한역 속담집을 확인할 수 있었다. 이들 한역 속담집에서 현실 상황과 어울리는 성어들을 발굴하여 교육 자료로 활용하는 방안을 강구하면 어떨까 한다. 우리 한역 속담들을 현실에 맞게 다시 번역하는 한편 중국 성어들과 비교하여 활용하는 것도 좋을 듯하다. 중국과 교류할 때 좋은 이야깃거리가 될 수 있기 때문이다. 일상에서 많이 쓰는 속담을 한자 성어로 바꾼 것들을 좀 더 소개하면 아래 표와 같다.

고장난명(孤掌難鳴)	손바닥 하나만으론 소리 나기 어렵다. 흔히 '손바닥도 마주쳐야 소리가 난다'는 속담으로 잘 알려져 있다.《순오지》
오비이락(烏飛梨落)	까마귀 날자 배 떨어진다.《순오지》
수우적강남(隨友適江南)	친구 따라 강남 간다.《순오지》
부불훼(膚不毀), 호난제(虎難制)	껍질 상하지 않고 호랑이를 잡기란 어렵다.《열상방언》
십반일시(十飯一匙), 환성일반(還成一飯)	열 그릇 밥에서 한 숟갈씩 덜면 밥 한 그릇이 된다. 흔히 '십시일반'으로 줄여서 쓴다.《이담속찬》
적공성탑(積功成塔), 종역불붕(終亦不崩)	공을 들여 쌓은 탑은 끝내 무너지지 않는다. '공든 탑이 무너지랴'라는 속담으로 잘 알려져 있다.《백언해百諺解》

이상 각급 학교 교과서에 실린 우리 속담을 한자로 바꾼 성어들을 간략하게 검토해 보았다. 속담은 속된 말이다. 본질적으로 서민 대중의 것이다. 오랜 세월 이들의 애환과 생활의 지혜 등이 함축된

귀중한 유산이다. 따라서 메마른 일상을 다채롭고 생동감 넘치게 만들 수 있다. 이런 속담은 역사를 통해 다듬어지고 실제 적용되면서 상대를 설득하는 좋은 도구로도 작용한다. 자라나는 학생들을 위해 우리 속담의 가치를 가르치고 일상에서 활용하도록 이끄는 일은 의미가 있다. 선인들이 남긴 이 유산을 적극적으로

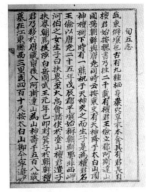

우리 속담을 한문으로 바꾸어 소개한 최초의 책인 홍만종의 《순오지》 판본.

발굴하여 교육에 적용할 것을 권하는 바다.

교과서 고사성어의 출처는 유가 경전을 비롯해 병법서까지 다양한 편이지만 별도의 선정 기준은 없어 보인다. 교과서 문장의 내용에 어울리는 고사성어를 발굴해 낼 필요가 있다. 이를 위해 뜻있는 사람들로 구성된 연구회를 따로 만들고 지원하는 방안도 생각해 볼 수 있다. 조선 이후 우리 속담집과 속담에 대해 좀 더 상세히 알고 싶으면 《속담사전》(이기문·조남호 공편, 일조각, 2014)이 좋은 자료가 된다.

교과서 고사성어 분석

이 책에 실린 190여 개의 고사성어에 관한 기본 정보를 한눈에 볼 수 있도록 기본 정보표를 만들었다. 먼저 그 대강을 눈에 넣은 다음 좀 더 분석해 보기로 한다. 비고란의 수능은 수능시험에 출제된 항목을 가리킨다.

항목	글자 뜻	함축, 비유	출처(분류)	비고
가화 만사성 家和萬事成	집안이 화목 (和睦)하면 모 든 일이 잘 이루어진다.	집안의 화목이 가정뿐만 아니 라 인간관계, 사회관계에 영향 을 미친다는 점을 강조한 성어	《이십년목도 지괴현상》 (소설)	중등 한문
감언이설 甘言利說	달콤하고 이 로운 말	귀가 솔깃하도록, 또는 마음이 움직이도록 비위를 맞추거나 이로운 조건을 들어 꾀는 말	우리식 성어	초등 수능
개과천선 改過遷善	잘못을 고치 고 착해진다.	지난 잘못이나 허물을 고쳐서 바르고 착하게 변한 것을 말함	《주역》(경전)	초등 국어 연계
거어고미, 내어방호 去語固美, 來語方好	가는 말이 고 와야 오는 말 이 곱다.	자신이 하기에 따라 상대의 반 응이 결정된다는 비유	《백언해》 《이담속찬》 (문집) 우리식 성어	중등 한문 우리 속담
견강부회 牽强附會	억지로 끌어 다 갖다 붙임	말도 안 되는 논리를 억지로 끌 어다 자기주장의 근거로 삼는 것을 비유	《얼해화》 (소설)	고등 한문 수능
견물생심 見物生心	물건을 보면 마음이 생긴다.	갖고 싶어 하던 물건을 눈으로 직 접 보면 갖고 싶은 마음이 생김	우리식 성어	초등 사회 연계
결자해지 結者解之	묶은 사람이 푼다.	자신이 한 일은 자신이 해결해야 한다는 것을 비유	《순오지》 (문집) 우리식 성어	초등 수능
결초보은 結草報恩	풀을 묶어 은 혜에 보답하 다.	은인이 전투에서 위기에 처하 자 풀을 묶어 매듭을 만듦으로 써 적의 수레와 말이 걸려 넘어 져 위기를 벗어나게 했다는 고 사에서 나온 성어	《좌전》 (역사)	초등 국어 연계 수능
경거망동 輕擧妄動	가볍게 멋대 로 행동하다.	도리나 사정을 생각하지 않고 함부로 가볍게 말하고 행동한 다는 뜻	《한비자》 (제자백가)	초등 국어 연계 수능
계포일낙 季布一諾	계포의 한 번 승낙(약속)	한 번 약속한 것은 반드시 지키 는 계포의 신의를 통해 약속의 중요성을 강조한 성어	《사기》 (역사)	고등 한문
고군분투 孤軍奮鬪	외로운 군대 가 온 힘을 다해 싸운다.	후원도 없이 고립된 상황에서 온 힘을 다해 싸우는 것을 비유 하거나 혼자 여럿을 상대로 힘 겹게 싸울 때 사용	《위서》 《수서》 (역사)	고등 한문

고식지계 姑息之計	당장 편한 것만 택하는 꾀	근본적인 해결책이 아니라 당장 쉽고 편한 방법이나 임시로 꾸며 내는 계책을 비유하는 성어	《예기》(경전) 《자치통감》 (역사)	고등 한문 ─── 수능
고장난명 孤掌難鳴	손바닥 하나로는 소리가 나지 않는다.	손바닥으로 소리를 내려면 두 손바닥을 마주쳐야 한다. 혼자 힘으로 일을 해내기 어려운 경우를 비유	《한비자》 (제자백가) 《동주열국지》 (소설)	고등 한문
고진감래 苦盡甘來	고생이 다하면 좋은 날이 온다.	우리 속담처럼 되어 버린 '고생 끝에 낙이 온다'가 바로 '고진감래'다. 어렵고 힘들더라도 견디며 최선을 다하면 좋은 결과를 얻을 수 있다는 뜻	《서상기》 《서유기》 (소설)	초등 도덕 연계 중등 한문 수능
공문십철 孔門十哲	공자 문하 10인의 뛰어난 제자	공자의 제자 중 각 방면에서 뛰어난 재능을 보인 10명의 제자를 일컫는 말	《논어》(경전) 《사기》(역사)	고등 한문
공중누각 空中樓閣	공중에 지은 누각	공중에 지은 집처럼 근거나 토대가 없는 사물이나 생각을 비유하는 성어	《주자어류》 (경전)	고등 한문
과유불급 過猶不及	지나친 것과 미치지 못한 것은 같다.	사람이나 사물이 지나치거나 모자라 균형을 잃으면 안 된다는 뜻	《논어》 (경전)	초등 사회 연계 중등 한문
관포지교 管鮑之交	관중과 포숙의 사귐(우정)	춘추시대 제나라의 관중과 포숙의 참된 우정을 나타내는 가장 대표적인 사자성어로 2,700년 동안 전해 옴	《열자》 (제자백가) 《사기》 (역사)	고등 한문
광음여류 光陰如流	세월(시간)이 흐르는 물과 같다.	시간이 아주 빠르게 지나가는 것을 비유하는 성어	〈여제상서복야양준언서〉 (기타)	중등 한문
교각살우 矯角殺牛 교왕과정 矯枉過正	소뿔을 바로 잡으려다 소를 죽인다. 굽은 것을 바로 잡으려다 도를 넘는다.	작은 흠이나 문제를 고치려다가 도리어 일을 그르치는 것을 비유하는 성어	일본식 성어 《월절서》 (역사)	초등 ─── 고등 한문
교우이신 交友以信	믿음으로 벗을 사귀어라.	벗을 사귈 때는 믿음을 바탕에 둬야 한다는 뜻으로 신라 화랑도 '세속오계'의 하나	《삼국유사》 《삼국사기》 (역사)	초등 국어 연계

교학상장 教學相長	가르침과 배움이 함께 성장한다.	가르치면서 배우고 배우면서 가르치면 서로 성장할 수 있다는 뜻	《예기》 (경전)	중등 한문
구상유취 口尙乳臭	입에서 아직 젖내가 난다.	언행이 여전히 유치하다는, 즉 상대를 낮춰 보는 비유	《한서》 (역사)	고등 한문
국사무쌍 國士無雙	나라에 둘도 없는 인재	조직이나 나라의 운명을 좌우할 정도로 대단한 국가급 인재를 비유	《사기》 (역사)	고등 한문
군계일학 群鷄一鶴	닭 무리의 한 마리 학	평범한 사람 여럿 중에 뛰어난 한 사람이 섞여 있음을 비유	《진서》(역사) 《세설신어》 (소설)	고등 한문
권선징악 勸善懲惡	좋은 일은 권하고 나쁜 일은 징계한다.	역사 서술 태도로 좋은 일이나 착한 사람은 표창하고, 나쁜 일이나 간신들은 징벌해야 한다는 '춘추필법(春秋筆法)'의 하나	《좌전》 (역사)	초등 국어 연계
금란지계 金蘭之契	쇠와 난초의 맺음	단단한 쇠와 향기로운 난초처럼 오래도록 변치 않는 아름다운 우정을 비유	《세설신어》 (소설)	고등 한문
금시초문 今時初聞	지금 처음 듣는 이야기	이전에는 들어 보지 못한, 이제 막 처음으로 듣는 말을 나타내는 사자성어	우리식 성어	초등
금의야행 錦衣夜行	비단옷을 입고 밤길을 다닌다.	어떻게든 자랑하지 않으면 생색이 나지 않음을 비유하는 성어로 조롱의 뉘앙스	《사기》 (역사)	고등 한문
기고만장 氣高萬丈	기가 만 길이나 뻗친다.	오만함이 하늘을 찌를 정도라는 비유	출처 불명	초등 도덕 연계
난공불락 難攻不落	공격하기 어려워 함락되지 않는다.	맞서는 힘이 워낙 강해서 상대하기 어렵거나, 그런 상대를 가리키는 성어	일본식 성어	초등 국어 연계
난형난제 難兄難弟	형이라 하기도 아우라 하기도 어렵다.	두 사물이나 사람이 비슷하여 낫고 못함을 가리기 어렵다는 것을 비유	《세설신어》 (소설)	고등 한문
낭중지추 囊中之錐	자루 속 송곳	끝이 뾰족한 송곳은 자루 속에 들어 있어도 언젠가는 자루를 뚫고 나오듯이 뛰어난 재능을 가진 인재는 눈에 띄기 마련이라는 비유	《사기》 (역사)	고등 한문

48

노심초사 勞心焦思	몸은 지치고 애가 탄다.	몸과 마음이 힘들고 초조하여 애가 타는 모습을 비유	《사기》 (역사)	초등 국어 연계
농부아사 農夫餓死, 침궐종자 枕厥種子	농부는 굶어 죽을지언정 그 씨앗을 베 고 눕는다.	농사를 짓는 농부에게 종자는 생명과 같아 굶어서 죽더라도 씨앗은 먹지 않는다는 것을 표 현한 우리 속담	《이담속찬》 (문집) 우리식 성어	고등 한문
누란지위 累卵之危	층층이 쌓은 알의 위태로움	곧 무너질 것 같은 아슬아슬한 위기 상황을 비유	《사기》 (역사)	고등 한문
다다익선 多多益善	많으면 많을 수록 좋다.	오만한 성격을 비유하는 성어 라는 점에 유의	《사기》 (역사)	초등 사회 연계
다재다능 多才多能	재주와 능력 이 많다.	여러 방면에서 남다른 재능을 가진 사람을 비유	《상서》(경전)	초등 국어 연계
다정다감 多情多感	정이 많고 감 정이 풍부하 다.	사물이나 사람에 대해 애틋한 정이 많고 느낌이 풍부함을 일 컫는 성어	〈유초청〉(시)	중등 한문
단기지계 斷機之戒	베틀 북을 끊 는 경계	공부를 게을리 한 어린 맹자를 깨우치려고 베틀 북을 끊어 버 린 맹자 어머니의 고사	《열녀전》 《삼자경》 (기타)	고등 한문
담호호지 談虎虎至, 담인인지 談人人至.	호랑이를 말 하면 호랑이 가 오고, 사람 을 말하면 그 사람이 온다.	얘기하는데 공교롭게 그 사람 이 나타나는 것을 비유하는 우 리 속담으로 당사자가 없다고 말을 함부로 하지 말라는 경계 의 뜻	《순오지》 (문집) 우리식 성어	중등 한문
당랑거철 螳螂拒轍	사마귀가 수 레를 막아서 다.	자기 힘은 생각하지 않고 강한 상대에게 무모하게 대드는 행 위를 비유	《장자》 (제자백가)	고등 한문
대기만성 大器晚成	큰 그릇은 늦 게 이루어진 다.	크게 될 인재는 오랜 단련이 필 요한 터, 인재로 성장하는 데 시간이 걸린다는 비유	《노자(老子)》 (제자백가)	초등 고등 한문
대의명분 大義名分	큰 의리와 명 분	사람으로서 마땅히 지켜야 할 도리나 본분	일본식 성어	초등
도원결의 桃園結義	복숭아나무 동산에서 의 형제를 맺음	유비, 관우, 장비가 의형제를 맺 은 고사를 나타내는 성어	《삼국연의》 (소설)	고등 한문
독목불성림 獨木不成林	나무 한 그 루로는 숲을 이 룰 수 없다.	혼자서는 힘이 부쳐 누군가 도 와야 큰일을 할 수 있음을 비유	〈달지〉 (기타)	중등 한문

동가홍상 同價紅裳	같은 값이면 붉은 치마	같은 조건이라면 보기 좋은 것 을 갖고 싶어 하는 심리를 비유	《동언해》 (문집) 우리식 성어	고등 한문 ──── 수능
동고동락 同苦同樂	괴로움과 즐 거움을 함께 한다.	어려울 때나 좋을 때나 늘 같은 마음으로 함께 도우며 살아가 는 사이를 비유	《전국책》 (역사)	초등 도덕 연계 중등 한문
동문서답 東問西答	동쪽을 묻는 데 서쪽으로 답한다.	묻는 말에는 아랑곳하지 않고 엉뚱한 답을 말하는 것을 비유	우리식 성어	초등
동병상련 同病相憐	같은 병을 앓 는 사람끼리 서로 가엾게 여긴다.	같은 처지에 놓인 사람들끼리 서로 불쌍히 여겨 돕는 관계를 비유	《오월춘추》 (역사)	초등 국어 연계
동분서주 東奔西走	동쪽으로 뛰 고 서쪽으로 달린다.	이리저리 몹시 바쁘게 다니는 것을 비유	《심원춘》 (문집)	고등 한문
동상이몽 同床異夢	같은 침상에 서 다른 꿈을 꾼다.	겉으로는 같이 행동하면서 서로 다른 생각을 하고 있음을 비유	〈여주원회 비서서〉 (문집)	초등 국어 연계 고등 한문
등용문 登龍門	용문에 오르 다.	어려운 관문을 통과하여 크게 출세하거나 성공한 것을 비유	《후한서》 (역사)	고등 한문
등하불명 燈下不明	등잔 아래가 밝지 않다.	가까이 있는 사물이나 일에 대 해 잘 모르는 것을 비유하는 '등잔 밑이 어둡다'는 우리 속담	《동언해》 《백언해》 (문집)	중등 한문
마이동풍 馬耳東風	말 귀에 부는 동쪽 바람	남의 비판이나 의견에 아랑곳 하지 않은 채 흘려 버리고 무시 하는 경우를 비유	〈답왕십이한 야독작유회〉 (시)	초등 ──── 수능
마행처 馬行處 우역거 牛亦去	말 가는 데 소도 간다.	다른 사람이 하는 일은 나도 할 수 있다는 비유의 우리 속담	《순오지》 《열상방언》 《동언해》 (문집)	중등 한문
막상막하 莫上莫下	위도 아니고 아래도 아니다.	우열이나 승부를 가리기 어려 운 상황을 비유	우리식 성어 (?)	중등 학문
맹모삼천 孟母三遷	맹자 어머니 가 세 번 이 사하다.	자식의 교육을 위해 세 번이나 이사한 맹모의 고사에서 비롯 된 성어	《열녀전》 《삼자경》 (기타)	고등 한문

명실상부 名實相符	명성과 실제 가 일치하다.	알려진 것(명성)과 실제 상황(또 는 실력)이 같은 경우를 가리키 는 성어	〈여왕수서〉 (편지)	초등 고등 한문
명재경각 命在頃刻	목숨이 순간 에 달려 있다.	행동이나 일이 극히 짧은 시간에 이루어져야 한다는 것을 비유	변형된 우리식 성어 (?)	고등 한문 수능
모수자천 毛遂自薦	모수가 자신 을 추천하다.	인재가 자신의 능력을 입증하 기 위해 타인의 추천이 아닌 자 신을 추천하는 것을 비유	《사기》 (역사)	고등 한문
목불식정 目不識丁	눈으로 보고도 '정(丁)' 자를 못 알아본다.	글자를 전혀 모르는 까막눈을 비유	《구당서》 (역사)	중등 한문
무아도취 無我陶醉	자신의 존재를 완전히 잊고 흠뻑 취한다.	자기가 좋아하는 것에 정신이 쏠려서 자신조차 잊어버린 상 태를 비유	출처 불명	초등
무용지물 無用之物	쓸모없는 물 건	아무 쓸모가 없는 물건이나 아 무짝에도 쓸 데가 없는 사람을 비유	출처 불명	초등 국어 연계
문일지십 聞一知十	하나를 들으 면 열을 안다.	하나를 듣고 여러 가지를 이해, 유추하는 능력이나 재능 또는 그런 사람을 비유	《논어》 (경전)	중등 한문
미풍양속 美風良俗	아름다운 기 풍과 좋은 풍 속	오래전부터 전해 오는 아름답 고 좋은 사회적 기풍과 습속을 일컫는 용어	일본 또는 우리식 성어 (?)	중등 한문
박장대소 拍掌大笑	손바닥을 치 며 큰 소리로 웃는다.	아주 기분 좋은 모습을 형용하 는 성어	《세설신어》 (소설)	초등 국어 연계
박학다식 博學多識	학문이 넓고 아는 것이 많 다.	무엇이든 훤히 통하여 모르는 것이 없음을 비유	《주자어류》 (문집) 《진서》(역사)	초등
반구저기 反求諸己	돌이켜 자기 자신에게서 찾는다.	행동해서 원하는 결과가 얻어 지지 않더라도 자기 자신을 돌 아보고 반성하여 원인을 찾아 야 한다는 뜻	《논어》 (경전)	중등 한문
반신반의 半信半疑	반은 믿고 반 은 의심한다.	진짜인지 가짜인지, 거짓인지 진실인지 확정할 수 없는 상황 이나 그런 사람 등을 비유	〈답석난택무 길흉섭생론〉 (기타)	초등

발분망식 發憤忘食	분이 나서 먹는 것도 잊는다.	끼니마저 잊을 정도로 어떤 일에 열중하거나 분을 내는 모습을 비유	《논어》 (경전)	고등 한문
배수지진 背水之陣	물을 등지고 쳐 놓은 진	더 이상 물러설 수 없는 상황을 만들어 죽기를 각오하고 맞서 싸우는 것을 형용	《사기》 (역사)	고등 한문
백골난망 白骨難忘	죽어서 뼈만 남아도 잊지 못한다.	죽어도 잊지 못한다는 뜻으로, 큰 은혜에 감격하여 그 은혜를 잊지 않겠다는 의미의 우리식 성어	《유충렬전》 (소설) 우리식 성어	초등
백문불여 일견 百聞 不如一見	백 번 듣는 것보다 한 번 보는 것이 낫다.	여러 번의 간접 경험보다 직접 경험 한 번이 낫다는 비유	《한서》(역사)	중등 한문
백아절현 伯牙絶絃	백아가 거문고 줄을 끊다.	죽은 친구를 위해 다시는 연주하지 않겠다는 결심으로, 깊은 애도의 뜻	《열자》 (제자백가)	고등 한문
백절불굴 百折不屈	백 번 꺾어도 굽히지 않는다.	어떤 난관에도 굽히지 않는다는 의지를 나타내는 성어	《탁충의공 유고서후》 (문집)	고등 한문
부자자효 父慈子孝	부모는 자애롭고 자식은 효성스럽다.	부모와 자식의 관계가 어떠해야 하는가를 나타낸 성어	《예기》 (경전)	중등 한문
부지기수 不知其數	그 수를 알 수 없다.	헤아릴 수 없이 아주 많음을 나타내는 성어	우리식 성어	초등 국어 연계
부화뇌동 附和雷同	우레 소리에 맞추어 함께 하다.	자신의 뚜렷한 생각 없이 그저 남이 하자는 대로 따라가는 것을 비유	일본식 또는 우리식 성어	초등 국어 연계 수능
분골쇄신 粉骨碎身	뼈가 가루가 되고 몸이 부서지다.	온 힘을 다해 노력하고 최선을 다하는 것을 비유	《곽소옥전》 (소설)	초등 국어 연계
비일비재 非一非再	한두 번이 아니다.	어떤 일이나 상황이 자주 일어나는 것을 말하는 성어	우리식 성어	초등
사리사욕 私利私慾	사사로운 이익과 사사로운 욕심	개인의 이익과 욕심을 나타내는 성어	일본식 성어	초등 국어 연계

사면초가 四面楚歌	사방에서 들리는 초나라 노래	사방이 (적에게) 둘러싸인, 누구의 도움도 받을 수 없는 외롭고 곤란한 상황이나 처지를 나타내는 고사성어	《사기》 (역사)	초등 국어 연계 ───── 고등 한문 ───── 수능
사문난적 斯文亂賊	성리학의 교리와 사상을 어지럽히는 사람 또는 사상	고려와 조선의 유교 이념과 성리학에 반대하는 사람 또는 사상을 비난하고 공격하는 용어	우리식 성어 (?)	고등 한문
사상누각 砂上樓閣	모래 위에 지은 누각	모래 위에 지은 집처럼 근거나 토대가 없는 사물이나 생각을 비유	일본식 성어	초등
사생결단 死生決斷	생사를 두고 결단을 내리다.	죽기를 각오하고 굳게 마음먹는 경우를 비유	우리식 성어	초등
사생취의 捨生取義	목숨을 버리고 의를 좇는다.	목숨을 버릴지언정 옳은 일을 한다는 뜻	《맹자》 (경전)	고등 한문
사통팔달 四通八達	사방으로 통하고 팔방으로 뚫리다.	도로, 통신망, 교통망 등이 막힘 없이 이러저리 다 통하는 것을 비유	《진서》 (역사)	중등 한문
사필귀정 事必歸正	일은 반드시 옳은 이치로 돌아간다.	모든 일은 순리대로 바른길을 찾아가기 마련이라는 뜻	불교 용어 우리식 성어	초등 국어 연계 ───── 중등 한문
산전수전 山戰水戰	산에서 싸우고 물에서 싸운다.	세상의 온갖 고생을 다 겪었거나, 세상일에 경험이 많은 것을 가리킴	우리식 성어	초등 국어 연계
살신성인 殺身成仁	자신의 몸을 죽여 인(仁)을 이룬다.	자신의 몸을 희생하여 옳은 일을 행한다는 뜻	《논어》 (경전)	초등 도덕 연계 ───── 중등 한문
삼고초려 三顧草廬	초가집을 세 번 찾다.	인재를 얻기 위해 참을성 있게 정성을 다한다는 뜻	《삼국지연의》 (소설)	고등 한문
삼성오신 三省吾身	세 번(세 가지) 내 몸을 반성한다.	늘 자신에게 잘못이 없는지 되돌아본다는 뜻	《논어》 (경전)	중등 한문
삼인성호 三人成虎	세 사람이 모이면 호랑이도 만든다.	근거 없는 말이나 거짓말이라도 여러 사람이 같은 말을 하면 곧이듣는다는 뜻	《전국책》 (역사)	고등 한문

삼척동자 三尺童子	키가 석 자밖에 안 되는 어린아이	철없는 어린아이를 가리키는 성어	〈논회서사의장〉 (기타)	중등 한문
상부상조 相扶相助	서로서로 돕는다.	서로를 붙잡아 주고 도와주는 것을 뜻하는 성어	《맹자》(경전) 《수호전》(소설)	중등 한문
상전벽해 桑田碧海	뽕나무 밭이 푸른 바다가 되다.	세상이 몰라볼 정도로 달라졌음을 비유	〈장안고의〉 (시)	초등 사회 연계 수능
새옹지마 塞翁之馬	변방에 사는 노인의 말	세상사 좋은 일이 나쁜 일이 되기도 하고, 나쁜 일이 좋은 일이 되기도 하므로 미리 예측하기 어렵다는 뜻	《회남자》 (제자백가)	초등 중등 한문 고등 한문 수능
생사고락 生死苦樂	삶과 죽음, 괴로움과 즐거움을 통틀어 일컫는 말	오랫동안 모든 것을 함께한 사이를 가리키는 성어	우리식 성어	초등
선견지명 先見之明	먼저(미리) 보는 밝은 눈	앞으로 닥쳐올 일을 미리 아는 지혜를 가리키는 성어	《후한서》 (역사)	초등
설상가상 雪上加霜	내린 눈 위에 서리까지 내리다.	어려운 일이 계속 생기는 상황을 가리키는 성어	《경덕전등록》 (불교)	초등 도덕 연계 수능
소탐대실 小貪大失	작은 것을 탐내다 큰 것을 잃는다.	눈앞에 보이는 작은 이익을 욕심내다 더 큰 것을 잃는다는 뜻	《여씨춘추》 (제자백가)	초등 국어 연계
속수무책 束手無策	손이 묶이고 대책이 없다.	손이 묶여 어찌할 수 없어 꼼짝 못 하거나, 일이 잘못되어도 대책이 없는 상황을 비유	《노재집》 (문집)	초등 도덕 연계 고등 한문
송양지인 宋襄之仁	송나라 양공의 어짊	쓸데없는 인정을 베푸는 행위를 비유	《좌전》(역사)	고등 한문
수수방관 袖手傍觀	손을 옷소매에 넣고 곁에서 쳐다본다.	어떤 일을 당하는데 곁에서 쳐다만 보고 돕지 않는 것을 비유	〈제유자후문〉 (기타)	초등
수주대토 守株待兔	나무 그루터기를 지키며 토끼를 기다린다.	한 가지 일에만 얽매여 발전을 모르는 어리석은 사람, 경험 부족으로 변통을 모르는 속 좁은 사람 또는 요행을 바라는 심리를 비유	《논형》 (기타)	고등 한문 수능

순망치한 脣亡齒寒	입술이 없어지면 이가 시리다.	서로 떨어질 수 없는 밀접한 관계를 비유	《좌전》 (역사)	초등 고등 한문 수능
승승장구 乘勝長驅	싸움에서 이긴 기세를 타고 계속 몰아치다.	일이 잘될 때 계속 그 기세를 유지하여 더 큰 승리와 더 많은 것을 얻는다는 뜻	우리식 성어	고등
시기상조 時機尙早	아직 때가 이르다.	어떤 일을 하기에 아직 적절한 때가 되지 않았음을 뜻하는 성어	일본식 성어	초등
시시비비 是是非非	옳은 것은 옳고, 그른 것은 그르다.	매사에 일을 바르게 판단하고, 잘잘못을 가린다는 뜻의 성어	《순자》 (제자백가)	초등 국어 연계
시종일관 始終一貫	처음부터 끝까지 같은 자세나 의지를 보이는 것	어떤 일을 할 때 처음 먹은 마음을 끝까지 바꾸지 않고 마무리하는 자세와 태도를 가리키는 성어	〈항일 시기 중국 공산당의 임무〉 (기타)	초등
심기일전 心機一轉	마음의 틀을 바꾼다.	어떠한 동기에 의하여 마음을 바꾼다는 뜻인데, 마음의 자세를 새롭게 가다듬는다는 의미가 강하다.	일본식 성어	초등 국어 연계
심사숙고 深思熟考	깊게 생각하고 곰곰이 살핀다.	일이나 상황이 왜 이렇게 되었는지 차분하고 깊게 곰곰이 생각하는 것을 가리킴	《위서》 (역사)	초등 국어 연계
십시일반 十匙一飯	열 사람이 한 술씩 보태면 한 사람 먹을 분량이 된다.	여러 사람이 힘을 합하면 한 사람을 돕기는 쉽다는 뜻의 우리 속담을 한문으로 바꾼 성어	《이담속찬》 (문집) 우리식 성어	초등 도덕 연계
십중팔구 十中八九	열에 여덟아홉	거의 예외 없이 그럴 것으로 추측할 수 있음을 비유	〈부신행〉 (시)	초등
아복기포 불찰노기 我腹旣飽 不察奴飢	제 배가 부르면 종 배고픈 줄 모른다.	자신의 처지가 나아지면 남의 어려움을 생각하지 않는 것을 비유하는 우리 속담의 한문 표현	《이담속찬》 《백언해》 (문집) 우리식 성어	고등 한문
아전인수 我田引水	제 논에 물 대기	자기 이익만 생각하고 행동하거나 자신에게만 이롭도록 억지로 꾸미는 것을 비유	일본식 성어	초등 국어 연계 수능

안하무인 眼下無人	눈 아래 사람이 없다.	잘난 체하며 겸손하지 않고 건방져서 다른 사람을 업신여기는 것을 비유	《이각박안 경기》(소설)	초등 국어 연계 ――― 수능
애지중지 愛之重之	무엇을 매우 사랑하고 중시하다.	특정한 그 무엇 또는 사람을 몹시도 소중하게 여기는 것을 비유	〈계형자엄 돈서〉(기타)	초등
어부지리 漁父之利	어부의 이익	둘이 다투는 사이 제3자가 이익을 얻는 것을 비유	《전국책》 (역사)	초등 국어 연계
어불성설 語不成說	하는 말이 앞뒤가 맞지 않는다.	말이나 문장이 이치나 맥락에 맞지 않아 온전한 말이나 문장이 되지 못함을 비유하는 표현	우리식 성어	초등 국어 연계 ――― 수능
여리박빙 如履薄氷	살얼음을 밟는 듯하다.	아슬아슬하고 위험한 상황을 비유	《시경》 (경전)	고등 한문
역지사지 易地思之	입장을 바꿔서 생각한다.	다른 사람의 처지에서 생각해 볼 것을 비유	우리식 성어	초등 국어 연계
연목구어 緣木求魚	나무에 올라가서 물고기를 구한다.	안 되는 일을 굳이 하려는 행동을 비유	《맹자》 (경전)	고등 한문 ――― 수능
오리무중 五里霧中	짙은 안개가 5리나 끼어 있는 가운데 있다.	안개가 자욱하게 낀 상황처럼 일의 갈피나 사람의 행방을 알 수 없는 것을 비유	《후한서》 (역사)	초등
오비삼척 吾鼻三尺	내 코가 석 자다.	내 일이나 사정이 급해 다른 사람의 사정을 돌볼 겨를이 없음을 비유하는 우리 속담	《동한역어》 외(문집) 우리식 성어	중등 한문
오비이락 烏飛梨落	까마귀 날자 배 떨어진다.	관계없는 일이 우연히 동시에 일어나 괜히 의심을 받는 상황을 비유	《순오지》 외 우리식 성어	중등 한문 고등 한문
오십보백보 五十步百步	오십 걸음과 백 걸음	조금 낫고 못한 정도의 차이는 있으나 본질적으로는 차이가 없음을 비유	《맹자》 (경전)	중등 한문
오월동주 吳越同舟	오나라 사람과 월나라 사람이 한 배를 타다.	적이라도 위험에 처하면 서로 돕는 것을 비유	《손자병법》 (제자백가)	고등 한문 ――― 수능

온고지신 溫故知新	옛것을 익혀 새것을 알다.	앞서 배운 것을 수시로 익혀서 그때마다 새로운 깨달음을 얻 는 것을 비유	《논어》 (경전)	초등 사회 연계 중등 한문 고등 한문 수능
와신상담 臥薪嘗膽	장작 더미 에 서 자고 쓸개 를 핥는다.	원수를 갚거나 마음먹은 일을 이루기 위해 온갖 어려움과 괴 로움을 참고 견디는 것을 비유	《사기》 (역사)	고등 한문 수능
외유내강 外柔內剛	겉으로 보기에 는 부드러우나 속은 꿋꿋하고 강하다	약하고 부드러워 보이지만 의 지가 강한 사람을 비유	《역경》 (경전)	초등 도덕 연계 고등 한문
용두사미 龍頭蛇尾	용의 머리에 뱀의 꼬리	시작은 대단했으나 그 끝은 보 잘것없음을 비유	《주자어류》 (문집)	초등
우공이산 愚公移山	우공(어리석은 노인)이 산을 옮긴다.	무슨 일이든 꾸준히 노력하면 결국 큰일을 이룰 수 있음을 비 유	《열자》 (제자백가)	중등 한문 고등 한문
우도할계 牛刀割鷄	소 잡는 칼로 닭을 자른다.	작은 일에 어울리지 않게 큰 도 구를 쓰는 것을 비유	《논어》 (경전)	고등 한문
우왕좌왕 右往左往	오른쪽으로 갔다 왼쪽으 로 갔다 한다.	바른 방향을 잡지 못하거나 차 분하게 행동하지 못하고 갈팡 질팡하는 모습을 비유	일본식 성어	초등 도덕 연계
우유부단 優柔不斷	너무 부드러 워 맺고 끊지 못한다.	어떤 일을 할 때 망설이기만 하 고 과감하게 실행하지 못함을 비유	《한비자》 (제자백가)	초등 도덕 연계
우자패지 어역리 愚者敗之 於逆理	어리석은 사 람은 이치를 거스르는 데 서 실패한다.	어리석은 사람은 세상사 이치 나 올바른 길이 아닌 그와 반대 로 행동하기 때문에 실패한다 는 뜻	최치원, 〈토황소격문〉 (기타)	중등 한문
월단평 月旦評	매월 초하루 의 논평	인물이나 그 인물의 글에 대한 평을 비유	《후한서》 (역사)	고등 한문
위풍당당 威風堂堂	위엄이 넘치 고 거리낌 없 이 떳떳하다.	모습이나 크기가 남을 압도할 만큼 의젓하고 엄숙한 태도나 기세를 비유	출처 불명	초등 도덕 연계
유구무언 有口無言	입이 있어도 할 말이 없다.	잘못한 것이 너무 분명해서 변 명할 말이 없음을 비유	우리식 성어	초등 수능

유비무환 有備無患	준비가 있으면 근심이 없다.	미리 준비되어 있으면 어떤 어려움도 없고 뒷걱정도 없다는 뜻	《상서》 (경전)	초등
유야무야 有耶無耶	있는 듯 없는 듯	있는 것 같기도 하고 없는 것 같기도 한 흐지부지한 상태나 상황을 비유	불교식 용어	고등 한문
유유자적 悠悠自適	여유가 있어 한가롭고 걱정이 없는 모양	속세를 떠나 아무 속박 없이 조용하고 편안하게 사는 모습을 비유	일본식 성어 〈중승장공 묘지명〉 (기타)	고등 한문
읍참마속 泣斬馬謖	눈물을 흘리며 마속의 목을 베다.	큰 목적을 위해 자기가 아끼는 사람을 버린다는 뜻	《삼국연의》 (소설)	고등 한문
이구동성 異口同聲	입은 다르지만 하는 말은 같다.	여러 사람이 같은 의견이나 입장을 보이는 모습을 비유	《송서》 (역사)	초등 국어 연계
이실직고 以實直告	사실을 그대로 말한다.	사실을 있는 그대로 바로 알린다는 뜻	우리식 표현	초등 국어 연계 수능
이심전심 以心傳心	마음으로 마음을 전한다.	굳이 말이나 글로 전하지 않아도 서로 마음이 통한다는 뜻	《육조단경》 《불경》	초등
이전투구 泥田鬪狗	진흙탕에서 싸우는 개	자기 이익을 위해 비열하게 다투는 것을 비유	《택리지》 우리식 성어	고등 한문
인과응보 因果應報	원인과 결과는 서로 물린다.	좋은 일에는 좋은 결과가, 나쁜 일에는 나쁜 결과가 돌아온다는 뜻	《자은전》 불교식 성어	초등
인산인해 人山人海	사람이 산과 바다를 이룬다.	헤아릴 수 없이 많은 사람이 모여 있는 모습을 비유	《수호전》 (소설)	초등 국어 연계
인지상정 人之常情	사람으로 누구나 가지는 보통의 감정이나 생각	일반인이 통상적으로 가진 감정을 가리키는 성어	《조씨백중 우의전》 (기타)	초등 국어 연계
일석이조 一石二鳥	돌 하나로 두 마리 새를 잡다.	한 가지 일을 해서 두 가지 이익을 한 번에 얻는 것을 비유	영어식 격언	초등 도덕 연계 중등 한문
일취월장 日就月將	매일 얻는 바가 있고 매달 진보한다.	학문이나 실력이 날마다 달마다 성장하고 발전하는 것을 비유	《시경》 (경전)	초등 도덕 연계

임기응변 臨機應變	그때그때 처한 형편에 따라 알맞게 일을 처리한다.	갑작스러운 상황에서 빠르고 순발력 있게 행동하거나 대처하는 것을 비유	《구당서》 (역사)	초등 국어 연계
임전무퇴 臨戰無退	싸움에 임해서 물러나면 안 된다.	자신이 맡은 일이나 해야 할 일을 포기하지 말라는 뜻의 성어로 화랑도 세속오계의 하나	《삼국유사》 《삼국사기》 (역사)	초등
입신양명 立身揚名	몸을 세우고 이름을 날리다.	명예나 부, 지위 따위를 얻어 사회적으로 출세하는 것을 비유	《효경》 (경전)	초등 국어 연계
입현무방 立賢無方	인재를 기용할 때 부류를 따지지 않는다.	인재를 기용할 때 출신 등을 가리지 말고 능력에 따라 기용해야 함을 비유	《맹자》 (경전)	고등 한문
자격지심 自激之心	스스로 모자란다고 생각하는 마음	자신의 처지나 자신이 한 일에 대해 부족하다고 생각하는 열등감을 비유	우리식 성어 (?)	초등 도덕 연계
작심삼일 作心三日	마음먹고 사흘	무엇인가 해 보겠다고 마음을 먹지만 얼마 지나지 않아 포기하는 것을 비유	우리식 성어	초등 도덕 연계
적공지탑 불휴積功 之塔不墮	공들여 쌓은 탑은 무너지지 않는다.	정성을 다해 최선을 다한 일은 그 결과가 헛되지 않음을 비유하는 우리 속담	《순오지》 (문집) 우리식 표현	고등 한문
적반하장 賊反荷杖	도둑이 도리어 매를 든다.	잘못한 자가 오히려 잘한 사람을 나무라는 경우를 비유	《순오지》 (문집) 우리식 표현	초등 국어 연계
전화위복 轉禍爲福	화가 바뀌어 복이 된다.	좋지 않은 일이 계기가 되어 오히려 좋은 일이 생겼음을 비유	《사기》 (역사)	초등 고등 한문 수능
정문일침 頂門一針	정수리에 침을 놓는다.	따끔한 충고나 교훈을 비유	〈제무타조 공사집정은 수간〉(기타)	중등 한문
조삼모사 朝三暮四	아침에 세 개, 저녁에 네 개	잔꾀로 남을 속이는 것을 비유	《장자》 (제자백가)	초등 국어 연계 중등 한문
주객전도 主客顚倒	주인과 손님이 뒤바뀌다.	서로의 입장이 뒤바뀐 것이나 일의 차례가 뒤바뀐 것을 비유	〈전운포우 화종문〉 (기타)	초등

주마간산 走馬看山	말을 달리며 산을 본다.	자세히 살피지 않고 대충대충 보고 지나가는 것을 비유	〈등과후〉(시)	중등 한문
죽마고우 竹馬故友	대나무로 만든 말을 타고 놀던 친구	어릴 때부터 사귀어 온 오랜 친구를 비유	〈장간행〉(시)	초등 국어 연계
지과필개 知過必改	잘못을 알면 반드시 고친다.	자신이 무엇을 잘못했는지 알면 틀림없이 잘못을 바로잡는다는 뜻	《천자문》 (기타)	중등 한문
지록위마 指鹿爲馬	사슴을 가리켜 말이라고 한다.	위아래 사람들을 농락하여 권력을 마음대로 휘두르는 것을 비유	《사기》 (역사)	고등 한문
지성감천 至誠感天	지극한 정성이 하늘을 감동시킨다.	하늘조차 감동시킬 수 있는 지극한 정성을 나타내는 성어	《중용》 (경전)	중등 한문
지피지기 知彼知己	적을 알고 나를 안다.	싸움에 임해서는 상대를 먼저 알고 나를 알아야 한다는 뜻	《손자》 (제자백가)	초등 중등 한문
천고마비 天高馬肥	하늘은 높고 말은 살찐다.	맑고 풍요로운 가을을 비유하는 성어	《전당시》(시)	초등
천리지행 시어족하 千里之行 始於足下	천 리 먼 길도 발아래에서 시작한다.	무슨 일이든 시작이 있고 그 시작이 중요하다는 것을 비유	《도덕경》 (제자백가)	중등 한문
청출어람 靑出於藍	푸른색은 쪽빛에서 나오지만 쪽빛보다 푸르다.	제자가 스승보다 뛰어남을 비유하는 성어	《순자》 (제자백가)	초등 중등 한문 수능
쾌도난마 快刀亂麻	잘 드는 칼로 엉킨 삼 가닥(실타래)을 자른다.	어지럽게 얽힌 사물이나 상황을 하나하나 풀려 하지 말고 강하고 빠르고 명쾌하게 처리하는 것을 비유	《북제서》 (한문)	고등 한문
타산지석 他山之石	다른 산의 돌	다른 사람의 잘못된 행동이나 실패한 모습도 자기 수양에 도움이 됨을 비유	《시경》 (경전)	초등 고등 한문
파안대소 破顔大笑	얼굴이 찢어질 정도로 크게 웃는다.	매우 즐거운 표정으로 활짝 웃는 모습을 비유	일본식 성어	중등 한문

60

파죽지세 破竹之勢	대나무를 쪼개는 듯한 기세	거침없이 맹렬하게 나아가는 모습이나 세력이 강해서 감히 맞설 상대가 없는 것을 비유	《진서》 (역사)	초등
파천황 破天荒	천황을 깨뜨린다.	이전에 아무도 하지 못한 일을 처음으로 해내는 것을 비유	《북몽쇄언》 (소설)	고등 한문
풍전등화 風前燈火	바람 앞의 등불	매우 위험하거나 오래 견디지 못할 상황 또는 바람에 꺼지는 등불처럼 덧없음을 비유	일본식 성어(?) 《구사론소》 (불교)	초등 도덕 연계
합종연횡 合縱連橫	합종책과 연횡책	약자끼리 연합하여 강자에 대항하거나 강자와 손잡는 외교책략을 비유	《전국책》 《사기》 (역사)	고등 한문
형설지공 螢雪之功	반딧불이와 눈으로 이룬 공부	고생스럽게 꾸준히 공부하여 성취를 이루는 것을 비유	《손씨세록》 (기타) 일본식 성어(?)	고등 한문
호가호위 狐假虎威	여우가 호랑이의 위세를 빌리다.	남의 권세. 즉 힘을 빌려서 위세 부리는 것을 비유	《전국책》 (역사)	중등 한문 수능
호연지기 浩然之氣	하늘과 땅 사이에 가득 찬 넓고 큰 기운	넓고 크고 올바른 마음이 가득 찬 것을 비유	《맹자》 (경전)	초등 고등 한문
호접몽 胡蝶夢	나비의 꿈	인생의 덧없음을 비유하는 성어	《장자》 (제자백가)	고등 한문
홍문지회 鴻門之會	홍문의 만남	상대를 죽이기 위해 마련한 술자리를 비유	《사기》 (역사)	고등 한문
홍일점 紅一點	한 떨기 붉은 꽃	여럿 가운데 색다른 하나. 여러 남자 사이에 있는 한 여자를 비유	〈영석류화〉 (시)	고등 한문
화사첨족 畫蛇尖足	뱀을 그리면서 발을 보탠다.	쓸데없는 일을 보태 도리어 잘 못되게 하는 경우를 비유	《전국책》 (역사)	고등 한문

이상 189개 고사성어의 기본 정보를 표로 정리해 보았다. 이를 토대로 관련 정보를 좀 더 분석해 보자. 먼저 출처다.

출처에서 가장 많은 항목을 차지한 것은 역사서다. 총 46개 항목으로 24퍼센트를 차지한다. 46개 항목 중에서 《사기》는 17개 항목으로 약 37퍼센트이고 189개 항목 전체에서는 약 9퍼센트에 해당한다. 역사서는 물론 다른 종류의 책에 비해서도 단연 압도적인 비중이다.

다음은 사서삼경으로 대표되는 유가의 경전류인데 《예기》와 《효경》을 포함하여 총 25개 항목이다. 이 중 중국인의 바이블이라 부르는 《논어》가 8개 항목, 《맹자》가 6개 항목으로 절반 이상을 차지한다.

다음은 제자백가류와 소설류가 각각 16개 항목을 차지하는데, 둘 다 다양하게 분포하고 있다. 《삼국연의》, 《수호지》 등 중국의 대표적인 소설들은 기존의 좋은 성어들을 좀 더 다듬어 활용하고 있는 점이 눈에 띠었다. 이어 불교 관련서가 5개 항목이다.

우리 속담을 한문으로 바꾼 성어와 중국에서 비롯한 고사성어를 우리식으로 변형하여 사용해 온 성어는 대략 30개 항목이었다. 분량으로 보자면 역사서 다음으로 많은 약 16퍼센트의 비중이지만 순 우리 속담을 한문으로 바꾼 것만 따지면 그 절반인 15개 항목으로 비중이 뚜렷하게 떨어진다. 우리 속담을 좀 더 다양하게 발굴하여 수록하면 좋겠다는 생각을 해 본다. 또 이 책에서 부분적으로 소개하긴 했지만 중국과 일본의 성어들과 같거나 비슷하거나 반대되는 뜻을 가진 우리 속담을 좀 더 연계시켜 공부하거나 활용했으면 하는 바람도 가져본다.

사실 이 책에 수록한 189개 항목 중 우리 속담을 한문으로 바꾼 15개 항목은 분석 대상에서 빠진 다른 교과서들을 다 조사해도 15개 항목에서 크게 벗어나지 않는다. 성어를 추출할 때부터 한문식 우리 속담에 주목했기 때문이다.

끝으로 한 가지 덧붙이고 싶은 말이 있다. 서문에서 강조했듯이 고사성어에서 중요한 것은 고사다. 고사, 즉 스토리의 배경과 그 내용을 알아야 성어를 제대로 구사하기 때문이다. 지면이 한정되어 고사를 충분히 다루지 못했지만 가르치고 배울 때는 고사에 좀 더 관심을 기울여야 할 것이다. 예를 들어 항목에 소개된《사기》의 '낭중지추'와 '모수자천'은 하나의 고사에서 나온 두 개의 성어다. 이 둘을 긴밀하게 연결하여 고사를 구성하면 대단히 흥미로울 뿐만 아니라 인재(人才), 리더의 안목과 관련하여 차원 높은 통찰력을 얻을 수 있다. '알고 쓰는 고사성어'라야 제 역할을 한다.

다른 교과서에 수록된 고사성어 정보표

참고로 이 책에 수록된 고사성어 외에 각종 교과서에 실린 고사성어를 또 하나의 표로 정리했다. 교사 한 분에게서 400여 개 항목을 정리한 파일을 건네받아 출처와 의미 등을 보완한 것이다. 하나하나 따로 분석하지 못했으므로 그 뜻과 출처를 중심으로 간략하게 정리했다. 학제도 표시하지 않았다. 일선에서 학생을 가르치는 교사와 학원 선생님들이 참고하면서 체크해 주었으면 한다. 또 한 분은 수능시험에 출제된 고사성어 항목을 보내 주셔서 비고란에 언급해 둔다. 별도의 분석은 생략한다. 위 189개 항목의 분석과 크게 다르지 않기 때문이다.(이 표에는 총 276개 항목의 고사성어가 있는데, 이미 해설한 189개 항목의 고사성어는 제외했다. 필요한 경우 두 표를 함께 활용하면 된다.)

항목	글자 뜻	함축, 비유	출처(분류)	비고
가렴주구 苛斂誅求	가혹하게 거두고 억지로 빼앗는다.	백성들에게 세금을 비롯하여 재물, 노동력 따위를 지나치게 거두거나 빼앗는 가혹한 정치를 비유	《구당서(?)》	수능
가인박명 佳人薄命	아름다운 사람은 명이 짧다.	미모가 너무 뛰어나거나 재주가 출중하면 운명이 기구하다는 뜻으로 주로 여자를 가리킴	소식(蘇軾), 〈박명가인 (薄命佳人)〉	수능
각골난망 刻骨難忘	뼈에 새겨서 잊지 않는다.	뼛속까지 깊이 새겨질 정도로 큰 은혜를 입었음을 비유	《후한서》 〈황후기〉(상)	
각골지통 刻骨之痛	뼈를 깎는 고통	마음속 깊이 새겨져 잊을 수 없는 원통함을 가리키는 성어	우리식 성어	수능
각골통한 刻骨痛恨	뼈에 새길 정도로 아픈 원한	마음속 깊이 새겨져 잊을 수 없는 고통과 원한을 가리키는 말	우리식 성어	수능
각주구검 刻舟求劍	가는 배에 표시를 하고 검을 찾는다.	어리석고 미련하여 융통성이 없음을 비유하는 성어	《여씨춘추》 〈찰금(察今)〉	
간담상조 肝膽相照	간과 쓸개가 빛을 쪼이다.	간과 쓸개를 내놓을 만큼 진실된 마음으로 친구를 사귀는 진정한 우정	한유(韓愈), 〈유자후묘지명 (柳子厚墓誌銘)〉	수능
간운보월 看雲步月	구름을 바라보고 달빛 아래를 거닌다.	고향과 가족 생각에 낮에는 고향 쪽 하늘의 구름을 바라보고, 밤에는 달을 보며 거닌다는 뜻	두보(杜甫), 〈한별(恨別)〉	
갈이천정 渴而穿井	목이 말라서야 우물을 판다.	곧 다가올 일에 대비하지 않다가 일이 닥쳐서야 허겁지겁 대처한다는 비유	《소문(素問)》 《설원(說苑)》	
감지덕지 感之德之	아주 고맙게 여긴다.	예상한 것보다 너무 잘해 줘서 아주 고마워하는 마음을 표현	우리식 성어	
감탄고토 甘吞苦吐	달면 삼키고 쓰면 뱉는다.	중국 성어의 연고토감(咽苦吐甘)과 반대의 뜻. 자신의 이해와 시비에 따라 멋대로 판단한다는 비유	《구당서》 〈예의지〉(7)	수능
갑남을녀 甲男乙女	갑이란 남자, 을이란 여자	평범한 보통 사람을 가리키는 표현	우리식 성어	
갑론을박 甲論乙駁	갑이 말하면 을이 반박한다.	여러 사람이 자신의 주장을 내세우며 반박하고 논쟁하는 것을 비유	일본식 성어	

강구연월 康衢煙月	큰 거리에 달빛이 연기처럼 비춘다.	도성(나라)이 평화로운 태평성대를 맞이하고 있음을 비유	《열자》 〈중니 편〉	
강호가도 江湖歌道	강호의 노래	조선시대 시가 문학에 널리 나타난 자연 예찬의 문학 사조를 가리키는 용어	조윤제, 《조선시가사상》	
강호한정 江湖閑情	강호의 한가한 정취	'강호가도(江湖歌道)'와 같은 개념. 자연을 예찬하며 한가로이 세월을 보내는 것을 비유	우리식 성어	
개과천선 改過遷善	잘못을 고치고 착하게 변한다.	지난 잘못이나 허물을 고치고 바르고 착하게 변한 것을 말함	《주역(周易)》 '익괘(益卦)'	
거두절미 去頭截尾	머리를 없애고 꼬리를 자른다.	어떤 일의 요점만 간결하게 말한다는 뜻이지만, 자기 멋대로 잘라서 말하는 경우를 지적하기도 함	미상	
거안제미 擧案齊眉	밥상을 들어 눈썹에 맞춘다.	부부가 서로를 존중하며 사이가 좋은 것을 비유	《후한서》	
건곤일척 乾坤一擲	하늘과 땅을 한 번에 던진다.	천하를 걸고 싸우는 큰 승부를 비유	〈과홍구 (過鴻溝)〉	
격물치지 格物致知	일과 마음을 바로잡아 앎에 이른다.	유가의 중요한 공부법으로 사물의 이치를 제대로 탐구하는 것이 곧 진정한 앎이라는 뜻으로 이해	《대학》	
격세지감 隔世之感	오래지 않은 동안 많이 달라진 것 같은 느낌	사람이나 세상사, 사물의 변화가 아주 큰 것에 대한 느낌을 비유	범성대(范成大) 〈오선록하 (吳船綠下)〉	
격화소양 隔靴搔癢	가죽신을 신고 가려운 곳을 긁는다.	노력하지만 성과는 없거나, 일이 철저하지 못해 성에 차지 않음을 비유	《무문관(無門關)》 《시화총구 (詩話總龜)》	
견마지로 犬馬之勞	개나 말의 수고	신하가 임금과 나라를 위해 있는 힘을 다해 충성하는 것을 비유	《진서(晉書)》 〈단작전(段灼傳)〉	
견문발검 見蚊拔劍	모기를 보고 칼을 뽑는다.	사소한 일에 맞지 않게 지나치게 반응하는 것을 비유하는 성어	《위략(魏略)》 〈가리전(苛吏傳)〉	수능
견리사의 見利思義	이익을 보면 의리를 생각하라.	눈앞의 이익을 보면 그것이 의롭고 정당한 것인가를 먼저 생각하라는 뜻	《논어》 〈헌문〉	

견원지간 犬猿之間	개와 원숭이 사이	서로 미워 앙심을 품고 으르렁거 리는 좋지 않은 관계를 비유	우리식 성어	
견위수명 見危授命	위기를 보면 목숨을 바친 다.	나라와 백성이 위기에 처하면 목 숨을 바쳐 그 위기를 헤쳐 나가야 한다는 뜻	《논어》 〈헌문〉	
견토지쟁 犬兎之爭	개와 토끼의 다툼	만만한 둘이 싸우다 지쳐 제3자 가 이득을 보는 경우나 쓸데없는 다툼을 비유	《전국책(戰國策)》 〈제책(齊策)〉	
경국지색 傾國之色	나라를 기울 게 하는 미모	한 나라를 쓰러뜨릴 정도로 미모 가 뛰어난 여자를 가리킴	《사기》 〈항우본기〉 《한서》 〈외척전〉	
경이원지 敬而遠之	공경하되 멀 리하다.	원래는 귀신을 공격하되 멀리하라 는 뜻이었으나 인간관계에서 너무 가까이하지 말라는 뜻도 있음	《논어》 〈옹야〉	
계란유골 鷄卵有骨	계란에도 뼈 가 있다.	일이 안 풀리는 사람은 쉬운 일을 할 때도 뜻하지 않은 장애가 생긴 다는 비유	《송남잡지 (松南雜識)》 우리식 성어	
고량진미 膏粱珍味	기름진 고기 와 쌀밥의 귀 한 음식	부귀영화를 누리며 자기만 잘 먹 고 잘사는 사람을 비유하기도 함	우리식 성어(?)	
고립무원 孤立無援	아무도 돕지 않는 외로운 처지	어려운 처지에 있는데 아무도 돕 지 않는 외톨이 같은 처지를 표현	《후한서》 〈반초전〉	수능
고육지책 苦肉之策	몸을 고통스럽 게 하는 계책	자기편 사람을 일부러 해쳐서 상 대를 속인 다음 상대 진영에 투항 시켜 그 형세를 염탐하는 계책	《삼국연의》 제45회	
고희 古稀	예부터 드물다.	인생 70은 예부터 드물었다는 두 보의 시에서 비롯되어 70세를 가 리킴	두보(杜甫), 〈곡강이수 (曲江二首)〉(2)	
곡학아세 曲學阿世	배운 것을 왜 곡하여 세상 에 아부하다.	지식인이 배운 것을 이리저리 왜 곡하여 권력(자)에 아부한다는 뜻	《사기》 〈유림열전〉	
골육상쟁 骨肉相爭	뼈와 살, 즉 혈육이 서로 싸운다.	같은 피를 나눈 부모 형제나 친인 척이 서로 싸우는 것을 비유. '골 육상잔(骨肉相殘)'	《후한서》 〈종리의전〉	

공평무사 公平無私	사사로운 이익을 꾀하지 않고 일을 바르게 처리한다.	개인의 이익을 생각하지 않고 모든 일을 공평하고 공정하게 처리하는 자세를 가리키는 성어	《전국책》 〈진책〉	
과대망상 誇大妄想	자신이 대단한 사람이라고 착각하는 헛된 생각	현재 자신의 상태와 능력을 터무니없이 크게 여기고 그것을 사실처럼 믿는 잘못된 인식	정신분석학, 심리학 용어	
과전불납리 瓜田不納履	참외밭에서 신발을 고쳐 신지 마라.	자칫 다른 사람에게 오해를 불러올 말이나 행동을 삼가라는 비유. 자두나무 밑에서 모자를 고쳐 쓰지 말라는 '이하부정관(李下不整冠)'과 대구	《고악부 (古樂府)》 〈군자행 (君子行)〉	
괄목상대 刮目相對	눈을 비비고 상대하다.	사람이 전과는 확 달라져서 눈을 씻고 다시 본다는 뜻	《삼국지》 〈여몽전〉	수능
교언영색 巧言令色	교묘한 말과 예쁘게 꾸민 얼굴	일부러 말을 꾸미고 표정을 부드럽게 한다는 뜻으로, 이런 사람은 믿을 수 없다는 의미를 함축	《논어》 〈학이〉	
교왕과정 矯枉過正	굽은 것을 바로잡으려다 너무 곧아진다.	잘못을 바로잡으려다 그것이 지나쳐 그 잘못마저 엉뚱하게 되어 버리는 것을 비유	동중서(董仲舒) 《춘추번로 (春秋繁露)》	
교외별전 教外別傳	가르침 밖에서 따로 전한다.	말이나 문자가 아닌 마음에서 마음으로 진리를 전한다는 불교 선종의 뜻	《원각(圓覺)》	
구곡간장 九曲肝腸	꾸불꾸불 아홉 겹으로 꼬인 간장	한과 시름이 쌓이고 쌓여 꼬일 대로 꼬인 심란한 마음을 비유. '구절회장(九折回腸)'	《한서》 〈사마천전〉 〈보임안서〉	
구밀복검 口蜜腹劍	입에는 꿀을 바르고 배에는 검을 품는다.	겉으로는 달콤한 말로 상대의 비위를 맞추지만 속으로는 엉큼한 생각을 품고 있음을 비유	《자치통감》 '당 현종 천보 원년'	
구사일생 九死一生	아홉 번 죽고 한 번 살아난다.	거의 죽을 뻔하다가 간신히 살아나거나 너무 위태로워 가망이 없음을 비유	굴원, 《이소(離騷)》	
구우일모 九牛一毛	아홉 마리 소에서 털 한 올	아주 하잘것없거나 지극히 사소한 일을 비유하는 성어	〈보임안서〉	수능

구절양장 九折羊腸	아홉 번 굽은 양의 창자	구불구불 험한 산길이나 험난한 여정, 인생살이를 비유. '양장구절'	신기질, 〈수조가두 (水調歌頭)〉	
군웅할거 群雄割據	여러 영웅이 땅을 나누어 차지한다.	여러 강력한 세력이 한 지역을 차지하고 서로 다투는 상황을 가리킴	출처 불명	
권모술수 權謀術數	권세, 모략, 술수	목적 달성을 위해 온갖 모략과 술수를 가리지 않고 사용하는 것을 가리킴. 옛 문헌에 '권수(權數)'가 있음	《관자(管子)》 〈산권수 (山權數)〉	
권불십년 權不十年	권세가 10년 가지 않는다.	아무리 막강한 권력과 권세라도 오래 가지 않는다는 뜻. '열흘 붉은 꽃 없다'는 '화무십일홍(花無十日紅)'과 대구	양만리(楊萬里), 〈납전월계 (臘前月季)〉	수능
권토중래 捲土重來	흙먼지를 일으키며 다시 온다.	실패한 뒤 고난을 딛고 다시 일어남을 비유하는 성어	두목(杜牧), 〈오강정 (吳江亭)〉	
극기복례 克己復禮	나를 이기고 예를 회복한다.	사사로운 이익을 좇는 욕심을 버리고 공익을 위하는 질서, 즉 예를 회복함	《논어》 〈안연〉	
극악무도 極惡無道	더할 나위 없이 악하고 도리가 없다.	인간의 도리를 모르고 아주 악한 것을 비유(극악비도極惡非道)	출처 불명	
근묵자흑 近墨者黑	먹을 가까이 하면 검은 물이 든다.	사람의 성격과 능력은 주위 환경이나 주변 사람에 따라 바뀔 수 있다는 비유	부현(傅玄), 《태자소부잠 (太子少傅箴)》	수능
금과옥조 金科玉條	금과 옥 같은 (법률) 조항	아주 중요해서 반드시 지키거나 원칙으로 받들어야 할 법 조항이나 교훈을 가리킴	우리식 성어	
금상첨화 錦上添花	비단 위에 꽃장식을 더하다.	본래 좋던 것이 더욱 좋아진다는 비유	왕안석(王安石), 〈즉사(卽事)〉	
기사회생 起死回生	죽은 사람을 일으켜 살린다.	중병이나 죽을병에 걸린 사람을 살릴 정도로 의술이 뛰어남을 일컬음	《여씨춘추》; 《사기》 〈편작창공열전〉	
기우 杞憂	기나라 사람의 걱정	쓸데없는 걱정을 비유하는 우화에서 비롯된 단어. '기인우천(杞人憂天)'	《열자(列子)》; 이지(李贄), 〈답주유당서 (答周柳塘書)〉	

기호지세 騎虎之勢	호랑이를 올라탄 기세	이미 시작된 일이라 도중에 그만 둘 수 없는 상황을 비유. 호랑이를 올라타면 내리기 어렵다는 '기호난하(騎虎難下)'	《명사》 〈원화중전(袁化中傳)〉	수능

				⊙ 62항목
낙화유수 落花流水	흐르는 물에 꽃이 떨어진다.	가는 봄의 경치를 나타내거나 힘과 세력이 약해져 보잘것없이 쇠퇴해 가는 것을 비유	고변(高騈), 〈방은자불우(訪隱者不遇)〉	
남가일몽 南柯一夢	남쪽 나뭇가지에 걸린 꿈	인간사 부귀영화와 공명은 한낱 꿈같이 허망하다는 비유	이공좌(李公佐), 《남가기(南柯記)》	
남부여대 男負女戴	남자는 등에 지고 여자는 머리에 인다.	가난하고 어려운 사람이 이런저런 살림을 지고 이고 살 곳을 찾아 이곳저곳을 돌아다니는 것을 비유	우리식 성어(?)	
내우외환 內憂外患	내부의 걱정거리와 외부의 근심거리	안팎으로 걱정과 근심이 겹친 상황을 가리킴	《국어(國語)》 〈진어(晉語)〉	수능
노기충천 怒氣衝天	그 기운이 하늘을 찌를 정도로 화가 난다.	몹시 화난 모습을 비유	양현지(楊顯之), 《소상우(瀟湘雨)》	
노발대발 怒發大發	성이 나서 크게 화를 낸다.	몹시도 화가 나서 펄펄 뛰고 씩씩거리는 모습을 나타냄. '머리카락이 관을 치받을 만큼 화가 난다'는 '노발충관(怒髮衝冠)'	《사기》 〈염파인상여열전〉	
녹음방초 綠陰芳草	우거진 나무 그늘과 싱그러운 풀	나무와 풀이 무성한 여름과 여름 풍경을 가리키는 표현		
녹의홍상 綠衣紅裳	연두 저고리와 다홍치마	곱게 차려입은 아리따운 아가씨의 모습을 비유	'홍상(紅裳)'은 《성세항언(醒世恒言)》	
능소능대 能小能大	작은 일, 큰일에 모두 능하다.	크고 작은 일을 모두 잘한다는 뜻	소옹(邵雍), 〈응용음(應龍吟)〉	

				ⓒ 9항목
다기망양 多岐亡羊	갈림길이 많아 양을 잃어버리다.	하나에 전념하지 않고 이것저것 하느라 성취하지 못함을 비유	《열자(列子)》 〈설부(說符)〉	

단사표음 簞食瓢飮	대바구니에 담긴 밥과 표 주박의 물	아주 형편없는 음식. 가난하지만 깨끗한 생활을 비유	《논어》 〈옹야〉	
대경실색 大驚失色	크게 놀라 얼 굴빛을 잃다.	너무 놀라 얼굴빛이 하얗게 질리 는 것을 비유	《한서》 〈곽광전(霍光傳)〉	
대동소이 大同小異	크게는 같고 약간 다르다.	둘이 조금씩 차이가 나고 다르지 만 크게 보아 거의 비슷함	《장자(莊子)》 〈천하(天下)〉	
독수공방 獨守空房	혼자 빈방을 지킨다.	남편 없이 아내 홀로 지내는 것을 비유	백거이, 〈상양백발인 (上陽白髮人)〉	
독야청청 獨也靑靑	홀로 푸르게 서 있는 모습	모든 것이 변해도 결코 변하지 않 고 굳은 절개를 지키는 것을 비유	성삼문의 시조	수능
동량지재 棟梁之材	대들보가 될 나무	한 집안이나 나라의 중추가 되는 중요한 인재를 비유	《세설신어 (世說新語)》	
동족방뇨 凍足放尿	(추운 겨울) 언 발에 오줌을 누다.	임시로 급하게 처리했으나 점점 나빠지는 상황을 비유하는 우리 속담을 한문으로 바꾼 성어	《선조실록》, 《백언해》, 《동한역어》	
두문불출 杜門不出	문을 닫아걸 고 나오지 않 는다.	외부와의 왕래와 접촉을 끊고 숨 어 지내는 모습을 나타냄	《사기》 〈상군열전〉	
득롱망촉 得隴望蜀	농을 얻고 촉 을 넘보다.	하나를 얻고 나니 다른 것도 얻고 싶어지는 끝없는 욕심을 비유	《후한서》 〈잠팽전(岑彭傳)〉	
등화가친 燈火可親	등불을 가까 이할 수 있다.	등불을 가까이하여 책 읽기 좋은 계절인 가을을 가리킴	한유, 〈부독서성남시 (符讀書城南詩)〉	

ⓒ 11항목

막무가내 莫無可奈	어찌할 수 없 다.	고집이 너무 세거나 무조건 자기 주장만 내세우기 때문에 어찌해 볼 수 없음. 같은 뜻의 '무가내하 (無可奈何)'	우리식 성어 《사기》 〈주본기〉	
막역지우 莫逆之友	서로 거스르 지 않는 친구	허물이 없고 서로 마음이 잘 맞는 아주 친한 친구를 가리킴	《장자》 〈대종사〉	
만단애걸 萬端哀乞	온갖 말로 애 처롭게 빈다.	아주 절박하여 체면 차리지 않고 간 절하게 도움을 요청하는 모습을 비 유. '걸애(乞哀)'로 표현된 기록이 있음	간보(干寶), 《수신기 (搜神記)》	

만단정회 萬端情懷	만 가지나 되는 정서와 회포	마음에 품은 감정이 얽히고설켜 심경이 착잡한 상태	출처 불명	
만시지탄 晩時之歎	때가 늦었음 을 한탄한다.	시기가 지나고 기회를 잃어 돌이킬 수 없음을 안타깝게 여긴다는 뜻	우리식 성어	수능
만신창이 滿身瘡痍	온몸의 부스 럼과 상처	몸 전체가 성한 곳 없이 온통 상 처투성이란 뜻으로 상태가 형편 없이 엉망임을 비유	두보(杜甫), 〈북정(北征)〉	
만화방창 萬化方暢	바야흐로 만 물이 활짝 피 어난다.	봄날을 맞이하여 온갖 생명체가 봄기운을 받아 깨어나거나 피어 남을 뜻함	'방창'은 《장자》 〈대종사〉	
망양보뢰 亡羊補牢	양을 잃고 우 리를 고친다.	일을 그르친 뒤에 바로잡으려 해 봐야 소용없다는 비유. 우리 속담 '소 잃고 외양간 고친다'와 같은 뜻	《전국책(戰國策)》 〈초책(楚策)〉	
망양지탄 望洋之嘆	넓은 바다를 보며 탄식한다.	자기보다 뛰어난 사람에 미치지 못함을 탄식하는 비유	《장자》 〈추수(秋水)〉	수능
망연자실 茫然自失	막막하여 자 신을 잃다.	해결할 길이 없어 어찌할 줄 모르 는 모습이나 상황을 비유	《장자》 〈설검(說劍)〉	
망운지정 望雲之情	떠가는 구름 을 바라보는 마음	타지에서 고향과 부모님을 그리 워하는 마음을 비유	《후당서》 〈적인걸전 (狄仁傑傳)〉	
맥수지탄 麥秀之嘆	무성한 보리 밭을 보고 뱉 은 탄식	세상이 바뀌어 지난날 화려했던 곳이 황폐해진 것을 기자(箕子)가 보고 뱉은 탄식	《사기》 〈송미자세가〉	수능
면종복배 面從腹背	앞에서는 복종 하고 속으로는 배반한다.	보는 앞에서는 따르는 척하지만 속에는 배신의 마음을 품고 있음 을 비유	이녹원(李綠園), 《기로등(岐路燈)》 '면종복비 (面從腹非)'	수능
멸사봉공 滅私奉公	사욕을 버리 고 공익을 받 든다.	사사로운 감정이나 욕심을 없애 고 공익을 위해 힘쓰는 공사 분별 을 가리킴	원진(元積), 《최능수상서호 부시랑제(崔倭授 尙書戶部侍郞制)》	
명경지수 明鏡止水	맑은 거울과 잔잔한 물	차분하고 맑은 사람의 마음가짐 을 비유	《장자》 〈덕충부(德充符)〉	
명약관화 明若觀火	밝기가 불을 보듯 환하다.	어떤 상황이 생각하거나 의심할 여지 없이 아주 분명한 것을 비유	《상서(尙書)》 〈반경(盤庚)〉 (상)	수능

무위도식 無爲徒食	하는 일 없이 밥만 축낸다.	생산적인 일은 하지 않고 먹고 놀기만 하는 모습을 가리킴	우리식 성어	수능
무주공산 無主空山	주인 없는 빈산	아무도 차지하지 않은 빈 장소나 자리 또는 개척되지 않은 분야를 비유	우리식 성어	
묵묵부답 黙黙不答	입을 다물고 답을 하지 않는다.	묻는 말에 입을 닫은 채 아무 말도 하지 않음. 뭐라 말할 수 없는 상황으로도 쓰임	'묵묵불어 (黙黙不語)'는 《삼협오의 (三俠五義)》	
문경지교 刎頸之交	목을 내놓는 우정	대신 목숨을 내놓는 것도 아까워 하지 않는 우정을 비유	《사기》 〈염파인상 여열전〉	
모순矛盾	창과 방패	말이나 행동의 앞뒤가 맞지 않음을 비유	《한비자》 〈난일(難一)〉	
문전성시 門前成市	문 앞이 시장바닥 같다.	출세해서 권세가 대단하여 많은 사람이 몰려드는 것을 비유	《전국책》 〈제책〉	
물심일여 物心一如	사물과 마음이 하나	물질과 정신이 대립하지 않고 하나로 조화를 이룬 경지를 비유	《화엄경》 외	
물아일체 物我一體	사물과 내가 한 몸	외부의 사물에 흔들리지 않고 나와 한 몸처럼 조화로운 경지	《격언연벽 (格言聯璧)》	
미인박명 美人薄命	미인은 운명이 기구하다.	남달리 아름다운 사람은 운명이 기구하거나 수명이 짧다는 뜻	가인박명	
미증유 未曾有	일찍이 없었다.	벌어진 상황이나 일이 너무 뜻밖이라 유례를 찾을 수 없다는 뜻	《묵자(墨子)》 〈수신(修身)〉	
			ㅁ 26항목	
반수반성 半睡半醒	반은 잠들어 있고 반은 깨어 있다.	깊이 잠들지 못함을 뜻함. '비몽사몽(非夢似夢)'과 비슷함	《사어(辭語)》	
반포지효 反哺之孝	어미에게 되먹이는 까마귀의 효성	어버이를 생각하는 자식의 지극한 효성을 비유	이밀(李密), 〈진정표 (陳情表)〉	
방약무인 傍若無人	옆에 사람이 없는 듯 행동한다.	남의 눈치는 아랑곳하지 않고 자기 멋대로 행동한다는 뜻	《사기》 〈자객열전〉	수능

배은망덕 背恩忘德	은혜를 저버리고 베푼 덕을 잊는다.	다른 사람에게 입은 은덕을 잊고 배반한다는 뜻. '배은망의(背恩忘義)'	《한서》 〈장창전 (張敞傳)〉	
백년하청 百年河淸	백 년 동안 황하가 맑아지길 기다린다.	아무리 기다려도 이루어질 수 없는 일을 마냥 기다리는 것을 말함	《좌전》 양공 8년	수능
백면서생 白面書生	얼굴이 하얀 선비	실무 경험이 없고 책을 통해 이론만 아는 지식인을 가리킴	《송서》 〈심경지전〉	
백미 白眉	흰 눈썹	일이나 물건의 가장 좋고 뛰어난 부분을 비유	《삼국》 〈촉지〉'마량전'	
백배사례 百拜謝禮	백 번 절하며 감사 인사를 한다.	몹시 고마워 거듭거듭 감사의 마음을 행동으로 나타낸다는 비유	'백배'는 《예기(禮記)》	
백중지세 伯仲之勢	형제의 기세	서로 닮은 형제처럼 수준이나 그 기세가 엇비슷한 상황을 비유. 위아래나 높낮이를 구분하기 어려움. '백중지간(伯仲之間)'	조비(曹丕), 〈전론(典論)〉	수능
백척간두 百尺竿頭	백 척의 장대 끝	백 척이나 되는 장대의 끝에 서 있는 몹시 어렵고 아주 위태로운 모습을 비유	《경덕전등록》	
본말전도 本末顚倒	뿌리와 잎사귀가 뒤바뀌다.	사물이나 일의 입장, 위치 등이 뒤바뀌었다는 비유. 중요한 것과 그렇지 않은 것이 바뀌었다는 의미	주희(朱熹), 〈답여백공 (答呂伯恭)〉	
부부유별 夫婦有別	남편과 아내의 분별이 있다.	오륜(五倫)의 하나로 부부 사이에도 서로 지켜야 할 엄격한 윤리 도덕 규범이 있다는 뜻	《예기》	
부창부수 夫唱婦隨	남편이 부르고 아내가 따라 하다.	부부가 서로 돕고 화합하는 모습. 뜻과 행동이 잘 맞는 부부를 가리킴	《관윤자 (關尹子)》	
불문가지 不問可知	묻지 않아도 알 수 있다.	누구나 아는 내용이나 사실을 강조하는 표현	우리식 성어	
불문곡직 不問曲直	굽고 곧음을 묻지 않는다.	옳고 그름 따위를 따지지 않고 자신의 판단과 결정을 밀어붙이는 경우를 말함	우리식 성어	
불철주야 不撤晝夜	낮과 밤을 가리지 않는다.	어떤 일에 몰두하느라 조금도 쉬지 못함을 비유. 중국은 '불사주야(不舍晝夜)'로 씀	출처 불명 우리식 성어?	

불치하문 不恥下問	아랫사람에 게 물어도 부 끄럽지 않다.	모르는 것을 배울 때는 누구에게 든 기꺼이 물을 수 있다는 뜻	《논어》 〈공야장〉	
불편부당 不偏不黨	어떤 무리나 당파에 치우 치지 않는다.	어떤 무리나 어느 한쪽에 치우치 지 않고 중립의 태도를 지킨다는 뜻	《묵자》 〈겸애〉 외	
비분강개 悲憤慷慨	슬프고 분하 여 마음이 북 받치는 상태	일이 바르게 돌아가지 않거나 의 롭지 못한 일이 일어나 마음이 아 주 슬프고 울분이 치밀어 오르는 상태를 표현	'비가강개 (悲歌慷慨)'	
비조 鼻祖	시조	어떤 일을 맨 처음 시작한 사람이 나 그런 경우를 가리키는 단어	《한서》 〈양웅전〉	
빙자옥질 氷姿玉質	얼음 같은 맵 시, 옥 같은 바탕	얼음같이 맑고 깨끗한 살결과 구 슬같이 아름다운 자질. 매화의 다 른 이름	육한광(陸漢廣) 〈강성자 (江城子)〉	

<table>
<tr><td colspan="5" style="text-align:right">ⓑ 21항목</td></tr>
<tr>
<td>사고무친
四顧無親</td>
<td>사방을 둘러
봐도 친한 사
람이 없다.</td>
<td>의지할 만한 사람이 어디에도 없
는 외로운 신세를 말함. '사방을
둘러봐도 사람이 없다'는 '사고무
인(四顧無人)'이 있음</td>
<td>한유,
〈모행하제상
(暮行河堤上)〉</td>
<td>수능</td>
</tr>
<tr>
<td>사후
약방문
死後藥方文</td>
<td>죽은 다음 약
처방전</td>
<td>일이나 때가 다 지난 다음 대책을
세운다는 비유이자 후회해도 소
용없다는 뜻</td>
<td>우리식 성어</td>
<td></td>
</tr>
<tr>
<td>산해진미
山海珍味</td>
<td>산과 바다에
서 나는 진귀
한 것으로 차
린 맛난 음식</td>
<td>산과 바다에서 나오는 구하기 힘
든 재료로 만든 귀하고 맛난 음식
을 가리킴</td>
<td>위응물(韋應物),
〈장안도시
(長安道詩)〉</td>
<td></td>
</tr>
<tr>
<td>삼순구식
三旬九食</td>
<td>한 달에 아홉
끼를 먹는다.</td>
<td>밥도 제대로 못 먹을 정도로 몹시
가난한 상황을 비유하는 성어</td>
<td>《설원(說苑)》
〈입절(立節)〉</td>
<td></td>
</tr>
<tr>
<td>생자필멸
生者必滅</td>
<td>살아 있는 것
은 사라지기
마련이다.</td>
<td>태어난 것, 살아 있는 모든 생명체
는 언젠가 죽기 마련이라는 불교
의 이치로 삶의 무상함을 가리킴</td>
<td>《열반경
(涅槃經)》 외</td>
<td></td>
</tr>
<tr>
<td>선견지명
先見之明</td>
<td>앞서 내다보
는 현명함</td>
<td>현재 상황을 통해 미래를 예측하
여 미리 대비하는 지혜를 가리킴</td>
<td>《후한서》
〈양표전(楊彪傳)〉</td>
<td></td>
</tr>
</table>

선공후사 先公後私	공공의 이익이 먼저이고 개인의 일은 나중	공적인 일이나 이익을 앞세우고, 개인의 사사로운 이익이나 일은 뒤로 둔다는 뜻	《삼국지》 〈두서전 (杜恕傳)〉	
설왕설래 說往說來	이런저런 말이 오고 간다.	어떤 일이나 주제에 대해 의견이 일치하지 않고 여러 견해가 옥신각신한다는 뜻	'설래설거(說來說去)'는 《주자어류(朱子語類)》	
수간모옥 數間茅屋	몇 칸의 초가집	'초가삼간(草家三間)'과 같은 뜻으로 단출한 집을 비유함	왕안석(王安石), 〈보살만(菩薩蠻)〉	
수불석권 手不釋卷	손에서 책을 놓지 않는다.	늘 책을 읽고, 책을 읽는 데 깊이 빠져 있는 모습을 비유	《삼국지》 〈여몽전〉	수능
수어지교 水魚之交	물과 물고기의 관계	서로 뗄 수 없는 아주 가까운 사이를 비유	《삼국지》 〈제갈량전〉	
수원수구 誰怨誰咎	누구를 원망하고 누구를 탓할까?	남을 원망하거나 탓할 것 없이 모두가 내 탓이라는 뜻	'원구(怨咎)'는 《좌전》	
식자우환 識字憂患	아는 것이 걱정	무엇인가 아는 것에서 근심 걱정이 시작된다는 뜻	소식(蘇軾), 〈석창서취묵당 石蒼舒醉墨堂〉	수능
신언서판 身言書判	풍채, 말, 글, 판단력	예부터 관리를 뽑을 때 기본이 되는 네 가지 기준을 말함	《당서》 〈선거지〉	
실사구시 實事求是	사실에 근거하여 진리를 구한다.	사업을 하면서 막연하고 헛된 가능성에 의지하지 않고 직접 경험하며 사실을 구하려는 태도	《한서》 〈하간헌왕전〉	수능
십벌지목 十伐之木	열 번 찍은 나무	'열 번 찍어 안 넘어가는 나무 없다'는 우리 속담을 한문으로 바꾼 성어로 여러 번 권하면 따르게 된다는 뜻	《백언해》, 《순오지》, 《열상방언》, 《동언해》	

ⓢ 16항목

아연실색 啞然失色	말을 잃고 얼굴빛이 변함	뜻밖의 일에 놀라고 어이가 없어 말문이 막히고 낯빛이 하얗게 질림	위외(魏巍), 〈화봉황(火鳳凰)〉	
안분지족 安分知足	분수를 지키고 만족할 줄 안다.	자기 신세나 형편에 불만을 품지 않고 편안하게 사는 것을 말함	홍매(洪邁), 《용재수필 (容齋隨筆)》	

안빈낙도 安貧樂道	가난을 편히 여기고 도를 즐긴다.	부귀영화에 뜻을 두지 않고 성인 의 가르침에 따르며 편안하게 사 는 모습	《후한서》 〈위표전 (韋彪傳)〉	수능
암중모색 暗中摸索	어두움 속에 서 무엇인가 를 찾는다.	어림짐작으로 막연하게 무엇인가 를 알려 하거나 찾으려는 것을 비 유	유속(劉餗), 《수당가화 (隋唐嘉話)》	수능
애걸복걸 哀乞伏乞	울며 빌고 엎 드려 빈다.	간절하게 도움을 요청하는 모습을 비유. 비굴한 태도를 비유하기도 함		
약관 弱冠	스무 살	성년식에서 관을 쓰는 만 스무 살 의 남자를 가리키는 표현	《예기(禮記)》 〈곡례(曲禮)〉	
양두구육 羊頭狗肉	양의 머리를 내걸고 개고 기를 판다.	겉으로는 그럴듯해 보이지만 사 실은 형편없는 물건을 파는 사기 행위를 비유	《안자춘추》 《후한서》	
양약고구 良藥苦口	좋은 약은 입 에 쓰다.	좋은 약은 입에 쓰지만 몸에는 좋 다는 뜻으로 쓰임. '충언은 귀에 거슬린다'는 '충언역이(忠言逆耳)' 와 대구를 이룸	《한비자》 〈외저설〉 (좌상)	
양자택일 兩者擇一	둘 중 하나를 고른다.	여러 가지가 아닌 단둘 중 하나를 골라야 하는 상황을 비유	우리식 성어	
어노불변 魚魯不辨	물고기 '魚'와 노나라 '魯'를 구별하지 못 한다.	비슷한 글자를 구별하지 못한다 는 뜻으로 아주 무식함을 비유하 는 성어	갈홍(葛洪), 《포박자 (抱朴子)》	
언감생심 焉敢生心	어찌 감히 그 런 마음을 갖 겠는가?	어떤 일을 해 볼 엄두도 못 내는 경우에 쓰는 표현	우리식 성어	
언어도단 言語道斷	말의 길이 끊 어지다.	말문이 막힌다는 비유. 도저히 말 로 나타낼 수 없을 만큼 기가 막 힌 경우나 상황을 의미	《영락경 (纓絡經)》	
언중유골 言中有骨	말 속에 뼈가 있다.	별다른 뜻이 없는 말 같지만 사실 은 그 안에 속뜻이 있다는 비유	우리식 성어	
언즉시야 言則是也	말하면 곧 옳 다.	말하는 것이 틀린 곳 없이 모두 이치에 맞는다는 뜻	우리식 성어	
여민동락 與民同樂	백성들과 함께 즐거워한다.	통치자는 즐거운 일이 있으면 혼 자 누릴 것이 아니라 백성들과 함 께 누려야 함	《맹자》 〈양혜왕장구〉 (하)	

연군지정 戀君之情	임금을 그리워하는 마음	언제 어디에 있어도 임금에 대한 충성심은 여전하다는 표현	우리식 성어	
연하고질 煙霞痼疾	안개와 노을에 대한 고질병	자연을 너무 좋아하여 고칠 수 없는 병이 되었다는 비유. 산수와 경치를 매우 아끼는 마음을 나타냄	《신당서》 〈전유암전〉	
연하일휘 煙霞日輝	안개와 노을과 빛나는 햇살	자연의 아름다움을 나타내는 표현	우리식 성어	
염화미소 拈華微笑	꽃을 들고 미소 짓다.	말하지 않아도 무슨 뜻인지 마음으로 알아챈다는 '이심전심'의 표현	《대범천왕문불결의경(大梵天王問佛決疑經)》	
염화시중 拈花示衆	꽃을 들어 여러 사람에게 보이다.	부처가 말 대신 꽃을 들어 여러 사람에게 자신의 마음을 나타냄	《대범천왕문불결의경》	
오매불망 寤寐不忘	자나 깨나 잊지 못한다.	근심이나 이런저런 생각, 특히 연인 때문에 잠 못 드는 것을 일컬음	《시경》 〈국풍〉	수능
요지부동 搖之不動	흔들어도 움직이지 않는다.	원래의 상태나 생각, 의견을 절대 바꾸지 않는 태도를 나타냄	우리식 성어	
용호상박 龍虎相搏	용과 호랑이가 서로 싸운다.	힘센 두 사람이 승부를 겨룬다는 비유. 누가 이길지 모르는 승부를 말함	《전국책》 〈진책〉	
우이독경 牛耳讀經	쇠귀에 경 읽기	좋은 말을 가르쳐 줘도 알아듣지 못하거나 효과가 없는 경우를 비유. 우리 속담을 한문으로 바꾼 성어	《백언해》 《이담속찬》 《동언해》	
위편삼절 韋編三絶	가죽 끈이 세 번 끊어지다.	공부와 독서에 열중하여 세 번이나 책을 엮은 가죽 끈을 바꾸었다는 뜻	《사기》 〈공자세가〉	
유만부동 類萬不同	비슷해 보이는 만 가지 중 같은 것이 하나도 없다.	비슷해 보이는 세상만물이 수도 없지만, 알고 보면 어느 하나도 같지 않다는 뜻임	우리식 성어	
유명무실 有名無實	이름만 있고 알맹이는 없다.	겉보기에는 그럴듯하지만 속은 그렇지 않은 경우를 비유	《장자》 〈칙양(則陽)〉	
유아독존 唯我獨尊	나만 홀로 높다.	석가모니가 태어나서 외쳤다는 '천상천하(天上天下), 유아독존'에서 나온 말. 지금은 혼자 잘났다는 뜻으로 인용	《오등회원(五燈會元)》	

은인자중 隱忍自重	드러내지 않고 참으며 스스로 신중하게 행동한다.	어떤 일에도 자신의 감정을 가볍게 드러내지 않고 꾹 참으면서 행동을 삼가는 모습을 표현	출처 불명	
음풍농월 吟風弄月	바람을 노래하고 달과 놀다.	맑은 바람과 밝은 달을 벗 삼아 시를 지으며 노닌다는 비유	범정전(范傳正), 〈이한림백묘지명 (李翰林白墓志銘)〉	
의기양양 意氣揚揚	기가 크게 오르다.	일이 뜻대로 이루어지거나 자신감이 충만하여 기세가 당당하다는 뜻	《사기》 〈관안열전〉	
이열치열 以熱治熱	열로 열을 다스린다.	어떤 작용이 일어나면 그것과 같은 수단으로 대응해야 한다는 뜻	장중경(張仲景), 《상한론(傷寒論)》	
이왕지사 已往之事	이미 지난일	엎질러진 물과 같은 뜻으로 이미 벌어진 일이니 상황을 받아들이자는 의미	《양서(梁書)》 권13	수능
이율배반 二律背反	두 개의 규율이 서로 어긋남	똑같은 근거에 의해 두 개의 상반된 명제가 동시에 성립하는 사태로서 패러독스의 일종	칸트 철학의 유명한 명제 중 하나	
인면수심 人面獸心	사람의 얼굴에 짐승의 마음	마음이나 행동이 매우 흉악함을 비유하는 성어	《열자(列子)》 〈황제(黃帝)〉	
일거양득 一擧兩得	하나를 들어 둘을 얻는다.	한 가지 일로 두 가지 이익을 얻는다는 뜻으로 '꿩 먹고 알 먹기'와 같음	《전국책》 〈진책(秦策)〉	
일구이언 一口二言	한 입으로 두 말	같은 입으로 이랬다 저랬다 다른 말을 한다는 비유	우리식 성어	
일목요연 一目瞭然	한눈에 환하게 들어옴	한 번 보고 대번에 알 수 있을 정도로 분명하고 뚜렷함	《주자어류 (朱子語類)》	
일벌백계 一罰百戒	한 사람을 처벌하여 백 사람을 경계한다.	여러 사람에게 경고하거나 경각심을 일으키기 위해 본보기로 한 사람을 엄하게 처벌한다는 뜻	'징일계백(懲一 戒百) 심채(沈采), 《천금기(千金記)》	
일일우일신 一日又日新	하루 또 하루 새로워진다.	매일매일 새로운 마음으로 더욱 나아지라는 뜻	《대학》 제3장	
일장춘몽 一場春夢	봄날의 한바탕 꿈	인생의 부귀영화가 꿈처럼 덧없이 사라지는 것에 대한 비유. 부질없는 일, 쓸모없는 생각 등을 말한다.	노연양(盧延讓), 〈곡이영단공 (哭李郢端公)〉	수능

일진일퇴 一進一退	한 번 나아가고 한 번 물러서다.	전투 같은 상황이 좋아졌다 나빠졌다 반복한다는 뜻	석함걸(釋咸杰), 〈게공육십오수 (偈公六十五首)	
일체유심조 一切唯心造	모든 것은 오로지 마음이 지어낸다.	세상사 모든 것이 마음에 달려 있다는 불교 용어	《화엄경 (華嚴經)》	
일촉즉발 一觸卽發	건드리면 곧 터진다.	작은 것이 원인이 되어 일이 크게 벌어질 수 있는 위태로운 상황을 비유	장영(張咏), 《괴애집 (乖崖集)》	
일편단심 一片丹心	한 조각 붉은 마음	진심에서 우러나오는 변치 않는 마음. 주로 충성심과 애정을 비유	소식(蘇軾), 〈과령기자유 (過嶺寄子由)〉	
임갈굴정 臨渴掘井	목이 말라서야 우물을 판다.	준비하지 않다가 일이 닥쳐서야 황급히 서두르는 것을 비유	《안자춘추》	

◎ 46항목

자가당착 自家撞着	자신의 언행이 서로 맞지 않아 충돌함	자신이 한 말과 행동이 그 자체로 맞지 않아 모순되어 충돌을 일으킨다는 뜻	《선림유취 (禪林類聚)》	수능
자승자박 自繩自縛	자기 밧줄로 자신을 묶는다.	자신의 언행에 자신이 구속되어 어려움을 당하는 상황을 비유	일본식 성어 우리식 성어	수능
자업자득 自業自得	자신이 저지른 일의 결과를 자신이 얻는다.	자신이 저지른 일의 결과는 스스로 져야 한다는 뜻으로 부정적인 의미	《정법염경 (正法念經)》	
자중지란 自中之亂	같은 편에서 일어나는 혼란	내부 원인으로 일어나는 싸움이나 혼란을 가리킴	《삼국연의》 '군중지란 (軍中自亂)'	수능
자포자기 自暴自棄	자신에게 난폭하고 자신을 버린다.	어떤 기대와 희망이 없어 자신과 상황을 되는 대로 내버려 두는 태도를 말함	《맹자》 〈이루장구〉(상)	
자화자찬 自畵自讚	자기가 그리고 자기가 글을 쓴다.	자기가 한 일을 자기가 칭찬한다는 비유로 잘난 척하는 것을 가리킴	일본식 성어 우리식 성어	
장유유서 長幼有序	어른과 어린아이 사이에 순서가 있다.	오륜(五倫)의 하나로 나이 든 사람과 젊은이 사이에 사회적으로 순서와 질서가 있다는 뜻	《순자》 〈군자〉	

재자가인 才子佳人	재능이 뛰어 난 남자, 아름 다운 여자	재주가 남다른 남자와 아름다운 여자를 가리키는 성어. 지금은 결 혼이나 애정 관계에 많이 인용함	이은(李隱), 《소상록 (瀟湘錄)》	
적수공권 赤手空拳	빈손과 맨주 먹	아무것도 가진 것이 없음을 비유	마치원(馬致遠), 《임풍자(任風子)》	수능
전대미문 前代未聞	이전 시대까 지 듣지 못함	이전까지는 전혀 들어 본 적이 없 는 놀라운 사건이나 새로운 일을 가리키는 표현	일본식 성어	
전인미답 前人未踏	앞사람은 밟 은 적이 없음	앞서 해 본 적이 없는 일을 처음 하거나 아무도 가 보지 않은 단계 에 이른 행동 등을 가리킴	일본식 성어	수능
전전긍긍 戰戰兢兢	두려움에 떨 며 삼가 조심 하다.	두려움 때문에 벌벌 떨면서 언행 을 삼가고 조심하는 모습을 비유	《시경》 〈소아〉	수능
전전반측 輾轉反側	이리저리 뒤 척이다.	밤새 잠을 이루지 못하고 뒤척이 는 모습을 비유. 주로 근심과 상 념으로 애태우는 모습을 가리킴	《시경》 〈국풍〉	
절차탁마 切磋琢磨	끊고 닦고 쪼 고 갈다.	어떤 일을 이루기 위해 최선을 다 하는 모습을 비유	《시경》 〈위풍〉	수능
절치부심 切齒腐心	이를 갈고 마 음을 썩힌다.	몹시 화가 나고 분해서 복수심으 로 불타는 모습이나 심경을 비유	《사기》 〈자객열전〉	수능
점입가경 漸入佳境	점점 좋은 경 지로 들어감	일이나 작품이 시간이 지날수록 더욱 빛을 발휘하는 경우에 쓰임	《진서(晉書)》 〈고개지전(顧 愷之傳)〉	수능
제법무상 諸法無常	모든 법이 무 상하다.	모든 존재, 모든 현상은 고정불변 이 아니라는 불교의 가르침	《경덕전등록》	
조강지처 糟糠之妻	술 지게미를 먹던 시절의 아내	가난할 때 고난을 함께한 아내는 훗날 부귀해지더라도 존중해야 한다는 뜻	《후한서》 〈송홍전〉	
조령모개 朝令暮改	아침에 내린 법령을 저녁 에 바꾼다.	법과 정책을 일관성 없이 수시로 바꾸는 행태를 비꼬는 비유. '조령 석개(朝令夕改)'	《한서》 〈식화지〉	
조변석개 朝變夕改	아침에 바꾸 고 저녁에 또 바꾼다.	일을 자주 뜯어고치거나 마음이 수시로 왔다 갔다 하는 것을 비 유. '조령석개'	《한서》 〈식화지〉	수능

조족지혈 鳥足之血	새 발의 피	아주 적거나 보잘것없는 것, 하찮은 일 등을 비유. 우리 속담을 한자로 바꾼 경우	《순오지》	
좌불안석 坐不安席	앉아 있지만 자리가 편치 않다.	마음이나 자리(상황)가 불안하여 안절부절 어쩔 줄 몰라 하는 모습을 비유	《사기》 〈항우본기〉	
좌정관천 坐井觀天	우물에 앉아 하늘을 본다.	식견이 좁고 세상물정을 모르는 것을 비유	한유, 〈원도(原道)〉	
좌충우돌 左衝右突	왼쪽 오른쪽 마구 부딪친다.	대책 없이 닥치는 대로 아무에게나 마구 들이받는 모습을 비유	《삼국연의》 제11회	
주경야독 晝耕夜讀	낮에는 밭을 갈고 밤에는 책을 읽는다.	어려움 속에서도 배움을 게을리하지 않는 모습을 표현	《위서(魏書)》 〈최광전 (崔光傳)〉	
주마가편 走馬加鞭	달리는 말에 채찍질하다.	열심히 하는 사람에게 더 잘하라고 격려하는 비유. 우리 속담을 한자로 표현한 경우	《순오지》	
주지육림 酒池肉林	술로 채운 연못, 숲을 이룬 고기	탐욕스러운 권력자의 방탕한 생활을 비유하는 성어	《사기》 〈은본기〉	
중과부적 衆寡不敵	적은 수로 많은 수를 대적할 수 없다.	역량의 차이가 너무 커서 싸울 상대가 못 된다는 뜻	《맹자》 〈양혜왕장구〉 (상)	
중구난방 衆口難防	많은 입을 막기 어렵다.	여러 사람의 입과 말은 막을 수 없으니 알지 못하도록 하라는 뜻을 함축	《십팔사략》	수능
중언부언 重言復言	한 말을 또 하고 말이 많다.	같은 말을 계속 되풀이한다는 뜻으로 쓸데없는 말을 가리킴	우리식 성어	수능
지기지우 知己之友	나를 알아주는 친구	백아(伯牙)와 종자기(鍾子期)의 우정을 뜻하는 '지음(知音)'에서 파생된 우리식 성어로 깊은 우정을 뜻함	《열자(列子)》 외	
지란지교 芝蘭之交	지초와 난초의 사귐	향기로운 풀인 지초와 난초의 관계처럼 맑고 깨끗하고 차원 높은 우정을 비유	《명심보감》	
진퇴양난 進退兩難	나가지도 물러서지도 못하는 어려움	이러지도 저러지도 못하는 곤란한 상황이나 입장을 나타냄	이정(李靖), 《이위공병법 (李衛公兵法)》	수능

진퇴유곡 進退維谷	앞으로 가도 골짜기. 뒤로 가도 골짜기	나갈 길도 물러날 길도 없는, 이러지도 저러지도 못하는 난처한 상황을 비유	《시경》 〈대아〉	
				㉛ 34항목
천려일득 千慮一得	천 번 생각하면 한 번은 맞는다.	우둔한 사람이라도 많이 생각하면 좋은 생각을 할 수 있다는 뜻	《사기》 〈회음후열전〉	
천려일실 千慮一失	천 번 생각해도 한 번은 틀린다.	똑똑한 사람이라도 한 번은 실수할 수 있다는 뜻	《사기》 〈회음후열전〉	수능
천석고황 泉石膏肓	천석(자연)이 고황에 들다.	자연을 사랑하는 마음이 너무 깊어 도저히 고칠 수 없는 불치병이 되었음을 비유	《신당서》 〈전유암전 (田游岩傳)〉	
천신만고 千辛萬苦	천 가지로 맵고 만 가지로 쓰다.	몸과 마음이 몹시 상하고 괴로움을 당한다는 것을 비유. 어떤 일을 이루기 위해 갖은 고생을 한다는 뜻	장지한(張之翰), 〈원일(元日)〉	
천양지차 天壤之差	하늘과 땅 차이	하늘과 땅만큼 차이가 난다는 뜻으로 다른 정도가 아주 크다는 비유	《포박자(抱朴子)》 '천양지각 (天壤之覺)'	수능
천인공노 天人共怒	하늘과 사람이 함께 노하다.	누구도 용납할 수 없는 언행 따위로 모두의 분노를 불러일으키는 것을 비유	우리식 성어	
천우신조 天佑神助	하늘이 보살피고 신이 돕는다.	극적으로 위기를 벗어나는 것을 비유하거나 도저히 이루어질 수 없는 일을 이룬 것을 비유	'천우'는 《상서》	수능
천의무봉 天衣無縫	선녀가 만든 옷은 꿰맨 흔적이 없다.	조금도 흠잡을 데가 없이 완벽하다는 것을 비유	우교(牛嶠), 《영괴록 (靈怪錄)》	
천재일우 千載一遇	천 년에 한 번 만나다.	아주 드물게 오는 기회나 만남을 강조하는 비유	원굉(袁宏), 《삼국명신서찬 (三國名臣序贊)》	수능
천편일률 千篇一律	천 편의 글이 한 운율이다.	작품이나 상황이 전과 다름없이 단조롭고 변화가 없는 경우를 비유	소식, 〈답왕상서 (答王庠書)〉	
청산유수 青山流水	푸른 산. 흐르는 물	자연스럽게 거침없이 말 잘하는 것을 비유. 중국에서는 '청산녹수(青山綠水)'로 아름다운 산하를 가리킴	구양첨(歐陽詹), 〈조한무제문 (弔漢武帝文)〉	

82

청천벽력 靑天霹靂	맑은 하늘에 날벼락	뜻하지 않게 일어난 곤란한 일이 나 근심거리 또는 큰 사고를 비유	육유(陸游), 〈구월사일계미 명기작(九月四 日癸未鳴起作)〉	
초록동색 草綠同色	풀색과 초록 색은 같은 색	같은 처지, 같은 뜻을 가진 사람 들끼리 어울리기 마련이라는 비 유	우리식 성어	
초미지급 焦眉之急	눈썹이 타들 어 가듯 위급 하다.	몹시 급해서 한시라도 그냥 둘 수 없는 중대한 일을 비유	《오등원회 (五燈元會)》	
초지일관 初志一貫	처음 세운 뜻 을 끝까지 지 킨다.	처음 먹은 마음이나 세운 뜻을 바 꾸지 않고 끝까지 지킨다는 뜻	우리식 성어	
초동급부 樵童汲婦	나무하는 아 이, 물 긷는 아낙	어디서나 볼 수 있는 아주 평범한 보통 사람을 비유	우리식 성어	
촌철살인 寸鐵殺人	한 치의 쇠로 사람을 죽인다.	짤막한 경구 등으로 사람의 의표 를 찔러 핵심을 꿰뚫는 것을 비유	나대경(羅大經), 《학림옥로 (鶴林玉露)》	
출장입상 出將入相	전장에 나가 서는 장수, 조 정에 들어와 서는 재상	나라와 백성을 위해 무슨 일이든 맡아 있는 힘을 다해야 함을 의미	《구당서》 〈왕규전 (王珪傳)〉 외	
측은지심 惻隱之心	다른 사람을 불쌍히 여기 는 선한 마음	다른 사람의 불행이나 처지를 가 엾게 여기는 선한 마음으로 맹자 의 '사단(四端)' 중 하나	《맹자》 〈고자장구〉(상) 외	
침소봉대 針小棒大	바늘을 몽둥 이처럼 크게 키운다.	작은 일을 크게 부풀려 허풍 떠는 것을 비유	일본식 성어	
			㉦ 20항목	
탁상공론 卓上空論	탁상 위의 알 맹이 없는 논 의	현실성 없는 빈껍데기의 허황한 이론이나 논의를 비유	우리식 성어	수능
토사구팽 兎死狗烹	토끼를 사냥 하면 사냥개 를 삶는다.	바라던 바를 이루고 나면 공을 세 운 사람을 숙청한다는 고사	《사기》 〈월왕구천세가〉	수능

퇴고 推敲	원고를 고친 다.	지은 글을 고심하면서 여러 번 고 치는 것을 가리키는 표현	《당서》 〈가도전〉	

				ⓔ 3항목
파사현정 破邪顯正	그릇된 것을 깨고 바른 것 을 드러낸다.	부처의 가르침에 어긋나는 사악 한 생각을 버리고 올바른 도리를 따른다는 말. 세상의 부정부패를 물리치고 정의를 실현한다는 뜻 으로 사용	길장(吉藏), 《삼론현의 (三論玄義)》	
포의한사 布衣寒士	베옷의 가난 한 선비	벼슬길에 오르지 못한 가난한 선 비를 비유하는 성어	'포의'는 《대대례기 (大戴禮記)》	
표리부동 表裏不同	겉과 속이 같 지 않다.	속마음과 다르게 말하거나 행동 하는 것을 가리킴. '표리불일(表裏 不一)'	《일주서 (逸周書)》	
풍수지탄 風樹之嘆	바람에 흔들 리는 나무를 보고 탄식한 다.	나무는 조용히 있고 싶어도 바람 이 멎지 않으니 뜻대로 되지 않는 다는 말. 효도하려고 해도 부모님 이 계시지 않아 한탄한다는 뜻	《한시외전 (韓詩外傳)》	수능

				ⓟ 4항목
하로동선 夏爐冬扇	여름날 화로, 겨울날 부채	필요할 때는 환영받다가 필요 없 어지면 천대받는 물건이나 경우 를 비유	왕충(王充), 《논형(論衡)》	
하석상대 下石上臺	아랫돌을 빼 서 윗돌을 괴 다.	임시변통으로 이리저리 돌려 막 는 것을 비유. 상석하대(上石下臺) 로도 씀	출처 불명 우리식 성어?	
학수고대 鶴首苦待	학처럼 목을 뻗어 힘들게 기다린다.	누군가를 몹시 안타깝게 기다리 는 모습을 비유	우리식 성어	
한우충동 汗牛充棟	소가 땀을 흘 리고, 기둥을 꽉 채운다.	수레에 실으면 소가 땀을 흘리고, 집에 쌓으면 대들보까지 이를 정 도로 책이 아주 많음을 비유하는 성어	유종원(柳宗元)	
함구무언 緘口無言	입을 닫고 말 을 안 한다.	할 말이 없어 입을 다물고 있다는 뜻. 입장이 불리하여 입을 닫은 경우에 많이 씀	《명사(明史)》 〈하준전 (何遵傳)〉	수능
함분축원 含憤畜怨	분을 품고 한 을 쌓는다.	분하고 원통한 마음이 쌓인다는 뜻	《경덕전등록》	

84

함포고복 含哺鼓腹	배불리 먹고 배를 두드린다.	백성들이 아무 걱정 없이 사는 태 평성세를 비유하는 성어	《장자》 〈마제(馬蹄)〉	
허심탄회 虛心坦懷	마음을 비운 솔직한 심경	마음에 거리낌이 없는 솔직한 심 경으로 마음을 비우고 생각을 터 놓는다는 뜻	'탄회'의 출처 는 《송서》	
허장성세 虛張聲勢	비어 있으면 서 과장된 기 세로 소리를 지른다.	실력도 없으면서 겉으로 큰소리 치며 허세 부리는 것을 비유	한유, 〈논회서사의장 (論淮西事宜狀)〉	
혈혈단신 孑孑單身	외로운 한 몸	기댈 곳 없이 오로지 자기 혼자인 외로운 몸이나 처지를 비유. '혈 혈'은 《시경》	《시경》 〈용풍(鄘風)〉	수능
호구지책 糊口之策	입에 풀칠할 대책	먹고 살아 갈 방법이나 대책을 비 유	우리식 성어	수능
호사다마 好事多魔	좋은 일에는 나쁜 일도 많 이 따른다.	좋은 일이 이루어지기 위해서는 그만큼의 노력과 고난이 따른다 는 말	이어(李漁), 〈신중루전기 (蜃中樓傳奇)〉	
호형호제 呼兄呼弟	형이라 부르 고 아우라 부 른다.	서로 형, 아우라 부르는 아주 가 까운 사이를 비유	우리식 성어	
혼비백산 魂飛魄散	혼과 넋이 여 기저기로 흩 어진다.	몹시 놀라서 정신이 없는 모습을 비유하는 표현	《서유기》, 《삼국연의》 등	
혼정신성 昏定晨省	밤에 잠자리 를 보고 아침 에 문안을 드 린다.	부모를 극진히 보살피며 효도하 는 모습을 나타내는 성어	《예기》 〈곡례〉	
화룡점정 畫龍點睛	용 그림을 그 린 뒤 눈동자 에 점을 찍다.	말과 글에서 한두 마디의 핵심을 찌르는 말로 마무리하는 것을 비 유	장언원(張彦遠), 《역대명화기 (歷代名畫記)》	
화중지병 畫中之餠	그림 속의 떡	그림에 있는 떡으로 요기한다는 뜻. 말도 안 되는 수작으로 자신 을 다독인다는 비유이며 '화병충 기(餠充饑)'로도 씀	《삼국지》 〈위지〉	
환골탈태 換骨奪胎	뼈를 바꾸고 태를 벗는다.	완전히 바뀌거나 다른 모습으로 거 듭나는 것 또는 그런 의지를 비유	《냉재야화 (冷齋夜話)》	수능

환호작약 歡呼雀躍	크게 소리 지르고 참새처럼 뛰며 기뻐한다.	너무 기뻐 소리를 질러 대고 참새처럼 팔짝팔짝 뛰는 모습을 나타낸 표현	《장자》 〈재유(在宥)〉	
회자정리 會者定離	만나면 헤어지게 되어 있다.	'떠나면 반드시 돌아온다'는 '거자 필반(去者必返)'과 함께 사람의 힘으로는 어찌할 수 있는 무상(無常)함을 비유	다다(多多), 《윤곽회난 (輪廓回暖)》	수능
횡설수설 橫說竪說	이렇게 말하다 저렇게 말한다.	조리 없이 아무 말이나 지껄여 대는 것을 비유. 불교에서는 비유가 너무 많고 반복되며 너무 상세하여 상대가 알아듣기 어려운 말이란 뜻	《경덕전등록》	
후생가외 後生可畏	뒤에 오는 사람이 두렵다.	무한한 가능성과 잠재력을 가진 젊은 세대가 성장하고 발전해 오는 모습을 비유	《논어》 〈자한〉	
후안무치 厚顔無恥	두꺼운 얼굴에 부끄러움을 모른다.	뻔뻔하고 부끄러움을 모르는 사람을 가리키는 용어	공치규(孔稚珪), 〈북산이문(北山 移文)〉	수능
흥진비래 興盡悲來	흥이 다 하면 슬픔이 온다.	세상일이 늘 좋거나 나쁠 수는 없고, 좋은 일과 나쁜 일이 번갈아 온다는 뜻	왕발(王勃), 〈등왕각서 (滕王閣序)〉	수능

ⓗ 24항목

㉠62 / ㉡9 / ㉢11 / ㉣26 / ㉤21 / ㉥16 / ㉦46 / ㉧34 / ㉨20 / ㉩3 / ㉪4 / ㉫24 총 276항목
'사자성어 265항목 96%'

참고 자료 _ 수능에 출제된 고사성어 107개 항목 목록

(가나다 순서로 항목과 간략한 뜻만 제시한다. 자세한 사항은 위 두 개의 표 참고)

가렴주구(苛斂誅求)	가혹하게 세금을 거두거나 재물을 억지로 빼앗음
가인박명(佳人薄命)	아름다운 여인은 목숨이 짧다.
각골지통(刻骨之痛)	뼈를 깎는 아픔
각골통한(刻骨痛恨)	잊을 수 없는 고통스러운 원한
간담상조(肝膽相照)	서로 마음을 드러내며 나누는 우정
감언이설(甘言利說)	상대방을 현혹하기 위해 꾸민 달콤한 말과 이득을 내세워 속이는 말
감탄고토(甘呑苦吐)	자기 비위에 맞으면 좋아하고 맞지 않으면 싫어한다.
견강부회(牽强附會)	이치에 맞지 않는 말을 억지로 끌어 온다.
견문발검(見蚊拔劍)	작은 일에 지나치게 큰 대책을 세운다.
결자해지(結者解之)	일을 저지른 사람이 그 일을 해결해야 한다.
결초보은(結草報恩)	잊지 않고 은혜에 보답한다.
경거망동(輕擧妄動)	깊이 생각해 보지도 않고 경솔하게 행동한다.
고립무원(孤立無援)	고립되어 도움받을 데가 없다.
고식지계(姑息之計)	일시적인 방편
고진감래(苦盡甘來)	고생 끝에 낙이 온다.
괄목상대(刮目相對)	학식이나 재주가 놀라운 정도로 부쩍 향상되었다는 의미
구우일모(九牛一毛)	대단히 많은 것 중의 아주 적은 것
권불십년(權不十年)	영원할 것 같지만 오래가지 못해 결국은 무너진다는 의미
근묵자흑(近墨者黑)	사람도 주위 환경에 따라 변할 수 있다.
금석맹약(金石盟約)	쇠와 돌같이 굳게 맹세하여 맺은 약속
기호지세(騎虎之勢)	이미 시작한 일이라 도중에 그만둘 수 없다. (㉠ 21개 항목)
내우외환(內憂外患)	나라 안팎의 여러 가지 근심
능소능대(能小能大)	임기응변으로 일을 잘 처리한다. (㉡ 2개 항목)
독야청청(獨也靑靑)	모든 것이 변해도 결코 변하지 않으며 제 모습을 지키는 굳은 절개
동가홍상(同價紅裳)	같은 조건이면 보기 좋은 것이 낫다. (㉢ 2개 항목)
마이동풍(馬耳東風)	남의 의견을 귀담아듣지 않는다.
만시지탄(晚時之歎)	이미 기회를 잃고 한탄하는 모습

망양지탄(亡羊之歎)	방침이 많아 할 일을 모르게 된 상태
맥수지탄(麥秀之嘆)	고국의 멸망을 한탄함을 이름
면종복배(面從腹背)	겉으로는 순종, 속으로는 배신
멸사봉공(滅私奉公)	사를 버리고 공을 위하여 힘써 일한다.
명약관화(明若觀火)	더 말할 나위 없이 명백하다.
명재경각(命在頃刻)	목숨이 위험한 상황
목불인견(目不忍見)	눈으로 볼 수 없을 만큼 비참하거나 안타까운 모습
무위도식(無爲徒食)	하는 일 없이 헛되이 먹기만 한다.　　　　(ⓓ 10개 항목)
방약무인(傍若無人)	주위 사람을 의식하지 않고 제멋대로 행동하는 사람
백년하청(百年河淸)	오랫동안 기다려도 이루어질 수 없다.
백척간두(百尺竿頭)	위급하고 어려운 상황
부화뇌동(附和雷同)	소신 없이 남이 하는 대로 따라간다.
분기탱천(憤氣撑天)	분한 마음이 격렬하게 북받쳐 오른다.
비육지탄(髀肉之嘆)	자기의 뜻을 펴지 못하고 허송세월하는 것을 한탄　(ⓔ 6개 항목)
사고무친(四顧無親)	의지할 만한 사람이 도무지 없다는 뜻
사면초가(四面楚歌)	적에게 포위되거나 몹시 어려운 일을 당하여 극복할 방법이 전혀 없는 곤경
사필귀정(事必歸正)	결국 모든 일은 바른 결과로 돌아간다.
삼고초려(三顧草廬)	훌륭한 인물을 모시기 위해 최선을 다하는 모습
상전벽해(桑田碧海)	세상의 모든 일이 엄청나게 변한다.
새옹지마(塞翁之馬)	인생의 길흉화복은 늘 변화가 많다.
설상가상(雪上加霜)	어려운 일이 겹침을 말함
설왕설래(說往說來)	의견이나 입장이 달라 말로 옥신각신한다는 의미
수구초심(首丘初心)	고향이나 근본을 잊지 않는다는 의미
수불석권(手不釋卷)	늘 책을 가까이하며 학문에 열중한다는 의미
수주대토(守株待兔)	실효성 없는 기대는 공연히 시간만 허비한다.
순망치한(脣亡齒寒)	서로 떨어질 수 없는 밀접한 관계
식자우환(識字憂患)	너무 많이 알기에 쓸데없는 걱정도 그만큼 많다는 뜻
십벌지목(十伐之木)	열 번 찍어 안 넘어가는 나무 없다.　　　　(ⓖ 14개 항목)

아전인수(我田引水)	억지로 자기에게 이롭도록 꾀한다.
안빈낙도(安貧樂道)	가난에 구애받지 않고 즐겁게 살아간다.
안하무인(眼下無人)	교만하여 남을 업신여김을 이르는 말
암중모색(暗中摸索)	어림짐작으로 사물을 알아내려 한다.
어불성설(語不成說)	말이 전혀 사리에 맞지 않는다.
연목구어(緣木求魚)	목적과 수단이 일치하지 않아 성공하기 어렵다.
오매불망(寤寐不忘)	사랑하는 사람을 그리워하여 잠 못 들거나 근심 또는 생각이 많아 잠 못 드는 것
오불관언(吾不關焉)	어떤 일에 상관하지 않고 모른 체한다.
온고지신(溫故知新)	옛것을 익히고 새로운 것을 안다.
와신상담(臥薪嘗膽)	원수를 갚으려고 온갖 괴로움을 참고 견딘다.
우후죽순(雨後竹筍)	어떤 일이 일시에 많이 일어나는 것을 말함
유구무언(有口無言)	잘못이 분명해 변명하거나 해명할 길이 없다.
이란투석(以卵投石)	무모하고 어리석은 행동을 비유한 것
이실직고(以實直告)	사실 그대로 알린다.
이왕지사(已往之事)	이미 지나간 일
일구이언(一口二言)	말을 일관성이 없게 한다.
일장춘몽(一場春夢)	인생의 허무함 (◎ 17개 항목)
자가당착(自家撞着)	한 사람의 말과 행동이 서로 앞뒤가 맞지 않는 모습
자승자박(自繩自縛)	자기의 언행으로 자신이 꼼짝 못 하게 됨
자중지란(自中之亂)	같은 패 안에서 일어나는 싸움
적수공권(赤手空拳)	아무것도 가진 것이 없음
전인미답(前人未踏)	지금까지 아무도 손을 대거나 발을 디딘 일이 없음
전전긍긍(戰戰兢兢)	위기감에 절박해진 심정
전화위복(轉禍爲福)	화가 바뀌어 오히려 복이 된다는 뜻
절차탁마(切磋琢磨)	학문이나 인격을 갈고닦는다.
절치부심(切齒腐心)	분하거나 억울한 마음이 사무쳐 이를 딱딱거리며 갈고 속을 썩인다.
점입가경(漸入佳境)	일이 점점 더 흥미롭게 돌아간다.
조변석개(朝變夕改)	계획이나 결정을 자주 바꾼다.

좌고우면(左顧右眄)	결정을 내리지 못하고 이것저것 눈치만 살피는 모습
중구난방(衆口難防)	막기 어려울 정도로 여럿이 마구 지껄인다.
지기지우(知己之友)	자기의 속마음을 알아주는 친구
진퇴유곡(進退維谷)	앞으로도 뒤로도 나아가거나 물러서지 못한다. (ㅈ 15개 항목)
천려일실(千慮一失)	아무리 지혜롭다 하더라도 생각을 많이 하다 보면 하나쯤 실수가 있기 마련이다.
천양지차(天壤之差)	하늘과 땅 사이만큼 엄청난 차이
천우신조(天佑神助)	힘든 상황에서 극적으로 벗어나는 경우
천재일우(千載一遇)	좀처럼 얻기 어려운 좋은 기회
청출어람(靑出於藍)	제자가 스승보다 나은 것
초록동색(草綠同色)	처지가 같은 사람과 어울린다.
침소봉대(針小棒大)	작은 일을 크게 과장하여 말한다. (ㅊ 7개 항목)
탁상공론(卓上空論)	실현성이 없는 허황된 이론을 일컬음
토사구팽(兎死狗烹)	목적을 달성하고 나면 그 목적에 이용된 도구나 사람은 쓸모없어져 배척한다. (ㅌ 2개 항목)
풍비박산(風飛雹散)	엉망으로 깨어져 사방으로 흩어진다.
풍수지탄(風樹之嘆)	자식이 효도하려 할 때 부모가 이미 죽어 효행을 다하지 못하는 슬픔
풍찬노숙(風餐露宿)	떠돌아다니는 고생스러운 생활 (ㅍ 3개 항목)
함구무언(緘口無言)	입을 다물고 아무런 말이 없다.
혈혈단신(孑孑單身)	의지할 곳 없는 외로운 홀몸
호가호위(狐假虎威)	남의 세력을 빌려 위세를 부린다.
호구지책(糊口之策)	겨우 먹고사는 방책
환골탈태(換骨奪胎)	외모가 아름다워 딴사람처럼 되다.
후안무치(厚顔無恥)	뻔뻔스러워 부끄러워할 줄을 모른다.
회자정리(會者定離)	만나면 언젠가는 헤어지게 되어 있다.
흥진비래(興盡悲來)	즐거운 일이 지나가면 슬픈 일이 온다. (ㅎ 8개 항목)

총 107개 항목

딸린 선물

이 책에는 여러 개의 부록이 마련되어 있다. 우선 위에서 보다시피 이 책에 소개된 모든 고사성어를 표로 '일목요연'하게 정리했다. 여러 교과서에 실렸지만 이 책에 수록되지 못한 고사성어 276개 항목도 표로 정리했다. 이 정도면 초·중·고 교과서에 실린 고사성어의 기본 정보는 거의 다 확보한 것으로 볼 수 있다.

다음으로 해마다 연말이면 〈교수신문〉을 통해 발표하는 '올해의 사자성어'를 처음 발표한 2001년부터 2021년까지 정리하여 붙여 놓았다. 선정된 사자성어의 글자 풀이부터 그 의미, 선정된 이유, 함께 추천한 사자성어들, 필자의 생각 등을 넣어 정리했다. 우리 사회의 지성인들이 선정한 사자성어가 갖는 의미와 함께 사회 전반의 상황과 풍토를 '간단명료(簡單明瞭)'하게 진단하는 '촌철살인(寸鐵殺人)'으로서 고사성어가 갖는 매력을 함께 느껴 보기 바란다.

다음은 독서(공부)와 관련한 고사성어 72개 항목을 골라 간략하게 소개한 부록이 있고, 독서와 공부의 중요성이나 그 의미를 지적하는 동서양 명언명구도 부록으로 덧붙였다. 함께 참고하면 좀 더 입체적인 공부가 되지 않을까 하는 바람으로 마련했다. 아무쪼록 이 책이 많은 독자의 손때를 탈 수 있기를 희망한다. 책은 '펼치는 순간 도움이 된다'는 사자성어 '개권유익(開卷有益)'으로 머리말을 마무리한다. '알고 쓰는 고사성어'는 생활의 힘이 된다.

2022년 5월부터 12월 4일까지 고쳐 쓰다

001
가화만사성(家和萬事成)

- 중국어 발음 : jiā hé wàn shì chéng
- 집안이 화목(和睦)하면 모든 일이 잘 이루어진다.
- 집안의 화목이 가정뿐만 아니라 인간관계, 사회관계에 영향을 미친다는 점을 강조한 성어다.
- 교과서 : 중등 한문
- 출전 : 《이십년목도지괴현상(二十年目睹之怪現象)》

　지금은 덜하지만 얼마 전까지만 해도 가정을 비롯하여 사무실, 상점 등에 가장 많이 걸린 글귀가 바로 '가화만사성'이었다. 《명심보감(明心寶鑑)》〈치가(治家)〉편의 "자식이 효도하면 부모가 즐겁고, 가정이 화목하면 모든 일이 이루어진다"는 대목에서 비롯되었다. 《명심보감》은 어린이를 위한 학습용 교재로 고려 충렬왕 때 문신인 추적(秋適)이 1305년 중국 고전의 선현들이 남긴 격언과 명구를 엮어서 펴냈다. 그 뒤 중국은 원나라 말기에서 명나라 초기 범립본(范立本)이 고려의 판본을 입수하여 증편했다. 다만 《명심보감》의 '가화만사성'이 어디에서 나왔는지는 확실치 않고, 《대학(大學)》의 '수신제가치국평천하(修身齊家治國平天下)' 같은 덕목에서 영향을 받은 것으로 보인다.

　중국의 성어로 가장 가까운 표현은 '가화만사흥(家和萬事興)'이 있다. 청나라 말기의 문학가 오옥요(吳沃堯)*의 자전적 소설이자 청말 4대 견책소설(譴責小說)*의 하나로 꼽는 《이십년목도지괴현상》(제87

회)에 나온다. 소설 제목 《이십년목도지괴현상》 은 '20년 사이 목격한 괴이한 현상'이란 뜻이 다. 소설의 관련 대목은 "무릇 한 집안 사람으로

가정의 화목을 강조한 글씨와 그림

서 좋은 나날을 보내려면 화목해야 한다. 그래서 예부터 '가화만사흥'이라 했다"는 부분이다.

공자(孔子)와 그 제자들의 언행록인 《논어(論語)》*(〈학이〉 편)에서 "예(禮)의 기능은 조화(調和, 화목)가 귀중하다"고 했다. 인간관계를 원만하게 유지하려면 서로 조화할 수 있어야 한다는 뜻이다. 사람이 세상을 살려면 사회를 떠날 수 없고, 다른 사람과의 관계 없이 혼자 살 수 없다. 사회의 다른 사람들과 함께 어울리는 것이 바로 화목이다. 나라가 화목하면 아무리 강한 나라도 가볍게 대할 수 없다. 상하 단결의 힘은 상상 이상으로 크기 때문이다. 따라서 사회 모든 단위의 기본이 되는 집안의 화목이 인간관계와 사회, 나아가 나라까지 영향을 미친다. '가화만사성'의 의미가 매우 크다.

---

* 오옥요(1866~1910)는 청나라 말기의 견책소설가이며 오견인(吳趼人)으로 많이 알려졌다. 본적은 광동 남해(南海), 출생지는 북경(北京)이다. 어렸을 때 불산(佛山)에서 살았기 때문에 스스로 불산인(佛山人)이라 불렀다.(불산은 무술가 황비홍의 고향으로 유명하다.) 불산인을 필명으로 많은 소설과 우화, 잡문 등을 써서 이름을 크게 떨쳤다. 근대 '견책소설'의 거두라는 평가를 받는다.

* 아편전쟁 이후 청나라가 서양 열강의 침략을 당하자 지식인들이 사회비판적인 문

학 작품을 많이 썼는데, 대문호 노신(魯迅)이 이런 경향의 소설을 '견책소설'이라 불렀다. '견책'이란 꾸짖는다는 뜻이다. 4대 견책소설은 요견인의 위 소설을 포함하여 이보가(李寶嘉, 또는 이백원李伯元)의 《관장현형기(官場現形記)》, 유악(劉鶚)의 《노잔유기(老殘游記)》, 증박(曾朴)의 《얼해화(孼海花)》를 꼽는다.

＊《논어(論語)》는 유가(儒家)의 창시자 공자(孔子, 기원전 551~기원전 479)가 세상을 떠난 다음 제자들이 스승 공자가 살아 있을 때 남긴 말씀과 함께한 행적을 모아 편찬한 언행록이다. 훗날 유가가 유교로 국가 지배 이데올로기가 되자 가장 중요한 경전이 되었다. '중국인의 바이블'이란 별칭이 따른다. 관련 대목의 원문은 〈학이(學而)〉편의 다음 구절이다. "예지용(禮之用), 화위귀(和爲貴)."

■ 심화학습 : '견책소설'에 대해 알아보기
■ '가화만사성'으로 나의 문장 만들어 보기

002
감언이설(甘言利說)

- 중국어 발음 : gān yán lì shuō
- 달콤하고 이로운 말
- 귀가 솔깃하도록, 또는 마음이 움직이도록 비위를 맞추거나 이로운 조건을 들어 꾀는 말
- 교과서 : 초등
- 출전 : 우리식 성어

'감언이설'은 우리식 사자성어다. 오랜 세월 한자와 한문을 사용하다 보니 우리식으로 만들어진 사자성어나 고사성어가 제법 있는데, '감언이설'도 그중 하나다. 아쉬운 점은 이런 우리식 고사성어의 원전이나 출전을 밝히기 어려운 현실이다.

중국은 '감언호사(甘言好辭)'라는 사자성어를 주로 인용한다. 《전국책(戰國策)》※(〈한책韓策〉)과 위대한 역사가 사마천(司馬遷)※이 평생을 바쳐 남긴 역사서 《사기(史記)》※(〈소진·장의열전蘇秦張儀列傳〉) 장의(張儀) 편에 보인다. 장의는 전국시대 여러 나라를 돌며 국제 정세를 분석하고 그에 맞는 대책을 제안한 '유세가(遊說家)'였다. 그가 한나라 군주에게 유세하며 "군신(群臣)과 제후들은 국토가 협소한 것은 헤아리지 않고 합종을 주장하는 유세객들의 달콤하고 듣기 좋은 말에 현혹되어 한패가 되어서는 서로 말을 꾸며 대며 '나의 계책을 따르면 강성해져서 천하의 패자가 될 수 있다'고 큰소리를 칩니다"라고 말한 대목이 있다.

'감언'이 처음 등장하는 《국어(國語)》 판본

'감언'은 중국의 나라별 역사를 기록한 《국어(國語)》*(〈진어晉語〉1)에 "또 '감언'이구나"라는 대목이 보인다. '듣기 좋은 말'이란 뜻이다. 전국시대 최고의 개혁가 상앙(商鞅)의 전기인 《사기》(〈商君列傳〉)에도 '감언'이란 단어가 나오는데 관련 대목이 무척 의미심장하여 소개해 둔다.

"겉으로 응수하는 말은 허황되고, 내심에서 나오는 말은 진실되며, 쓴 말은 약이고 달콤한 말(감언甘言)은 질병(독)이다."

비슷한 표현으로 역시 장의가 말한 '아부하는 말'이란 뜻의 '수유지설(須臾之說)'이 있고, 당나라 천재 시인 왕발*(王勃)이 시에서 언급한 '달콤하고 교묘한 말'이란 뜻의 '감언교사(甘言巧辭)'가 있다. 《논어》*(〈학이〉편)에서 공자가 말한 '교언영색(巧言令色)'이란 유명한 사자성어도 있다. '교묘하게 꾸민 말과 아첨하는 얼굴빛'이란 뜻인데, 공자는 이런 말과 표정에는 어진 부분(사람)이 드물다고 했다.

---

*《전국책》은 전국시대의 역사를 나라별로 나누어 기록한 '국별체(國別體)' 역사서다. 서한의 목록학자 유향(劉向, 기원전 77~기원전 6)이 편찬했다.

*사마천(기원전 145~기원전 약 90년)은 중국 역사상 처음으로 3천 년 통사이자 본격적인 역사서인 《사기》를 저술한 역사가다. 사마천은 역사서를 완성하지 못한 상황에서 억울하게 반역자로 몰려 사형을 선고받자 자신의 성기를 자르는 '궁형'을 자청하여 살아남아 죽기 전까지 혼신의 힘을 다해 역사서 《사기》를 완성했다.

*《사기(史記)》는 중국 역사상 가장 먼저 탄생한 본격적인 역사서이자 중국인의 시

조라는 황제(黃帝)부터 사마천 당대까지 무려 3천 년을 다룬 방대한 통사다. 모두 130권 52만 6,500자다. 본기(本紀), 표(表), 서(書), 세가(世家), 열전(列傳)의 다섯 체제로 이루어져 있고, 본기의 '기'와 열전의 '전' 자를 따서 기전체 역사서라 부른다. 사건, 연대, 인물의 전기를 한데 아우른 특출한 역사 서술 체제다.

* 《국어》는 춘추시대 좌구명(左丘明)이 편찬했다고 전하는 나라별 저술이다. 주나라 목왕 13년인 기원전 990년부터 기원전 453년까지 여러 제후국에서 일어난 사건과 전설 등을 기록해 놓았다.

* 왕발(650~676)은 당나라 초기의 천재 시인이며 초당사걸(初唐四傑)의 한 사람으로 꼽힌다. 참신하고 정감 어린 시를 많이 남겨 당시가 전성기를 맞이할 수 있는 틀을 놓았다는 평가를 받는다. '초당사걸'은 스물여덟에 요절한 왕발을 비롯하여 양형(楊炯), 노조린(盧照隣), 낙빈왕(駱賓王)을 말한다.

* 《논어》 해당 부분의 원문은 이렇다. "교언영색(巧言令色), 선의인(鮮矣仁)." '교언영색'은 〈공야장(公冶長)〉과 〈양화(陽貨)〉 편에도 보인다. 한편 〈자로(子路)〉 편에 "강직하고 의연하고 소박하고 어눌한 자는 어짊에 가깝다(강의목눌剛毅木訥, 근인近仁)"라는 대목이 있다. 〈학이〉 편의 대목과 상대되는 내용이다.

■ 심화학습 : 《전국책》, 《국어》, 사마천, 《사기》, 《논어》에 대해 알아보기
■ '감언이설'로 나의 문장 만들어 보기

003
개과천선(改過遷善)

- 중국어 발음 : gǎi guò qiān shàn
- 잘못을 고치고 착해진다.
- 지난 잘못이나 허물을 고쳐서 바르고 착하게 변한 것을 말한다.
- 교과서 : 초등 5-1 국어 연계
- 원전 : 《주역(周易)》 '익괘(益卦)'

'개과천선'은 두루 많이 사용하는 사자성어다. 중국 고대의 철학 서이자 훗날 점복서로 활용된 《주역》의 '익괘'를 설명하는 다음 대목을 네 글자로 줄인 것이다.

"군자이견선즉천(君子以見善則遷), 유과즉개(有過則改)."

"군자는 좋고 착한 것을 보면 바로 그쪽으로 가고, 잘못이 있으면 바로 고친다."

'개과천선'의 사례로 역사서 《진서(晉書)》*에 보이는 주처(周處)*라는 인물을 많이 든다. 주처는 중국 역사상 알아주는 개망나니였다. 어릴 적부터 힘이 남다르고 성격 또한 거칠었다. 게다가 마을 사람들을 괴롭히는 등 온갖 행패를 다 부리고 다녀 모두가 주처를 미워하고 무서워했다. 당시 남산의 맹호와 호수의 교룡이 자주 백성들을 해치곤 했는데, 사람들은 주처까지 합쳐 마을의 세 가지 재앙이란 뜻으로 '삼해(三害)'라 부르면서 이 '삼해'를 어떻게 하면 없앨까 걱정했다.

어느 날 마을 사람들이 한 가지 꾀를 냈다. 주처를 찾아가서 그의 용기를 칭찬하며 남산의 맹호와 호수의 교룡을 잡아 오라고 부추긴 것이다. 뭣도 모르는 주처는 신이 나서 그러겠노라 대답했다. 사람들은 주처가 맹호나 교룡에게 잡혀 죽을 것이라며 이제 한시름 놓았다고 생각했다. 그러나 누가 알았으랴? 주처는 남산의 맹호를 때려죽이고 호수의 교룡까지 잡았다.

　맹호와 교룡을 없앴는데도 마을 사람들이 전혀 기뻐하지 않자 주처는 그제야 사람들이 자신을 몹시 미워한다는 사실을 알았다. 주처는 자신의 잘못을 뉘우치기 시작했고, 앞으로 어떻게 해야 할지 몰라 유명한 학자인 육운(陸雲)을 찾아가 상의했다.

　육운은 이 무모한 젊은이를 열정적으로 맞이하여 "잘못을 뉘우치겠다는 것은 좋은 일이다. 공자께서도 아침에 듣고 저녁에 잘못을 고친다고 하셨거늘, 잘못 없는 사람이 어디 있겠는가? 사람에게 용기가 없다는 것이 무섭지 앞날을 걱정할 것은 없다. 뜻을 세우고 열심히 배운다면 꼭 성공할 것이다!"라고 충고했다.

　육운의 말에 주처는 눈앞이 확 트이는 것 같았다. 그때부터 젊은 시절 잘못된 길로 빠졌던 자신의 경험을 교훈 삼아 열심히 공부한 끝에 풍부한 지식과 교양을 갖춘 사람이 되었을 뿐만 아니라 여러 벼슬을 거쳤다.

'개과천선'의 가장 모범적인 사례를
남긴 주처의 초상화

＊주처(240~299년)는 서진의 대신이자 장수였다. 어렸을 때 제멋대로 행패를 부려 동네의 골칫거리였지만 개과천선하고 학문에 힘을 써서 여러 벼슬을 거쳤다. 주처가 '삼해'를 없앤 이 고사는 '주처제삼해(周處除三害)'라는 고사성어로 전해졌다. 명나라 희곡작가인 황백우(黃伯羽, 생몰 미상)는 이 고사를 《교호기(蛟虎記)》란 작품으로 개작하여 민간에 널리 퍼뜨렸다.

＊《진서》는 중국 24사의 하나로 당나라 때 방현령(房玄齡) 등 20여 명이 동원되어 648년에 편찬되었다. 동한 말기인 사마의(司馬懿) 초기부터 서진(西晉)을 거쳐 동진(東晉) 공제(恭帝) 때 송(宋)이 진(晉. 동진)을 대체한 420년까지 약 200년의 역사를 기록했다.

■ 심화학습 : 《주역》에 대해 알아보기
■ '개과천선'으로 나의 문장 만들어 보기

004

거어고미(去語固美), 내어방호(來語方好)

- 중국어 발음 : qù yǔ gù měi lái yǔ fāng hǎo
- 가는 말이 고와야 오는 말이 곱다.
- 자신이 하기에 따라 상대의 반응이 결정된다는 비유다.
- 교과서 : 중등 한문
- 원전 : 《백언해(百諺解)》, 《이담속찬(耳談續纂)》

　'가는 말이 고와야 오는 말이 곱다'는 우리 속담을 한문으로 옮긴 성어다. 상대에게 예의를 지키면 상대도 그에 맞는 예의를 지킨다는 뜻이다. 내가 남에게 말이나 행동을 좋게 해야 남도 나를 좋게 대한다는 말이다.

　조선 후기에 우리 속담을 한문으로 옮긴 책이 몇 종류 출간되었다. 이 중 다산 정약용의 《여유당전서(與猶堂全書)》에 수록된 《이담속찬》은 214수의 우리 속담을 모두 여덟 자의 한문으로 바꾸어 놓은 점이 특징이다. 이 성어도 《이담속찬》에서 나온 것이다. 《이담속찬》에 한문으로 수록된 우리 속담 105개 항목은 실학자 성호 이익의 《백언해》에 기반을 두고 있다.(한문식 우리 속담에 대해서는 서문 참고)

　《이담속찬》은 명나라 사람 왕동궤(王同軌, 1535~1629)가 편찬한 필기소설(筆記小說)※ 《이담(耳談)》에 우리 고유의 속담을 보탠 것인데, 214수의 우리 속담과 중국 속언 170여 수가 실려 있다. '세 살 버릇 여든까지 간다'는 속담을 '삼세지습(三歲之習), 지우팔십(至于八十)'으로,

우리 고유의 속담을 한문으로 옮긴 《이담속찬》을 수록한 《여유당전서》 판본

'하룻밤을 자도 만리장성을 쌓는다'는 속담을 '일야지숙(一夜之宿), 장성혹축(長城或築)'으로 옮긴 것이다. 고등학교 한문에 나오는 '농부는 굶어 죽어도 씨앗을 베고 잔다'는 '농부아사(農夫餓死), 침궐종자(枕厥種子)'도 같은 사례다.

이 속담을 한문으로 응용하자면 '내어불미(來語不美), 거어하미(去語何美)', 즉 '오는 말이 좋지 않은데 가는 말이 어찌 고울 수 있을까'라고 할 수 있다. '미'는 '호' 자로 바꿀 수도 있고, 한 글자씩 따로, 즉 '내어불호(來語不好), 거어하호(去語何好)'나 '내어불호(來語不好), 거어하미(去語何美)' 또는 '내어불미(來語不美), 거어하호(去語何好)'로 쓸 수 있다. 작자 미상의 조선시대 속담집 《동언해(東言解)》에는 '거언미(去言美), 내언미(來言美)'로 좀 더 간략하게 표현되어 있다.

이와 비슷한 중국어 표현으로 '你敬我一尺(니징워이츠), 我敬你一丈(워징니이짱)'이란 것이 있다. '당신이 나를 한 자 존중하면, 나는 당신을 열 자 존중한다'는 뜻이다.

지금 우리 사회의 말과 글이 거칠어지면서 격이 떨어지고 있다. 격을 입에 올리기 민망할 정도의 말과 글도 난무한다. 특히 배웠다는 사람들의 언행이 형편없다. 언어의 격이 높아야 인간의 격도 높아진다는, '언격(言格)'이 곧 인격(人格)'임을 새삼 실감한다.

＊필기소설이란 특정한 형식에 매이지 않고 자유롭게 쓰는 수필 형식의 소설인데, 주로 듣고 본 것이나 이런저런 느낌을 쓴다. '필기'는 송나라 문인 송기(宋祁. 998~1062)가 처음 썼는데 '붓 가는 대로 쓴다'는 뜻이다. 분량 또한 짧게는 백여 자에서 수천 자까지 다양하다.

■ 심화학습 :《이담속찬》 등 우리 속담을 한문으로 바꾼 책에 대해 알아보기
■ '거어고미, 내어방호'로 나의 문장 만들어 보기

005
견강부회(牽強附會)

- 중국어 발음 : qiān qiáng fù huì
- 억지로 끌어다 갖다 붙임
- 말도 안 되는 논리를 억지로 끌어다 자기주장의 근거로 삼는 것을 비유한다.
- 교과서 : 고등 한문
- 원전 : 증박(曾朴), 《얼해화(孽海花)》

'견강부회'는 학문을 비롯해 사회 각 방면에서 흔히 사용하는 사자성어다. 특히 타락한 언론의 저질스러운 행태로서 '견강부회'를 자주 언급한다. '견강부회'의 원전은 청나라 문인 증박(1872~1935)과 김송잠(金松岑, 1874~1947)이 함께 쓴 견책소설 《얼해화》의 한 대목이다.(함께 쓰다가 증박이 마무리했다.) 해당 대목을 소개하면 이렇다.

"후대 유학자들이 온갖 방법을 짜내 '견강부회'한 것이 옛날과 지금의 학문이 불분명해진 까닭입니다."

《얼해화》*는 노신이 "소설의 구조가 교묘하고 문체가 뛰어나다"고 평가한 바 있다. '견책소설'이란 '가화만사성' 항목에서 말했듯이 19세기 말에서 20세 초 사이에 중국에서 유행한 소설 장르이며, 봉건 지배층의 부패상을 폭로하고 질책하는 사회 비판의 성격이 짙다. 견책소설의 특성상 '견강부회'는 아주 자연스럽게 나온 것 같다.

'견강부회'와 같은 의미로 '견합부회(牽合附會)'가 있는데, 송나라 학자 정초(鄭樵, 1104~1162)의 대표 저서 《통지(通志)》의 〈총서(總序)〉라

《얼해화》를 쓴 작가 증박

는 글에 나온다. 정초보다 조금 뒤에 나온 송나라 학자 주희(朱熹, 1130~1200)의 《주자어류(朱子語類)》에도 '견합부회'가 나온다.

'견강부회'는 심각한 사회 현상의 하나다. 최근 우리 사회의 큰 병폐인 사이비 언론들이 여러 가지 방법으로 여론과 민심을 왜곡하고 조작하는데 '견강부회'는 기본이다. 이런 점에서 '견강부회'는 못된 학자들의 '곡학아세(曲學阿世)'와 함께 하루빨리 뿌리 뽑아야 할 고질병이다. 뒤에 나오는 '아전인수(我田引水)' 조항을 함께 참고하기 바란다.

＊《얼해화》는 총 35회로 이루어진 작품이다. 은유법으로 쓴 견책소설로 20세기 초 중국 사회·정치·문화 생활의 변천사를 반영하고 있다. 봉건시대 지식인과 관료사대부의 모습을 가장 집중적으로 적나라하게 표현했다는 평이다. 영어, 러시아어, 일본어로 번역되었다.

■ 심화학습 : 《얼해화》에 대해 알아보기
■ '견강부회'와 우리 언론의 실상을 연결 지어 나의 문장 만들어 보기

006
견물생심(見物生心)

- 중국어 발음 : jiàn wù shēng xīn
- 물건을 보면 마음이 생긴다.
- 갖고 싶어 하던 물건을 눈으로 직접 보면 갖고 싶은 마음이 생긴다는 뜻을 가진 사자성어다.
- 교과서 : 초등 4-2 사회 연계
- 원전 : 우리식 성어

우리가 평상시 가장 많이 인용하는 사자성어의 하나가 '견물생심'이다. '견물생심'도 우리식 사자성어다. 이와 가장 가까운 중국 쪽 원전은 송나라 시인이자 도교 금단파(金丹派) 남종(南宗)의 시조 장백단(張伯端, 984~1082)이 지은 오언율시의 한 대목이다. 앞의 두 구절만 소개하면 이렇다.

"견물편견심(見物便見心), 무물심불현(無物心不現)."

"물건을 보면 곧 마음이 보이니, 물건이 없으면 마음도 드러나지 않을 것을."

이를 굳이 사자성어로 나타내면 '견물견심(見物見心)' 정도 되겠고, 뜻은 '견물생심'과 다를 게 없다.

불교나 도교에서는 만물이 모두 마음에서 생겨나는 내 마음의 그림자와 같다고 인식한다. 그래서 마음을 사물(事物, 또는 형체)의 주인이라고 말한다. 무엇인가를 갖고 싶어 하는 욕망은 인간의 본능에 가깝다. 이 욕망을 마음대로 조절하기란 성인군자가 아니고는 불가능에 가깝다. 다만 인간은 절제력이 있어 지나친 욕망과 욕심을 통제할 수 있다. 그래서 '과유불급(過猶不及)'이라 했다.(《논어》〈선진先進〉편) '지나친 것과 모자란 것은 같다'는 뜻인데 지나치지 말라는 경고 쪽에 가깝다.

'견물생심'과 비슷한 사자성어를 들라면 《삼국지》에 보이는 '득롱망촉(得隴望蜀)'이 비교적 가깝다. '농 지역을 얻고 나니 촉마저 갖고 싶어 한다'는 뜻이다. 조조(曹操)가 농 지역을 취하자 사

'물건을 보면 곧 마음이 보인다'는 '견물편견심'이란 시구를 남긴 송나라 시인 장백단

마의(司馬懿)가 내친김에 촉까지 빼앗을 수 있다고 부추겼다. 조조는 인간의 욕심이란 만족하기 어렵다며 촉까지 바라는 것은 지나친 욕심이라고 그만두었다.

■ 심화학습 : '득롱망촉' 고사에 대해 알아보기
■ '견물생심'으로 나의 문장 만들어 보기

007

결자해지(結者解之)

- 중국어 발음 : jié zhě jiě zhī
- 묶은 사람이 푼다.
- 자신이 한 일은 자신이 해결해야 한다는 뜻을 가진 사자성어다.
- 교과서 : 초등
- 원전 : 《순오지(旬五志)》

'결자해지'도 우리 속담 '맺은 놈이 풀지'나 '동여맨 놈이 푸느니라' 등을 한문으로 바꾼 성어다. 원전은 조선 중기의 문인 홍만종(洪萬宗)의 《순오지》에 보이는 다음 구절로 알려져 있다.

"결자해지(結者解之), 기시자당임기종(其始者當任其終)."

"묶은 사람이 풀고, 시작한 사람이 끝을 책임져야 한다."

이와 비슷한 뜻을 가진 중국의 고사성어로 '해령계령(解鈴系鈴)'이 있다. '방울을 푸는 것은 방울을 맨 사람이다'라는 뜻이다. 이는 불교 선종에서 나왔는데 관련 고사는 이렇다.(이 고사는 송나라 혜홍惠洪*의 《임간집林間集》에 실려 있다.)

법등선사(法燈禪師)는 아주 어린 나이에 깨달음을 얻었는데 어디에도 매이지 않는 호방한 성격 때문에 주위 사람들이 무시했다. 그러나 법안선사(法眼禪師)만은 그를 중시했다. 하루는 법안선사가 대중들에게 "호랑이 목에 금방울이 묶여 있는데 누가 그것을 풀 수 있을까"라는 선문답을 던졌다. 모두가 대답을 못 하고 있는데 법등이 나서서 "호랑이 목에 금방울 건 사람이 풀면 되겠네요"라고 답했다. 이에 법안선사는 다른 사람들을 향해 "여러분은 부디 이 사람을 무시하지 마시게"라고 했다.

'결자해지'와 같은 뜻의 '해령계령' 고사를 묘사한 그림

이 성어와 고사는 명나라 구여직(瞿汝稷)*의 《지월록(指月錄)》에도 보인다. '묶은 사람이 풀면 된다'는 이 성어와 같은 뜻의 중국 관용어로 "마음의 병은 마음의 병을 고치는 의사를 찾아야 한다"는 것이 있다. 마음에 상처를 입으면 그 원인을 찾아 그에 맞는 해결책을 내야 한다는 뜻이다.

'해령계령'은 푼다는 뜻의 '해(解)' 자와 '묶는다'는 뜻의 '계(系)' 자를 바꾸어 '계령해령'으로도 쓸 수 있다.

---

* 혜홍(1071~1128)은 북송 시기의 유명한 시인 승려다. 열아홉 살 때 삭발하고 승려가 되었다. 평생 불행한 일을 많이 당했는데 그의 이름을 빌려 나쁜 일을 꾀한 사람들 때문에 두 차례나 감옥에 갇혔다.

* 구여직(1548~1610)은 명나라 문인으로 불교에 심취하여 관련한 사람들과 교류했고, 1602년 역대 선사들의 법어를 모은 《지월록》 30권을 펴냈다. 이 책은 청나라 강희제 때 같은 제목으로 속편 20권이 나왔다.

■ 심화학습 : 《임간집》, 《지월록》에 대해 알아보기
■ '결자해지'로 나의 문장 만들어 보기

008
결초보은(結草報恩)

- 중국어 발음 : jié cǎo bào ēn
- 풀을 묶어 은혜에 보답하다.
- 은인이 전투에서 위기에 처하자 풀을 묶어 매듭을 만듦으로써 적의 수레와 말이 걸려 넘어져 위기를 벗어나게 했다는 고사에서 나온 성어다.
- 교과서 : 초등 4-2 국어 연계
- 원전 : 《좌전(左傳)》

기원전 6세기 초 중국 춘추시대 진(晉)나라의 실력자인 위무자(魏武子)에게는 아끼는 애첩이 있었는데 평상시 자신이 죽으면 개가시키라고 아들 위과(魏顆)에게 당부했다. 그런데 막상 죽음을 앞두고는 함께 묻으라는 유언을 남겼다. 아들 위과는 아버지가 죽기 전에 한 말보다 평상시 맑은 정신에 한 말을 따르겠다며 아버지의 애첩을 순장(殉葬)하지 않고 개가시켰다.

그 뒤 위과는 침공해 온 진(秦)나라와의 전투에 참전했다. 이 전투에 앞서 웬 노인이 적국 진나라의 장수 두회(杜回)가 전차를 몰고 전진하지 못하도록 밤새 길게 자란 풀을 묶어 매듭을 지어 놓았다. 전투가 벌어지자 두회는 풀매듭에 걸려 넘어졌고, 그사이 위과는 두회를 사로잡을 수 있었다.

그날 밤 위과의 꿈에 노인이 나타나 "내가 그대가 개가시킨 여인의 아비요. 그대가 맑은 정신에 한 아버지의 말을 따라 내 딸을 살

리고 개가시켰기에 이렇게 은혜를
갚은 것이오"라고 했다.

'결초보은'의 고사를 전하는 《좌전》

　권력자가 죽으면 처첩이나 신하
들을 산 채로 따라 묻는 '순장(殉葬)'
이란 악습이 남아 있던 시절이라
위과의 행동은 참으로 귀한 것이었
고, '결초보은'이란 고사성어로 남겨질 수 있었다. 은혜와 원수에 대
한 중국인의 관념, 즉 '은원관(恩怨觀)'의 대표 사례라 할 수 있다.

　이 성어는 누군가에게 신세 졌거나 은혜를 입었으면 꼭 갚으라는
메시지를 담고 있지만, 좋은 사람에게는 좋은 보답이 돌아간다는
뜻도 함축하고 있다. 이 고사는 훗날 명나라 소설가 풍몽룡(馮夢龍)*
의 역사소설 《동주열국지(東周列國志)》*에도 편입되었다.

---

* 풍몽룡(1574~1646)은 명나라 말기의 소설가로 많은 작품을 남겼다. 어려서부터 재
능이 뛰어났다. 벼슬을 하기는 했지만 여의치 않았고 작가로서 큰 성취를 이루었다.
《동주열국지》를 비롯하여 《삼언(三言)》, 즉 《유세명언(喩世明言)》, 《경세통언(警世通
言)》, 《성세항언(醒世恒言)》 등이 대표작으로 꼽힌다. 그의 작품은 전통 예교를 비판
하는 통속 언어가 특징이며 후대에 큰 영향을 미쳤다.
* 《동주열국지》는 풍몽룡의 대표작으로 기원전 770년에 시작된 춘추시대 이전부터
기원전 221년 진시황의 천하 통일에 이르기까지 약 800년 동안 일어난 주요 사건
들을 소설 형식으로 다룬 작품이다. 사실과 허구가 섞여 있지만 정사에 기반한 내용
이 많아 사료 가치도 인정받는다.

■ 심화학습 : 《좌전》에 대해 알아보기
■ '결초보은'으로 나의 문장 만들어 보기

009
경거망동(輕擧妄動)

- 중국어 발음 : qīng jǔ wàng dòng
- 가볍게 멋대로 행동하다.
- 도리나 사정을 생각하지 않고 함부로 가볍게 말하고 행동한다는 뜻이다.
- 교과서 : 초등 4-1 국어 연계
- 원전 : 《한비자(韓非子)》〈해로(解老)〉

'경거망동'의 원전은 법가 사상의 집대성(集大成)이라 할 수 있는 한비(韓非)*의 《한비자(韓非子)》다. 관련 대목을 보면 이렇다.

"도리에 어긋나게 행동하고 '경거망동'한다면 높게는 천자나 제후의 권세를 누리는 자일지라도, 낮게는 의돈(猗頓) 등과 같은 부를 지녔다 할지라도 자기 백성과 재산을 잃어버릴 것이다. 보통 사람 역시 쉽게 도리를 저버리고 '경거망동'하는 까닭은 화(禍)와 복(福)의 관계가 그렇게 가까운 줄 모르고, 또 도(道)의 세계가 그렇게 깊고 멀고 넓은 것인 줄 모르기 때문이다."

세상사 이치와 인간사 도리를 무시한 채 함부로 굴면 제아무리 큰 권력과 많은 부를 가진 자라도 결국은 다 잃어버리는데 보통 사람이야 말해서 무엇 하겠는가. 부귀와 화복은 스스로 불러들이는 것이다. 그래서 '화복무문(禍福無門)*', 즉 '화와 복은 문이 없다'고 한다. 화와 복은 언제 어디서든 닥칠 수 있다는 말이다. 사람의 도리를 잊지 않고 착하게 살아가는 것, 이것이 세상사 이치이자 인간사 도리다.

'경거망동'은 자신을 망칠 뿐만 아니라 주위 사람에게도 나쁜 영향을 미쳐 사회 문제를 일으키기 쉽다. 요즘처럼 언로가 완전히 개방된 SNS가 지배하는 세상에서는 특히나 언행을 삼갈 줄 알아야 한다. 한 사람 한 사람의 언행이 실시간으로 중계되다시피 하는 무시무시한 세상에 살고 있다. 사회적으로 영

저술에 몰두하는 한비

향력이 큰 지도층이라면 '경거망동'하지 말고 더더욱 신중하게 처신하지 않으면 안 된다.

＊한비(기원전 약 280∼기원전 233년)는 전국시대 한(韓)나라의 공자 출신으로 법가 사상을 집대성한 법가를 대표하는 인물이다. 대개 그의 저서인 《한비자》를 따서 한비자라 부른다. 진나라의 천하 통일을 도운 이사(李斯)와 함께 순자에게 배웠다. 진시황은 그의 글을 읽고는 '이 사람을 볼 수만 있다면 죽어도 여한이 없겠다'고 했다. 이사가 한비를 소개하자 진시황은 전쟁까지 일으켜 가며 한비를 진나라로 데려왔다. 그러나 한비의 재능을 시기한 이사 등의 모함으로 진나라 감옥에 갇힌 다음 자결을 강요받아 독약을 먹고 자살했다. 한비는 말더듬이였다. 이 때문에 진시황에게 제대로 유세하지 못해 그의 눈에 들지 못했다는 설도 있다.

＊'화복무문'은 편년체 춘추시대 역사서 《좌전》에 나온다. 관련 대목은 이렇다. "화와 복은 문이 없다. 오로지 사람이 불러들일 뿐이다." '화복무문'은 '화복동문(禍福同門)', '화복유인(禍福由人)'으로도 많이 쓴다. 전자는 '화와 복은 같은 문으로 들어온다'는 뜻이고, 후자는 '화와 복은 사람으로 말미암는다'는 뜻이다.

■ 심화학습 : 의돈에 대해 알아보기
■ '경거망동'으로 나의 문장 만들어 보기

010

계포일낙(季布一諾)

- 중국어 발음 : jì bù yí nuò
- 계포의 한 번 승낙(약속)
- 한 번 약속한 것은 반드시 지키는 계포의 신의를 통해 약속의 중요성을 강조한 성어다.
- 교과서 : 고등 한문
- 원전 : 《사기(史記)》〈계포난포열전(季布欒布列傳)〉

'말 한마디로 천 냥 빚을 갚는다'는 우리 속담이 있다. 말의 중요성을 잘 나타내는 속담이다. 이 속담은 단순히 말을 잘해야 한다는 뜻만이 아니라 말에 진실성이 담보되어야 한다는 속뜻을 담고 있다. 사람(人)의 말(言)이 곧 믿음(信)이기 때문이다.(亻+言=信)

'계포일낙'은 '계포의 한 번 약속' 또는 '계포의 승낙 한마디'란 뜻으로 약속의 중요성 내지 한 번 약속은 반드시 지키는 것을 비유하는 성어다. 한나라 초기의 인물 계포(季布, 생몰 미상)의 고사에서 비롯되었다.

약속과 신용의 대명사 계포의 초상화

초(楚)나라 출신인 계포는 젊을 때부터 의협심 넘치는 인물로 유명했다. 또한 그는 한 번 승낙하거나 약속한 말은 무슨 일이 있어도 지켰다. 초한쟁패 때 서초패왕 항우(項羽)가 한나라 유방(劉邦)과 천하를 걸고 싸웠을 때 초나라 대장으로서 유방을 여러 차례에 걸쳐 괴롭혔다. 이 때문에 유방은 계포에 대한 원한이 대단했다. 유방은 항우를 물리치고 천하를 얻은 다음 계포에 대해 천금의 현상금을 걸고 전국 방방곡곡(坊坊曲曲) 수배령을 내렸다.

계포는 쫓기는 몸이 되었지만 그를 아는 사람들은 감히 계포를 팔려 하지 않았다. 오히려 유방에게 계포를 추천했다. 계포는 유방을 만나 당당하게 자신의 생각을 밝혔고, 유방은 그간의 감정을 풀고 그에게 낭중(郎中) 벼슬을 주었다. 혜제(惠帝) 때는 중랑장으로 승진했다.

'계포일낙'은 초나라 조구(曹丘)의 입에서 나왔는데 그 대목은 이렇다.

"초나라 사람들은 황금 백 근을 얻는 것이 계포의 한 번 약속을 얻는 것만 못하다고 말하는데 도대체 어떻게 해서 그렇게 유명해지셨습니까?"

조구는 계포를 두루 선전하고 다녔으며, 계포의 이름은 더욱더 널리 알려졌다. '계포일낙'은 '계포가 한 번 한 약속' 또는 '계포의 승낙 한마디'라는 뜻으로 계포는 한 번 승낙한 일은 반드시 약속을 실행한다는 뜻이다. 이와 비슷한 뜻을 가진 성어로 '일낙천금(一諾千金, 한 번 약속이 천금보다 중하다)', '일언구정(一言九鼎, 말 한마디가 가마솥 아홉 개보다 무거워야 한다)', '남아일언중천금(男兒一言重千金, 남자의 말 한마디가 천금보다 중하다)' 등이 있다.

■ 심화학습 : 약속의 대명사 계포에 대해 알아보기
■ '계포일낙'으로 나의 문장 만들어 보기

011
고군분투(孤軍奮鬪)

- 중국어 발음 : gū jūn fèn dǒu
- 외로운 군대가 온 힘을 다해 싸운다.
- 후원도 없이 고립된 상황에서 온 힘을 다해 싸우는 것을 비유하거나 혼자 여럿을 상대로 힘겹게 싸울 때 사용한다.
- 교과서 : 고등 한문
- 원전 : 《위서(魏書)》〈조하전(趙瑕傳)〉, 《수서(隋書)》〈우경칙전(虞慶則傳)〉 외

중국 원전에서는 '고군분격(孤軍奮擊)' 또는 '고군분전(孤軍奮戰)'으로 쓴다. '고군작전(孤軍作戰)', '고군독전(孤軍獨戰)'이라고도 쓴다. 뜻은 다 같다. 대부분 전투나 전쟁과 관련한 대목에서 나오는 성어다.

프랑스 국민 시인으로 추앙받는 빅토르 위고(Victor-Marie Hugo, 1802~1885)는 계몽주의 작가 볼테르(1694~1778)를 특히 존경했는데, "이탈리아에 르네상스가 있었고, 독일에 종교개혁이 있었다면 프랑스에는 볼테르가 있다"고 말할 정도였다. 그가 1878년 볼테르 백 주기에 연설한 추모사 중에 '고군분투'에 해당하는 구절이 있어 간략하게 소개해 둔다.

"백 년 전 한 사나이가 죽었습니다. (중략) 이 천박하고 음울한 사회에서 궁정과 귀족과 부자들이 결합한 막강한 세력 앞에 볼테르는 혼자 맞섰습니다. 저 무지몽매하고 맹목적인 군중, 시민들에게는 가혹하고 지배자에게는 절대복종하며 위압적으로 우쭐대는 왕 앞에서는 무릎을 꿇는 관리들에게 볼테르는 홀로 전쟁을 선포했습

니다. 그의 무기는 무엇이었을까요? 바람처럼 가볍고 천둥처럼 강력한 힘을 가진 펜이었습니다. 그는 펜으로 싸웠고, 펜으로 정복했습니다."

'고군분투'와 비슷한 뜻을 가진 성어로 '고립무원(孤立無援, 아무도 도와주지 않는 혼자의 상황)', '단창필마(單槍匹馬, 창 한 자루, 말 한 필)', '단기필마(單騎匹馬, 혼자 한 필의 말을 타다) 등이 있다.

프랑스를 대표하는 계몽철학자로 꼽히는 볼테르는 프랑스 지성사에서 특별한 위치를 차지한다. 종교적 광신주의에 맞서서 평생 '고군분투'하며 관용 정신 없이는 인류의 발전도 문명의 진보도 있을 수 없다고 주장했다.

■심화학습 : 볼테르, 빅토르 위고에 대해 알아보기
■'고군분투'로 나의 문장 만들어 보기

012
고식지계(姑息之計)

- 중국어 발음 : gū xī zhī jì
- 당장 편한 것만 택하는 꾀
- 근본적인 해결책이 아니라 당장 쉽고 편한 방법이나 임시로 꾸며 내는 계책을 비유하는 성어다.
- 교과서 : 고등 한문
- 출전 : 《예기(禮記)》, 《자치통감(資治通鑑)》

'고식지계' 네 글자로 이루어진 성어는 원전에서 찾을 수 없다. 다만 '고식(姑息)'의 용례는 오래된 문헌에서 찾을 수 있다. '고식'은 '부녀자'와 '아이'라는 뜻이다. 이 두 글자를 합쳐 새로운 뜻으로 쓰는데, 단어의 뜻은 크게 보아 '구차하게 안전을 구한다'라는 뜻과 '무원칙하게 다른 사람을 용서한다'라는 두 가지다. '고식'에다 우리말의 '~의', 영어의 'of'에 해당하는 조사 '之'와 계책을 뜻하는 '計'를 이어 붙여 네 글자로 조합했다. 대체로 '아녀자나 어린아이와 같은 계책'이란 뜻을 담은 부정적인 성어로 정착되어 사용해 왔다. 여성과 어린 사람을 무시하는 차별적인 성어라 할 것이다.

먼저 《예기》*(《단궁檀弓》 상)에 "군자는 사람의 덕을 아끼지만, 소인은 '고식'으로 사람을 아낀다"라는 대목이 있다. 여기서 '고식'은 '자기에게 편한 대로'란 뜻으로 풀이하고 있다. 사람을 진심으로 아끼는 것이 아니라 자기 마음 편하려고 봐주고는 상대를 아낀다고 여긴다는 뜻이다.

반면 《자치통감(資治通鑑)》에는 당 나라 숙종(肅宗) 때의 조정 기풍을 언급하면서 "군주와 신하가 관성에 젖어 지키기에만 몰두하며 이를 계책으로 삼았으니 '고식'이라 한다"는 대목이 있다. 여기서 '고식'은 '당장 편하고 임시로 꾸며 낸 구차한 계책'이란 뜻이다. 현재 우리가 사용하는 '고식지계'의 의미다.

고식지계의 '고식'이 나오는 가장 오랜 문헌인 《예기》

때로는 부정적인 의미가 아니라 그저 '너그럽다'는 뜻으로 사용되는 경우도 있고, 특별히 '부녀자(姑)'와 '아이(息)'를 가리키는 경우도 있다. 부녀자와 아이를 가리키는 경우는 부정적인 용례지만 우리 쪽에서는 용례를 찾을 수 없다.

---

*《예기》는 유가 경전을 대표하는 5경(《시》, 《서》, 《역》, 《춘추》, 《예기》)의 하나로 예법의 이론과 실제를 풀이한 책이다. 공자와 그 제자들이 엮은 책으로 알려져 있다. 모두 49편으로 이루어져 있고, 그중 제31편과 제42편이 유명한 〈중용(中庸)〉과 〈대학(大學)〉이다. 유가 경전의 하나이기 때문에 《예경》이라고도 한다.

- 심화학습 : 《자치통감》에 대해 알아보기
- '고식지계'로 나의 문장 만들어 보기

013
고장난명(孤掌難鳴)

- 중국어 발음 : gū zhǎng nán míng
- 손바닥 하나로는 소리가 나지 않는다.
- 손바닥으로 소리를 내려면 두 손바닥을 마주쳐야 한다. 혼자 힘으로 일을 해내기 어려운 경우를 비유한다.
- 교과서 : 고등 한문
- 원전 : 《한비자》〈공명(功名)〉
- 출전 : 《동주열국지(東周列國志)》

명나라 문학가 풍몽룡이 엮은 역사소설 《동주열국지》에 주 유왕(幽王)이 애첩 포사(褒姒)를 웃기려고 봉화 놀이에 열중하다 목숨을 잃고 도성까지 점령당하는 웃지 못할 고사가 잘 묘사되어 있다.(유왕은 포사를 웃게 하는 사람에게 천금을 상으로 준다고 했는데, 여기서 '천금매소千金買笑'라는 유명한 고사성어가 나왔다. '천금으로 웃음을 산다'는 뜻이다.) 기원전 771년의 일인데 이듬해인 기원전 770년 사태를 수습하고 도성을 낙양(洛陽)으로 옮긴다. 역사에서는 이때부터를 동주(東周)라고 부르는데 흔히 춘추시대라고 한다. 포사를

주 유왕이 포사를 웃게 하려고 지금의 공습경보에 해당하는 봉화를 자주 올린 함양(咸陽)의 여산(驪山) 봉수대

웃기기 위한 봉화 놀이에 대한 역사서의 기록은 사마천의 《사기》 〈주본기〉다.

당시 유왕은 포사가 낳은 어린 아들을 후계자로 삼으려고 태자 의구(宜臼, 훗날 평왕平王)를 외가인 신국(申國)으로 쫓아냈다. 이 소식을 들은 태자의 생모이자 왕후인 신후(申后)는 순간 '고장난명'을 느끼며 하루 종일 남편 유왕을 원망했다. 그러고는 아들 생각에 눈물로 날을 보냈다.

이때 신후의 심경을 대변하는 '고장난명'은 기운이 완전히 빠진 무기력 상태를 비유한다. 뜻이 가까운 성어로 '고립무원'이 있다. 한편 이 사자성어의 원전이라 할 수 있는 《한비자》의 관련 대목은 다음과 같다.

"군주의 근심은 군주와 신하가 함께 어울리지 못하는 데 있다. 그래서 '한 손으로 박수를 치면 제아무리 빨리 쳐도 소리가 나지 않는다'는 말이 있다."

원문은 '일수독박(一手獨拍), 수질무성(雖疾無聲)'이다. 대단히 생동감 넘치는 비유인데, 지금 우리가 인용하는 '고장난명'의 뜻은 《한비자》 쪽에 가깝다.

■ 심화학습 : '천금매소'와 포사에 대해 알아보기
■ '고장난명'으로 나의 문장 만들어 보기

014

고진감래(苦盡甘來)

- 중국어 발음 : kǔ jìn gān lái
- 고생이 다하면 좋은 날이 온다.
- 우리 속담처럼 되어 버린 '고생 끝에 낙이 온다'가 바로 '고진감래'다. 어렵고 힘들더라도 견디며 최선을 다하면 좋은 결과를 얻을 수 있다는 뜻이다.
- 교과서 : 초등 3-2 도덕 연계 / 중등 한문
- 출처 : 《서상기(西廂記)》, 《서유기(西遊記)》 외

'고생 끝에 낙이 온다'는 속담은 워낙 자주 인용되는데 그에 해당하는 사자성어가 '고진감래'다. 원나라 작가 왕실보(王實甫, 1279~1368)는 당시로서는 드물게 연애를 줄거리로 한 걸출한 희곡 작품 《서상기》*를 남겼다. '고진감래'는 이 작품에 등장한다. 명나라 소설가 오승은(吳承恩, 1500?~1582?)의 판타지 소설 《서유기》(9회)에도 나온다.

'고진감래'와 뜻이 비슷한 '구한감우(久旱甘雨, 오랜 가뭄 끝의 단비)'도 널리 인용되는데, 이 대목은 송나라 때 신동으로 이름을 떨치며 1100년 진사에 급제한 왕수(汪洙, 생몰 미상)의 시 〈희(喜)〉에 나온다. 이 시에서 왕수는 인생의 네 가지 기쁨 '사희(四喜)'를 이렇게 거론했다.

– 구한봉감우(久旱逢甘雨) 긴 가뭄 끝의 단비

– 타향우고지(他鄉遇故知) 타향에서 만난 오랜 친구

– 동방화촉야(洞房華燭夜) 신혼방의 밤을 밝히는 화촉

– 금방제명시(金榜題名時) 장원급제에 나붙은 이름

당나라 천재 시인 왕발은 〈등왕각서(滕王閣序)〉에서 '흥진비래(興盡悲來)'라는 멋들어진 구절을 남겼는데 '즐거움(쾌락)이 다하면 슬픔이 찾아든다'는 뜻이다. 또 사마천은 전국시대 익살꾼

'고진감래'의 출전인 《서상기》 판본

순우곤(淳于髡)의 말을 빌려 '주극생란(酒極生亂), 낙극생비(樂極生悲)'라는 심오한 대목을 남기기도 했다. '술이 극에 달하면 난리가 나고, 쾌락이 극에 달하면 슬퍼진다'는 뜻이다.

'고진감래'와 '흥진비래'는 반의어는 아니지만 서로 대비되는 사자성어라 함께 알아 두면 좋을 것 같다. '사희'와 함께 인생의 네 가지 슬픔인 '사비(四悲)'도 있어 소개해 둔다.

- 소년상부모(少年喪父母) 어려서 부모를 여의는 것
- 중년상배우(中年喪配偶) 중년에 짝을 잃는 것
- 노년상독자(老年喪獨子) 노년에 외아들을 잃는 것
- 소자무양사(少子無良師) 어린 자식에게 좋은 스승이 없는 것

＊왕실보의 대표작 《서상기》는 원나라 때 희곡이다. 당나라 원진(元稹, 779~831)이 지은 전기(傳奇) 연애소설 《회진기(會眞記)》(《앵앵전鶯鶯傳》이라고도 함)를 소재로 한 금나라 때 작품 《동서상(董西廂)》의 줄거리를 희곡화한 작품이다. 장생(張生)과 앵앵이 우여곡절 끝에 사랑의 결실을 맺는다는 내용이다. '앵앵'은 꾀꼬리란 뜻이다.

■ 심화학습 : 왕발과 〈등왕각서〉에 대해 알아보기
■ '고진감래'로 나의 문장 만들어 보기

015

공문십철(孔門十哲)

- 중국어 발음 : kǒng mén shí zhé
- 공자 문하 10인의 뛰어난 제자
- 공자의 제자 중 각 방면에서 뛰어난 재능을 보인 10명의 제자를 일컫는 말
- 교과서 : 고등 한문
- 출전 : 《논어(論語)》, 《사기》

'공문십철'이란 말이 온전히 기록된 문헌은 없다. 《논어》〈선진〉편)에 공자(孔子, 기원전 551~기원전 479/73세)의 제자들을 언급하면서 덕행(德行)으로는 안회(顏回), 자건(子騫), 백우(伯牛), 중궁(仲弓)을 들고 정사(政事, 정치)로는 자유(子有)와 자로(子路)를, 언어(言語)로는 자아(子我)와 자공(子貢)을, 문학(文學)으로는 자유(子游)와 자하(子夏) 열 명을 거론해 이들 10인의 수제자를 '공문십철'로 묶어 만든 성어라 할 수 있다.

만년에 고향이자 조국인 노나라 곡부(曲阜)로 돌아온 공자는 제자 육성에 힘을 기울였는데 사마천은 《사기》〈공자세가〉에서 제자가 많을 때는 3천을 헤아렸고, 문무를 두루 갖춘, 즉 육예(六藝)에 능한 제자만 72명에 이르렀다고 밝혔다. 훗날 이들 72명의 제자를 '공문칠십이현(孔門七十二賢)'이라 일컬었다.('공문십철'은 모두 '공문칠십이현'과 겹친다.) 이 밖에 '공문십삼철'도 있는데 설명은 생략한다. 참고로 '공문십철'에 대한 간략한 신상명세를 표로 만들어 제시해 둔다.(연도는 모두 기원전)

분야	호칭 (생몰/연령)	국적	성명	자	별칭(추존)	관련 고사 외
덕행 (德行)	안회 (521~481/41)	노 (魯)	안회 (顔回)	자연(子淵)	연공(兗公), 복성(復聖)	단표누항 (簞瓢陋巷)
	자건 (536~487/50)	송 (宋)	민손 (閔損)	자건(子騫)	민자(閔子), 민자건(閔子騫)	24효의 1인
	백우(544~?)	노	염경 (冉耕)	백우(伯牛)	여백우(冉伯牛), 운후(鄆侯)	
	중궁(522~?)	노	염옹 (冉雍)	중궁(仲弓)	설후(薛侯), 하비공(下邳公)	
정사 (政事)	자유(522~?)	노	염구 (冉求)	자유(子有)	염자(冉子)	
	자로 (542~480/63)	노	중유 (仲由)	자로(子路), 계로(季路)	선현중자 (先賢仲子)	군자사(君子死) 관불면(冠不免)
언어 (言語)	자아 (522~458/65)	노	재여 (宰予)	자아(子我), 재아(宰我)	임치공(臨淄公), 제공(齊公)	
	자공 (520~456/65)	위 (衛)	단목사 (端木賜)	자공(子貢)	여후(黎侯), 여공(黎公)	호련(瑚璉), 단목유풍 (端木遺風), 재신(財神)
문학 (文學)	자유(506~?)	오 (吳)	언언 (言偃)	자유(子游)		
	자하 (507~400/107)	진 (晉)	복상 (卜商)	자하(子夏)	복자(卜子), 위후(魏侯)	

위 제자들과 관련한 고사성어의 뜻을 간략히 소개하면 이렇다. '단표누항'은 밥 한 그릇과 표주박의 물 한 모금을 먹으며 누추한 골목에서 생활한다는 뜻으로 공자가 가장 아꼈다는 제자 안회의 생활을 나타낸 것이다. 자로의 '군자사, 관불면'은 '군자는 죽을 때도 관(모자)을 벗지 않는다'는 뜻으로 자로가 죽으면서 남긴 말이라 한다. '호련(瑚璉)'은 종묘(宗廟) 제사에 쓰는 그릇으로 반드시 필요한 제기다. 공자가 제자 자공을 호련에 비유한 바 있다. '단목유풍'은

공자와 그 제자들을 나타낸 벽돌 그림

자공이 남긴 유풍이란 뜻으로 큰 상인이었던 자공이 미친 영향을 나타낸다. '재신'은 큰 상인이었던 자공이 후세에 재물의 신으로 모셔졌기 때문에 그를 일컬어 재신이라 했다.

■ 심화학습 : 공자의 제자들을 기록한 〈중니제자열전〉에 대해 알아보기
■ '공문십철'로 나의 문장 만들어 보기

016

공중누각(空中樓閣)

- 중국어 발음 : kōng zhōng lóu gé
- 공중에 지은 누각
- 공중에 지은 집처럼 근거나 토대가 없는 사물이나 생각을 비유하는 성어다.
- 교과서 : 고등 한문
- 출전 : 《주자어류(朱子語類)》* 외
- 전고 : 《사기》〈천관서(天官書)〉, 〈봉선서(封禪書)〉

공중에 집을 지을 수 없다. 그것은 마치 신기루(蜃氣樓, mirage)와 같다. 신기루란 불안정한 대기층에서 빛이 굴절하면서 생기는 현상이다. 사막이나 극지방의 바다처럼 바닥면과 대기의 온도 차가 큰 곳에서 잘 나타난다. 즉 물체가 실제 위치가 아닌 곳에서 보이는 허상을 말한다. 신기(蜃氣), 해시(海市), 신루(蜃樓), 해시신루(海市蜃樓) 등으로도 쓴다. '신'은 큰 조개라는 뜻이다.

'신기루'에 해당하는 '해방신기'가 처음 등장하는 《사기》 〈천관서〉의 첫 부분

신기루를 나타내는 가장 오래된 단어는 《사기》〈천관서〉의 '해방신기상누대(海旁蜃氣象樓臺)'라는 대목인데, '바닷가의 신기루가 마치 누각처럼 보였다'라는 뜻이다. 당나라 시인 송지문(宋之問, 약 656~약 712)은 시 〈유법화사(游法華寺)〉에서 '공중누전(空中樓

殿)'으로 표현했다.

한편 '공중누각'과 관련해서는 어리석은 부자의 이야기가 전한다. 돈만 많은 어리석은 부자가 이웃 부자의 화려한 3층 집을 보고는 목수에게 그 집과 똑같은 집을 짓되 1, 2층은 놔두고 3층만 똑같이 지어 달라고 했다는 이야기다. 그야말로 '공중누각'을 원한 것이다.

'공중누각'과 비슷한 뜻을 가진 사자성어로 '모래 위에 세운 집'이란 뜻의 '사상누각(砂上樓閣)'을 많이 인용하는데, 중국 쪽에서는 일본식 사자성어로 분류한다.

현대에 와서 '사상누각'이나 '공중누각'은 이론이나 생각 그리고 말의 근거나 토대가 전혀 없을 때 자주 끌어다 사용한다. 예컨대 "그 사람의 주장과 논리는 한마디로 '공중누각(사상누각)과 같다"는 식으로 사용한다. '사상누각'은 초등학교 교과서에 나오는데 별도의 해설은 생략한다.

---

* 《주자어류(朱子語類)》는 송나라 유학자 주희와 그 문인들이 학문을 놓고 벌인 문답을 기록한 책이다. 모두 140권이고, 주희가 세상을 떠나고 70년 뒤 여정덕(黎靖德)이 편찬했다. 주희는 유교 사상을 집대성하고 이를 바탕으로 유가의 사상과 철학을 체계화한, 이른바 '주자학(朱子學)'으로도 불리는 '성리학(性理學)'을 창시하고 완성했다. 성리학은 주희 이후 중국뿐만 아니라 조선과 일본에 큰 영향을 남겼다. 이런 업적으로 주희는 주자(朱子)로 불리면서 존중을 받았다.

■ 심화학습 : 〈천관서〉와 〈봉선서〉에 대해 알아보기
■ '공중누각'으로 나의 문장 만들어 보기

017
과유불급(過猶不及)

- 중국어 발음 : guò yóu bù jí
- 지나친 것과 미치지 못한 것은 같다.
- 사람이나 사물이 지나치거나 모자라 균형을 잃으면 안 된다는 뜻이다.
- 교과서 : 초등 3-1 사회 연계 / 중등 한문
- 출전 : 《논어》 〈선진〉

'과유불급'은 우리가 일상생활에서 흔히 쓰는 상용어(常用語)처럼 되었다. 공자와 공자의 수제자 자공의 대화에서 나왔다.

공자의 제자 중에 뛰어난 사람이 많았다. 공자가 가장 아낀 안회를 비롯하여 자공, 자로, 자하, 자장 등이 특출났다. 공자는 특히 자공에 대해 종묘 제사에서 쓰는 제기인 '호련'과 같다고 칭찬할 정도였는데, 하루는 자공이 스승 공자에게 "선생님, 자장과 자하 중에 누가 더 현명합니까"라는 다소 짓궂은 질문을 했다. 스승에게 제자들을 품평하라고 했으니 무례하게 보일 수도 있는 질문이었다.

이에 스승 공자는 "자장은 지나치고, 자하는 미치지 못한다"라고 대답했다. 자공은 "그럼 자장이 낫단 말씀입니까"라고 재차 물었다. 자공은 지나친 자장이 모자란 자하보다 낫다고 생각한 모양이다. 이 대목에서 공자는 '과유불급'을 언급했다.

'과유불급'은 '지나친 것은 미치지 못한 것과 같다'는 뜻이지만 왕왕 지나치면 모자란 것보다 못하다는 뜻으로도 사용한다. 사람이나

스승 공자에게 지나침과 모자람의 차이를 물어본 제자 자공

사물이 그 정도를 지나치면 도리어 모자라거나 미치지 못한 것만 못하기 때문이다. 어느 쪽이든 중용(中庸)을 지킬 줄 알아야 한다.

인간관계를 비롯하여 세상사 이치는 상대적이다. 그래서 '척단촌장(尺短寸長)'이란 말이 나왔다. '한 자가 짧고, 한 치가 길다'는 뜻이다. 한 자가 한 치보다 당연히 길지만 상황에 따라서는 한 치가 한 자보다 길거나 한 자가 한 치보다 짧을 때가 있다는 말이다.(《사기》〈백기왕전열전〉) '과유불급' 역시 이런 상대성을 염두에 둔 성어인데 어떤 상황이든 지나쳐서는 안 된다는 속뜻을 함축하고 있다. 모자라면 채울 수 있지만 지나치면 덜어내기가 여간 어렵지 않기 때문이다. 지나치는 과정에서 이런저런 문제와 피해가 발생하기 쉬운 터라 더욱 그렇다.

'과유불급'과 뜻이 가까운 성어로 '교왕과정(矯枉過正)'이 있다. '굽은 것을 바로잡으려다 너무 곧아져 버렸다'는 뜻이다. 잘못을 고치려다 오히려 더 잘못되거나 나빠진 경우를 말한다. '교왕과정'의 출처는 《한서》인데 일찍이 맹자가 '교왕과직(矯枉過直)'이라고 했으니 이쪽이 원전이라 할 수 있다.

■ 심화학습 : '척단촌장'에 대해 알아보기
■ '과유불급'으로 나의 문장 만들어 보기

018
관포지교(管鮑之交)

- 중국어 발음 : guǎn bào zhī jiāo
- 관중과 포숙의 사귐(우정)
- 춘추시대 제나라의 관중과 포숙이 나눈 참된 우정을 나타내는 사자성어
- 교과서 : 고등 한문
- 출전 : 《열자(列子)》〈역명(力命)〉, 《사기》〈관안열전〉

'관포지교'는 우정의 대명사라 할 정도로 널리 알려진 고사성어다. 기원전 7세기 춘추시대 제나라의 관중(管仲)과 포숙(鮑叔)은 어릴 때부터 함께 어울려 지낸 친구였다. 한때 장사도 같이 했다. 그 후 관중은 공자 규(糾)를 보좌했고, 포숙은 공자 소백(小白)을 보좌하게 되었다. 두 공자는 국군 자리를 놓고 서로 싸웠다. 그 결과 공자 규는 피살되고 그를 도와준 관중도 잡혔다.

정쟁 과정에서 관중은 공자 소백을 활로 쏘아 죽이려 했고, 소백은 당연히 관중을 원수로 여겨 죽일 생각이었다. 포숙은 환공(桓公, 즉 소백)에게 관중은 모든 면에서 자신보다 뛰어나다며 관중을 살려 주는 것은 물론 자신에게 돌아올 재상 자리를 관중에게 주라고 설득했다. 포숙의 간곡한 청에 환공은 관중을 살려 주고 재상에 임명했다. 관중은 환공을 도와 제나라가 춘추시대의 패자(覇者)가 되는 데 결정적인 공을 세웠다.

관중은 자신을 알아주고 보살펴 준 포숙의 우정을 두고 "나를 낳

'관포지교'는 포숙의 위대한 양보로 완성
되었다. 사진은 포숙의 무덤이다.

아 주신 이는 부모님이지만(生我者父母), 나를 알아준 사람은 포숙아였다(知我者鮑子也)"라고 술회했다. 훗날 사람들은 두 사람의 우정을 '관포지교'라는 사자성어로 칭송했다.

'관중과 포숙의 우정'에 버금가는 우정을 나타내는 성어를 들자면 '서로 목숨을 내놓는 우정'이라는 뜻의 '문경지교(刎頸之交)'가 있다.

사마천은 이들의 우정이 갖는 가치와 포숙의 양보를 높이 평가하면서 "세상 사람들은 관중의 현명함을 칭찬하기보다 포숙의 사람을 알아보는 눈을 더 칭찬했다"라고 밝혔다. 포숙의 아름다운 양보에 방점을 찍은 논평이었다.

참다운 우정처럼 아름다운 인간관계도 없지만, 어긋난 우정보다 더 추한 인간관계도 없다. 우정을 소중하게 가꾸고 공을 들여야만 하는 까닭이다. 사랑의 절반은 노력이라는 말이 있듯이, 우정도 세심한 배려가 뒷받침되어야 한다. 이런 점에서 관중에 대한 포숙의 배려와 양보는 가슴을 울린다. 그는 관중의 재능을 일찍부터 알아보고 중요한 일이 있을 때마다 양보했다. 양보는커녕 다른 사람에게 돌아가야 할 몫까지 빼앗으려는 살벌한 풍토에서 '관포지교'는 많은 것을 생각하게 한다.

■ 심화학습 : 우정과 관련한 고사성어에 대해 알아보기
■ '관포지교'로 나의 문장 만들어 보기

019
광음여류(光陰如流)

- 중국어 발음 : guāng yīn rú líu
- 세월(시간)이 흐르는 물과 같다.
- 시간이 빠르게 지나가는 것을 비유하는 사자성어
- 교과서 : 중등 한문
- 출전 : 〈여제상서복야양준언서(與齊尚書僕射楊遵彦書)〉, 《수호전(水滸傳)》 외

중국 문헌에는 '세월여류(歲月如流)'로 나온다. 남조시대 진(陳)나라 사람 서릉(徐陵, 508~583)의 윗글과 《수호전》 등에 대부분 '세월여류'로 표현되어 있다. '광음'은 글자 그대로 풀이하면 빛 그림자가 되는데, 세월이나 시간을 나타내는 단어로 사용된다. 남조시대 양(梁)나라 문인 강엄(江淹, 444~505)의 유명한 문장 〈별부(別賦)〉를 시작으로 당나라 시인 이백(李白, 701~762)의 시에 이르기까지 많이 사용되고 있다.

'광음'이 들어간 유명한 문장으로 늦기 전에 부지런히 공부하라는 주희(朱熹, 1130~1200)의 〈권학시(勸學詩)〉를 많이 인용한다. 그 원문과 번역문을 아래에 소개해 둔다.

소년이로학난성(少年易老學難成) 젊음은 쉬 늙지만 배움은 이루기 어려우니
일촌광음불가경(一寸光陰不可輕) 한 시라도 가벼이 여기지 말지어다.
미각지당춘초몽(未覺池塘春草夢) 연못가 봄풀이 깨기도 전에
계전오엽이추성(階前梧葉已秋聲) 계단 앞 오동나무 잎이 가을을 알리는구나.

〈권학시〉를 통해 시간의 중요성을 일깨운 성리학자 주희

가훈의 시초라 할 수 있는 북제시대 안지추(顔之推, 531~597)의 《안씨가훈(顔氏家訓)》*에서도 배움에 힘쓰라는 〈면학(勉學)〉에서 '광음가석(光陰可惜)'이라고 했다. '시간은 아깝다'는 뜻이다. 우리 삶에서 공간을 바꾸기란 쉽지 않지만 시간은 얼마든지 조절할 수 있다. 시간을 잘 활용하면 나아가 공간까지 바꿀 수 있다. 단, 시간은 기다림을 모른다. 그래서 무엇보다 아껴 쓸 줄 알아야 한다. 하루 24시간은 모두에게 똑같지만 그것을 활용하기란 천차만별이다. 바로 그 시간 활용의 차이가 개개인 삶의 차이를 결정한다. 그래서 '시간은 금이다'라는 격언까지 생겨난 모양이다.

---

*《안씨가훈》은 중국 최초의 가정교육 교과서로 꼽힌다. 남북조시대라는 격랑의 시기에 험한 삶을 살아낸 안지추가 집안과 자녀들을 위해 남긴 가르침을 기록한 책이다. 평생 바른 삶을 살고자 애쓴 안지추의 사상이 녹아 있다. 특히 배움은 평생 하는 것이지만 젊을 때 해야 삶과 생활에 도움이 될 뿐만 아니라 어려움을 헤쳐 나가는 쓸모 있는 수단이 된다는 점을 강조하고 있다.

■ 심화학습 : 주희의 〈권학시〉에 대해 알아보기
■ '광음여류'로 나의 문장 만들어 보기

020

교각살우(矯角殺牛)

- 중국어 발음 : jiǎo jiǎo shā niú
- 소뿔을 바로잡으려다 소를 죽인다.
- 작은 흠이나 문제를 고치려다 일을 그르치는 것을 비유하는 성어다.
- 교과서 : 초등 / 고등 한문
- 출전 : 일본식 성어

    중국 포털사이트를 검색해 보면 '교각살우'를 일본식 성어로 소개해 놓았다. 일본어 사전에도 나오는 것으로 보아 틀린 말은 아닌 듯하다. 이와 뜻이 거의 같은 사자성어로 '교왕과정(矯枉過正)'이 있다. '교왕과정'은 교과서에도 나와 있으므로 여기서 함께 살펴본다. '교왕과정'은 《월절서(越絶書)》*에 보이는데 '굽은 것을 바로잡으려다 정도가 지나쳤다'는 뜻이다. 맹자는 '교왕과직(矯枉過直)'이라 했다는 기록도 보인다. 뜻은 같다. 굽은 것을 바로잡는 데 지나치게 원칙을 내세우거나 그 잣대가 너무 엄격하여 바로잡기는커녕 부러뜨리거나 손도 못 대는 경우를 비유한 것이다.

    한 나라 또는 단체와 조직에 나쁜 경향이나 좋지

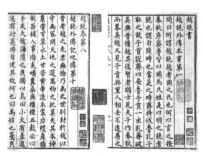

'교각살우'와 뜻이 같은 '교왕과정'이 나오는 《월절서》

못한 습관 따위가 나타날 때, 리더가 그것을 바로잡으려면 어느 쪽에도 치우치지 않는 정당한 방법을 채택해야지, 힘만 믿고 처리하려 해서는 목적을 달성할 수 없다. 문제 해결에만 급급한 리더들이 흔히 '교각살우'나 '교왕과정'의 방법을 취한다. 이런 방법을 취하는 것은 마치 휘어 버린 대나무를 곧게 펴려고 힘을 지나치게 쓰는 것과도 같다. 휜 대쪽을 똑바로 또는 수평이 되는 자리까지만 눌러서는 바로 펼 수 없다. 굽은 쪽과 반대되는 방향으로 눌렀다가 천천히 놓아서 그 탄력으로 회복되기를 기다려야 '정(正)'·'직(直)'의 수평에 이를 수 있는 것이다.

권력(權力)이란 단어에 대한 오해도 그렇다. 대부분 권력은 움켜쥐거나 차지하는 것으로 알고 있다. 권력의 참뜻은 힘을 나누어 균형을 잡는다는 것이다. 권력의 '權'이 다름 아닌 저울추이기 때문이다. 영어로 표현하자면 'Balance of Power'다. 이 균형이 한쪽으로 기울면 반발이 생기고 심하면 무력으로 저항하여 권력을 가진 자를 무너뜨린다.

---

*《월절서》는 동한시대의 원강(袁康, 기원전후 활동)이 편찬했다고 전한다. 춘추시대 말기에서 전국시대 초기까지 오나라와 월나라 사이에 벌어진 오월쟁패의 역사적 사실을 줄거리로 한 책이다. 위로는 하나라, 아래로는 양한 시기까지 열국들을 언급하는데, 특히 오·월 지역의 정치·경제·군사·천문·지리·역법·언어 등 여러 방면을 기록하여 '지방지의 원조'로도 불린다. 모두 15권으로 이루어져 있다.

■ 심화학습 : 《맹자》와 '교왕과직'에 대해 알아보기
■ '교각살우'로 나의 문장 만들어 보기

021
교우이신(交友以信)

- 중국어 발음 : jiāo yǒu yǐ xìn
- 믿음으로 벗을 사귀어라.
- 벗을 사귈 때는 서로 믿음을 바탕에 둬야 한다는 뜻이다.
- 교과서 : 초등 5-1 국어 연계
- 출전 : 《삼국유사(三國遺事)》, 《삼국사기(三國史記)》

우리 사자성어로 삼국 통일의 원동력이 된 화랑(花郞)의 '세속오계
(世俗五戒)' 다섯 항목 중 하나다. 신라 진흥왕 때 출가하여 중국에 유학
한 뒤 귀국한 원광법사(圓光法師)*가 청도 가실사에 있을 때 화랑 귀산
과 추항이 찾아와 가르침을 청하자 세속에서 지켜야 할 계율 다섯 가
지, 즉 '세속오계'를 지어 주었다. 그 다섯 항목과 뜻은 아래와 같다.

- 사군이충(事君以忠) : 충성으로 임금을 섬겨라.

- 사친이효(事親以孝) : 효도로 어버이를 섬겨라.

- 교우이신(交友以信) : 믿음으로 벗을 사귀어라.

- 임전무퇴(臨戰無退) : 전쟁에 임해서는 물러서지 마라.

- 살생유택(殺生有擇) : 살아 있는 것은 가려서 죽여라.

'세속오계'는 뒤에 화랑도의 신조가 되어 삼국 통일의 기초를 닦
는 데 크게 기여했다. 불교 승려가 제시한 것이긴 하지만 유교의 윤
리 도덕 사상의 핵심을 이루는 '삼강오륜(三綱五倫)'과 겹치는 부분이
적지 않고, '교유이신'은 '오륜'의 '붕우유신(朋友有信)'과 같은 뜻이다.

종교인이 아닌 세속인으로서 지켜야 하는 기본 생활 윤리였기 때문에 겹치는 것이 자연스럽다. 참고로 삼강오륜을 소개해 둔다. (부자자효' 항목 참고)

원광의 세속오계를 전하는 《삼국유사》

삼강(三綱)

- 군위신강(君爲臣綱) : 군주는 신하의 근본이다.
- 부위자강(父爲子綱) : 아비는 자식의 근본이다.
- 부위부강(夫爲婦綱) : 남편은 아내의 근본이다.

오륜(五倫)

- 부자유친(父子有親) : 아비와 자식은 친애가 있다.
- 군신유의(君臣有義) : 군주와 신하는 의리가 있다.
- 부부유별(夫婦有別) : 남편과 아내는 구별이 있다.
- 장유유서(長幼有序) : 어른과 아이는 순서가 있다.
- 붕우유신(朋友有信) : 친구 사이는 믿음이 있다.

---

* 원광법사(542~640)는 신라 진평왕 때 고승이자 학자다. 속세의 성은 박이다. 중국에서 유학하고 돌아와 저술을 통해 새로운 불교 지식을 전파했다. 또한 교화 활동에도 관심을 가지고 사회 윤리를 높이는 데 힘을 기울였다. '세속오계'가 이를 대변한다. 진평왕 30년인 608년에는 왕의 명령을 받아 수나라에 군대 파견을 요청하는 〈걸사표(乞師表)〉를 쓰기도 했다.

■ 심화학습 : 원광법사와 〈걸사표〉에 대해 알아보기
■ '교우이신'으로 나의 문장 만들어 보기

022
교학상장(教學相長)

- 중국어 발음 : jiào xué xiāng zhǎng
- 가르침과 배움이 함께 성장한다.
- 가르치면서 배우고, 배우면서 가르치면 서로 성장할 수 있다는 뜻이다.
- 교과서 : 중등 한문
- 출전 : 《예기》

'교학상장'은 《예기》《학기學記》의 다음 구절에서 나왔다.

"아름다운 옥이라도 쪼고 다듬지 않으면 그릇이 되지 못하고, 사람은 배우지 않으면 도를 모른다. 이런 까닭으로 옛날에 왕이 된 자는 나라를 세우고 백성들에게 임금 노릇을 함에 가르침[教]과 배움[學]을 우선으로 삼았다. …… 비록 좋은 안주가 있더라도 먹지 않으면 그 맛을 알지 못하고, 비록 지극한 도가 있더라도 배우지 않으면 그 좋음을 모른다. 이런 까닭으로 배운 연후에 부족함을 알고 가르친 연후에야 막힘을 안다. 부족함을 안 연후에 스스로 반성할 수 있고, 막힘을 안 연후에 스스로 힘쓸 수 있으니, 그러므로 말하기를 '남을 가르치는 일과 스승에게 배우는 일이 서로 도

'교학상장'이 나온 《예기》 판본

와서 자기의 학업을 증진시킨다'고 한다."

　10여 년 전 중국의 신문에 한국 바둑계를 대표하는 이세돌 9단이 젊은 나이(당시 24세)에도 불구하고 제자를 받아들인 것을 큰 화제로 삼은 적이 있다. 바둑을 직업으로 하는 절정기의 기사가 바쁜 시합 일정에도 불구하고 제자를 거두어 가르치는 것은 이례적이라면서 중국 바둑계에도 신선한 자극제가 된다고 주장했는데, 이것이 바로 '교학상장'의 정신으로 제자와 스승 모두에게 큰 도움이 될 것이고, 세계 바둑계의 발전을 위해서도 좋은 일이라고 칭찬을 아끼지 않았다.

　배움만으로도 부족하고 가르치기만 해서도 모자란다. 배움에도 가르침에도 끝은 없다. 언제든 배운다는 자세로, 아랫사람에게 물어도 부끄러워하지 않아야 하고, 자신이 아는 것을 언제든 기꺼이 베풀 수 있어야 한다. 가르침과 배움을 기꺼이 베풀고 받아들여 자신의 학문과 인격 수양을 높여야 한다는 뜻이기도 하다. 공자는 모르면 '아랫사람에게 묻는 것이 부끄럽지 않다'는 '불치하문(不恥下問)'이란 명언을 남겼다. 이것이 '교학상장'의 진정한 의미다.

■ 심화학습 : '불치하문'에 대해 알아보기
■ '교학상장'으로 나의 문장 만들어 보기

023

구상유취(口尙乳臭)

- 중국어 발음 : kǒu shàng rǔ xiù
- 입에서 아직 젖내가 난다.
- 언행이 여전히 유치하다는, 상대를 낮추보는 성어다.
- 교과서 : 고등 한문
- 출전 : 《한서(漢書)》〈고제기(高帝紀)〉

   말과 행동 따위가 여전히 어린애처럼 유치하다는 뜻의 사자성어
이며 '머리에 피도 안 마른 것'이란 우리 속어와 뜻은 비슷하다. 출
전은 반고(班固, 32~92)*의 《한서》*인데 포털사이트 지식 검색에는
대부분 《사기》로 잘못 나와 있다. 이와 관련한 《사기》의 기록을 요
약하면 이렇다.

   기원전 204년, 위왕 표(豹)가 부모의 병을 핑계로 자기 나라로 돌
아가서는 유방을 배신하고 항우 편에 붙었다. 유방이 역생(酈生)을
보내 설득했으나 듣지 않았다. 이에 한신(韓信, ?~기원전 196)을 보내
위표를 사로잡음으로써 마침내 위 지역을 평정했다.

   이 대목을 《한서》는 좀 더 상세하게 전한다.

   한신이 출정에 앞서 위표 진영에 다녀온 역생에게 위표 군대의
장수가 누구냐고 물었다. 역생이 백직(栢直)이라고 대답하자 옆에
있던 유방이 코웃음을 치며 "그 녀석은 '구상유취'야! 백전백승의
한신에게 당할 수 없지"라고 했다.

'구상유취'는 당시 저잣거리에서 유행하던 속어로 추정된다. 그림은 건달들과 어울려 작당(作黨)하는 유방의 모습이다.

바로 이 대목에서 '구상유취'가 나왔는데, 저잣거리 경험이 많고 말이 거친 유방을 생각해 보면 당시 흔히 사용하던 속어로 보인다. '구상유취'는 어린애나 풋내기를 비유하는 성어인데, 왕왕 경멸이나 깔보는 표현으로 많이 인용된다. '황구유취(黃口乳臭)'라고도 한다. 부리가 누런 아기 새처럼 입에서 젖비린내가 난다는 뜻으로 상대가 어리고 하잘것없다며 비웃는 표현이다.

* 반고는 서한 말기의 학자로 《사기》에 이어 두 번째 정사로 꼽는 《한서》를 편찬했다. 《사기》가 전설시대 황제부터 사마천 당대까지 3천 년에 이르는 역사를 기록한 '통사(通史)'라면, 《한서》는 서한 시기의 역사만 다룬 '단대사(斷代史)'라는 점에서 뚜렷한 차이를 보인다. 《사기》가 통사를 대표한다면 《한서》는 단대사를 대표한다. 후대 많은 학자가 두 역사가와 역사서를 비교하고 연구했다.

■ 심화학습 : 한 고조 유방에 대해 알아보기
■ '구상유취'로 나의 문장 만들어 보기

024

국사무쌍(國士無雙)

- 중국어 발음 : guó shì wú shuāng
- 나라에 둘도 없는 인재
- 조직이나 나라의 운명을 좌우할 정도로 대단한 인재를 비유하는 사자
  성어다.
- 교과서 : 고등 한문
- 출전 : 《사기》 〈회음후열전〉

　최초의 통일제국 진(秦)나라가 15년 만인 기원전 206년에 멸망하고 초패왕 항우와 한왕 유방이 천하를 다투었다. 먼저 항우가 천하의 패권을 잡았다. 유방은 항우의 위세에 눌려 한중(漢中)이란 벽지로 숨듯이 물러났다. 이때 한신은 항우를 떠나 유방을 따라왔다. 한신은 항우 밑에 있었으나 자신이 올리는 제안이 번번이 무시당하자 항우를 떠나 유방에게 온 것이다. 유방은 항우보다는 한신을

한신의 가치를 알아본 소하는 끝내 한신을 데려와 대장군이 되게 했다. 그림은 한신을 뒤쫓는 소하의 모습이다.

우대했지만 별반 다르지 않았다. 한신은 다시 유방을 떠났다.

한신이 도망쳤다는 보고에 한신을 높이 평가해 온 소하(蕭何)가 유방에게 보고도 하지 않고 급히 그 뒤를 쫓았다.(여기서 '소하추한신蕭何追韓信'이란 고사가 나왔다. '소하가 한신을 뒤쫓다'라는 뜻이다.) 유방의 손발과 같았던 소하가 도망쳤다는 보고를 받은 유방은 크게 노했다. 며칠 뒤 소하가 돌아오자 기쁘기도 하고 성이 나기도 해서 소하를 야단쳤다.

소하가 한신을 쫓아갔다고 하자 유방은 별 볼 일 없는 한신을 쫓아갔다니 믿을 수 없다고 했다. 이에 소하는 이렇게 말했다.

"이제까지 도망친 부장들 정도의 인물이라면 얼마든지 찾아낼 수 있습니다. 주공께선 이름도 없는 한신이라고 하지만 그것은 한신을 모르기 때문입니다. 한신은 실로 '국사무쌍'이라고 칭찬할 만한 인물입니다. 주공께서 이 파촉(巴蜀)을 차지하는 걸로 만족한다면 한신이란 인물은 필요하지 않습니다. 만약 동방으로 진출해서 천하를 다투길 바란다면 한신 외에는 같이 전략을 꾀할 사람이 없습니다. 한신이 필요한지 아닌지는 주공이 천하를 바라는지 아닌지에 따라 결정될 것입니다."

한신은 한의 대장군이 되었고, 소하가 장담한 것처럼 '국사무쌍'의 재능을 마음껏 발휘하여 수세에 몰린 유방을 도와 항우에게 적극적으로 맞서게 했다. 뜻이 같거나 비슷한 성어로 '천하무쌍(天下無雙)', '당세무쌍(當世無雙)' 등이 있다.

■ 심화학습 : 한신과 소하에 대해 알아보기
■ '국사무쌍'으로 나의 문장 만들어 보기

025

군계일학(群鷄一鶴)

- 중국어 발음 : qún jī yī hè
- 닭 무리 속의 학 한 마리
- 평범한 사람들 중에 뛰어난 한 사람이 섞여 있음을 비유하는 성어다.
- 교과서 : 고등 한문
- 출전 : 《진서》〈혜소전(嵇紹傳)〉, 《세설신어(世說新語)》* 〈용지(容止)〉

　너무도 유명한 고사성어 '군계일학'은 '학립계군(鶴立鷄群, 닭 무리 속에 우뚝 선 학)' 또는 '계군일학(鷄群一鶴, 닭 무리 속의 한 마리 학)'이라고도 한다. 중국은 '계군일학'을 주로 쓴다.

　이 성어는 남조시대 세속의 명리를 버리고 자연과 더불어 고담준론(高談峻論), 즉 고상한 대화인 청담(淸談)을 일삼은 인사들 가운데 일곱 명을 가리키는 '죽림칠현(竹林七賢)'의 일화에서 비롯되었다.

　죽림칠현의 한 사람인 혜강(嵇康, 224~263)의 아들 혜소(嵇紹, 253~304)는 열 살 때 아버지 혜강이 무고죄로 사형을 당하자 산속에 숨어 어머니와 살았다. 훗날 혜소가 처음으로 낙양에 들어갔을 때 어떤 사람이 죽림칠현의 한 사람

'군계일학'의 주인공 혜소

인 왕융(王戎)에게 다음과 같이 말했다.

"그저께 혼잡한 군중 속에서 혜소를 처음 보았습니다. 그의 드높은 혈기와 기개는 마치 '닭의 무리 속에 있는 한 마리 학'과 같더군요."

이 말을 듣고 왕융이 대답했다.

"그것은 자네가 그의 부친을 본 적이 없기 때문일세."

왕융은 '군계일학'의 혜소보다 그 아버지 혜강을 한 차원 높게 평가했다. '군계일학'과 비슷한 뜻을 가진 단어로 '발군(拔群, 여럿 중에서 특별히 뛰어남)', '백미(白眉, 원래 흰 눈썹을 가리키지만 여럿 중에서 가장 뛰어남을 의미함. 옛날 촉의 마씨 집안 형제 중 눈썹 속에 흰 털이 있는 마량馬良이 가장 뛰어난 데서 유래한 말)', '절륜(絶倫, 월등하게 뛰어나거나 출중함)' 등이 있다.

＊《세설신어》는 남조시대 송나라의 유의경(劉義慶, 403~444)이 편찬한 동한 말부터 동진에 이르는 시기 명사들의 일화집이다.(이런 형식의 일화집을 지인소설志人小說이라 부르기도 한다.) 당시 호족과 지식인들의 생활 모습과 사고방식 등을 짤막하고 흥미롭게 전해서 훗날 단편소설의 선구라는 평가도 받았다.

■ 심화학습 : '죽림칠현'에 대해 알아보기
■ '군계일학'으로 나의 문장 만들어 보기

026

권선징악(勸善懲惡)

• 중국어 발음 : quàn shàn chéng è
• 좋은 일은 권하고 나쁜 일은 징계한다.
• 역사가의 역사 서술 태도로 좋은 일이나 착한 사람은 표창하고, 나쁜 일
  이나 간신들은 징벌해야 한다는 이른바 '춘추필법(春秋筆法)'의 하나.
• 교과서 : 초등 5-1 국어 연계
• 출전 : 《좌전》

'권선징악'은 불교에서 나온 것 같지만, 《좌전》 성공(成公) 14년(기원전 557년) 조항의 다음 대목이 출전이다.

"《춘추(春秋)》*의 기록은 간략하지만 뜻이 드러나 있고, 사실을 기록하지만 뜻이 깊고, 완곡하지만 도리를 갖추었고, 사실을 있는 대로 기록하되 왜곡하지 않고, 악을 징계하고 선을 권장하니 성인이 아니면 누가 이렇게 할 수 있겠는가?"

《좌전》은 '징악권선'으로 표현했고, 훗날 '권선징악'으로 앞뒤를 바꾸었을 뿐이다. 오늘날 '권선징악'은 어느 분야에서든 적용이 가능한 보편적인 사자성어로 정착했지만 당초에는 역사가의 서술 태도와 기준을 나타내는 표현이었다. 이를 다른 말로 '포폄(褒貶)'이라 한다. '칭찬할 일은 칭찬하고 비판할 일은 비판한다'는 뜻이다.

이와 같은 역사 서술 태도는 춘추시대 역사가들의 기본 자질이었고, 훗날 《춘추》를 편찬한 공자*를 비롯하여 역대 중국의 역사 기술은 물론 한자 문화권의 역사 서술 태도에도 큰 영향을 미쳤다.

'권선징악'이라는 춘추필법의 정신을 계승한 동호는 '동호직필'이라는 또 하나의 고사를 남겼다. 그림의 아랫부분이 '동호직필'의 고사를 나타내고 있다.

기원전 607년 춘추시대 진(晉)나라의 실권자 조돈(趙盾)의 사촌 조천(趙穿)이 영공(靈公)을 시해했다. 당시 조돈은 망명하려다가 이 소식을 듣고는 다시 돌아와 조정을 장악했다. 그러자 사관(史官) 동호(董狐)가 '조돈이 그 임금을 죽였다'라고 직필했다. 조돈이 항의하자 동호는 "당신은 나라의 실권자로서 국경을 넘어 망명하지 않았고, 돌아와 하수인 (조천)을 처형하지 않았으니 그 책임을 당신이 아니면 누가 지겠소"라고 맞섰다. 여기서 '동호직필(董狐直筆)'이라는 고사성어가 나왔다. 사관 '동호의 곧은 붓', '동호가 곧이곧대로 기록하다'라는 뜻이다.

---

*《춘추》는 춘추시대 노나라의 역사를 기록한 책이다. 천하를 떠돌며 자신의 사상을 펼쳐 보려던 공자가 뜻을 이루지 못하고 고향인 곡부로 돌아와 제자들을 가르치다 죽기 얼마 전 노(魯)나라 연대기를 중심으로 춘추시대(기원전 722~기원전 481) 여러 나라의 정치사 등을 정리한 역사책이다.

공자는 《춘추》를 지으면서 기록해야 할 것은 결단코 기록하고 삭제할 것은 무슨 일이 있어도 삭제했다. 그리하여 '춘추필법(春秋筆法)'이라는 역사 서술의 기본 자세를 확립했다. 공자 자신도 《춘추》에 상당한 애착을 가진 것 같다. 제자들에게 춘추의 뜻을 전수한 뒤 "후세에 나를 알아주는 사람이 있다면 춘추 때문일 것이며, 나를 비난하는 사람이 있다면 그 역시 춘추 때문일 것이다"라고 말했을 정도다.

사마천은 〈공자세가〉에서 공자가 지은 《춘추》의 문장을 두고 학문과 문장이 뛰어난 자하 같은 제자들도 '단 한마디 거들 수 없을' 정도였다고 칭찬한다.

■ 심화학습 : 동양의 역사 집필 자세에 대해 알아보기
■ '권선징악'으로 나의 문장 만들어 보기

027
금란지계(金蘭之契)

- 중국어 발음 : jīn lán zhī qì
- 쇠와 난초의 맺음
- 단단한 쇠와 향기로운 난처럼 오래도록 변치 않는 아름다운 우정을 비유하는 사자성어다.
- 교과서 : 고등 한문
- 출전 : 《세설신어》 외

우정을 나타내는 많은 고사성어 중 하나다. 성질이 변치 않는 쇠와 향이 진한 난초가 만나 오래도록 좋은 우정을 나누는 사이를 비유한다. 쇠와 난에 관해서는 《주역(周易)》〈계사(繫辭)〉(상)에 "두 사람의 마음이 같으면 그 날카로움이 쇠를 자르고, 같은 마음에서 나온 말은 그 향이 난초와 같다"는 대목이 있다.

'금란지계'와 같은 뜻으로 '계합금란(契合金蘭)'이 있는데, 《세설신어》의 "산공(山公)과 계완(嵇阮)이 한 번 보고는 쇠와 난초처럼 맺어졌다"라는 대목에서 나온다. 산공은 위진남북조시대 어지러운 세상을 벗어나 산림에서 유유자적했던 일곱 명의 명사 '죽림칠현(竹林七賢)*'의 한 사람인 산도(山濤)를, 계완은 역시 죽림칠현으로 꼽히는 완적(阮籍)과 계강(嵇康)을 가리킨다. 이 세 사람이 처음 만났는데 깊고 단단한 우정을 나누는 친구들 같았다는 것이다.

변치 않는 우정을 단단한 쇠나 돌에다 비유한 성어로 '금석지교(金石之交)'가 있다. 《한서(漢書)》〈한신전(韓信傳)〉에 나온다. 참고로 정

'금란지교'는 죽림칠현의 관계에서 비롯된 성어다. 그림은 '죽림칠현'의 모습이다.

확하게 '금란지계'라는 네 글자가 나오는 원전은 남송 때 문장가이 자 서예가인 장효상(張孝祥, 1132~1170)의 글 〈하정서(下定書)〉다. 교과 서에 등장하는 우정을 나타내는 고사성어는 고등학교 한문의 '관포 지교(管鮑之交)'와 '백아절현(伯牙絶絃)', 초등학교 5-1의 '죽마고우(竹馬 故友)'가 있다. 함께 참고하면 된다.

＊죽림칠현은 3세기 위(魏)·진(晉) 초기에 노자와 장자의 허무 사상을 숭상하여 유 교의 형식주의를 무시하고 죽림에 모여 술과 고상한 청담을 일삼은 일곱 명의 선비 를 말한다. 산도(山濤)·왕융(王戎)·유영(劉伶)·완적(阮籍)·완함(阮咸)·혜강(嵇康)·향수 (向秀) 이렇게 일곱이다.

■ 심화학습 : '죽림칠현' 각 인물에 대해 알아보기
■ '금란지계'로 나의 문장 만들어 보기

028

금시초문(今時初聞)

- 중국어 발음 : jīn shí chū wén
- 지금 처음 듣는 이야기
- 이전에는 들어 보지 못한 이제 막 처음으로 듣는 소리를 나타내는 사자성어다.
- 교과서 : 초등
- 출전 : 우리식 성어로 추정

'금시초문'은 중국은 사용하지 않는 성어다. '전에는 들어 본 적이 없다'는 뜻의 '전대미문(前代未聞)' 역시 중국은 사용하지 않는 성어다. '전대미문'은 일본식 성어로 추정된다. 중국 인터넷 소설의 제목으로 '미문(未聞)'이 사용된 적은 있다.

'처음 듣는다'는 '초문(初聞)'은 두보(杜甫)*의 시 〈관군이 하북과 하남을 수복했다는 소식을 듣고〉에서 하북과 하남이 수복되었다는 소식을 '처음 듣고는 눈물이 옷을 흠뻑 적셨다(초문체루만의상初聞涕泪滿衣裳)'는 대목에 보인다.

최근 중국에서 '초문'은 대중가요의 노랫말을 극찬할 때 많이 사용한다. '초문'과 함께 '초식(初識)'도 많이 사용하는데 뜻은 같다.

'초문'을 넣어 시를 지은 두보

작가 막연(莫然, 1951~, 중국명 모란)의 작품으로 알려진 시 한 구절에 사용된 사례를 보자. (이 구절의 원전은 분명치 않다. 정확한 정보를 확인 중이다.)

　초문부지곡중의(初聞不知曲中意)
　재청이시곡중인(再聽已是曲中人)

　그 뜻을 풀이하면 "처음 들었을 때는 노래 속의 뜻을 몰랐으나 다시 들으니 노래 속에 사람이 있더라" 정도 된다. 처음 노래를 들을 때는 가사의 의미를 제대로 이해하지 못했는데 다시 들어 보니 가사 안에 노래 부르는 사람, 즉 그 사람의 '우여곡절(迂餘曲折, 여러 가지 뒤얽힌 복잡한 사정)이 들어 있더라는 의미다. 가사의 속뜻이 깊다는 것을 이렇게 비유하고 있다.

＊두보(712~770)는 같은 시대를 살았던 이백과 더불어 중국이 낳은 가장 위대한 시인으로 꼽힌다. 훗날 두 사람을 합쳐 '이두(李杜)'라고 불렀다. 이백은 시에 관한 한 신선의 경지에 올랐다 해서 '시선(詩仙)'이란 별칭으로 불렸고, 두보는 성인의 경지에 올랐다 해서 '시성(詩聖)'이라 불렸다. 두보는 현실을 적나라하게 묘사한 작품을 많이 남겨 '시로 역사를 남긴' 시인이란 뜻의 '시사(詩史)'라는 별칭도 따른다. 호탕하고 거칠 것 없는 낭만주의자 이백의 시에 비해 두보의 작품은 현실에서 오는 애환을 섬세한 언어로 가슴 아프게 전달한다. 그의 힘들고 애달픈 삶과도 관련이 있을 것이다. 두 사람은 멀리 떨어져 있으면서도 서로를 그리워하며 작품으로 마음을 나누는 깊은 우정을 보여 주었다.

■ 심화학습 : 두보의 시에 대해 알아보기
■ '금시초문'으로 나의 문장 만들어 보기

029

금의야행(錦衣夜行)

- 중국어 발음 : jǐn yī yè xíng
- 비단옷을 입고 밤길을 다닌다.
- 어떻게든 자랑하지 않으면 생색나지 않음을 비유하는 고사성어다.
- 교과서 : 고등 한문
- 출전 : 《사기》〈항우본기〉

《사기》〈항우본기〉에 나오는 사자성어다. 기원전 207년 항우는 이미 유방에게 항복한 진(秦)나라 수도 함양에 들어가 궁을 불 지르고 재물을 약탈하는 만행을 저지른 뒤 동쪽 고향을 향해 돌아왔다. 이때 도읍 선정을 놓고 이야기가 나왔는데, 천하를 제패하려면 관중(關中)을 도읍으로 삼아야 한다는 의견이 나왔다. 그러자 항우는 "부귀해진 뒤에 고향에 돌아가지 않는 것은 비단옷을 입고 밤길을 다니는 것과 같다. 누가 알아준단 말인가"라며 이 의견을 묵살했다.

'금의야행'(또는 '의수야행')은 항우의 어리석은 판단과 행동을 비꼬는 고사에서 나온 성어다.

이에 의견을 낸 자가 "사람들이 초나라 사람들 보고 '원숭이에게 모자를 씌워 놓은 꼴(목후이관沐猴而冠)'이라고 하더니 과연 그렇구나"라며 항우의 어리석음을 비웃었다. 이 말을 들은 항우는 그 사람을 삶아 죽였다.

'금의야행'은 항우가 고향으로 돌아가길 바라고 한 말에서 나왔는데, 원전은 '의수야행(衣繡夜行)'으로 나온다. 이 표현이 좀 더 쉬운 '금의야행'으로 변형되었을 뿐이다. 대개 자신의 업적이나 공을 무리해서 무의미하게 자랑하느라 급급한 어리석은 행동을 비꼬는 비유로 사용한다.

항우는 결국 관중을 버리고 고향과 가까운 팽성(彭城)을 도읍으로 삼았다. 이는 전략상 큰 실책이었다. 반면 라이벌 유방은 고향 생각이 간절했지만 측근의 충고에 따라 관중을 도읍으로 정하여 전략상 우위를 차지했고, 초한쟁패는 유방의 승리로 막을 내렸다.

'어두운 밤에 눈 끔쩍이기(암중순목暗中瞬目)'라는 우리 속담이 '금의야행'과 비슷한 뜻이다. 《이담속찬》, 《송남잡지》

■ 심화학습 : 초한쟁패와 항우에 대해 알아보기
■ '금의야행'으로 나의 문장 만들어 보기

030
기고만장(氣高萬丈)

- 중국어 발음 : qì gāo wàn zhàng
- 기가 만 길이나 뻗치다.
- 오만함이 하늘을 찌를 정도라는 비유다.
- 교과서 : 초등 6학년 도덕 연계
- 출전 : 불명

'기고만장'의 출처는 알 수가 없다. 일본식 표현으로 추정하기도 했으나 일본의 디지털 고사성어 사전인 kotobank의 검색에도 보이지 않는다. 국어사전에는 두 가지 뜻으로 사용한다고 기술되어 있다. 첫째는 펄펄 뛸 만큼 매우 성이 난 상태를 말하고, 둘째는 우쭐하여 뽐내는 기세가 대단하다는 뜻이다. 대개는 두 번째 뜻으로 사용한다.

비슷한 뜻을 가진 사자성어로 '오만방자(傲慢放恣)'가 있다. 남을 업신여기며 제멋대로 행동한다는 뜻이다. '오만방자' 역시 중국은 사용하지 않는 성

'기고만장'은 일본식 성어이긴 하지만 '만장'이란 표현은 중국인 특유의 과장을 잘 보여 주는 단어다. 사진은 '백발삼천장'이라는 과장된 표현을 남긴 시인 이백이다.

어다. 대신 '옆에 아무도 없는 것처럼 군다'는 뜻의 '방약무인(傍若無人)'을 많이 인용한다. '방약무인'은《사기》〈자객열전〉에 자객 형가(荊軻)와 그 친구 고점리(高漸離)가 술에 취해 노래 부르길 '방약무인'했다고 나온다.

만장(萬丈)은 높고 길다는 뜻이다. 1장은 열 길이나 되는데, 구체적으로 10자에 약 3.3미터라고 한다. 따라서 만 장은 3만3천 미터, 33킬로미터에 이른다. 물론 중국 사람 특유의 과장된 표현이라 하겠다.

당나라 시인 이백*은 '흰 머리카락이 3천 장'이란 뜻의 '백발삼천장(白髮三千丈)'이란 표현을 〈추포가십칠수(秋浦街十七首)〉에 남겼고, 남송 때 시인 왕매(王邁, 1184~1248)는 〈증곽오성(贈郭五星)〉에서 '만장장기횡고추(萬丈壯氣橫高秋)'란 표현을 남겼다. '만 장에 이르는 씩씩한 기세가 높고 상쾌한 가을을 가로지른다'는 뜻이다. 뜻만 놓고 보자면 '기고만장'은 왕려의 시구인 '만장장기'에 가깝다고 할 수 있다.

---

* 이백은 위대한 낭만주의 시인으로 '시에 관한 한 신선의 경지에 올랐다' 해서 '시선(詩仙)'이란 별칭으로 불린다. 성격이 호방하고 술을 좋아하여 '주선(酒仙)'이란 별칭도 따른다. 칠언절구의 작품은 후대 누구도 따를 수 없다고 한다. 어려서부터 어디에도 매이지 않는 자유분방하고 호탕한 기질로 세상을 누볐고, 황궁에 들어가서도 거칠 것이 없었다. 이 때문에 권력자와 주변의 미움을 사서 박해를 많이 받았다. 744년 낙양에서 처음 만난 두보와 나이도 신분도 격도 초월한 깊은 우정을 나누었고, 멀리 떨어져 있으면서도 서로를 그리워했다.

■ 심화학습 : 〈자객열전〉에 대해 알아보기
■ '기고만장'으로 나의 문장 만들어 보기

031

난공불락(難攻不落)

- 중국어 발음 : nán gōng bú luò
- 공격하기가 어려워 함락되지 않는다.
- 맞서는 힘이 워낙 강해 상대하기 어렵거나 그런 상대를 가리키는 성어다.
- 교과서 : 초등 5-1 국어 연계
- 출전 : 일본식 성어

'난공불락'도 일본식 표현이다. 관련된 단어로 '철옹성(鐵瓮城)'이 있는데 '쇠로 만든 독처럼 튼튼한 성'이란 뜻이다. 이 둘을 결합하여 예문 하나를 만들어 보면 "도대체 이 과목은 만점 맞기 어려운 '난공불락'의 '철옹성' 같다" 정도가 나온다.

'철옹성'은 중국에서도 흔히 사용하는 단어인데, 실제 그 유적지가 확인되었다. 강소성(江蘇省) 진강시(鎭江市)에 있는 삼국시대 동오

강소성 진강시에 남아 있는 삼국시대 동오의 '철옹성' 유지는 현재 공원으로 조성 중이다.

(東吳)의 고성인데 관련 기록도 남아 있다. 남조시대 양(梁)나라와 진(陳)나라에서 활동하며 유명한 자전 《옥편(玉篇)》*을 엮은 고야왕(顧野王, 519~581)이 편찬한 《여지지(輿地志)》의 "오나라 대제 손권(孫權)이 쌓은 성이며 둘레 630보에 남쪽과 서쪽으로 문이 둘이고 안팎을 모두 벽돌로 쌓았다"는 대목이다.

한편 '철옹'은 당나라 시인 진도옥(陳韜玉, 생몰 미상)의 〈진궁(陳宮)〉에 보이는데 '견고한 성'이란 뜻으로 쓰였다. '철옹성'은 '난공이수(難攻易守)'란 표현과 함께 흔히 쓰이는데 '난공이수'란 '공격하긴 어렵고 지키긴 쉽다'는 뜻이다. 쇠로 만든 튼튼한 '철옹성'은 공격하기는 어렵지만 지키기는 쉽다는 말이다.

---

*《옥편(玉篇)》: 20세기까지만 해도 한자와 한문을 공부하려면 옥편 없이는 불가능했다. 우리의 국어사전 같은, 말하자면 한자사전이다. 중국은 이런 사전류의 책을 공구서(工具書)라 부른다. 공부에 필요한 도구라는 뜻이다. 가장 이른 한자사전은 《설문해자(說文解字)》로 동한시대 학자 허신(許慎, 58~147)이 편찬했다. 한자의 형태와 기원 등을 계통적으로 분석한 어학 사전이다. 총 1만 516자가 수록되어 있다. 이후 끊임없이 이런 사전이 편찬되었고 청나라 강희제는 국가사업으로 《강희자전(康熙字典)》을 편찬했는데 총 4만 7,035자가 수록되었다.

■ 심화학습 : 《설문해자》에 대해 알아보기
■ '난공불락'으로 나의 문장 만들어 보기

032
난형난제(難兄難弟)

- 중국어 발음 : nán xiōng nán dì
- 형이라 하기도 어렵고 아우라 하기도 어렵다.
- 두 사물이나 사람이 비슷하여 낫고 못함을 가리기 어렵다는 것을 비유하는 성어다.
- 교과서 : 고등 한문
- 출전 : 《세설신어》

남북조시대 남조의 송나라 사람 유의경(劉義慶, 403~444)이 편찬한 《세설신어》는 동한 말기에서 동진 시기에 활동한 명사들의 일화집이다. '난형난제'는 이 책 〈덕행(德行)〉 편에 나오는 고사에서 비롯된 성어다. '난형난제'는 청나라 사람 오경재(吳敬梓, 1701~1754)가 지은 장편소설 《유림외사(儒林外史)》*에도 보인다.

동한 때 영천(潁川) 허(許) 지방 출신인 진식(陳寔, 104~187)은 태구의 현령으로 있으면서 검소하게 생활하고 매사에 공정하게 백성들을 다스렸다. 진식은 자기 집에 물건을 훔치러 들어온 도둑을 '대들보 위에 숨은 군자'라는 뜻의 '양상군자(梁上君子)'라고 부르며 점잖게 타일러서 보낸 유명한 인물이다. 그의 아들인 원방(元方)과 계방(季方)도 명망이 드높아 진식과 더불어 '세 군자'로 불렸다.

어느 날 원방과 계방의 아들들이 서로 자기 아버지의 공덕을 놓고 논쟁을 벌였는데 우열을 가릴 수 없었다. 둘은 결국 할아버지인 진식에게 물었고, 진식은 "형이 낫다고 하기도 어렵고 아우가 낫다고 하기도 어렵구나"라고 대답했다. 두 손자는 이 말을 듣고 모두 만족하여 물러났다.

'난형난제'는 나이가 많고 적음을 가릴 수 없다는 것이 아니라 서로 실력이 비등하여 우열을 가릴 수 없다는 의미다. 조선시대 서거정(徐居正 1420~1488)이 '함께 문무과에 급제하여 영친연을 베푼 최신

'양상군자', '난형난제' 등 2천 년 가까이 인구(人口)에 회자(膾炙)되는 고사성어를 남긴 동한의 명사 진식의 초상화

형제에게 하례하는 시'에서 "그대 형제의 문과 무는 '난형난제'라. 자자한 명성이 한 시대를 압도하네그려. (중략) 이것이 효도로 나라를 다스리는 데 힘을 쓴다는 것이니, 태평 시대 성대한 일이 과명(科名)을 이으리라"라고 하여 최신 형제가 나란히 문과와 무과에 합격한 것을 난형난제로 표현했다.

'난형난제'는 우리가 흔히 쓰는 '막상막하(莫上莫下)'와 거의 뜻이 같다. (〈막상막하〉 항목 참고)

---

*《유림외사(儒林外史)》는 중국 풍자소설의 최고봉으로 평가받는 세계적으로 유명한 소설이다. 관료 사회를 비롯하여 사회 현실을 소설로 직접 비평한 현실 고발의 성격이 짙다. 일찍부터 다른 나라에 알려져 10여 개국 언어로 번역되었고, 세계 문학사의 걸작 대열에 올라 보카치오, 세르반테스, 발자크, 디킨스 등의 작품과 비교되기도 한다.

■ 심화학습 : 진식과 '양상군자'에 대해 알아보기
■ '난형난제'로 나의 문장 만들어 보기

033
낭중지추(囊中之錐)

- 중국어 발음 : náng zhōng zhī zhuī
- 자루 속 송곳
- 끝이 뾰족한 송곳은 자루 속에 들어 있어도 언젠가는 자루를 뚫고 나오듯이, 뛰어난 재능을 가진 인재는 눈에 띄기 마련이라는 것을 비유하는 성어다.
- 교과서 : 고등 한문
- 출전 : 《사기》〈평원군우경열전〉

중국은 《사기》 원문에 따라 '추처낭중(錐處囊中)'으로 쓴다. '송곳이 자루 속에 있다'는 뜻이다. 이 고사성어의 유래와 스토리는 다음과 같다.

전국시대 말엽 강대국 진(秦)나라의 공격을 받은 조(趙)나라 혜문왕(惠文王)은 친동생이자 재상인 평원군(平原君)을 남방의 강국 초(楚)나라에 보내 구원병을 청하기로 했다. 평원군은 3천 명에 이르는 식객 가운데 문무를 겸비한 20명을 수행원으로 선발하면서 19명까지는 어렵지 않게 뽑았으나 나머지 한 명을 뽑지 못한 채 고심하고 있었다. 이때 식객 모수(毛遂)가 나서서 자신을 데려가 달라고 청했다. 여기서 '모수가 자신을 추천하다'라는 뜻의 '모수자천(毛遂自薦)'이란 고사성어가 유래했다.

평원군은 어이없어하며 자신의 집에 온 지 얼마나 되었느냐고 되물었다.

"3년이 됩니다."

"재능이 뛰어난 사람은 마치 주머니 속의 송곳 끝이 밖으로 나오듯이 남의 눈에 드러나는 법이오. 그런데 내 집에 온 지 3년이나 되었다는 그대는 단 한 번도 이름이 드러난 일이 없지 않소?"

모수의 무덤과 사당에 조성해 놓은 '모수자천' 고사를 그린 그림

"군께서 이제까지 저를 단 한 번도 주머니 속에 넣어 주시지 않았기 때문입니다. 이번에 주머니 속에 넣어 주신다면 끝뿐 아니라 자루까지 드러내 보이겠습니다."

모수의 재치 있는 답변에 만족한 평원군은 그를 수행원으로 뽑았고, 모수는 자신의 말대로 결정적인 공을 세웠다. 조나라로 돌아온 평원군은 "(모수는) 세 치 혀로 백만의 군사보다 강한 역할을 했다.(삼촌지설三寸之舌, 강우백만지사强于百萬之師.) 내가 감히 다시는 인물을 평하지 않을 것이다"라며 모수를 상객(上客)으로 삼았다.

■ 심화학습 : 모수와 '모수자천'에 대해 알아보기
■ '낭중지추'로 나의 문장 만들어 보기

034

노심초사(勞心焦思)

- 중국어 발음 : láo xīn jiāo sī
- 몸도 지치고 애를 태운다.
- 몸과 마음이 힘들고 초조하여 애가 타는 모습을 비유하는 성어다.
- 교과서 : 초등 5-1 국어 연계
- 출전 : 《사기》〈하본기〉

중국 역사에서 최초의 국가이자 왕조로 인정받는 하(夏)나라를 건국한 우(禹) 임금은 임금이 되기 전, 순(舜) 임금에 의해 황하의 홍수를 다스리는 치수 사업의 주관자로 임명되었다. 아버지 곤(鯀)이 9년에 걸친 치수 사업에 실패하여 죽임을 당한 경험이 있기 때문에 우는 조심조심 치수 사업에 임했다. 당시 우 임금은 "노신초사(勞身焦思), 13년을 밖에서 살며 집 앞을 지나면서도 들어가지 못했다"고 한다.

여기서 '노신초사'란 사자성어가 유래했는데, '몸과 마음을 모두 수고롭게 한다'는 뜻이다. 몸과 마음을 온통 그 일에 집중하여 열심

'노심초사'의 원조 격인 '노신초사'는 하나라를 세운 우 임금에게서 비롯되었다. 그림은 직접 삽을 들고 백성들과 일하는 우 임금이다.

히 일하느라 힘들고 지쳤다는 것이다. 오늘날 흔히 사용하는 '노심 초사(勞心焦思)'의 원전이다.

'노심초사'는 당나라 시인 두보의 〈억석이수(憶昔二首)〉라는 두 수의 시 중 첫 번째 시에서 유래되었다. 이 시에서 두보는 "장후(숙종의 후궁)가 기뻐하지 않으면 주상(숙종)은 마음이 바쁘고, (대종은) '노심초사' 조정의 기강을 잡으려 애쓴다"라고 했다.

치수 사업을 위해 '노신초사'했던 우 임금은 외지 생활을 하는 동안 몇 차례나 집 앞을 지나면서도 들어가지 못했다고 한다. 여기서 '집 앞을 세 번이나 지나면서도 집에 들어가지 못했다'는 '삼과기문이불입(三過其門而不入)'이 나왔고(《맹자》), 줄여서 '삼과불입(三過不入)'이라고 많이 쓴다.

'노심초사'와 뜻이 가까운 성어로 '전전긍긍(戰戰兢兢)'이 있다. 《시경(詩經)》 〈소아(小雅)〉 편에 나오는 구절인데 '전전'은 겁을 먹고 떤다는 뜻이고, '긍긍'은 조심해서 몸을 움츠린다는 뜻이다. 《시경》은 매사에 언행을 조심하라며 깊은 연못이나 얇은 얼음판을 밟고 지나가듯 하라고 했다. 오늘날 '전전긍긍'은 대개 무엇인가 잘못을 저지른 사람이 자신의 잘못이 드러날까 두려워하는 경우에 많이 쓴다.

■ 심화학습 : 《시경》에 대해 알아보기
■ '노심초사'로 나의 문장 만들어 보기

035

농부아사(農夫餓死), 침궐종자(枕厥種子)

- 중국어 발음 : nóng fū è sǐ zhěn jué zhǒng zi
- 농부는 굶어 죽을지언정 그 씨앗을 베고 눕는다.
- 농사를 짓는 농부에게 종자는 생명과 같아서 굶어 죽더라도 씨앗은
  먹지 않는다는 것을 비유한 우리 속담이다.
- 교과서 : 고등 한문
- 출전 : 《이담속찬》

이번에 분석 대상으로 삼은 193개 항목 중에서 우리 속담을 한자로 바꾼 성어의 하나다. 이 성어는 1820년에 편찬된 다산 정약용의 《여유당전서》에 수록된 《이담속찬》에서 나왔다. 이 책은 우리 고유의 속담 214수를 수집하여 여덟 글자의 한문으로 옮겨 놓았다. (우리 속담을 한문으로 바꾼 책들이 조선 후기에 몇 종 편찬되었다. 이에 대해서는 서문에 별도로 언급해 두었다.)

농부에게 씨앗은 모든 것의 밑천이다. 그래서 씨앗을 베고 죽을지언정 아무리 굶주려도 씨앗은 먹지 않는다는 것이다. 이 속담은 자신이 맡은 일에 최선을 다하는 투철한 정신과 자세를 갖춘 사람을 비유한다. 그러나 시간이 흐르면서 그 의미가 바뀌어 죽고 나면 재물도 소용없음을 모르는 어리석고 인색한 사람을 비꼬는 투로 사용하기도 한다. 그런데 지금 전 세계에서 벌어지는 씨앗 경쟁 상황을 볼 때 이 속담과 성어의 의미는 또 한 번 새롭게 인식되어야 할 필요가 있다. 그 옛날 농부의 마음처럼 종자가 생명 그 자체가

되어 가는 것은 물론 농업 분야는 말할 것도 없고 생명과 관련한 모든 분야에서 씨앗 경쟁이 격화되었기 때문이다.

우리 속담을 여덟 자의 한문으로 옮겨 수록한 《이담속찬》 판본

농업이 모든 경제의 중심이던 시절에 농업과 농부는 '농자천하지대본(農者天下之大本)'이었다. 그리고 농부와 농업의 핵심은 종자, 즉 씨앗이었다. 씨앗을 중시하는 것은 농부의 기본 자세였다. 농업을 모든 경제의 근본으로 인식한 대목이 《사기》〈효문본기〉에 보이는데, 당시 황제인 문제는 "농천하지본(農天下之本)", 즉 "농사는 천하의 근본"이라면서 황제가 몸소 씨를 뿌리고 수확하는 땅인 적전(籍田)을 열었다.

■ 심화학습 : 《여유당전서》에 대해 알아보기
■ '농부아사, 침궐종자'로 나의 문장 만들어 보기

036
누란지위(累卵之危)

- 중국어 발음 : lěi luǎn zhī wēi
- 층층이 쌓은 알의 위태로움
- 곧 무너질 것 같은 아슬아슬한 위기 상황을 비유하는 성어다.
- 교과서 : 고등 한문
- 출전 : 《사기》〈범수채택열전〉 외

   전국시대 위(魏)나라 사람 범수(范睢, ?~기원전 255)는 억울하게 도둑 누명을 쓰고 거의 죽다 살아났다. 친구 정안평(鄭安平)의 도움으로 몸을 숨기고 이름도 장록(張祿)으로 바꾸었다. 그러다 마침 위나라를 다녀가는 진(秦)나라 사신 왕계(王稽)의 도움을 받아 진나라로 망명한다. 왕계는 진나라 소왕(昭王)에게 장록에 대하여 이렇게 보고했다.

   "위나라에 장록이란 사람이 있는데 천하의 뛰어난 변사(辯士)입니

범수는 당시 진나라의 상황을 '누란지위'와 같이 위급하다고 표현하여 소왕의 관심을 끌었다. 그림은 '원교근공' 외교책을 건의하는 범수와 소왕의 모습을 그린 기록화다.

다. 그가 '진나라는 지금 층층이 알을 쌓아 둔 것보다도 더 위험하다. 나를 얻으면 안전할 수 있다. 그러나 이를 글로는 전할 수 없다'라고 하기에 신이 데리고 왔습니다."

진나라 소왕은 범수의 말에 관심을 보여 그를 만났고, 범수는 소왕에게 '원교근공(遠交近攻)'이라는 외교 책략을 건의했다. 진나라는 범수의 '원교근공'을 기본으로 동방 6국을 공략하여 마침내 천하 통일을 이룰 수 있었다.

《사기》에서 '누란지위'의 정확한 표현은 '위여누란(危如累卵)'이고, 《한비자》에도 '위여누란'으로 나온다. 뜻은 다 같다. '누란지위'는 동한 때 사람 왕부(王符, 생몰 미상)가 편찬한 정치서 《잠부론(潛夫論)》에 "누란지위에 처했으면서 태산과 같은 안정을 꾀한다"는 대목에 보인다.

'누란지위'와 비슷한 뜻을 가진 성어로 '천균일발(千鈞一髮)'과 '위재단석(危在旦夕)'이 있다. 전자는 '머리카락 한 올 위에 수만 근이 매달려 있다'는 뜻이고, 후자는 '위기가 아침저녁에 달려 있다'는 뜻이다. 모두 위태로운 상황을 비유하는 성어다. 반대의 뜻을 가진 성어는 '안여반석(安如磐石)'과 '온여태산(穩如泰山)'이다. 전자는 반석과 같이 안정되어 있다는 뜻이고, 후자는 튼튼하기가 태산 같다는 뜻이다.

'누란지위'와 비슷한 뜻의 우리 속담으로 "뒤웅박 신은 것 같다(원호리圓瓠履)"가 있다. (둥근) 표주박을 발에 신었으니 언제 깨질지 모르는 위태위태한 모습을 가리킨다.《동언해》

■심화학습 : 왕부의 《잠부론》에 대해 알아보기
■'누란지위'로 나의 문장 만들어 보기

037

다다익선(多多益善)

- 중국어 발음 : duō duō yì shàn
- 많으면 많을수록 좋다.
- 오만한 성격을 비유하는 성어라는 점에 유의할 필요가 있다.
- 교과서 : 초등 4-2 사회 연계
- 출전 : 《사기》〈회음후열전〉

'많으면 많을수록 더 좋다'는 뜻의 '다다익선'은 우선 그 뜻이 좋아 2천 년 넘는 세월 동안 수많은 사람이 인용했고, 헤아릴 수 없을 정도로 많은 사람의 입에 오르내렸다. 하지만 이 성어의 유래를 알고 나면 함부로 입에 올리기 어려울 것이다. 먼저 이 성어의 유래를 알아보자.

기원전 202년, 5년에 걸친 초한쟁패 끝에 항우를 물리치고 서한을 건국한 유방은 천하를 통일한 후 편안한 시간에 명장 한신과 대화를 나누었다. 유방은 장수로서 한신의 능력을 높이 평가했다. 그래서 농담 반 진담 반으로 "내가 군사를 거느린다면 얼마나 거느릴 수 있겠는가"라고 물었다. 진정한 명장 한신의 대답이 궁금했던 모양이다. 한신은 별생각 없이 "폐하는 10만 명이면 충분합니다"라고 대답했다. 유방은 은근히 기분이 나빴다. 이번에는 다소 까칠하게 "그러는 그대는 얼마나 거느릴 수 있는가"라고 물었다.

이 대목에서 유방의 의도를 눈치 챘어야 하는데, 순진한 무장 한신은 이 질문에도 솔직히 대답했다. "신은 많으면 많을수록 좋습니다"라는 '다다익선'이 바로 이 대목에서 나온 것이다. 유방은 마음이 완전히 상해서 "그렇게 잘난 그대가 왜 내 밑에 있는가"라고 추궁했다.

'다다익선'은 한신의 오만한 성격을 대변하는 사자성어다. 그림은 한신의 초상화다.

한신은 그제야 아차 싶었다. 말을 잘못한 것이다. 유방의 기분을 풀어 주려고 서둘러 둘러댄 말이 "폐하는 장수를 잘 다루는 장수이십니다"였다. 여기서 '선장장(善將將)'이란 단어가 나왔고, 훗날 '장수 위의 장수'라는 뜻을 가진 사자성어 '장상지장(將上之將)'의 밑천이 되었다.

하지만 유방의 상해 버린 마음을 돌릴 수 없었다. 얼마 뒤 한신은 모반죄를 뒤집어쓰고 삼족이 멸하는 처참한 형벌을 받아 죽었다. 한신은 '토사구팽(兎死狗烹)'이란 사자성어를 남기면서 형장의 이슬로 사라졌다. '다다익선' 뒤로 '토사구팽'의 그림자가 어른거렸던 것이다.

'다다익선'은 한신의 오만한 성격을 대변하는 사자성어다. 함부로 사용하면 곤란해질 수 있다. 고사를 잘 아는 사람이나 중국인들에게 섣불리 사용했다가는 건방지고 오만한 사람이라는 인상을 줄 수 있기 때문이다. 비슷한 뜻을 가진 성어로 '탐득무염(貪得無厭)'이 있다. '싫증도 내지 않고 욕심을 부린다'는 뜻이다.

■ 심화학습 : '토사구팽'에 대해 알아보기
■ '다다익선'으로 나의 문장 만들어 보기

038
다재다능(多才多能)

- 중국어 발음 : duō cái duō néng
- 재주와 능력이 많다.
- 여러 방면에서 남다른 재능을 가진 사람을 비유하는 성어다.
- 교과서 : 초등 3-1 국어 연계
- 출전 : 《상서(尚書)》〈금등(金縢)〉

'다재다능'의 출전은 중국에서 가장 오래된 정치 교과서이자 훗날 유교의 경전이 된 《상서》인데 여기에는 '다재다능'이 아닌 '다재다예(多材多藝)'로 나온다. 중국은 '다재다예'를 많이 사용한다.

과학의 성인 '과성'으로 추앙받는 장형은 '다재다능'을 대표하는 인물이었다. 사진은 장형의 소상이다.

중국 역사상 '다재다능'한 인물이 많았다. 동한시대의 과학자 장형(張衡, 78~139)은 천문학, 수학, 지리학 등 과학과 관련한 학문은 물론 문학에도 남달랐고 그 자신이 발명가이기도 했다. 중국인들은 과학의 성인이란 뜻의 별칭 '과성(科聖)'으로 높여 부른다.

송나라 과학자 심괄(沈括, 1031~1095)은 천문학, 수학, 물리학, 화학, 지질학, 기상학, 지리학, 농학, 의학

등 과학과 관련된 거의 모든 학문에 능통했을 뿐 아니라 외교관이자 장군으로도 활약했다. 서양에서는 단연 레오나르도 다빈치 (1452~1519)가 '다재다능'의 대명사이자 전형적인 천재로 꼽힐 것이다. 그는 그림, 건축, 과학, 의학 등 다양한 방면에서 남다른 재능을 발휘했으며, 여러 가지 발명품을 남겼다. 그럼에도 불구하고 "나는 내게 주어진 시간을 허비했다"라며 한탄했다고 한다.

전 세계가 하나로 통하는 시대가 되었고, 다재다능한 인재들이 곳곳에서 나타나 세상을 놀라게 한다. 정해진 통로로만 재능을 발휘하고 인정받던 기존의 폐쇄 구조에서는 늘 기득권층이 특권을 누렸지만, 이제는 누구든 자신의 재능을 뽐내고 그에 따른 부와 명예를 얻을 수 있는 기회와 통로가 점점 크게 열리고 있다. 시간이 갈수록 이런 현상은 더욱 보편화될 것이다.

'다재다능'과 뜻이 비슷한 성어로 '다재다예' 외에 '재능이 흘러넘친다'는 뜻의 '재화횡일(才華橫溢)'을 비롯하여 '문무를 함께 제대로 갖추었다'는 '문무쌍전(文武雙全)' 등이 있다. 반대되는 성어는 '일무소장(一無所長)'이다. '장점이라고는 한 가지도 없다'는 뜻이다.

■ 심화학습 : 장형, 심괄에 대해 알아보기
■ '다재다능'으로 나의 문장 만들어 보기

039

다정다감(多情多感)

- 중국어 발음 : duō qíng duō gǎn
- 정이 많고 감정이 풍부하다.
- 사물이나 사람에 대해 애틋한 정이 많고 느낌이 풍부함을 일컫는 성어다.
- 교과서 : 중등 한문
- 출전 : 〈유초청(柳梢靑)〉 외

'다정다감'은 문학에서 많이 등장하는 표현이다. 사물이나 사람을 바라보고 대하는 감정이 풍부한 사람을 가리키는 경우가 많다. 고려 말의 문신 이조년(1269~1343)은 '배꽃에 달이 밝게 비치고'라는 뜻의 '이화(梨花)에 월백(月白)하고'라는 평시조 마지막 구절을 "다정(多情)도 병이 되어 잠 못 들어 하노라"라고 읊었다.

'다정다감'은 중국 역대 시인들의 시에 자주 등장했다. 대표적인 것이 송나라 채신(蔡伸, 1088~1156)의 사(詞) 〈유초청〉에 등장하는 다음 대목이다.

정향(丁香) 잔가지에 맺힌 이슬

눈물처럼 떨어지네.

헤아릴 수 없는 내 수심

애간장은 토막이 나네.

이내 마음도 심약처럼 '다정다감'하나

174

저기 저 풍경과는 아무 상관 없을지니.

채신이 말한 심약(沈約, 441~513)은 남조 양나라의 문인으로 시단의 발전에 크게 이바지했다. 채신과 같은 송나라 사람 동파(東坡) 소식(蘇軾, 1037~1101)은 즉흥시 〈채상자(采桑子)〉에서 이렇게 노래했다.

'다정다감'했던 시인 소동파의 글씨

내 몸은 조정 밖에 있지만
나라 생각하는 '다정다감'을 여전히 잔뜩 품은 채
감로사(甘露寺) 다경루(多景樓)에 와 있네.
다행히 술을 얻어 지난 즐거움 회상하니
한 번 웃음에 다 날아가네.

■ 심화학습 : 심약과 소동파에 대해 알아보기
■ '다정다감'으로 나의 문장 만들어 보기

040

단기지계(斷機之戒)

- 중국어 발음 : duàn jī zhī jiè
- 베틀 북을 끊는 경계
- 공부를 게을리한 어린 맹자를 깨우치려고 베틀 북을 끊어 버린 맹자 어머니의 고사
- 교과서 : 고등 한문
- 출전 : 《열녀전(列女傳)》*, 《삼자경(三字經)》

전국시대의 유가 사상가 맹자(孟子)와 관련해서는 그 어머니 장(仉, zhǎng)씨의 '맹모삼천(孟母三遷)' 등 여러 고사가 전한다. '단기지계'는 '맹모삼천'과 함께 가장 널리 알려진 고사로 흔히 '맹모단기(孟母斷機)' 또는 '단기지교(斷機之敎)'라고 한다. 어린이들에게 글자를 가르치는 데 사용한 교과서 같은 《삼자경》은 맹모의 교육열을 이렇게 소개한다.

"옛날 맹자의 어머니는 이웃을 잘 골라 살았다. 아들이 공부하지 않자 베틀 북을 끊었다."

학업에 힘쓰던 맹자가 한번은 공부하다 말고 밖에 나가 논 적이 있었다. 이 사실을 알게 된 맹모는 아들을 불러다 놓고는 맹자가 보는 앞에서 베를 짜기 위해 씨실을 감아 놓은 베틀 북과 짜던 실을 칼로 서슴없이 잘라 버렸다. 놀란 맹자에게 어머니는 이렇게 말했다.

"베는 실 한 올 한 올이 연결되어야 한다. 학문도 마찬가지로 한 방울 한 방울 쌓여야만 한다. 네가 공부하다 말고 나가 놀았다는 것

176

'단기지계' 고사를 그린 그림

은 잘려 나간 이 베와 마찬가지로 그동안 공부한 게 쓸모없어진다는 것과 같으니라!"

　이 일화에서 고사성어 '단기지계(斷機之戒)'가 탄생했고, '결단(決斷)'이란 단어도 파생되었다. 맹자는 크게 깨닫고 열심히 공부하여 훗날 공자의 뒤를 잇는 유가의 대인물로 거듭났다.

---

*《열녀전》은 서한의 목록학자 유향이 역대 이름난 여성들의 행적을 수록하여 편찬한 책이다. 대체로 유가 사상의 입장에서 여성들을 가르치기 위한 교육용 성격이 강한 책이다. 이후 여성 학자 반소가 주석을 붙이고, 이를 유향의 아들 유흠(劉歆)이 재구성하여 15권으로 펴냈다. 후대에 보태진 사람까지 총 124명이 수록되어 있다. 이 책 이후로 같은 성격의 책이 계속 나왔고, 나아가 정식 역사서에도 영향을 미쳐 '열녀전'이 편성되는 계기가 되었다.

■ 심화학습 : '맹모삼천'에 대해 알아보기
■ '단기지계'로 나의 문장 만들어 보기

041

담호호지(談虎虎至), 담인인지(談人人至)

- 중국어 발음 : tán hǔ hǔ zhì, tán rén rén zhì
- 호랑이를 말하면 호랑이가 오고, 그 사람을 말하면 그 사람이 온다.
- 얘기를 하는데 공교롭게 그 사람이 나타나는 것을 비유하는 우리 속 담으로 당사자가 없다고 말을 함부로 하지 말라는 경계의 뜻을 담고 있다.
- 교과서 : 중등 한문
- 출전 : 《순오지》

'담호호지, 담인인지'는 '호랑이도 제 말 하면 온다(범도 제 소리하면 온다)'는 우리 속담을 한문으로 바꾼 것이다. 앞서 소개한 '농부아사, 침궐종자'와 같은 사례로 보면 된다. 조선 중기의 문인 홍만종(1643~1725)이 편찬한 일종의 문학 평론집이라 할 수 있는 《순오지》에는 우리 속담을 여덟 글자의 한문으로 바꾼 사례가 제법 수록되어 있는데 이 성어도 거기에 실려 있다.

그 사람이 없는 자리에서 그 사람에 대해 함부로 이야기하면 결

우리 속담을 한문으로 옮긴 성어를 수록한 홍만종의 《순오지》

국 그 이야기가 다른 사람의 입을 통해 당사자에게 전해지는 경우가 적지 않다. 그렇게 되면 본의 아니게 말뜻이 잘못 전달되기 일쑤여서 서로 갈등이 생기고 사이가 나빠진다. 그런 점에서 이 속담은 인간관계의 기본기를 지켜야 한다는 메시지를 담고 있다.

전설시대 성군(聖君)으로 전해 오는 순 임금은 자신을 보필하는 신하들을 자신의 팔다리와 같은 신하, 즉 '고굉지신(股肱之臣)'이라며 칭찬한 다음 "나에게 치우친 점이 있으면 그대들이 나를 바로잡아 주어야 하오. 보는 '앞에서는 아첨하다가 뒤돌아서서 비방'해서는 안 될 것이오"라고 당부했다. 바로 여기서 '면유퇴방(面諛退謗)'이란 성어가 나왔다. 없는 자리에서 남을 흉보고 헐뜯는 풍토는 결코 바람직하지 않다.

춘추전국시대 제자백가 학파 중 법가의 사상을 집대성한 《한비자》에 '삼인성호(三人成虎)'라는 의미심장한 고사가 있다. '세 사람이 모이면 (없는) 호랑이도 만들어 낸다'는 뜻이다. 여러 사람이 그 자리에 없는 사람에 대해 이러쿵저러쿵 이야기하다 보면 결국 없는 이야기까지 만들어 낸다는 경계의 성어다. '삼인성호'는 고등학교 한문에 나오기 때문에 그 항목에서 비교적 상세히 소개하기로 한다.

■ 심화학습 : 시진핑 중국 국가주석과 '삼인성호'에 대해 알아보기
■ '담호호지, 담인인지'로 나의 문장 만들어 보기

042

당랑거철(螳螂拒轍)

- 중국어 발음 : táng láng jù zhé
- 사마귀가 수레를 막아서다.
- 자기 힘은 생각하지 않고 강한 상대에게 무모하게 대드는 행위를 비유하는 성어다.
- 교과서 : 고등 한문
- 출전 : 《장자(莊子)》 외

　'당랑거철'은 여러 고전과 시에 등장하는 사자성어다. 대표적으로 《장자》(〈천지天地〉 편)에 보면 다음과 같은 이야기가 있다.

　장여면(將閭勉)이 계철(季徹)에게 "노나라 왕이 내게 가르침을 받고 싶다고 하기에 몇 번 사양하다가 '반드시 공손히 행동하고 공정하며 곧은 사람을 발탁하여 사심이 없게 하면 백성은 자연히 유순해질 것입니다'라고 말했습니다. 이 말이 과연 맞는 말인지 모르겠습니다"라고 했다.

　계철은 껄껄 웃으며 "당신이 한 말은 제왕의 덕과 비교하면 마치 '사마귀가 팔뚝을 휘둘러 수레에 맞서는' 것 같아서 도저히 감당해 내지 못할 것입니다. 또 그런 짓을 하다가는 자신을 위험에 빠뜨리고, 집안에 번거로운 일이 많아지며, 장차 모여드는 자가 많아질 것입니다"라고 말했다.

　계철의 말은 그런 세속적인 충고는 오히려 제왕의 도를 그르칠 수 있다는 지적이었다. '당랑거철'은 《장자》 외에 《회남자(淮南子)》,

《한시외전(韓詩外傳)》 등
에도 보인다.

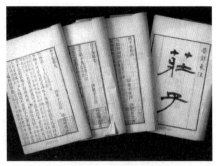

'당랑거철'을 비교적 일찍 소개한 《장자》

조선시대 문인 최한기
는 〈충의로 권면하고 징
계한다〉란 글에서 '당랑
거철'을 다음과 같이 인
용한다.

"이웃 나라와 전쟁하는 것이 만약 국경을 침범하거나 포로를 욕
심내는 데서 나왔다면, 마땅히 너그럽게 잡아끄는 방법을 써야 한
다. 그러나 만약 강한 것으로 약한 것을 협박해서 강제로 신하로
복속시키기 위하여 '당랑거철'처럼 힘을 헤아리지 않고 대항한다면
무고한 백성만 희생될 것이 두렵고, 형세에 따라 그럭저럭 세월이
나 보낸다면 이는 곧 군신의 의리가 없는 것이니, 이런 때를 당하
면 십분 살펴 사람을 써야 한다. 이웃 나라를 방문하는 사신과 방
어하는 장군은 객기로 격한 마음을 가지고 자원하는 사람을 써서
는 안 되고, 반드시 그 덕망과 지식에 온 나라 사람이 감복하는 인
격으로 생사와 존망을 백성과 나라에 바칠 마음이 있고 화와 복과
영욕에 동요되지 않는 사람을 선택해야 한다."

■ 심화학습 : 장자에 대해 알아보기
■ '당랑거철'로 나의 문장 만들어 보기

043
대기만성(大器晩成)

- 중국어 발음 : dà qì wàn chéng
- 큰 그릇은 늦게 이루어진다.
- 크게 될 인재는 오랜 단련이 필요하므로 인재로 성장하는 데 시간이 걸린다는 비유다.
- 교과서 : 초등 / 고등 한문
- 출전 : 《노자(老子)》 외

　'대기만성'은 《도덕경(道德經)》으로도 불리는 《노자》(41장)의 "가장 큰 네모는 구석이 없고(대방무우大方無隅), 아주 큰 그릇은 늦게 이루어지고(대기만성大器晩成), 가장 큰 소리는 들리지 않고(대성희성大聲希聲), 가장 큰 형상은 형태가 없다(대상무형大象無形)"라는 오묘한 대목에서 나왔다. 《노자》의 '대기만성' 대목은 '아주 큰 그릇은 만들어져 있지 않은 것 같다'로 해석하는 경우도 많아 오늘날 '대기만성'의 일반적 뜻과는 차이가 난다.

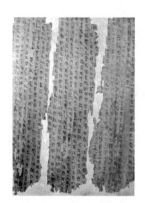

호남성(湖南省) 장사(長沙) 마왕퇴(馬王堆)에서 출토된 비단에 쓰인 《노자》

　훗날 '대기만성'이 언급된 유명한 일화가 있다. 동한 말기의 명사 최염(崔琰, ?~216)은 원소(袁紹)와 조조(曹操)의 문객을 지냈다. 조조 밑에서 상서 벼슬을 하고 있을 때 조조는 큰아들 대신 작은아들 조식(曹植)을 후계자로 삼고자 했다. 최염은 강력하게 반대했다. 조식이 최염의 조카사위였지만 사사로움에 치우치지 않았다.

최염에게는 최림(崔林, ?~244)이란 사촌 동생이 있었다. 최림은 젊을 때 별다른 두각을 나타내지 못해 사람들에게 무시당했다. 하지만 최염은 그를 몹시 아끼면서 "재능이 큰 사람은 시간이 걸려야 그릇이 될 수 있다. 최림은 장차 큰 그릇이 될 것이다"라고 했고, 최림은 훗날 조정에 크게 중용되었다.

《노자》의 '대기만성'은 본래 뜻과 다소 다르게 적용되어 오면서 지금은 큰일을 할 인재는 비교적 늦게 성취한다는 것을 비유하는 성어로 정착되었다. 일찍 피어 일찍 시드는 꽃보다 다소 더디게 피더라도 오래오래 피어 있는 꽃이 많은 세상이 좋은 세상이 아닐까?

'대기만성'은 글자 그대로 '큰 그릇은 늦게 만들어진다'는 뜻으로 크게 될 사람은 늦게 이루어진다는 비유다. 간혹 만년이 되어 성공하는 사람이나 과거시험에 낙방한 선비를 위로할 때 사용되기도 했다. 비슷한 표현으로 '대기난성(大器難成, 큰 그릇은 어렵게 이루어진다.)', '대재만성(大才晚成, 큰 재능은 늦게 이루어진다.)' 등이 있다.

- **심화학습 : 노자와 《도덕경》에 대해 알아보기**
- **'대기만성'으로 나의 문장 만들어 보기**

044
대의명분(大義名分)

- 중국어 발음 : dà yì míng fēn
- 큰 의리와 명분
- 사람으로서 마땅히 지켜야 할 도리나 본분
- 교과서 : 초등
- 출전 : 일본식 성어

'대의명분'은 일본식 사자성어로 수록되어 있다. 사전적 의미는 '사람으로서 지키고 행해야 할 큰 원칙'이다. 현실에서도 이와 같은 뜻으로 많이 사용한다. '명분'은 사람의 명예와 지위 그리고 신분 등을 가리킨다. '명예와 지위 등에 걸맞은 큰 뜻'이 곧 '대의명분'이다. 그러나 실제 역사적 사례를 보면 어떤 큰일을 할 때 개인이나 나라가 추구하는 행위의 정당성을 알리기 위해 내세우는 이념이나 구호(口號)에 가깝다.

'존왕양이'라는 당시 국제 질서의 방향, 즉 '대의명분'을 설정한 관중
(제나라 수도 임치臨淄의 관중기념관)

'대의명분'과 관련한 역사 사례는 춘추시대 제나라 재상 관중*이 환공(桓公)을 보좌하며 천하의 제후국들을 향해 내세운 '존왕양이(尊王攘夷)'를 들 수 있다. 《춘추공양전(春秋

公羊傳)》에 보이는 이 구호의 뜻은 '왕을 받들고 오랑캐를 물리친다'
는 것이다. 제나라는 주 왕실의 천자를 존중하면서 남방과 북방에
서 중원을 위협하는 오랑캐를 물리쳐야 한다는 '대의명분'을 내걸
고 춘추 초기 패주(霸主)로 행세했다.

　관중이 제기한 '대의명분'은 위신이 추락한 주 왕실의 권위를 어
느 정도 살리면서 복잡다단한 제후국들 사이의 질서를 바로잡는
데 큰 위력을 발휘했다. 그 결과 제나라 통치자 환공은 아홉 번이
나 제후들을 소집하여 단번에 천하를 바로잡았다. 이를 '구합제후
(九合諸侯), 일광천하(一匡天下)'라 한다.

　'대의명분'은 말 그대로 그 뜻이 크고 정당해야 한다. 말로는 '대
의명분'이라고 하면서 사리사욕(私利私慾)을 꾀하는 경우가 많기 때
문이다. 춘추시대 제나라가 내세운 '존왕양이'라는 '대의명분'은 당
시 국제 질서를 바로잡는 데 가장 정확한 방향이었기 때문에 큰 힘
을 발휘할 수 있었다.

＊관중은 춘추시대 초기를 대표하는 정치가이자 경제 전문가로 우리에게는 친구
포숙(鮑叔)과의 변치 않는 우정을 나타내는 '관포지교'의 고사성어로 잘 알려져 있
다.('관포지교' 항목 참고) 그는 포숙의 사심 없는 양보를 받아 제나라 재상을 40년 가까
이 지내면서 환공을 충실하게 보좌하여 제나라를 부유하고 강한 나라로 만들었다.
그의 문하에서 정리한 것으로 추정하는 《관자(管子)》가 남아 있어 그의 사상과 철학
을 이해할 수 있다.

■ 심화학습 : 제자백가서의 원조로 불리는 《관자》에 대해 알아보기
■ '대의명분'으로 나의 문장 만들어 보기

045
도원결의(桃園結義)

- 중국어 발음 : táo yuán jié yì
- 복숭아나무 동산에서 의형제를 맺다.
- 유비, 관우, 장비가 의형제를 맺은 고사를 나타내는 성어다.
- 교과서 : 고등 한문
- 출전 : 《삼국연의(三國演義)》

'도원결의'는 도원(桃園), 즉 복숭아나무 동산에서 의형제(義兄弟)를 맺는다는 뜻으로 소설 《삼국연의》의 첫장면이자 명장면이다. 이후 '도원결의'는 서로 다른 사람들이 사욕을 버리고 목적을 향해 의리로 합심할 것을 결의하는 일을 비유하는 유명한 사자성어가 되어 사람들의 입에 널리 오르내리고 있다. 대개 의형제를 맺을 때 이 성어를 즐겨 인용하곤 한다.

하북성 탁주(涿州) 장비의 옛 집터 뒤뜰 도원에 조성한 도원결의 조형물

동한 말기 영제(靈帝) 때인 184년 황건(黃巾) 농민 봉기가 터졌다. 중앙정부는 각지에서 의병을 모집했다. 당시 유주(幽州, 지금의 하북성 지역)에 있던 관우(關羽)와 장비(張飛)는 형제 같은 우애로 지내고 있다가 한나라 황손 유비(劉備)를 만났다. 세 사람은 장비의 집 뒤뜰 도원에서 의형제를 맺었다. 훗날 이 일을 복숭아나무 동산에서 맺은 결의라 하여 '도원결의'라고 불렀다.

이 결의에서 세 사람은 '한날한시에 태어나지 않았지만, 한날한시에 죽겠노라' 맹서했다. 하지만 세 사람의 맹서는 지켜지지 못했다. 삼형제 중 가장 먼저 죽은 사람은 둘째 관우(220년)였고, 다음은 막내 장비(221년), 마지막이 맏형 유비(223년)였다. 삼형제가 몇 년 사이에 잇따라 세상을 떠난 것이다.(태어난 해는 유비가 161년, 관우와 장비는 정확하지 않다.)

소설 《삼국연의》는 판본에 따라 장비의 집이 아닌 유비의 집에서 결의형제를 맺었다고도 한다. 이후 세 사람은 의병 300명을 이끌고 황건적 토벌에 가담했다가 제갈량(諸葛亮)을 군사(軍師)로 맞아들여 촉(蜀)나라를 세웠다. 이로써 조조(曹操)의 위(魏)나라, 손권(孫權)의 오(吳)나라와 함께 삼국정립의 시대가 열렸다.

■ 심화학습 : 소설 《삼국연의》에 대해 알아보기
■ '도원결의'로 나의 문장 만들어 보기

046
독목불성림(獨木不成林)

- 중국어 발음 : dú mù bù chég lín
- 나무 한 그루로는 숲을 이룰 수 없다.
- 혼자서는 힘이 부쳐 누군가 도와야 큰일을 할 수 있음을 비유하는 성어다.
- 교과서 : 중등 한문
- 출전 : 〈달지(達旨)〉

'독목불성림'은 동한의 대신 최인(崔駰, ?~92)이 지은 〈달지〉라는 글에 나온다. '달지'는 소원을 이룬다는 뜻이다. 원문은 '독목불림(獨木不林)' 네 글자로 나온다. 해당 구절은 다음과 같다.

"나무가 너무 크면 그늘이 없고, 나무 한 그루로는 숲을 이룰 수 없다. 상황에 맞추어 조치를 취하고 여러 사람의 의견에 따르는 것이 참으로 귀하다."

'독목불성림'이란 성어를 남긴 동한의 대신 최인

그 뒤 남조 양(梁)나라의 《악부시(樂府詩)》에 '독가불성재(獨柯不成材), 독목불성림(獨木不成林)'이란 구절이 보인다. '가지 하나로는 재목이 될 수 없고, 나무 한 그루로는 숲을 이룰 수 없다'는 뜻이다.

중국에서는 같은 뜻의 '단사불성선(單絲不成線)'도 많이 쓴다. '실 한 올로는 노끈이 될 수 없다'는 뜻이다. '혼자서는 장군이 될 수 없다'는 '독불장군(獨不將軍)'도 같은 뜻의 성어라 하겠다. '독불장군'은 우리 식 사자성어인데, 뜻이 점차 변해 '무슨 일이든 자기 마음대로 혼자 처리하는 사람'을 가리키는 성어로 바뀌었다. 어느 쪽이든 혼자서 는 큰일을 이루기 힘드니 서로 도와야 한다는 뜻을 담고 있다.

■ 심화학습 : 《악부시》에 대해 알아보기
■ '독목불성림'으로 나의 문장 만들어 보기

047

동가홍상(同價紅裳)

- 중국어 발음 : tóng jià hóng cháng
- 같은 값이면 붉은 치마
- 같은 조건이라면 보기 좋은 것을 갖고 싶어 하는 심리를 비유하는 성어다.
- 교과서 : 고등 한문
- 출전 : 우리 속담으로 《동언해》《송남잡지》에 수록 / 일본어 사전에도 나옴

'동가홍상'은 '같은 값이면 다홍치마'라는 우리 속담을 한문으로 옮긴 것 같은데, 일본어 사전에도 이 항목이 나온다. 그런데 대부분의 어학 사전에서 든 예문이 여성을 비하하거나 차별하는 천박한 것들이어서 바로잡을 필요가 있다는 점을 먼저 지적해 둔다.

'동가홍상'은 같은 값이면 품질이 좋은 물건을 고른다는 말이다. 《동언해》는 이에 대한 해설로 "소비자는 다 같아서 나은 것을 선택한다"라고 했다. 같은 뜻의 우리 속담으로 "같은 값이면 검정 소 잡아먹는다"가 있고, 여성 비하의 뜻을 담은 "같은 값이면 처녀"라는 속담도 있다. 또 "보기 좋은 떡이 먹기도 좋다(관미지이觀美之餌, 담지역미啗之亦美)"라는 속담도 같은 뜻이다.(《이담속찬》)

인간의 심리는 보기 좋은 것, 편리한 것, 눈에 띄는 것을 갖고 싶어 한다. 역사가 사마천은 이런 심리에 관해 다음과 같은 명언을 남겼다.

"눈과 귀는 가능한 한 아름다운 소리와 좋은 모습을 듣고 보려 하

며, 입은 고기와 같이 맛난 것을 먹고
싶어 하고, 몸은 편하고 즐거운 것을 찾
으며, 마음은 권세와 능력이 가져다준
영광을 뽐내려 한다. 이런 습속이 사람
들에게 젖어든 지는 오래라 집집마다
이런저런 말로 알려 주려 해도 끝내 교
화할 수 없다."《사기》〈화식열전(貨殖列傳)〉[*]

사마천은 인간의 본질인 욕망
을 긍정하고 그것을 좋은 쪽으
로 활용하라고 충고한다. 도면
은 사마천의 초상화다.(역사서를
완성하기 위해 궁형을 자청했기 때
문에 그의 초상화에는 수염이 없다.)

사마천은 이익을 위해 움직이는 인간
의 본성을 간파하고 이를 긍정함으로
써 돈과 이익을 천시하는 유교의 위선
적 경제관에 정면으로 도전했다. 그는 정당하게 자신의 능력으로
부를 모아 임금처럼 살라고 권한다. 동시에 그 부를 남에게 기꺼이
베풀 것을 강조했다. 사마천은 또 백 년을 살려면 덕을 베풀라고도
했다. 같은 값이면 좋은 일을 하고 살라는 권유다.

---

* 〈화식열전〉은 사마천이 저술한 3천 년 통사 《사기》 130권 중 제129권으로 경제
이론과 역대 부자 30여 명의 돈을 버는 방법과 경영법 등을 소개한 아주 특별한 기
록이다. 아마 세계 최초의 경제와 부자에 관한 전문 기록일 것이다. 유교 사상이 지
배했던 중국은 대부분의 학자와 관료들이 이 기록을 매우 천시하고 비난했지만, 지
금은 〈화식열전〉을 읽지 않고서 《사기》를 읽었다 말할 수 없을 만큼 최고의 문장으
로 평가받는다.

■ 심화학습 : 《사기》 〈화식열전〉과 관련한 명언명구에 대해 알아보기
■ '동가홍상'으로 나의 문장 만들어 보기

048
동고동락(同苦同樂)

- 중국어 발음 : tóng kǔ tóng lè
- 괴로움과 즐거움을 함께한다.
- 어려울 때나 좋을 때나 늘 같은 마음으로 함께 도우며 살아가는 사이를 비유한다.
- 교과서 : 초등 5학년 도덕 연계 / 중등 한문
- 출전 : 《전국책(戰國策)》

'동고동락'은 자주 쓰는 성어다. 중국 문헌에는 '동감공고(同甘共苦)'라는 표현이 자주 등장한다. '동감동고(同甘同苦)'도 많이 쓴다. 중국 전국시대 각국 전략가들의 책략을 편집한 《전국책》(〈연책燕策〉1)에 "연나라 왕은 죽은 사람을 조문하고 산 사람의 생활을 돌보면서 백성들과 그 즐거움과 괴로움을 함께 했다"는 대목이 나온다.

관련한 역사 사례는 이런 것이 있다. '와신상담(臥薪嘗膽, 장작을 베고 자며 곰 쓸개를 핥는다는 뜻으로 원한을 갚기 위해 고통을 마다하지 않고 견딘다는 고사성어다)'의 주인공인 춘추시대 말기 월나라 왕 구천(句踐, ?~기원전 464)이 군대를 이끌고 전쟁에 나서자 누군가가 술을 한 소쿠리 보내 왔다.

월왕 구천이 숙적 오나라를 이길 수 있었던 것은 백성들과 더불어 '동고동락'했기 때문이다. 도면은 월왕 구천의 '와신상담'을 나타낸 그림이다.

구천은 그 술을 냇물에 쏟아 흐르게 한 다음 병사들과 함께 그 흐르는 물을 마셨다고 한다. 술 한 소쿠리를 냇물에 쏟아 봐야 술맛이 제대로 날 리 없겠지만, 장수와 병사들은 왕이 함께 '동감공고'한다는 데 감격하고 흥분해서 죽을힘을 다해 싸우고자 했다.

《사기》 권41 〈월왕구천세가〉에는 '동고락(同苦樂)'이란 표현이 보인다. 훗날 네 글자로 운율을 맞추기 위해 '동고동락'으로 많이 썼다. '동고동락'의 출처다. 오나라와 월나라가 패권을 다투던 시기였는데, 오왕 부차가 월왕 구천에 대해 경계심을 보이지 않자 오나라 충신 오자서(伍子胥)가 이렇게 충고했다.

"신이 듣기에 구천은 식사 때 맛난 반찬을 따지지 않고 백성들과 고통과 즐거움을 함께 하고 있답니다. 이 사람이 죽지 않으면 틀림없이 오나라의 걱정거리가 될 것입니다."

전국시대 위(魏)나라의 명장 오기(吳起, ?~기원전 381)는 부상당한 병사의 피고름을 입으로 직접 빨아서 치료해 준 사례를 남겼다. 모두 '동고동락'의 생생한 사례라 할 수 있다. 최근에는 리더십과 연결하여 '동고동락'을 인용하는 사례가 많다. 경영에서도 자주 언급된다. 역사적으로도 리더가 부하나 백성들과 '동고동락'하여 위기를 극복하거나 전투에서 승리한 사례가 많다. '동고동락'을 통해 마음을 얻으면 그 힘은 상상하기 어려울 정도로 커지기 때문이다. '고귀한 만큼 책임을 다하라'는 서양의 '노블레스 오블리주'와 같은 의미를 갖는다.

- 심화학습 : 노블레스 오블리주와 리더십에 대해 알아보기
- '동고동락'으로 나의 문장 만들어 보기

049

동문서답(東問西答)

- 중국어 발음 : dōng wén xī dá
- 동쪽을 묻는데 서쪽으로 답한다.
- 묻는 것에는 아랑곳하지 않고 엉뚱한 답을 말하는 것을 비유한다.
- 교과서 : 초등
- 출전 : 우리식 성어

'동문서답' 역시 일상에서 자주 사용한다. 문법상 '문동답서'가 정확한 표현이지만 어감과 전달력은 '동문서답'이 나아 보인다.(《송남잡지》에는 '문동답서'로 나온다.) 물음의 의도를 파악하지 못하고 전혀 엉뚱하게 대답하거나, 일부러 질문의 의도를 흐리기 위해 전혀 관련 없는 답을 하는 경우를 비유하는 성어라 할 수 있다.

중국은 후자의 경우를 나타내는 관련 성어가 많다. 그중 '지동설서(指東說西)'가 많이 소개되어 있다. '동쪽을 가리키는데 서쪽을 말한다'는 뜻이다. 중국의 희극작가 조우(曹禺, 1910~1996)의 대표작《뇌우(雷雨)》에 이 표현이 나오는데, 제3막의 "나를 욕하려면 욕해. '지동설서'하지 말고"라는 대목이다.

같은 맥락의 성어로 '지상매괴(指桑罵槐)'가 있다. '뽕나무를 가리키며 느티나무를 욕하다', 즉 빗대어 욕한다는 뜻이다. 청나라의 조설근(曹雪芹, 1715~1763)이 남긴 '만리장성과도 바꿀 수 없는 중국인의 자존심'이라는 장편소설《홍루몽(紅樓夢)》제12회를 보면 가련(賈璉)이

외출했다 돌아와서 봉저(鳳姐)에게 힘든 일이 무엇이냐 묻자 봉저가 이렇게 말하는 대목이 있다.

'동문서답'과 비슷한 뜻을 가진 '지동설서'라는 표현을 쓴 중국 작가 조우의 캐리커처

"우리 집안의 모든 일을 그 할망구들이 사사건건 간섭하는데 뭐가 좋겠어? 조금만 잘못해도 '빗대어 욕하는' 잔소리란……."

제59회에도 앵아(鶯兒)가 황급히 "그것은 내가 한 일이야. 그러니 빗대어 욕하지 말란 말이야"라는 대목이 보인다. 여기서 말하는 '빗대어 욕한다'는 뜻의 '지상매괴'는 표면상 이 사람 또는 이 일을 나무라는 것 같지만 사실은 다른 사람 또는 다른 일을 욕하는 것을 말한다. '동문서답'과 함께 알아 두면 쓸모가 있다. 《36계》 등에 보이는 '동쪽에서 소리 지르고, 서쪽을 친다'는 '성동격서(聲東擊西)'도 비슷한 성어라 할 수 있다.

■ 심화학습 : 조설근과 《홍루몽》에 대해 알아보기
■ '동문서답'으로 나의 문장 만들어 보기

050

동병상련(同病相憐)

- 중국어 발음 : tóng bìng xiāng lián
- 같은 병을 앓는 사람끼리 서로 가엾게 여긴다.
- 같은 처지에 놓인 사람들끼리 서로 불쌍히 여겨 돕는 관계를 비유하는 성어다.
- 교과서 : 초등 6-1 국어 연계
- 출전 :《오월춘추(吳越春秋)》

춘추시대 말기 오나라의 공자 합려(闔閭)는 자객 전제(專諸)를 시켜 왕 요(僚)를 죽이고 스스로 왕위에 올랐다.(기원전 515년) 오자서는 합려에게 전제를 천거한 공로로 대부(大夫)가 되었다. 또한 그는 초(楚)나라에서 망명한 백비(伯嚭)를 천거하여 함께 정치를 하게 되었다. 대부 피리(被離)가 오자서에게 "백비를 한 번 보았을 뿐인데 왜 그렇게 믿습니까"라고 물으니, 오자서가 "그와 내가 같은 원한을 지니고 있기 때문이다. 〈하상가(河上歌)〉에 '같은 병에 서로 불쌍히 여겨' 한 가지로 걱정하고 서로 구해 주네'라고 했지"라면서 백비를 감쌌다. 오자서의 아버지와 형님이 간신 비무극(費無極)의 모함으로 초나라 평왕(平王)에게 살해당했듯이 백비의 아버지도 비무극에게 걸려 살해당했던 것이다.

그 후 합려가 죽고 아들 부차(夫差)가 오나라 왕이 되었다. 부차는 점점 오자서를 신임하지 않고 월(越)나라에 매수된 백비의 말만 따랐다. 오나라는 갈수록 위태로워졌다. 오자서가 거듭 직언했으나 부차는 듣지 않았다. 오자서는 결국 원한을 품은 채 부차가 내린 검으로 자신의 목을 그어 자살했다.

'동병상련'은 어려운 처지에 있는 사람끼리 서로 불쌍히 여겨 동정하고 돕는 관계를 가리킨다. 그러나 오자서와 백비의 관계는 '동병상련'과 거리가 멀었다. 백비는 철저하게 오자서를 배신했다. 두 사람의 처지는 비슷했지만, 그 지조는 전혀 달랐다.

오자서는 '동병상련'의 처지인 백비를 보살펴 주었지만 백비는 철저하게 오자서를 배반하고 그를 죽음으로 몰았다. 도면은 오자서의 초상화다.

'동병상련'과 비슷한 뜻을 가진 성어로 '동주공제(同舟共濟)'가 있다. '같은 배를 탔으니 서로 도와야 한다'는 뜻으로 《회남자》에 보인다. 2014년 한국을 방문한 시진핑 국가주석이 한·중 관계를 이 성어에 빗대어 언급한 바 있다.(서문 참고)

'과부 사정은 과부가 안다'는 비슷한 뜻의 우리 속담이 있다.

■ 심화학습 : 2014년 시진핑 방한 때 나온 고사성어에 대해 알아보기
■ '동병상련'으로 나의 문장 만들어 보기

051
동분서주(東奔西走)

- 중국어 발음 : dōng bēn xī zǒu
- 동쪽으로 뛰고 서쪽으로 달린다.
- 이리저리 몹시 바쁘게 다니는 것을 비유하는 성어다.
- 교과서 : 고등 한문
- 출전 : 《심원춘(沁園春)》

'동분서주'는 말 그대로 이리저리 정신없이 뛰어다닌다는 뜻이다. 원나라 위초(魏初, 1232~1292)의 《심원춘》에 실린 〈유별장주경운(留別張周卿韻)〉의 "동분서주, 물로 산으로 두루 돌아다녔다"는 대목에서 나왔다.

'동분서주'는 바쁜 상황을 나타내는 대표적인 성어다. 우리말의 '눈코 뜰 새 없이 바쁘다'가 이와 비슷한 뜻이다.

집안일도 잊은 채 '동분서주' '대분망천' 일에 몰두하는 사마천을 그린 그림

역사가 사마천은 조정에 들어간 뒤로 사람들과 만날 시간도 없이 바쁜 나날을 보냈다면서 '대분망천(戴盆望天)'할 수 없기에 "빈객과의 사귐도 끊고 집안일도 돌보지 않고 밤낮없이 미미한 재능이나마 오로지 한마음으로 직무에 최선을 다하여 주상(한 무제)의 눈에 들고자 했습니다"

라고 했다.(입사 동기 임안任安에게 보낸 답장 편지 〈보임안서報任安書〉* 중에서)

사마천이 말한 '대분망천'이란 '대야를 머리에 인 채 하늘을 우러러본다'는 뜻이다. 전심전력을 다해 맡은 일에 최선을 다하는 바쁜 모습을 과장하여 비유하는 성어다. 한편, 대야를 인 채 하늘을 바라본들 하늘이 보일 리 없는 터, 오만과 편견을 갖고 사물이나 사람을 대하면 그 본질을 제대로 알 수 없다는 비판적 의미로도 쓰인다.

대부분 '동분서주' 바쁜 일상을 살아간다. 하지만 '망중한(忙中閑, 바쁜 가운데 한가로움)'이라 했듯이 시간을 내서 자신의 삶을 되돌아볼 줄 알아야 한다. 그러지 않으면 인간관계도 흩어지고 자기 고집과 편견만 늘어 갈 뿐이다.

'동분서주'와 비슷한 표현은 '남으로 북으로 왔다 갔다 한다'는 '남래북왕(南來北往)'을 비롯하여 '남쪽으로는 배를 타고 북쪽으로는 말을 타고 다닌다'는 '남선북마(南船北馬)' 등이 있다.

---

*〈보임안서〉는 임안에게 보낸 편지로 《한서》 권62 〈사마천전〉에 실려 있다. 사마천은 《사기》를 완성한 뒤 이 편지를 통해 궁형을 자청하면서까지 역사서를 완성하려고 했던 심경을 털어놓았다. 이 글은 《사기》의 마지막 권인 제130 〈태사공자서〉와 함께 사마천의 삶과 정신 세계를 비롯하여 사마천의 감동적인 '생사관(生死觀)'을 이해하는 데 없어서는 안 될 절대 중요한 자료다. 죽음보다 치욕스러운 궁형을 자청할 수밖에 없었던 깊고 슬픈 사연을 축으로 《사기》 완성에 대한 사마천의 초인적 집념, 삶과 죽음에 대한 깊은 통찰이 아로새겨진 명문 중의 명문이다. 중국 역대 10대 명문의 하나로 꼽힌다.

■ 심화학습 : 《심원춘》에 대해 알아보기
■ '동분서주'로 나의 문장 만들어 보기

052
동상이몽(同床異夢)

- 중국어 발음 : tóng chuáng yì mèng
- 같은 침상에서 다른 꿈을 꾼다.
- 겉으로는 같이 행동하면서 속으로는 다른 생각을 하고 있음을 비유하는 성어다.
- 교과서 : 초등 6-1 국어 연계 / 고등 한문
- 출전 : 〈여주원회비서서(與朱元晦祕書書)〉

'동상이몽'은 송나라 진량(陳亮, 1143~1194)의 글에 나온다. '동상이몽'은 같은 침대에서 잔다고 해서 같은 꿈을 꾸는 것은 아니라는, 어찌 보면 당연한 이치로 비유하여 한결 실감이 난다. 서로 다른 생각을 감추고 함께하는 척하는 위선적이고 자기기만적인 속내를 '같은 침상의 다른 꿈'으로 비유한 것이다.

중국 현대 소설가 요설은(姚雪垠, 1910~1999)의 역사소설 《이자성(李自成)》 제1권 제1장 "그러나 저들은 오합지졸(烏合之卒)에 '동상이몽'이라 한 번만 싸우면 바로 무너질 것이다"라는 대목에 '동상이몽'이 보인다.

'동상이몽'은 원래 가치중립적인 성어인데 현실에서는 긍정적으로 사용되지 않는다. 이 성어의 의미는 좀 더 적극적으로 해석할 필요가 있다. 인간관계와 사회생활에서 '동상이몽'의 상황은 일쑤 발생한다. 또 '동상이몽'할 수밖에 없는 경우도 왕왕 일어난다. 이런 상황에서 너무 민감하게 반응하면 서로 부딪칠 수밖에 없을 것이다. 저마다 다른 생각을 적절한 선에서 인정하고 지켜 주는 요령이 필요하다. 물론 인간관계나 사회생활에서 철저하게 '동상이몽'하는 자세는 결코 안 된다.

'동상이몽'이란 표현을 글에 넣음으로써 훗날 널리 인용되는 고사성어로 만든 송나라 문인 진량의 초상화

'동상이몽'은 같은 제목의 드라마와 TV 연예 프로그램 등으로도 만들어져 더 널리 알려지는 고사성어가 되었다. 미국 영화 〈적과의 동침(Sleeping with the Enemy, 1991년작)〉은 지독한 내용이긴 하지만 '동상이몽'의 뜻과 가까운 제목이라 할 수 있겠다.

■심화학습 : 꿈과 관련한 고사성어에 대해 알아보기
■'동상이몽'으로 나의 문장 만들어 보기

053

등용문(登龍門)

- 중국어 발음 : dēng lóng mén
- 용문에 오르다.
- 어려운 관문을 통과하여 크게 출세하거나 성공한 것을 비유하는 성어다.
- 교과서 : 고등 한문
- 출전 : 《후한서(後漢書)》

　입시 학원 이름으로 '등용문'을 많이 사용한 시절이 있었다. '등용문'이 과거 급제를 비유하기 때문이다. 그러나 정작 '등용문'에 얽힌 유래를 아는 사람은 많지 않은 것 같다. '등용문'은 《후한서》〈이응전(李膺傳)〉에 보인다. 주석을 통해 '등용문'이 지금의 섬서성(陝西省)과 산서성(山西省) 경계에 있는 나루터 하진(河津)에서 유래되었음을 전한다. 황하가 거세게 흐르는 이곳의 물살을 헤치고 상류로 오르는 물고기는 용이 된다는 전설이 전해 온다는 것이다. 그래서 '등용문'이란 말이 나왔고, 명망이 높은 사람을 비유하는 단어가 되었다. 그 뒤로 과거급제를 비유하는 단어로 의미가 확대되었다.

'등용문'의 전설을 간직한 섬서성과 산서성의 경계 지점인 용문

　'용문'은 《후한서》 이전에도 있었다. 역사가 사마천

이 자서전인 〈태사공자서(太史公自序)〉에서 "나 천은 용문에서 태어났다. 황하 북쪽, 용문산 남쪽에서 농사를 짓고 가축을 키우며 자랐다"라고 했기 때문이다. 황하 나루인 하진의 별칭이 '용문'이 된 이유다. 아마 용문산에서 유래한 것 같다.

훗날 역사학자이자 문학가인 곽말약(郭沫若, 1892~1978)은 이와 관련하여 다음과 같은 시로 사마천을 찬양했다.

'용문'의 신령스러운 기운이

사람 중에서 용을 길러 냈구나.

전례 없는 풍요로운 학식과

견줄 자 없는 문장이여.

인재를 안타까워하다 치욕스런 형벌을 받고

그 기세로 붉은 무지개를 토해 냈구나.

그 공과 업적, 공자의 뒤를 이어

천추에 길이 남을 태사공이여!

사마천은 자신이 용문에서 태어났다고 했고, 그 자신이 역사학의 거대한 용이 되었다. 지명에서 전설이, 또는 전설에서 지명이 탄생했고 이런 인문 정신의 세례를 받고 사마천이 탄생했나 보다.

■ 심화학습 : 용과 관련한 고사성어에 대해 알아보기
■ '등용문'으로 나의 문장 만들어 보기

054
등하불명(燈下不明)

- 중국어 발음 : dēng xià bù míng
- 등잔 아래가 밝지 않다.
- 가까이 있는 사물이나 일에 대해 잘 모르는 것을 비유하는 우리 속담이다.
- 교과서 : 중등 한문
- 출전 : 《동언해(東言解)》, 《백언해》

'등하불명'은 '등잔 밑이 어둡다'는 우리 속담을 한문으로 옮긴 것이다. 이 속담을 한문으로 옮겨 수록한 책은 서문에서 소개한 《동언해》다. 조선시대 한역 속담집인데 《공사항용록(公私恒用錄)》 안에 425개 항목으로 정리해 놓았다. (《공사항용록》은 공사 문서에 사용된 용어를 모은 책으로 《동언해》 등 여러 편의 책을 합쳐 놓았다.) 편찬한 사람과 편찬 시기는 알 수 없다. (우리 속담집에 대해서는 서문 참고) 《백언해》에는 "현등수명(懸燈雖明), 기하반암(其下反暗)", 즉 "매달린 등불이 밝기는 하지만 그 아래는 도리어 어둡다"고 되어 있다. 이와 의미가 비슷한, "눈앞의 쥐새끼를 보지 못한다"라는 "불견전지서(不見前之鼠)"가 《순오지》에 수록되어 있는데 "그 뜻이 '등하불명'과 같다"는 해설이 딸려 있다.

옛날 등잔은 등잔 자체가 조명을 막기 때문에 그 아래로 그림자가 져서 어두운 부분이 생긴다. 즉 등잔 밑이 어두운 것인데 이런 현상을 가지고 아주 가까운 사물과 사건을 알아채지 못하는 경우를 비유했다.

인간관계에서 나와 가장 가까운 사람이 뒤통수를 치는 배신 행위를 일삼는 경우가 왕왕 있다. 역사에는 이런 경우가 적지 않았다. 이럴 때도 '등잔 밑이 어둡다'고 말할 수 있다. 우리 속담의 '믿는 도끼에 발등 찍힌다'와 같은 맥락이다.

현대에 와서는 법을 다루는 조직 내에 비리와 불법이 존재

우리 조상들은 생활 가까이에 있는 사물들을 가지고 아주 재치 있고 익살맞은 속담을 만들어 냈다. '등잔 밑이 어둡다'는 '등하불명'도 그중 하나다. 사진은 옛날 등잔이다.

하는데도 이를 모르거나 무시할 때 '등하불명'이라 할 수 있다. 여기서 한 걸음 더 나아가 '위험한 곳이 도리어 안전하다'라는 뜻으로 사용하기도 한다. 한 글자를 줄여서 '등하흑(燈下黑)'으로 쓰는 경우도 있다. '업은 아이 3년 찾는다' 또는 '업은 아이 삼면(三面) 찾는다'는 익살맞은 우리 속담이 이와 비슷한 뜻을 갖고 있다.《열상방언》

■ 심화학습 : 우리 속담을 한문으로 바꾼 성어에 대해 알아보기
■ '등하불명'으로 나의 문장 만들어 보기

055

마이동풍(馬耳東風)

- 중국어 발음 : mǎ ěr dōng fēng
- 말 귀에 부는 동쪽 바람
- 남의 비판이나 의견에 아랑곳하지 않은 채 흘려듣고 무시하는 경우를 비유하는 성어다.
- 교과서 : 초등
- 출전 : 〈답왕십이한야독작유회(答王十二寒夜獨酌有懷)〉

당나라 때 왕십이(王十二)가 이백(李白)에게 〈추운 밤에 홀로 술잔을 들며 수심에 잠긴다〉란 시를 보내자, 이백이 위의 제목으로 답시를 보냈다. 그 시 가운데 "……북창(北窓)에 앉아 시를 읊고 부(賦)를 짓지만, 수많은 말이 한 잔 술만도 못한 법이라. 세상 사람들은 이 시를 듣기만 해도 고개를 저으니, 마치 동풍이 말의 귀를 스치는 것과 같을 뿐이어라……"라는 구절에서 '마이동풍'이 유래했다.

술잔을 든 이백의 초상화

왕십이나 이백 자신처럼 고상하지만 문약한 서생들의 처지를 빗댄 시다. 돈이나 힘으로 이익을 취하고 벼슬을 얻지 못해도 좋은 시를 열심히 짓건만 세상 사람들이 알아주지 않는다며 분통을 터뜨린 것이다.

송나라 시인 소식(蘇軾)도 〈화하장

관육언시(和何長官六言詩)〉에서 "시중의 공자에게 말해 봐야 말 귀의 동풍과 무엇이 다르랴"라는 시를 남겼는데 이백의 시와 일맥상통한다.

이후 '마이동풍'은 다른 사람의 의견이나 충고 등을 무시하고 전혀 상대하지 않는 경우나 그런 사람을 비유하는 성어로 정착했다. 비슷한 성어로 다음과 같은 것들이 있다.

- 대우탄금(對牛彈琴) : 소를 앞에 두고 거문고를 탄다. '어리석은 사람에게 고상한 이치를 깨닫게 하는 것은 소용없음'을 비유하는 성어다.(한, 모융牟融 〈이혹론理惑論〉)

- 우이독경(牛耳讀經, 우이송경牛耳誦經) : 쇠귀에 경 읽기. 어리석은 사람은 아무리 가르쳐도 알아듣지 못하여 소용없다는 비유다. 소에게 경을 읊어 봐야 알아듣지 못하듯 그 사람에게 맞는 언어로 이야기해야지 어려운 경전 따위를 읊어서는 알아듣지 못한다는 식으로 재해석할 수 있다. 좀 안다고 고상 떤다는 의미로도 받아들일 수 있다.(우리 속담)

- 수수방관(袖手傍觀) : 팔짱을 끼고 곁에서 지켜만 본다. 돕지 않고 옆에서 태연히 구경만 하는 걸 나타내는 성어다.(당, 한유韓愈, 〈제유자후문祭柳子厚文〉)

■ 심화학습 : 소식에 대해 알아보기
■ '마이동풍'으로 나의 문장 만들어 보기

056

마행처(馬行處), 우역거(牛亦去)

- 중국어 발음 : mǎ xíng chǔ niú yì qù
- 말 가는 데 소도 간다.
- 다른 사람이 하는 일은 나도 할 수 있다는 비유다.
- 교과서 : 중등 한문
- 출전 : 《순오지》, 《열상방언》, 《동언해》

'마행처, 우역거'는 우리 속담을 한역한 조선시대의 《순오지》와 《열상방언》에 나온다. '마왕처(馬往處), 우역왕(牛亦往)'이라고도 쓴다. 뜻은 똑같다. 몇 해 전 한 소설가가 소설 제목으로 《삼국지, 마행처 우역거》를 쓰기도 했다. 남이 하는 일은 자기도 노력만 하면 능히 할 수 있다는 뜻의 속담이다.

《순오지》에는 "쉬지 않으면 이룰 수 있다"는 해설을 달았고, 《열상방언》에는 "재능이란 빠르고 늦음에 달려 있는 것이 아니라 얼마나 노력하느냐에 달려 있을 따름이다"라는 해설을 달았다.

소는 말보다 더디지만 쉬지 않고 걸으면 말만큼 갈 수 있다는 뜻을 함축한 성어가 '마행처, 우역거'다.

이 성어는 말은 소보다 걸음이 빠르지만 소도 쉬지 않고 걸으면 말이 가는 만큼 갈 수 있다는 뜻을 담고 있다. 이 속담이 뜻하는 것처럼 무슨 일이든 남이 할 수 있으면 나도 노력해서 할 수 있다. 하지만 남이 하는 일을 다 따라 할 수는 없다. 자기만의 영역을 개척해야 하는 것이다. 사마천은 "말을 잘한다고 꼭 일을 잘하는 것이 아니며, 말을 못한다고 꼭 일을 못하는 것이 아니다"라는 말을 남겼다.

모두 사람의 외모나 언변 같은 것으로 그 사람의 능력을 지레짐작하지 말라는 지적이다. 그렇다! 다른 사람이 하는 일, 나도 얼마든지 할 수 있다. 다만 꼭 해야 할 일이어야 한다. 그래야 일하는 보람과 가치가 따른다. 동시에 상대의 겉모습만 보고 그 사람은 그 일을 할 수 없을 것이라고 미리 판단하는 일도 없어야 한다.

관련하여 초한쟁패의 명장 한신의 참모 괴통(蒯通)은 "달리지 않는 준마보다 느린 말의 한 걸음이 낫다"는 말로 망설임이 아닌 행동의 중요성을 비유했다.

서로의 일을 존중하는 기본 자세에서 한 걸음 더 나아가 서로 도움으로써 더욱 나은 성과, 더욱 좋은 결과를 얻을 수 있다면 '금상첨화(錦上添花)' 아니겠는가.('금상첨화'는 '비단 위에 꽃을 더한다'는 뜻으로 좋은 일에 또 좋은 일이 보태져 더욱 좋은 결과를 만들어 내는 것을 비유하는 성어다. 송나라 정치가 왕안석王安石의 시에 나오는 구절이다.)

■ 심화학습 : 《사기》 〈회음후열전〉에 나오는 괴통에 대해 알아보기
■ '마행처, 우역거'로 나의 문장 만들어 보기

057
막상막하(莫上莫下)

- 중국어 발음 : mò shāng mò xià
- 위도 아니고 아래도 아니다.
- 우열이나 승부를 가리기 어려운 경우를 비유하는 성어다.
- 교과서 : 중등 한문
- 출전 : 우리식 성어로 추정

'막상막하'는 우리식 사자성어로 보인다. '막둥이 씨름하듯', '두꺼비씨름 누가 질지, 누가 이길지'라는 비슷한 뜻의 우리 속담도 있다. 앞서 소개한 중국식 사자성어 '난형난제(難兄難弟)'와 같은 뜻이다. '상하'는 '위아래'란 뜻으로 높낮이를 나타내지만 여기서는 추상적인 뜻으로 변하여 우열(優劣)을 가리킨다. 워낙 자주 사용하는 성어라 비슷한 성어가 많다. 참고로 아래에 소개해 둔다. 일본식 사자성어는 '오분오분(五分五分)'이 발견된다.

- 우열난분(優劣難分) : 낮고 못하고를 가리기 어렵다.
- 용호상박(龍虎相搏) : 용과 호랑이가 서로 싸운다. (승부를 가리기 어렵다는 뜻)
- 백중지세(伯仲之勢) : 첫째 둘째를 가리기 힘든 형세
- 호각지세(互角之勢) : 서로 뿔을 맞대고 있는 형세 (힘이 비슷한 상황)
- 대동소이(大同小異) : 크게는 같고 조금 다르다. (엇비슷하다는 뜻)
- 오십보백보(五十步百步) : 오십 보 도망친 사람이나 백 보 도망친

사람이나 도망치긴 마찬가지란 뜻이다.

– 춘란추국(春蘭秋菊) : 봄에는 난초, 가을에는 국화. 봄가을을 대표하는 꽃들로 어느 쪽이 낫다고 할 수 없다는 뜻이다.

■ 심화학습 : 한·중·일 삼국 고사성어의 특성에 대해 알아보기
■ '막상막하'로 나의 문장 만들어 보기

우열을 가리기 어렵다는 뜻의 성어는
많으므로 상황에 맞춰 활용하면 된다.
그림은 '춘란추국'을 나타낸 것이다.

058
맹모삼천(孟母三遷)

- 중국어 발음 : mèng mǔ sān qiān
- 맹자 어머니가 세 번 이사하다.
- 자식의 교육을 위해 세 번이나 이사한 맹모의 고사에서 비롯된 성어다.
- 교과서 : 고등 한문
- 출전 : 《열녀전》, 《삼자경》

　중국 역사상 극성 학부모 1호 맹자 어머니의 '맹모삼천' 또는 '맹모삼천지교(孟母三遷之敎)'는 자식 교육에 주위 환경이 중요하다는 메시지를 전한다. 관련 고사는 이렇다. 맹자의 어머니가 묘지 근처로 이사를 갔다. 맹자는 상여를 메고 곡하는 모습을 보며 그 흉내만 냈다. 맹자의 어머니는 자식 기를 곳이 못 된다고 판단하여 시

'맹모삼천'을 나타낸 그림

장 근처로 옮겼다. 그랬더니 맹자가 장사하는 흉내만 냈다. 어머니는 이곳도 아니다 싶어 서당 근처로 집을 옮겼다. 마침내 맹자가 글 읽고 공부하는 흉내를 냈고, 어머니는 자식 교육에 적합하다고 여겨 안착했다.

예나 지금이나 교육은 환경이 가장 중요하다. 훗날 맹자는 교육과 더불어 환경을 강조했는데, 그 어머니의 영향에 힘입은 바가 크다. 일찍 혼자가 된 어머니는 아들 맹자의 교육을 위해 여러 차례 이사 다니는 불편을 감수했다. 또한 자식을 타지에 유학 보냈는데 학업을 이루지 못하고 돌아오자 짜던 베를 싹둑 자르며 준엄하게 훈계하여 맹자의 학업을 완성시킬 만큼 당찬 기개를 보여 주었다.('단기지계' 항목 참고)

교육에서 환경의 중요성은 예나 지금이나 크게 달라진 바 없지만, 지금은 '맹모삼천'의 진정한 뜻이 많이 왜곡되었다. 학군만 좋으면 아이가 공부를 잘할 것이라는 맹신(盲信)에 빠져 비싼 돈과 다른 가족의 희생을 감수하면서 좋은 학군을 고집하기 때문이다. 성적만 좋으면 그만이라는 아주 잘못된 교육관에 물든 탓이다. 지식이 해방되었고, 학교 교육의 한계가 확실하게 드러난 이 시대를 살아가는 현대인에게 과연 '맹모삼천'은 어떤 의미를 가질까? 다 함께 깊이 생각해 볼 일이다.

■ 심화학습 : 맹자, 맹모와 관련한 역사 유적에 대해 알아보기
■ '맹모삼천'으로 나의 문장 만들어 보기

059
명실상부(名實相符)

- 중국어 발음 : míng shí xiāng fú
- 명성과 실제가 일치하다.
- 알려진 것(명성)과 실제 상황(또는 실력)이 같은 경우를 가리키는 성어다.
- 교과서 : 초등 / 고등 한문
- 출전 : 〈여왕수서(與王修書)〉

　'명실상부'는 흔히 알려진 그 이름, 즉 명성이 실제 능력이나 상황과 일치하는 경우를 가리키는 성어다. 이 성어는 삼국시대 위나라 실권자 조조가 왕수(王修, 생몰 미상)에게 보낸 편지 중에 나온다. 이 편지에서 조조는 왕수의 지조와 능력 등을 칭찬하며 '명실상부'한 것이 남들을 저 멀리 앞선다고 했다. 왕수는 실제로 조조를 도와 많은 일을 해냈다.

　'명실상부'와 반대되는 뜻을 가진 성어로 '명성과실(名聲過實)'이 있다. '명성이 실제를 앞지른다'는 뜻이다. 사마천의 《사기》〈한신노관열전〉에 나온다. 이 말 속에는 명성이란 것이 흔히 실제보다 부풀려지기 마련이기 때문에 그 명성만으로 사람을 쉽사리 판단하지 말라는 경고가 담겨 있다.

　사마천은 명성과 실제 능력이 어긋나는 자가 많고, 그 때문에 사람들이 일쑤 그릇된 판단을 할 수 있다는 이치를 잘 알았다. 한나라 초기에 반란을 일으킨 진희(陳豨)를 평가하는 자리에서 사마천은 이렇게 명성의 허구를 꼬집고 있다.

"진희는 양나라 사람이었다. 그
는 젊을 때 위공자 신릉군(信陵君)
을 칭찬하고 사모했다. 군대를 거
느리고 변경을 지킬 때도 빈객을
불러 모으고 몸을 낮추어 선비들
을 대접하니 명성이 실제를 앞질
렀다. 주창이 이 점을 의심해서 살
펴보니 결점이 매우 많이 드러났

왕수를 두고 '명실상부'라고 칭찬하는
글을 남긴 삼국시대 위나라의 실권자
조조

다. 진희는 화가 자신에게 미칠 것을 두려워하던 차에 간사한 무리
의 말을 받아들여 급기야는 대역무도한 행동에 빠지고 말았다. 아
아, 서글프다! 무릇 어떤 계책이 성숙한가 설익었는가 하는 점이
사람의 성패에 이다지도 깊게 작용하는구나!"

지금도 '명실상부'하기는커녕 '명성과실'인 자가 여기저기 널려 있
다. 실력을 키우는 대신 헛된 명성만 좇아 권력자에게 붙어 여기저
기 오가는 자들의 실체는 조금만 주의를 기울여도 금세 알 수 있는
세상이 되었다. 그런데도 '명성과실'인 자에게 많은 사람이 홀리는
까닭은 무엇일까? 그들 역시 헛된 명성을 추구하기 때문 아닐까?

■ 심화학습 : 조조의 인물평에 대해 알아보기
■ '명실상부'로 나의 문장 만들어 보기

060
명재경각(命在頃刻)

- 중국어 발음 : mìng zài qǐng kè
- 목숨이 순간에 달려 있다.
- 행동이나 일이 극히 짧은 시간에 이루어져야 한다는 것을 비유하는 성어다.
- 교과서 : 고등 한문
- 출전 : 변형된 우리식 성어(?)

'목숨이 경각에 달려 있다'는 '명재경각'과 같은 뜻을 가진 중국 성어는 '명재단석(命在旦夕, mìng zài dàn xī)'이다. '목숨이 아침저녁에 달

'목숨이 아침저녁에 달려 있다', 즉 '죽음이 바로 코앞에 와 있다'는 뜻의 '명재단석'을 글에 담은 당나라 초기의 시인 진자앙

려 있다'는 뜻으로 하루밖에 남지 않았다는 의미다. 어느 쪽이든 뜻은 같고 목숨이 아주 위급할 때나 일을 급히 처리해야 할 때 사용한다.

'명재경각'은 우리식으로 변형된 사자성어로 추정된다. 단, 아주 짧은 시간을 뜻하는 '경각(頃刻)'은 도가의 인물인 관윤자(關尹子, 윤희尹喜)가 남긴 것으로 전하는 《관윤자》 등 옛 문헌을 비롯하여 당나라 한유의 시, 그리고 명나

216

라 소설가 풍몽룡의 《동주열국지》 등 여기저기에 보인다. '이제 막', '방금'이란 뜻으로도 쓰인다.

　'명재단석'은 당나라 초기의 시인 진자앙(陳子昻, 661~702)의 글 〈건안왕과 여러 장수를 위한 글(爲建安王與諸將書)〉에 보이는데 "모든 병과 종양이 죽음의 언저리에 와 있다"는 대목이다.

■ 심화학습 : 시간과 관련한 고사성어에 대해 알아보기
■ '명재경각'으로 나의 문장 만들어 보기

061
모수자천(毛遂自薦)

- 중국어 발음 : máo suì zì jiàn
- 모수가 자신을 추천하다.
- 인재가 능력을 입증하기 위해 스스로 자신을 추천하는 것을 비유하는 고사성어다.
- 교과서 : 고등 한문
- 출전 : 《사기》

《사기》(〈평원군우경열전〉)의 '모수가 자신을 추천하다'라는 '모수자천'은 유명한 고사성어다. 이에 얽힌 이야기는 조나라의 실력자 평원군과 관련이 있다. 평원군이 중대한 일을 앞두고 인재들을 선발할 때 3년 동안 평원군의 식객으로 지내면서 전혀 눈에 띄지 않았던 모수가 나서서 자신을 추천하며 그 일을 맡겨 달라고 했다. 평원군은 '무릇 유능한 선비의 처세는 송곳이 자루 속에 있는 것 같아, 그 끝이 쉽게 드러나는' 법인데 3년이나 내 밥을 먹었으면서 두각을 나타내지 못한 것은 재능이 없음을 증명하는 것 아니냐며 모수에게 면박을 주었다.('낭중지추' 항목

참고) 그러자 모수가 이렇게 대응했다.

"그래서 제가 오늘 군께 자루 속에 넣어 달라고 청하는 것입니다. 진작 자루 속에 있

'모수자천' 고사를 그린 중국 만화의 표지

었더라면 모르긴 해도 일찌감치 송곳 끝은 고사하고 송곳 자루까지 튀어나왔을 것입니다."

이 말에 평원군은 어이가 없다는 듯 껄껄 웃으며 모수를 함께 데려갔고, 모수는 그 일에서 결정적인 공을 세웠다. 평원군은 모수 한 사람의 입이 백만 대군보다 강하다면서 앞으로 다시는 사람에 대해 이러쿵저러쿵 판단하지 않겠다고 했다.

드러난 인재를 지원하는 것도 중요하지만, 숨어 있는 인재들이 나타날 수 있는 문을 다방면에 걸쳐 열어 놓는 일이 더욱 중요하다. 자존심을 먹고사는 인재들이 자존심을 다치지 않고 등장할 수 있는 개방된 사회 분위기와 자유, 그리고 다양한 통로가 필요한 것이다.

■ 심화학습 : '모수자천' 고사와 인재에 대해 알아보기
■ '모수자천'으로 나의 문장 만들어 보기

062
목불식정(目不識丁)

- 중국어 발음 : mù bù shí dīng
- 눈으로 보고도 '정(丁)' 자를 못 알아본다.
- 글자를 전혀 모르는 까막눈을 비유하는 성어다.
- 교과서 : 중등 한문
- 출전 : 《구당서(舊唐書)》

    우리 속담의 '낫 놓고 기역 자도 모른다'는 것과 같은 뜻을 가진 '목불식정'은 역사책 《구당서》 권129 〈장홍정전(張弘靖傳)〉에 보인다. 그 관련 대목은 이렇다.

    당나라의 위옹(韋雍) 등이 주인의 위세를 믿고 병사들을 함부로 대하며 욕설을 퍼부었다. 어느 날 수하의 관군을 꾸짖으며 "지금 천하는 태평무사하여 싸움이 없다. 두 석 무게의 석궁 시위를 당길 수 있다 해도 정(丁) 자 하나 아는 것만 못하다"라고 말했다.

'목불식정'을 전하는, 당나라 역사를 기록한 《구당서》 영인본

'낫 놓고 기역 자도 모른다'는 우리 속담과 같은 의미다. '정' 자처럼 간단한 글자도 모른다는 뜻이지만, 혹자의 고증에 따르면 '丁'은 '個'의 잘못이라고 한다. '목불식개(目不識個)'라는 것이

다. 이 경우 한 글자도 모른다는 의미가 된다. 어느 쪽이든 글자를 전혀 모르는 무식한 사람이나 배운 것이 전혀 없는 사람을 비유하는 성어로 널리 알려졌다. '정자불식(丁字不識)', '일정불식(一丁不識)', '불식정(不識丁)' 등으로 변형되어 사용되기도 했다. 뜻은 다 같다. 같은 뜻을 가진 성어로 '일자무식(一字無識, 한 글자도 모른다)', '일무소지(一無所知, 아는 것이 하나도 없다)' 등이 있다. '목불식정'과 반대되는 뜻을 가진 성어는 '박람군서(博覽群書, 여러 책을 두루 많이 읽다)', '학부오거(學富五車, 다섯 수레의 책을 읽었을 정도로 학식이 풍부하다)' 등이다.

■ 심화학습 : 공부와 관련한 고사성어에 대해 알아보기
■ '목불식정'으로 나의 문장 만들어 보기

063

무아도취(無我陶醉)

- 중국어 발음 : wú wǒ táo zuì
- 자신의 존재를 완전히 잊고 흠뻑 취하다.
- 자신이 좋아하는 것에 정신이 쏠려서 자신조차 잊어버린 상태를 비유하는 성어다.
- 교과서 : 초등
- 출전 : 불교식 성어?

'무아도취'는 '무아'와 '도취'를 합성한 성어다. '무아(無我)'는 불교 용어다. 불교에서는 석가모니가 깨달음을 얻은 뒤 첫 가르침에서 '무아'를 이야기했다고 한다. 고정불변의 실체로서의 '나'란 존재는 없다는 뜻이다. 선종(禪宗)에서 '무아'는 주관과 객관 사이에서 일어나는 대립의 소멸과 해탈이란 뜻으로 발전했다.

'무아지경'을 만들어 낸 근대 중국의 국학자 왕국유

우리는 '무아지경(無我之境)'이란 말을 흔히 사용한다. '사물과 내가 일체가 되어 내가 없는 경지'란 뜻으로, 어떤 대상이나 일 또는 놀이 등에 정신을 빼앗겨 자신조차 잊어버린 상태를 비유하기도 한다. 중국 근대의 유명한 학자 왕국유(王國維, 1877~1927)의 문학 비평서《인간사화(人間詞話)》에 그 용례가 보인다.

'도취'는 본래 글자 뜻 그대로 술을 마시고 취한다는 뜻이다. 훗날 어떤 사물이나 경지에 푹 빠진 상태를 가리키는 단어로 정착했다. 당나라 시인 최서(崔曙, ?~739)의 시 〈구일등선대(九日登仙臺)〉에 이 단어가 보인다.

'무아도취'든 '무아지경'이든 긍정적인 의미와 부정적인 의미 모두 해당하는데, 상대의 상태를 비꼴 때도 인용한다. 이럴 때는 '자아도취'란 표현을 많이 쓴다. 자신에게 취했다는 뜻인데 자만(自慢)의 다른 표현이고, 나르시시즘*(Narcicism, 자기애)에 가깝다.

---

*나르시시즘은 정신분석학 용어지만 그 어원은 그리스 신화로 거슬러 올라간다. 물에 비친 자신의 모습에 반하여 자기와 같은 이름의 꽃 나르키소스, 즉 수선화가 된 미소년 나르키소스와 연결지어 1899년 독일의 정신과 의사 네케가 만들었다고 한다.

■ 심화학습 : 불교와 관련한 고사성어에 대해 알아보기
■ '무아도취'로 나의 문장 만들어 보기

064
무용지물(無用之物)

- 중국어 발음 : wú yòng zhī wù
- 쓸모없는 물건
- 아무 쓸모가 없는 물건이나 아무짝에도 쓸모없는 사람을 비유하는 성어다.
- 교과서 : 초등 4-1 국어 연계
- 출전 : 출처 불명

　'무용지물'은 중국에서는 쓰지 않는 성어다. 일본식 아니면 변형된 우리식 성어로 추정된다. 일본의 검색 사전에는 항목으로는 나오지 않고 사용례로만 나온다. 다만 몇 해 전 '망자지죄(亡者之罪)'라는 필명으로 연재한 중국 인터넷 소설의 제목으로 '무용지물'이 사용된 적은 있다.

　'쓸모없다'는 뜻의 '무용'은 중국의 옛 문헌에 자주 보인다. 먼저 《순자(荀子)》〈〈비십이자非十二子〉 편〉의 경우 다른 학파들의 학설을 비판하면서 "잘 살피지만 소용이 없고, 말을 잘하지만 쓸데가 없으며"라거나 "남을 속이면서도 교묘하고 쓸데없는 말을 잘하며"라는 대목들이 보인다. 둘 다 '쓸데없다'는 비판의 뜻으로 쓰고 있다.

　《사기》〈맹상군열전〉을 보면 "쓸모없어진 빈 채권을 불태웠다"라는 대목이 있다. 송나라 문학가 주변(朱弁, 1085~1144)이 쓴 《곡유구문(曲洧舊聞)》〈권9〉에는 "이번 왕조에서 이 과거를 폐지하여 마침내 책이 세상에서 쓸모가 없어졌다"는 대목도 보인다.

자신의 봉지에서 농사를 짓는 백성들이 빚을 갚지 못하자 '채권을 불태워 빚을 면제해 주고 대신 의리를 샀다'는 맹상군(孟嘗君)의 '분군시의(焚券市義)' 고사에 '무용'이 보인다.

이 밖에 '무용'은 '작용하지 못하는 사물', '필요 없음', '무능', '방법 없음' 등의 뜻으로도 사용된다. '무용'의 반대말은 당연히 '유용(有用)'이다. 이용할 수 있고, 값어치가 있고, 오래 쓸 수 있다는 뜻이다. 《장자》〈인간세(人間世)〉 편에 '무용'과 '유용'에 관한 심오한 이야기가 나온다.

목수 석(石)이 제자를 데리고 제나라에 가다가 어마어마하게 큰 신목을 마주했다. 제자는 넋을 놓고 그 나무를 바라보았지만 목수 석은 거들떠보지도 않고 그 자리를 떴다. 제자가 그 까닭을 묻자 석은 이렇게 대답했다.

"속이 텅 빈 아무 짝에도 쓸모없는 나무다. 쓰일 곳이 없어 저토록 오래 산 것이다."

■ 심화학습 : 《장자》의 우화(寓話)에 대해 알아보기
■ '무용지물'로 나의 문장 만들어 보기

065

문일지십(聞一知十)

- 중국어 발음 : wén yī zhī shí
- 하나를 들으면 열을 안다.
- 하나를 듣고도 여러 가지를 이해하고 유추하는 능력이나 재능 또는 그런 사람을 비유하는 성어다.
- 교과서 : 중등 한문
- 출전 : 《논어》

　유가 최고의 경전이자 '중국인의 바이블'로 불리는 《논어》는 유가의 창시자 공자의 언행과 제자들 사이에 오고 간 대화를 기록한 고전이다. 훗날 유가가 유교화되고 국가 지배 이데올로기로 입지를 굳히면서 모든 지식인이 반드시 숙지해야 할 경전이 되었다. 《맹자(孟子)》, 《중용(中庸)》, 《대학(大學)》과 함께 사서(四書)의 으뜸이 되었고, 당연히 과거시험의 중요한 과목이 되기도 했다. 참고로 또 다른 유교의 중요한 경전인 '삼경(三經)'은 《시경(詩經)》, 《서경(書經)》, 《역경(易經)》이다. 《서경》은 《상서(尙書)》를, 《역경》은 《주역(周易)》을 말한다. 여기에 《예기》와 《춘추》를 넣어 '오경'으로 부르기도 한다.

유가의 최고 경전이자 중국인의 바이블로 불리는 《논어》는 스승 공자와 70여 제자의 언행과 대화를 생생하게 보여 준다.

　《논어》는 여러 제자 중에서

특히 사업가 자공과 공자의 대화가 비중이 큰 편이다. '문일지십'도 그중 한 대화에서 나왔는데, 훗날 많은 사람이 인용하고 사용하여 널리 알려진 성어가 되었다. 〈공야장(公冶長)〉 편에 나오는 스승과 제자의 대화를 들어 보자.

공자 : 너와 안회, 둘 중에 누가 더 나으냐?

자공 : 제가 어떻게 안회와 비교될 수 있겠습니까. 안회는 하나를 들으면 열을 깨칩니다만 저는 하나를 들으면 겨우 둘을 깨칠 뿐입니다.

공자 : 그렇지, 어림없지. 너뿐만 아니라 나 역시 도저히 미치지 못한다.

자공은 동문 안회를 '하나를 들으면 열을 깨치는' 사람이라며 흔쾌히 자신이 안회에게 미치지 못한다는 것을 인정한다. 자공의 성품이 그랬다. 스승 공자 역시 자신도 안회를 따를 수 없다며 수제자 안회를 극찬한다. 스승과 제자 사이에 오고 간 훈훈한 대화가 아닐 수 없다. 《논어》가 중국인의 바이블로 불리는 까닭은 바로 이런 수준 높고 허심탄회한 대화로 가득 차 있기 때문이다.

■ 심화학습 : 《논어》의 공자와 자공의 대화 내용에 대해 알아보기
■ '문일지십'으로 나의 문장 만들어 보기

066

미풍양속(美風良俗)

- 중국어 발음 : měi fēng liáng sú
- 아름다운 기풍과 좋은 풍속
- 오래전부터 전해 오는 아름답고 좋은 사회적 기풍과 습속을 일컫는 성어다.
- 교과서 : 중등 한문
- 출전 : 일본 또는 우리식 성어로 추정

별생각 없이 거론하는 '미풍양속'도 일본식 아니면 우리식으로 변형한 성어로 추정된다. 다만 '풍속'은 오래전 문헌에서 보인다. 《순자》(〈강국强國〉 편)에 순자가 당시 서방의 강국인 진(秦)나라에 들어가 응후(應侯) 범수와 대화를 나누는 장면이 있다. 응후가 순자에게 "진나라에 들어와 무엇을 보셨소"라고 묻자 순자가 "국경 안으로 들어와 나라의 풍속을 보니 백성들이 소박하고 음악도 음란하지 않으며……"라고 답하는 장면에 '풍속'이 나온다.

'풍속'을 가장 일찍 사용한 사람은 유가의 집대성자 순자다. 위 도판은 순자가 남긴 《순자》의 판본이다.

역대 음악의 역사와 변화를 다룬 《사기》(〈악서樂書〉)에도 '풍속'을 널리 채집하여 조화롭게 음악 작품에 운용했다는 대목이 나온다. 그런가 하면 사마광(司馬光)의 〈훈검시강(訓儉示

康)〉에는 "근세의 풍속이 갈수록 사치스러워지고 있다"는 대목도 있다. 모두 지금 우리가 쓰는 풍속과 같은 뜻이다.

'풍속'에 대해 좀 더 알아보면 이렇다. 습관상 사람들은 서로 다른 자연 조건에 의해 만들어진 행위 규범의 차이를 '풍'이라 불렀다. 또한 사회 문화의 차이로 조성된 행위 규칙의 다름은 '속'이라 불렀다. 풍속은 역사를 통해 형성되었기 때문에 사회 구성원의 행위를 대단히 강력하게 제약하는 작용을 한다. 풍속은 사회도덕과 법률적 기초를 보조하는 한 부분으로 작용해 왔고, 이 때문에 '미풍양속'을 강조하는 것이다. 사회적으로 숱한 문제가 터져 나오는 지금이야말로 '미풍양속'의 의미와 역할이 더 중요하다는 생각이 든다. 법은 결코 만능이 아니다. 양심을 가진 인간이라면 법 없이도 얼마든지 많은 문제와 갈등을 슬기롭게 해결할 수 있기 때문이다.

■ 심화학습 : 유가 사상을 집대성한 《순자》에 대해 알아보기
■ '미풍양속'으로 나의 문장 만들어 보기

067
박장대소(拍掌大笑)

- 중국어 발음 : pāi zhǎng dà xiào
- 손바닥을 치며 큰 소리로 웃는다.
- 아주 기분 좋은 모습을 형용하는 성어다.
- 교과서 : 초등 4-1 국어 연계
- 출전 : 《세설신어》 외

'박장대소'는 중국 성어의 '무장대소(撫掌大笑)'를 변형한 것으로 보인다.(撫의 발음은 fǔ이고 가볍게 누르거나 두드린다는 뜻이다.) 뜻은 다를 바 없지만 '박장대소' 쪽이 좀 더 강해 보인다. 기분이 아주 좋아서 손뼉을 치며 크게 웃는 모습을 간결하게 '박장대소'로 표현한 것이다.

'무장대소'는 남조시대 송나라 유의경(劉義慶, 403~444)의 《세설신어》〈비루紕漏〉에 나오는 "황제가 손바닥을 치며 크게 웃었다"라는 대목이 가장 오래된 사례다. 당나라 시인으로 걸출한 작품 〈장한가(長恨歌)〉를 남긴 시인 백거이(白居易) 동생 백행간(白行簡, 776~826)의 시 〈삼몽기(三夢記)〉에도 같은 표현이 보인다. 그런가 하면 《삼국연의》 제14회에 "그러자 모든 관리가 울음을 터뜨렸는데 좌중의 한 사람만 손뼉을 치며 크게 웃었다"라는 대목이 있다. 명나라 문학가 풍몽룡의 《초각박안경기(初刻拍案驚奇)》 제19에도 '무장대소'란 표현이 있다.

중국 옛 문헌에는 모두 '무장대소'로 표현되어 있고, '박장대소'는 찾아보기 힘들다. 정확하게 같은 뜻은 아니지만 너무 웃긴 상황을 나타내는 '요절복통(腰折腹痛)'이 있다. 얼마나 우스운지 허리가 꺾이고 배가 아플 정도라는 뜻이다.

'박장대소'와 같은 뜻을 가진 '무장대소'가 담겨 있는 유의경의 《세설신어》 판본

'박장대소'와 반대되는 뜻을 가진 사자성어는 '더할 나위 없이 슬프고 아프다'는 뜻의 '비통욕절(悲痛欲絶)'이다. 중국어는 감정이 대단히 격할 때 '끊어 버리고 싶다'는 뜻의 '욕절(欲絶)'을 많이 쓴다. 참고로 알아 두면 좋을 것이다. '비통욕절'은 중국 당대 작가인 노여(路遙, 1949~1992)가 소설 《평범한 세계》에서 구사한 바 있다.

■ 심화학습 : 웃음과 관련한 고사성어에 대해 알아보기
■ '박장대소'로 나의 문장 만들어 보기

068
박학다식(博學多識)

- 중국어 발음 : bó xué duō shí
- 학문이 넓고 아는 것이 많다.
- 무엇이든 환히 통하여 모르는 것이 없음을 비유하는 성어다.
- 교과서 : 초등
- 출전 : 《주자어류(朱子語類)》, 《진서》 외

'박학다식' 역시 중국은 잘 쓰지 않는다. 대신 '박학다재(博學多才, bó xué duō cái)'를 많이 쓴다. 뜻은 한 가지다. 이 성어들과 비슷한 뜻을 가진 '무불통지(無不通知)'도 있다. '두루두루 통하여 모르는 것이 없다'는 뜻이다. 이 역시 중국은 쓰지 않는 성어다.

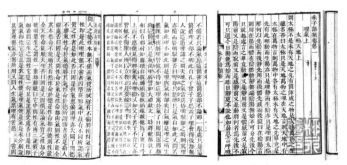

'박학다식'을 담고 있는 성리학자 주희의 《주자어류》 판본. 《주자어류》는 송나라 유학자 주희와 그 문인들이 학문을 놓고 벌인 문답을 기록한 책이다. 모두 140권이고 주희가 세상을 떠나고 70년 뒤 여정덕(黎靖德)이 편찬했다. 주희는 유교 사상을 집대성하고 이를 바탕으로 유가의 사상과 철학을 체계화한, 이른바 '주자학(朱子學)'으로도 불리는 '성리학(性理學)'을 창시하고 완성했다. 성리학은 주희 이후 중국뿐 아니라 조선과 일본에도 큰 영향을 미쳤다. 이런 업적으로 주희는 주자(朱子)로 불리며 존중을 받았다.

'박학다재'는 역사서인 《진서》(《극선전郤詵傳》)를 비롯하여 《수호전》, 《삼국연의》 등에 나온다. 그런데 송나라 학자 주희의 《주자어류》(《논어》 편 제45권)에 "성인이 성인다운 까닭은 '박학다식'에 있는 것이 아니라 일이관지(一以貫之)하기 때문이다"라는 대목이 있다. 여기에 '박학다식'이란 표현이 보인다. 이 대목은 성인, 즉 공자의 학문을 이야기하면서 '학문이 넓고 많이 아는 것'이 중요한 게 아니라 '일이관지'가 중요하다고 논했다. '일이관지'는 《논어》(《이인里仁》 편)의 다음 구절에서 나왔다.

공자 : 사(자공)야, 너는 내가 널리 배워 잘 기억하는 사람이라고 생각하느냐?

자공 : 그렇습니다. 그렇지 않습니까?

공자 : 그렇지 않다. 나는 하나의 이치로 모든 것을 꿰뚫고 있다.

'박학다식'도 필요하지만 널리 배운 것을 하나의 보편타당한 논리로 꿰는 일은 더욱 중요하다. '구슬이 서 말이라도 꿰어야 보배'라는 우리 속담이 이에 딱 맞는 이치를 전해 준다. 관련하여 사마천은 배움과 함께 생각을 강조했다. 바로 '호학심사(好學深思)'다. '배우길 좋아하고 깊게 생각하다'라는 뜻이다. 사마천은 '호학심사'가 되면 '심지기의(心知其意)'하게 된다고 덧붙였다. '마음으로 그 뜻을 안다'는 것이다.

■ 심화학습 : 학문과 관련한 고사성어에 대해 알아보기
■ '박학다식'으로 나의 문장 만들어 보기

069

반구저기(反求諸己)

- 중국어 발음 : fǎn qiú zhū jǐ
- 돌이켜 자기 자신에게서 찾는다.
- 행동해서 원하는 결과가 얻어지지 않더라도 자기 자신을 돌아보고 반성하여 원인을 찾아야 한다는 뜻이다.
- 교과서 : 중등 한문
- 출전 : 《논어》

'반구저기'의 어원은 《논어》(〈위영공衛靈公〉 편)에 나오는 공자의 다음과 같은 말이다.

"군자는 자신에게서 찾고, 소인은 남에게서 찾는다."

송(宋)나라 사양좌(謝良佐)는 이에 대해 "군자는 자기 몸을 돌이켜 찾지 않음이 없고 소인은 이와 반대다. 이것이 군자와 소인을 나누는 이유다"라고 설명했다. 여기서 '반구저기'가 나왔다.

《맹자》〈공손추(公孫丑)〉 편에서는 "어진 자는 활쏘기를 하는 것과 같으니 활을 쏘는 자는 자신을 바로잡은 뒤에야 발사한다. 발사한 것이 맞지 않더라도 자신을 이긴 자를 원망하지 않고 돌이켜 자기 자신에게서 찾을 뿐이다"라고 했다. 〈이루(離婁)〉 편에도 '반구저기'와 관련하여 좀 더 상세한 내용이 있다.

"맹자가 말했다. 남을 사랑했는데 친해지지 않으면 스스로 남에게 인자하게 대했는지 돌이켜 보고, 남을 다스렸는데 제대로 다스려지지 않거든 스스로 남을 대할 때 지혜롭게 대처했는지 돌이켜 보고, 남에게 예절을 갖추어 대했는데도 답례받지 못하거든 남을 대할 때 공경하는 마음이 없었는지 돌이켜 봐야 한다. 행하고도 얻지 못하는 것이 있으면 모두 자기 자신을 돌이켜 찾아야 하니, 스스로 바르게 행동하면 천하가 돌아올 것이다."

'반구저기'에 관해 상세하게 설명한 《맹자》

'반구저기'는 '돌이켜 자기 자신에게서 찾는다'라는 뜻이다. 어떤 일이 잘못되었을 때 남의 탓을 하지 않고 그 일이 잘못된 원인을 자기 자신에게서 찾아 고쳐 나간다는 말이다. 같은 의미의 사자성어로 '반궁자성(反躬自省)', '반궁자문(反躬自問)' 등이 있다.

■ 심화학습 : 《논어》에 나오는 군자와 소인에 대해 알아보기
■ '반구저기'로 나의 문장 만들어 보기

070

반신반의(半信半疑)

- 중국어 발음 : bàn xìn bàn yí
- 반은 믿고 반은 의심하다.
- 진짜인지 가짜인지, 거짓인지 진실인지 확정할 수 없는 상황이나 그런 사람 등을 비유할 때 쓰는 성어다.
- 교과서 : 초등
- 출전 : 〈답석난택무길흉섭생론(答釋難宅無吉凶攝生論)〉

'반신반의'는 삼국시대 위나라 혜강(嵆康, 223~262)의 위 글에서 나왔다. 혜강은 점치는 이야기를 하면서 "어찌하여 반만 믿고 반은 믿지 못하는가"라고 반문한다. 《홍루몽》 94회에도 "여러 사람이 듣고 모두 '반신반의'했다"는 표현이 보인다. 그런가 하면 주희의 《주자어류》에는 "그들이 들었더라면 '반신반의' 있는 듯 없는 듯했을 것이다"라는 대목이 있다.

비슷한 뜻을 가진 성어로 '의신참반(疑信參半)'이 있다. '의심과 믿음이 반씩 섞여 있다'는 뜻이다. 송나라 위료옹(魏了翁)이 〈강릉별안무서(江陵別按撫書)〉라는 글에서 "(옛날에는) '의신참반'했지만 지금은 그 사람을 믿는다"라고 했다.

의심과 확신에 관한 유명한 성어로 '의행무명(疑行無名), 의사무공(疑事無功)'이 있다. '행동을 머뭇거리는 사람은 이름을 이룰 수 없고, 과감하게 일을 처리하지 못하는 사람은 공을 이룰 수 없다'는 뜻으로 《사기》 〈상군열전(商君列傳)〉에 나오는 개혁가 상앙의 명언이다.

《주역》〈건괘(乾卦)〉의 "머뭇거리는 것은 의심하는 것이다"라는 대목도 같은 맥락이다.

권력자라 해서 처벌을 봐주지 않고 가까운 자라 해서 상을 주지도 않은 중국 역사상 최고의 개혁가 상앙

중대한 결단을 앞두면 겁이 나서 머뭇거리고 심지어 의심이 들기 마련이다. 일의 성공에 대해 백 퍼센트 확신이 없기 때문이다. 그러나 일의 성공 여부에 대한 불확실성이 아니라 그 일의 정당성과 미래에 대한 믿음으로 마음을 바꾸면 판단이 달라질 것이다.

'반신반의'와 비슷한 뜻의 우리말로 '긴가민가'라는 표현이 있다. '긴가민가'는 '기연미연(其然未然)'이란 한문식 표현을 변형한 것으로 '그런 것 같기도 아닌 것 같기도'라는 뜻이다.

■ 심화학습 : 개혁가 상앙의 고사와 개혁 관련 명언명구에 대해 알아보기
■ '반신반의'로 나의 문장 만들어 보기

071

발분망식(發憤忘食)

- 중국어 발음 : fā fèn wàng shí
- 분이 나서 먹는 것도 잊다.
- 끼니마저 잊을 정도로 어떤 일에 열중하거나 분을 내는 모습을 비유하는 성어다.
- 교과서 : 고등 한문
- 출전 : 《논어》

《논어》〈술이〉 편에 이런 이야기가 나온다. 엽공(葉公)이 공자의 제자 자로에게 스승 공자가 어떤 사람이냐고 물었다. 자로는 제대로 대답하지 못했다. 이를 들은 공자는 자로에게 이렇게 말했다.

"어째서 이렇게 말해 주지 않았느냐. 그 사람은 '발분하면 먹는 것조차 잊고' 그 즐거움에 빠져 모든 근심을 잊는데 심지어 자신이

제자들과 함께 공부하고 토론하는 공자와 제자들의 모습을 그린 〈공자강학도〉

곧 늙는 것조차 모른다고 말이다."

'발분망식'은 속된 말로 무엇인가에 미친 상태를 가리키는데, 공자가 말한 '발분'이란 공부에 빠진 상태를 말한다. 《논어》〈옹야〉 편에서 공자가 말한 "아는 것은 좋아하는 것만 못하고(지지자불여호지자知之者不如好之者), 좋아하는 것은 즐기는 것만 못하다(호지자불여낙지자好之者不如樂之者)"와 일맥상통한다.

이 말들은 좋아서 즐겁게 공부하는 심리와 습관의 중요성을 강조한 것이다. 암기식, 주입식, 강압식 교육 행태가 여전한 우리 현실에서 그 울림이 상당한 말들이다. 공부든 운동이든 즐기는 사람에게 당할 수 없기 때문이다. '낙자무적(樂者無敵)', '즐기는 사람은 무적이다'라고 할까?

■ 심화학습 : 공부와 관련한 《논어》의 명언명구에 대해 알아보기
■ '발분망식'으로 나의 문장 만들어 보기

072
배수지진(背水之陣)

- 중국어 발음 : bèi shuǐ zhī zhèn
- 물을 등지고 쳐 놓은 진
- 더 이상 물러설 수 없는 상황을 만들어 죽기를 각오하고 맞서 싸우는 것을 형용하는 고사성어다.
- 교과서 : 고등 한문
- 출전 : 《사기》

전투에서 물을 등지고 진을 친다는 것은 죽기를 각오한다는 말이다. 기존의 상식과는 반대되는 방법으로 아군의 사기를 돋우고 적을 방심하게 만들거나 당황하게 만드는 것이다. 《사기》〈회음후열전〉에 보이는, 명장 한신이 구사한 전술이다.

한신은 수만 명의 군사로 조(趙)나라의 20만 대군을 완파한 정형전투(井陘戰鬪)에서 파격적으로 이 전술을 구사했다. 한신은 수적으로 열세임을 알고는 물을 등지고 진을 쳐서 적을 유인했다. 그런다음 비어 있는 적진에 날랜 기병 2천을 보내 한(漢)의 깃발을 꽂게했다. 당황한 조나라 군대가 자신들의 진영으로 돌아가려고 우왕좌왕하는 사이 앞뒤에서 협공을 가하니 조나라 군대는 지리멸렬로대패했다. 한신은 적장인 성안군(成安君)의 목을 베고 조왕 헐(歇)도사로잡는 눈부신 전과를 올렸다.

도망갈 수도 없는 상황에서 한의 군대는 필사적으로 싸워 조나라군사들을 물리쳤고, 퇴각하려는 조나라 군사는 자신들의 진지에

한신의 '배수지진'을 그린 그림

꽂혀 있는 한나라의 붉은 깃발에 경악해 전의를 잃고 대패했다.

전투가 끝난 뒤 장수들이 병법과는 반대되는 이런 전술에 당황했다면서, 대체 무슨 전술이냐고 물었다. 이에 한신은 "사지(死地)에 빠진 다음에라야 살아 나올 수 있고, 망할 수밖에 없는 땅에 버려둔 뒤라야 생존할 수 있다"라는 병법을 언급했다.

항우는 거록전투에서 '취사용 솥을 깨고 타고 온 배를 가라앉혀' 죽을 각오를 다진 '파부침주(破釜沈舟)' 전술을 사용한 바 있는데 '배수지진'과 같은 성격의 전술이다.《항우본기》

■심화학습 : 역대 병법서와 관련한 고사성어에 대해 알아보기
■'배수지진'으로 나의 문장 만들어 보기

073
백골난망(白骨難忘)

- 중국어 발음 : bái gǔ nán wàng
- 죽어 뼈만 남아도 잊지 못한다.
- 죽어도 잊지 못한다는 뜻으로 큰 은혜에 감격하여 그 은혜를 잊지 않
  겠다는 마음을 표현한 성어다.
- 교과서 : 초등
- 출전 : 우리식 성어

　중국 포털사이트는 '백골난망'을 한국식 성어로 소개한다. 중국은
각골명심(刻骨銘心, kè gǔ míng xīn)이라고 쓴다. '뼈에 새기고 마음에 새
기겠다'는 뜻이다. 당나라 시인 이백의 시 〈상안주이장사서(上安州李
長史書)〉 중에 "왕공의 덕을 무겁게 짊어진 채 '각골명심'하리라"라는
대목이 있다. 이 밖에 《수호전》, 《서유기》 등 소설에 자주 등장한
다. 비슷한 성어로 '각골난망(刻骨難忘)'이 있다. '뼈에 새겨 놓고 잊지
않겠다'는 뜻이다. '백골난망', '각골난망', '각골명심' 모두 같은 뜻
이다. 대개 큰 은혜를 결코 잊지 않겠다는 다짐의 뜻으로 쓰지만,
깊은 원한에 사무쳐 죽어도 잊지 않겠다는 반대의 뜻으로 인용되
기도 한다.

　중국은 '백골난망'을 쓰지 않지만 '백골'은 오랜 유래를 갖고 있
다. 먼저 죽은 시신을 가리키는 단어로 《국어(國語)》〈오어吳語)〉를 비
롯하여 많은 문헌에 보인다. 여기서 죽은 사람을 두루 가리키는 단
어로 백골이 쓰였다. 청나라의 천재 학자로 국가 문화 사업인 《사

고전서(四庫全書)》 편찬 사업을 주도한
기윤(紀昀, 1724~1805)의 《열미초당필기(閱
薇草堂筆記)》에도 나온다. 이 밖에 과일
의 흰색 씨 또는 흰색 나뭇가지를 가리
킨다.(《광주기廣州記》)

죽은 사람에 대한 범칭으로 '백
골'을 사용한 청나라 학자 기윤

  '백골난망'은 사극에 많이 등장한다.
임금의 은혜에 감사하는 신하들의 상
투적인 인사치레로 언급되곤 하는데
다소 과장되고 억지스러운 느낌을 주기도 한다. 조선시대 후기인
18세기 후반 이후에 창작된 것으로 추정하는 작자 미상의 한글 고
전소설(군담소설)《유충렬전》에 '백골난망'이란 표현이 보인다. 해당
대목은 이렇다.

  "황후태후 기절하였다가 유충렬이 왔단 말을 듣고 정신이 번뜻하
여 왈칵 달려들며 손을 잡고 하는 말이 그대 정녕 유 원수냐 하늘
로서 내려왔나 땅으로서 솟았는가 북흉지 수만 리에 어찌 알고 왔
단 말가 그대 은덕 갚을진대 '백골난망' 다 갚을까."

■ 심화학습 : 죽음을 뜻하는 표현과 고사성어에 대해 알아보기
■ '백골난망'으로 나의 문장 만들어 보기

074
백문불여일견(百聞不如一見)

- 중국어 발음 : bái wén bù rú yī jiàn
- 백 번 듣는 것보다 한 번 보는 것이 낫다.
- 여러 번의 간접 경험보다 직접 경험 한 번이 낫다는 비유다.
- 교과서 : 중등 한문
- 출전 : 《한서》

《한서》〈조충국전(趙充國傳)〉에 이런 사실이 실려 있다. 한나라 선제(宣帝) 때 서쪽 변경의 이민족인 강족(羌族)과 잇단 충돌이 있었다. 전투에서도 여러 차례 패배했다. 선제는 노장 조충국(기원전 137~기원전 52)에게 자문을 구했다. 조충국은 자신이 직접 가 보는 것이 최선이라고 답했다. 선제가 적의 상황을 파악하려면 병사를 얼마나 보내면 되겠냐고 재차 묻자 조충국은 '백문불여일견'이라 자신이 직접 가 보겠다고 했다. 조충국은 자신의 말대로 직접 변방으로 달려가 상황을 살핀 다음 적절한 대응으로 강족을 평정했다.

관련하여 일찍이 순자는 유가의 사상을 집대성한 필생의 저서 《순자》〈유효(儒效)〉편에서 "듣는 것은 보는 것만 못하다(문지불여견지 聞之不如見之)"라고 했다. 오래전부터 선인들도 간접 경험보다 직접 경험을 강조한 것이다. 한나라 학자 유향(劉向)의 다음 대목도 새겨둘 만하다.

"무릇 귀로 듣는 것보다는 눈으로 직접 보는 것이 낫고, 눈으로 보는 것보다는 발로 직접 밟아 보는 것이 낫다(이문지불여목견지耳聞之不如目見之, 목견지불여족천지目見之不如足踐之)."

'백문불여일견'으로 직접 경험의 중요성을 나타낸 한나라 명장 조충국의 초상화

한때 '백문불여일견'을 살짝 변형하여 '백견불여일행(百見不如一行)'이 유행했다. '백 번 보는 것보다 한 번 행동하는 것이 낫다'는 뜻이다. 요즘 새로 만들어 낸 신조어이긴 하지만 그 뜻은 일리가 있다.

사람의 감각 기관은 저마다 역할이 있다. 각 기관이 고루 제 역할을 해야만 바르게 성장할 수 있다. 이런 점에서 '백문불여일견'은 어느 한 기관만 사용하지 말고 고루 사용하여 견문을 넓히고 실천하라는 상당히 깊이 있는 메시지를 담고 있다.

'백 번 듣는 것이 한 번 보는 것만 못하다'는 같은 뜻의 우리 속담도 있다.(《선조실록》, 《송남잡지》)

■ 심화학습 : 우리 몸과 관련한 고사성어에 대해 알아보기
■ '백문불여일견'으로 나의 문장 만들어 보기

075
백아절현(伯牙絶絃)

- 중국어 발음 : bó yá jué xián
- 백아가 거문고 줄을 끊다.
- 죽은 친구를 위해 다시는 연주하지 않겠다는 결심으로 애도한다는 뜻의 고사성어다.
- 교과서 : 고등 한문
- 출전 : 《여씨춘추》〈본매(本味)〉, 《열자》

 '백아절현'은 깊은 우정을 나타내는 감동적인 고사를 담고 있는 성어다. 출전은 《열자》라는 전국시대 도가(道家) 계통의 책이지만, 사마천의 명문장인 〈보임안서〉에서 이 성어를 언급하여 널리 알려졌다. 훗날 명나라 소설가 풍몽룡은 이 고사를 바탕으로 〈유백아

백아와 종자기의 깊은 우정의 고사를 간직한 고금대(古琴臺, 지금의 호북성 무한시)의 백아와 종자기 조형물

(兪伯牙)가 거문고를 버림으로써 친구의 우정에 보답하다〉라는 작품을 《경세통언(警世通言)》에 수록하기도 했다.(《열자》〈탕문湯問〉에는 두 사람이 우정을 맺게 되는 연주곡 '고산유수高山流水'가 기록되어 있다.)

 춘추시대 거문고의 명인으로 이름 높은 귀족 백아 곁에는 그 소리를 누구보다 잘 감상해주는 농사꾼 친구 종자기(鍾子

期)가 있었다. 두 사람은 신분을 초월하여 음악으로 깊은 우정을 나누었다. 두 사람은 그토록 마음이 통하는 연주자와 감상자로서 세상에 둘도 없는 우정을 나누었으나 불행히도 종자기가 병으로 먼저 세상을 떠났다. 절망한 백아는 종자기의 무덤을 찾아 거문고 줄을 끊으며 다시는 연주하지 않겠다고 결심했다. 이 세상에 더는 자신의 거문고 '소리를 알아줄', 즉 '지음(知音)'의 친구는 없다고 생각했기 때문이다. 이후 '지음'은 절친한 친구를 가리키는 단어가 되었고, 이로써 친구가 연주하는 악기 소리를 듣고 친구의 마음까지 헤아릴 수 있는 최고의 경지를 표현하고 있다.

'관포지교'의 주인공 관중은 진정한 친구 포숙의 배려로 목숨을 건지고 재상 자리까지 양보받았다. 포숙의 고귀한 정신에 깊이 감동한 관중은 "날 낳아 주신 분은 부모지만 날 알아준 사람은 포숙이었다(생아자부모生我者父母, 지아자포숙知我者鮑叔)"라고 했다. 두 사람 역시 '지음'의 경지에 오른 우정을 나눈 사이였다.*

---

*우정과 관련한 유명한 고사성어

관포지교(管鮑之交) : 관중과 포숙의 우정

문경지교(刎頸之交) : 목숨을 내놓아도 아깝지 않은 우정(염파와 인상여의 우정)

수어지교(水魚之交) : 물과 물고기와 같은 우정(유비와 제갈량)

막역지교(莫逆之交) : 서로 거슬림이 없는 '막역'한 사이

망년지교(忘年之交) : 나이를 잊은(초월한) 우정

빈천지교(貧賤之交) : 어렵고 가난할 때 함께한 우정

■ 심화학습 : 전남 담양 소쇄원의 '대봉대(待鳳臺)'에 대해 알아보기
■ '백아절현'으로 나의 문장 만들어 보기

076

백절불굴(百折不屈)

- 중국어 발음 : bǎi zhé bù qū
- 백 번 꺾여도 굽히지 않는다.
- 어떤 난관에도 굽히지 않는다는 의지를 나타내는 성어다.
- 교과서 : 고등 한문
- 출전 : 《탁충의공유고서후(卓忠毅公遺稿書後)》

'백절불굴'은 청나라 문장가 운경(惲敬, 1757~1817)의 위 글에 보인다. 무수히 좌절해도 굴복하거나 흔들리지 않는 강인한 의지를 형용할 때 많이 쓴다. 우리 일상에서는 '굽히지 않는 의지'라는 뜻의 '불굴(不屈)의 의지(意志)'라는 표현을 많이 쓴다.

중국은 '백절불굴'과 같은 뜻을 가진 '백절불요(百折不撓)'나 '백절불최(百折不摧)'도 많이 쓴다. 전자는 '백 번 꺾어도 구부러지지 않는다'는 뜻이고, 후자는 '백 번 꺾어도 부러지지 않는다'는 뜻이다.

'백절불요'는 동한의 명사 채옹(蔡邕, 133~192)이 품성이 강직한 교현(喬玄)을 위해 지은 비문 〈태위교현비(太尉喬玄碑)〉에 나온다. 교현은 젊을 때 세도가 양창(羊昌)의 죄악을 목격하고는 그의 빈객들을 모조리 잡아들여 양창의 죄

'백절불요'를 만들어 낸 동한의 명사 채옹

상을 하나하나 조사했다. 그런데 양창 뒤에는 조정을 쥐락펴락하는 황실의 외척이자 대장군 양기(梁冀)가 있었다. 양기는 양창을 구하기 위해 교현에게 압력을 넣었다. 그러나 교현은 빠져나갈 수 없는 증거로 몰아붙여 끝내 양창을 처벌했고, 이 일로 그의 명성이 크게 알려졌다. 채옹은 이런 교현의 성품을 '백절불요'로 칭찬했던 것이다.

'백절불최'는 송나라 문장가이자 당송팔대가(唐宋八大家)*에 드는 소철(蘇轍)의 제문(祭文) 〈제망형단명문(祭亡兄端明文)〉에 보인다.

반대되는 성어는 '일궐부진(一蹶不振)'이 대표적이다. 한 번 엎어져 일어나지 못한다는 뜻이다.

---

* 당송팔대가는 당나라와 송나라를 대표하는 여덟 명의 뛰어난 문장가를 말한다. 당나라 사람은 한유, 유종원(柳宗元) 둘뿐이고 나머지 여섯은 모두 송나라 사람이다. 구양수(歐陽修)를 비롯하여 소순(蘇洵)과 소식(蘇軾)·소철(蘇轍) 부자, 증공(曾鞏), 왕안석(王安石)이다. 이들 중 소순, 소식, 소철 세 사람을 '삼소(三蘇)'라는 별칭으로 부른다.

■ 심화학습 : 동한의 명사 채옹에 대해 알아보기
■ '백절불굴'로 나의 문장 만들어 보기

077
부자자효(父慈子孝)

- 중국어 발음 : fù cí zǐ xiào
- 부모는 자애롭고 자식은 효성스럽다.
- 부모와 자식의 관계가 어떠해야 하는가를 나타낸 성어다.
- 교과서 : 중등 한문
- 출전 : 《예기》

《예기》〈예운(禮運)〉 편에 이런 대목이 있다.

"무엇이 인의인가? 부모는 자애롭고 자식은 효성스럽고, 형은 선량하고 동생은 공경스러우며, 남편은 의롭고 아내는 따르고, 어른

유교의 윤리 규범에서 '효(孝)'가 특별히 중요했다. 부모에 대한 '효'가 임금에 대한 '충(忠)'으로 직결되기 때문이다. 그래서 '효'와 관련한 많은 고사가 만들어졌고, 그중에서도 순 임금부터 북송의 황정견(黃庭堅)에 이르기까지 효자 24명의 고사를 수록한 《24효》가 가장 널리 알려져 있다. 이 고사는 시와 그림 등 다양한 형태로 변형되고 보태졌다. 그림이 바로 '24효도'다.

은 은혜롭고 젊은이는 순종하며, 임금은 어질고 신하는 충성스러운 것이다."

'삼강오륜'을 비롯한 유교의 윤리 의식은 상하 질서를 강조하는 계급적 성격이 다분하다. 여기에 남녀 차별 의식까지 포함되어 이를 그대로 따를 수는 없다. 그러나 서로에게 정성을 다해 아끼는 자애(慈愛)와 타인에게 베푸는 인의(仁義)의 정신은 여전히 필요하다. 어쩌면 오늘날 더 필요할 수도 있다. 특히 겸손과 양보의 미덕은 우리 사회를 한결 나은 쪽으로 발전시킬 수 있는 중요한 덕목이다.('교우이신' 항목 참고)

명나라 소설가 풍몽룡의 《동주열국지》(101회)에도 다음과 같은 비슷한 대목이 보인다.('가화만사성' 항목 참고)

"군주가 성스럽고 신하가 어질면 나라의 복이요, 부모가 자애롭고 자식이 효성스러우면 집안의 복이다."

■ 심화학습 : 《동주열국지》에 대해 알아보기
■ '부자자효'로 나의 문장 만들어 보기

078

부지기수(不知其數)

- 중국어 발음 : bù zhī qí shù
- 그 수를 알 수 없다.
- 헤아릴 수 없이 아주 많음을 나타내는 성어다.
- 교과서 : 초등 3-1 국어 연계
- 출전 : 우리식 성어(?)

　'부지기수'는 일상에서 많이 쓰는 사자성어다. 중국은 '불계기수(不計其數)'를 쓴다. '그 수를 헤아릴 수 없다'는 뜻이다. '불계기수'는 송나라 주밀(周密, 1232~1298)이 쓴《무림구사(武林舊事)》*의 "그 나머지는 그 수를 헤아릴 수 없다"라는 대목에 나온다.

　비슷한 뜻을 가진 성어로 '비일비재(非一非再)'가 있다. '하나둘이 아니다'라는 뜻이다. '비일비재' 역시 중국은 쓰지 않고 우리가 많이

주밀의 《무림구사》 판본

쓴다. 중국 최대 포털사이트 바이두에서는 '비일비재'를 한국의 속어로 소개해 놓았다.

《사기》〈위기무안후열전〉에 '불가승수(不可勝數)'란 표현이 보이고, 〈항우본기〉에는 '불가승계(不可勝計)'란 표현도 있다. 앞의 성어는 직역하자면 '그 수를 이길 수 없다'는 뜻이고, 뒤의 성어는 '계산할 수 없다'는 뜻으로 모두 '부지기수'와 일치한다.

비슷한 뜻을 가진 성어로 중국에서 많이 쓰는 '호여연해(浩如煙海)'가 있다. 주로 책이 아주 많음을 비유하는 성어인데, '넓기가 바다와 같다'는 것이 본래 뜻이다. 출전은 수나라 승려 석진관(釋秦觀)의 글 〈몽부(夢賦)〉다. 원전은 '연해'가 '창해(滄海)'로 되어 있다.

책이 아주 많다는 것을 형용하는 사자성어로 널리 사용되는 것은 '한우충동(汗牛充棟)'이다. '(책을 나르면) 소가 땀을 흘리고, (책을 쌓으면) 용마루까지 가득 찬다'는 뜻으로 당나라 문장가 유종원이 육문통(陸文通)을 위해 쓴 비문에 나온다.

---

*《무림구사》는 송나라 문장가 주밀이 지은 잡사(雜史)다. 1290년 이전에 완성된 것으로 추정되며 총 10권이다. 남송의 도성인 임안(臨安. 지금의 항주)의 풍모를 회고하는 내용이다. 주밀은 자신이 보고 들은 것, 옛 책 속의 이런저런 이야기에 근거하여 조정의 문물 제도, 산천과 풍속, 시장, 사계절과 명절의 물산 등을 상세히 기술하고 있다. 이 때문에 남송시대 도시의 경제와 문화, 시민들의 생활을 이해하는 데 풍부한 사료적 가치를 제공한다는 평이다.

■ 심화학습 : 숫자를 나타내는 고사성어에 대해 알아보기
■ '부지기수'로 나의 문장 만들어 보기

079

부화뇌동(附和雷同)

• 중국어 발음 : fù hé léi tóng
• 우렛소리에 맞추어 함께하다.
• 자신의 뚜렷한 생각 없이 그저 남이 하자는 대로 따라가는 것을 비유한 성어다.
• 교과서 : 초등 5-1 국어 연계
• 출전 : 일본식 또는 우리식 성어

중국 포털사이트에서는 '부화뇌동'을 일본식 성어로 소개하는가 하면 한국인이 가장 많이 쓰는 성어로도 소개한다. '뇌동'은 기록에 일찍부터 보인다. 《예기》〈곡례(曲禮)〉 편에 "표절하지 말고 따라 하지 마라(무초설毋剿說, 무뇌동毋雷同)"라는 대목이 있다. 남의 학설을 자기 학설인 양 훔치지 말고, 남의 관점이나 설을 따라 하지 말라는 뜻이다. 《예기》의 '초(剿)' 자에는 괴롭히다, 겁탈하다 같은 뜻 외에 '표절하다'라는 뜻도 들어 있다. '부화'는 '달라붙어 맞장구를 친다'는 뜻이다.

《후한서》 첫 권인 〈광무제기〉(상) 첫 부분

우레가 치면 다른 사물들이 그 소리에 반응한다. 이것이 '뇌동'의 본래 뜻인데, 이 뜻이 점점 확대되어 누가 뭐라고 하면 무조건 그 말에 맞장구치는 경우를 가리키기에 이르렀다.

《후한서》* 〈환담전(桓譚傳)〉에도 '뇌동'이란 표현이 보이는데 이에 대해 이현(李賢)은 주석에서 "비속한 사람은 옳고 그름을 가릴 줄 아는 마음이 없기 때문에 하는 말이 다 똑같다. 그래서 '뇌동'이라 한다"고 했다. 영락없이 기레기라는 모욕적인 이름으로 불리는 지금 우리 언론의 행태를 지적하고 있다.

문예 평론에서 '뇌동'은 창의력이 부족한 '천편일률(千篇一律)'의 작품을 비판할 때 쓰인다. 이런 점에서 '부화뇌동'과 '천편일률'은 비슷한 뜻을 가진 성어라 할 수 있다.

---

* 《후한서》는 남조 송나라의 역사가 범엽(范曄, 398~445)이 편찬한 동한시대 195년의 역사를 기록한 역사서다. 24사의 하나이자 《사기》, 《한서》, 《삼국지》와 함께 4사로 불리기도 한다. 기전체이며 10편의 본기, 80편의 열전, 8편의 지(志)로 구성되어 있다. 《후한서》의 가장 큰 특징이자 진보적인 성격이라면 암울한 동한시대의 정치 상황을 용기 있게 폭로하고, 정의로우며 정직한 중하층 백성들을 높이 평가한 점이다.

■ 심화학습 : '표절(剽竊)'과 '부화뇌동'의 관계에 대해 알아보기
■ '부화뇌동'으로 나의 문장 만들어 보기

080

분골쇄신(粉骨碎身)

- 중국어 발음 : fěn gǔ suì shēn
- 뼈가 가루가 되고 몸이 부서지다.
- 온 힘을 다해 노력하고 최선을 다하는 것을 비유하는 성어다.
- 교과서 : 초등 3-2 국어 연계
- 출전 : 《곽소옥전(霍小玉傳)》

'분골쇄신'은 글자 뜻 그대로 '뼈가 가루가 되고 몸이 부서지는', 즉 목숨을 희생한다는 뜻이었다. 당나라 문학가 장방(蔣防, 약 792~835)의 전기소설(傳奇小說)《곽소옥전》*에 "평생 바라던 바를 오늘 이루었으니 '분골쇄신' 서로 버리지 않기로 맹서합니다"라는 대목이 있다. 이때 '분골쇄신'은 '죽을 때까지'라는 뜻이다. 또한 《삼국연의》 제6회를 보면 동탁(董卓)이 아끼는 장수 이각(李催)이 손견(孫堅)을 찾아와 동탁이 자신의 딸과 손견의 아들을 혼인시키려 한다고 아뢰는 장면이 있다. 이에 손견이 크게 화를 내며 이각을 향해 이렇게 꾸짖었다.

"동탁이 대역무도하

그림은 전기소설 《곽소옥전》의 삽화다.

여 왕실을 뒤엎으려 했다. 내가 지금 그 9족을 없애 천하에 보답하려는 터에 역적 놈과 사돈을 맺어? 내 당장은 너의 목을 베지 않을 테니 속히 돌아가서 관을 들어 항복하도록 하라. 만약 지체한다면 '분골쇄신' 신세가 될 것이다!"

《삼국연의》에서는 처참하게 죽는다는 뜻으로 쓰였다. 이 밖에 누군가에게 큰 은혜를 입어 '분골쇄신'해도 다 갚을 수 없다는 대목도 보인다.

'분골쇄신'은 대개 있는 힘을 다하겠다는 의지의 표현으로 사용되지만, 원래는 '뼈가 가루가 되고 몸이 부서지도록' 처참하게 '죽는다'는 뜻이었다. 이런 뜻을 염두에 둔다면 죽을 각오로 죽을힘을 다하겠다는 의지의 표현으로 '분골쇄신'을 쓸 수 있다.

---

* 《곽소옥전》은 장방의 전기소설로 송나라 때 편찬된 대규모 소설집인 《태평광기(太平廣記)》에 수록되어 있다. 농서(隴西) 출신의 서생 이익(李益)과 장안의 명기 곽소옥의 가슴을 저미는 비극적 애정을 그린 작품이다. 구성이 치밀하고 인물의 묘사가 빼어나 당나라 전기소설의 걸작이자 압권으로 평가받는다. '전기'란 스토리가 기이하거나 인물의 언행 등이 심상치 않은 고사를 가리키며, 이런 고사를 소설 형식으로 써낸 작품을 전기소설이라 한다. 당나라 때 특별히 유행했다.

■ 심화학습 : 《삼국연의》의 유명한 고사성어에 대해 알아보기
■ '분골쇄신'으로 나의 문장 만들어 보기

081
비일비재(非一非再)

- 중국어 발음 : fēi yī fēi zài
- 한두 번이 아니다.
- 어떤 일이나 상황이 자주 많이 일어나는 것을 말하는 성어다.
- 교과서 : 초등
- 출전 : 우리식 성어

'그 수를 알 수 없다'는 '부지기수' 항목에서 설명한 대로 우리식 성어로 추정된다. 관련한 설명은 '부지기수' 항목을 참고하면 된다.

082

사리사욕(私利私慾)

- 중국어 발음 : sī lì sī yú
- 사사로운 이익과 사사로운 욕심
- 개인의 이익과 욕심을 나타내는 성어다.
- 교과서 : 초등 4-1 국어 연계
- 출전 : 일본식 성어

중국의 지식 검색에서는 일본식 성어로 소개하고 있다. 사욕(私慾)은 사욕(私欲)으로도 쓴다. '사욕'은 《회남자(淮南子)》*를 비롯하여 선진시대 문헌에 보인다. 그중 《회남자》 〈설산훈(說山訓)〉의 관련 대목을 보면 다음과 같다.

"공도(公道, 공공의 이익)가 서지 않고 사욕을 채우는 자는 예부터 들어 보지 못했다."

이 대목에 대해 사사로운 욕심을 채우려는 자는 먼저 공공의 이익을 내세운다고 해석하는 경우가 많다. 이는 우리 사회, 특히 부정한 공직자들이 공공의 이익을 앞세우며 뒤로 사리사욕을 채우는 행태를 지적하는 것 같다. 춘추시대 역사서 《좌전》에도 "사욕을 부리지 않으면 백성이 원망하는 마음을 갖지 않는다"고 했다.

인간의 이익에는 양극이 있다. 하나는 개인의 이익이고, 하나는 인류의 이익이다. 사욕과 공익도 양극으로 나뉜다. 사욕의 극단은 한 사람의 이익을 위한 관념이나 행위이며, 간혹 '절대적으로 자신

'사욕'이 나오는 《회남자》 판본

을 위하는 사사로움', 즉 '절대자사(絶對自私)'로 발전한다. 공익의 극단은 전 인류의 이익을 위한 행위이며, 간혹 '절대적으로 사심이 없는' '절대무사(絶對無私)'로 발전한다. 이 두 극단의 중간 지대에 끼어 있는 친구, 가족, 집단, 지역, 민족, 국가의 이익을 위하는 관념과 행위는 어떤 이익 관계인가에 따라 사리사욕으로 나타나기도 하고 공평무사로 나타나기도 한다. 국민의 세금으로 생활하는 공직자는 절대무사의 자세로 공직에 임해야 할 것이다. 송나라의 청백리 포증(包拯)은 '절대무사'의 표본인데, 그에게 붙은 별명이 청천(靑天)과 '철면무사(鐵面無私)'였다. '푸른 하늘처럼 한 점의 오점이나 부끄러움도 없고' '사사로움이 전혀 없는 쇠의 얼굴'을 한 그런 존재라는 뜻의 별명들이다. 우리 사회가 간절히 바라는 공직자의 모습이기도 하다.

---

* 《회남자》는 한나라를 세운 고조 유방의 손자인 회남왕 유안(劉安, 기원전 179~기원전 122)이 자기 문하의 식객을 총동원하여 여러 학파의 설을 종합한 백과전서류의 저서다. 철학적인 도와 관념을 비롯해서 자연과학, 신화, 전설, 병법에 이르기까지 포괄 범위가 실로 방대하여 말 그대로 잡가라 할 만하다.

■ 심화학습 : 청천 포증에 대해 알아보기
■ '사리사욕'으로 나의 문장 만들어 보기

083
사면초가(四面楚歌)

- 중국어 발음 : sì miàn chǔ gē
- 사방에서 들리는 초나라 노래
- 사방이 (적에게) 둘러싸인, 누구의 도움도 받을 수 없는 외롭고 곤란한 상황, 처지를 나타내는 고사성어다.
- 교과서 : 초등 6-1 국어 연계 / 고등 한문
- 출전 : 《사기》〈항우본기〉

　'사면초가'는 역사상 너무도 유명한 고사이며, 상대의 심리를 공격하는 군사상의 '공심계(攻心計)'에 속한다. 이 고사는 항우와 유방이 천하를 다투던 막바지 해하(垓下) 전투에서 비롯되었다.

　항우의 군대는 해하 아래에 성벽을 쌓았다. 군대는 줄었고 식량은 다 떨어졌다. 게다가 유방의 한군과 여러 제후의 군대가 성벽을 몇 겹으로 포위한 상황이었다.(여기서 '어디에도 빠져나갈 구멍 없이 철저하게 매복하다'라는 뜻의 성어 '십면매복+面埋伏'이란 성어도 나왔다.) 그런데 밤이 깊어지자 사방에서 초나라의 노래가 들려오는 것이 아닌가? 항우는 깜짝 놀라면서 "한군이 이미 초나라 땅을 점령했단 말인가? 어찌하여 초나라 사람이 이다지도 많단 말인가!"라며 고개를 떨구었다.

　유방은 장량(張良)을 비롯한 참모들이 건의한 '사면초가' 전략으로 초나라 병사들의 향수를 자극했고, 초나라 병사들의 심리 상태는 혼란에 빠졌다. 병사들은 하나둘 군영을 이탈하여 도망치기 시작했다. 고향을 떠나온 8천여 명의 아들과 형제는 애간장을 녹이는

'사면초가'는 심리전의 고전으로 오랫동안 차용되었다. 그림은 '사면초가'를 건의한 장량이 피리를 부는 모습이다.

고향의 노래 때문에 전투력을 완전히 상실했다. 항우와 수년간 동고동락해 온 장군들마저 말 한마디 없이 슬그머니 떠났다. 심지어 숙부 항백(項伯)도 도망치듯 사라졌다. 항우는 '사면초가' 속에서 노래를 부른 뒤 사랑하는 우희(虞姬)와 이별하고 오강(烏江)에서 칼을 뽑아 자결했다.(항우의 이 마지막 노래를 '해하가垓下歌'라 부른다.)

힘은 산을 뽑고 기세는 세상을 덮었지만

때는 불리하고 추는 달리려 하지 않는구나

추가 달리려 하지 않으니 어찌하면 좋을꼬?

우여, 우여, 그대를 어찌할 거나!

전투에서 '사면초가'는 상대의 심리를 공략하는 모략이고, 유방의 '사면초가'는 가장 대표적인 성공의 본보기로 많은 사람의 입에 오르내렸다. 항우와 우희의 애틋한 이별가 《패왕별희(覇王別姬)》와 함께.

'사면초가'와 비슷한 뜻의 우리 속담으로는 '독안에 든 쥐(입옹지서入甕之鼠)'가 있다.(《백언해》)

■ 심화학습 : 《패왕별희》에 대해 알아보기

■ '사면초가'로 나의 문장 만들어 보기

084

사문난적(斯文亂賊)

- 중국어 발음 : sī wén luàn zéi
- 성리학의 교리와 사상을 어지럽히는 사람 또는 사상
- 고려와 조선의 유교 이념, 특히 성리학에 반대하는 사람 또는 사상을
  비난하고 공격하는 용어였다.
- 교과서 : 고등 한문
- 출전 : 우리식 성어?

　'사문난적'에서 '사문'은 '이 문장(글, 사상)'이란 뜻인데, '공자의 사상이나 이념', 즉 '유학'을 가리킨다. 대체로 고려 말 성리학(주자학)이 들어온 뒤에 생겨난 것으로 보이며, 조선 건국 이후 성리학이 국가 지배 이데올로기가 되면서 유교의 이념과 사상을 비판하거나 반대하는 문장과 그런 사람을 반역자에 버금가는 역적으로 취급하여 철저하게 탄압했다. 주로 활용한 시기는 조선 중기 사림파가 정권을 장악한 명종 후반 이후로 본다.

　조선 후기에 이르면 성리학은 완전히 교조화(敎條化)되어 '사문난적'은 당파가 다른 사람들을 매장해 버리려는 악의적인 용어로 사용되었다. 중국에서 주자와 다른 주장을 한 '양명학(陽明學)'의 창시자 왕수인(王守仁)의 학설을 언급해도 '사문난적'으로 몰릴 정도였다.

　'사문난적'으로 몰리면 사회적으로 매장당하는 것은 물론 죽음에 이를 정도로 치명적이었다. 송시열을 비난한 윤선도가 사문난적으로 몰려 매장되었고, 주자학의 절대성을 부정한 윤휴가 역시 송시

조선시대에는 주자의 성리학을 신처럼 받들어 다른 사상과 글을 전혀 용납하지 않았다. 이 때문에 조선시대는 폐쇄와 경색된 분위기를 면치 못했다. 주자학을 비판한 양명학의 창시자 왕수인의 초상화다.

열에 의해 사문난적으로 몰렸다. 훗날 이경석의 묘비명을 쓰면서 송시열을 우회적으로 비판한 박세당도 사문난적으로 몰려 매장당했다. 이런 사례는 수도 없이 많았고, 이런 폐해는 지금까지 나쁜 영향을 미치고 있다.

'사문(斯文)'은 《논어》〈자한〉 편에 보이는, 공자가 광(匡)에서 위기에 처했을 때 한 말에 나온다.

"문왕이 이미 돌아가시고 안 계시나 그의 문(文)은 내게 전해지지 않았는가? 하늘이 장차 '이 문(사문斯文)'을 없애려 하셨다면 후대의 내가 이 '문(文)'과 함께 하지 못했을 것이니 하늘이 이 '문'을 없애지 않은 이상 광 사람들이 나를 어찌하겠느냐?"

여기서 공자가 말한 '사문'은 문왕에게 물려받은 문장 또는 문화를 가리킨다. 따라서 '사문난적'은 공자의 이념과 사상을 어지럽히는 적이란 뜻이 된다. '난적(亂賊)'은 유가 경전인 《예기》〈예운(禮運)〉 편에 보인다. 반란, 해치다, 난신적자(亂臣賊子)의 뜻으로 사용하는데, '사문난적'의 난적은 세 번째 '난신적자'에 해당한다. 혼란을 불러일으키는 도적과 같은 자라는 뜻이다.

■ 심화학습 : 주자학(성리학)에 대해 알아보기
■ '사문난적'으로 나의 문장 만들어 보기

085

사상누각(砂上樓閣)

- 중국어 발음 : shā shàng lóu
- 모래 위에 지은 누각
- 모래 위에 지은 집처럼 근거나 토대가 없는 사물이나 생각을 비유하는 성어다.
- 교과서 : 초등
- 출전 : 일본식 성어

　'사상누각'은 '공중누각' 항목에서 설명했다. 모래 위에 지은 집처럼 기초가 약해 결국은 무너진다는 뜻이다. 어떤 생각이나 주장의 근거가 빈약한 경우를 비유할 때 '사상누각'을 많이 쓴다. '사(沙)'는 '사(砂)'로 써도 무방하다. ('공중누각' 항목 참고)

사생결단(死生決斷)

- 중국어 발음 : sǐ shēng jué duàn
- 죽을 것이냐 살 것이냐를 두고 결단을 내리다.
- 죽기를 각오로 굳게 마음먹은 것을 비유하는 성어다.
- 교과서 : 초등
- 출전 : 우리식 표현

중국은 쓰지 않는 성어다. 중국 포털사이트를 보면 2006년작 한국 영화 〈사생결단〉이 많이 소개되어 있다. '죽을지 살지를 내리는 결정'이란 뜻으로 목숨을 건 판단이나 위기 상황에 단호히 대처할 때 많이 쓰는 표현이다.

상황이나 일에 따라 '사생결단'의 의지가 필요한 시점이 있다. 나라가 위기에 처했을 때는 더더욱 필요한 자세라 할 것이다. 사진은 이순신 장군의 '명량대첩'을 소재로 한 영화 포스터다.

'결단'은 '단기지계'에서 보았듯이 맹자의 어머니가 '베틀의 실을 자른' 행동을 가리킨다. 관련하여 춘추시대 제나라의 군사 전문가 손무(孫武, 기원전 약 545~기원전 약 470)가 저술한 역사상 가장 오래된 군사 전문서로 병가의 바이블이라 불리는 《손자병법(孫子兵法)》에 이런 말이 있다.

"망하는 곳에 던져진 뒤라야 생존할 수 있고, 죽음의 땅에 빠진 뒤라야 살 수 있다(투지망지연후존投之亡地然後存, 함지사지연후생陷之死地然後生).
무릇 전군을 위험한 전투지에 빠뜨린 뒤라야 병사들이 제각기 결
사적으로 분전하여 승리를 결정지을 수 있다."

이순신 장군도 임진왜란 때 '생즉사(生即死), 사즉생(死即生)'의 각오
로 왜구를 물리칠 수 있었다. 장군은 '살고자 하면 죽을 것이오, 죽
기를 각오하면 살 수 있을 것이다'라는 '사생결단'의 굳센 의지로 망
할 뻔한 조선을 살려냈다.

■ 심화학습 : 손무와 《손자병법》이 후대에 남긴 영향에 대해 알아보기
■ '사생결단'으로 나의 문장 만들어 보기

087

사생취의(捨生取義)

- 중국어 발음 : shě shēng qǔ yì
- 목숨을 버리고 의를 좇다
- 목숨을 버릴지언정 옳은 일을 한다는 뜻의 성어다.
- 교과서 : 고등 한문
- 출전 : 《맹자》

《맹자》〈고자(告子)〉〈상〉 편에 이런 대목이 있다.

"물고기, 내가 갖고 싶다. 곰 발바닥, 역시 갖고 싶다. 이 둘을 다 가질 수 없다면 물고기를 버리고 곰 발바닥을 취하리라. 생명, 내가 아끼는 것이다. 의리, 역시 내가 아끼는 것이다. 둘 다 동시에 취할 수 없다면 '생명을 버리고 의리를 취할 것'이다."

맹자가 말하는 물고기와 곰 발바닥은 요리를 가리키는 것 같다. 맹자는 물고기를 생명에, 곰 발바닥을 의리에 비유하면서 의리가 생명보다 귀하다고 한 것이다. 곰 발바닥 요리가 물고기 요리보다 귀하듯이 말이다. 어떤 상황에서는 자기 목숨보다 의리

문천상은 온갖 회유와 협박 그리고 지독한 고문에도 굽히지 않고 목숨을 버렸다. 역사는 그를 애국지사로 기록했다.

가 더 중요하다는 점을 강조하기 위해 이런 비유를 든 것 같다.

'사생취의'는 옳은 일을 위해서라면 목숨까지 희생할 수 있다는 비장한 의미를 가진 성어다. 특히 나라가 위기에 처했을 때 목숨을 아끼지 않고 나라를 구한 의로운 사람들의 행동을 '사생취의'로 표현할 수 있다.

원나라에 끝내 굴복하지 않고 순국한 남송의 애국자 문천상(文天祥, 1236~1283)은 "죽지 않는 사람이 어디 있겠는가? 역사에 떳떳한 이름을 남길 따름이다"라고 했다. 청나라 말기 아편과의 전쟁에 앞장선 애국지사 임칙서(林則徐, 1785~1850)는 "나라의 이익을 위해 생사를 함께해야지 어찌 화복에 따라 왔다 갔다 할 수 있겠는가"라고 했다.

'사생취의'는 한 나라의 기강(紀綱)과도 밀접한 관련이 있다. 나라가 위기에 놓였을 때 '사생취의'하는 사람이 많으면 얼마든지 그 위기를 극복할 수 있겠지만, 자기만 살겠다고 백성과 나라의 위기를 외면하는 사람이 많으면 결국 그 나라는 망할 것이기 때문이다.

■ 심화학습 : 문천상에 대해 알아보기
■ '사생취의'로 나의 문장 만들어 보기

088
사통팔달(四通八達)

- 중국어 발음 : sì tōng bā dá
- 사방으로 통하고 팔방으로 뚫리다.
- 도로, 통신망, 교통망 등이 막힘없이 이러저리 다 통하는 것을 비유하는 성어.
- 교과서 : 중등 한문
- 출전 : 《진서》

'사통팔달'은 역사책 《진서》(〈모용덕재기慕容德載記〉)와 《주자어류》 같은 책을 비롯하여 소식, 임칙서 등 명인들의 문장에도 등장하는 성어다. 대부분 막힘없이 사방팔방으로 훤히 뚫린 길이나 그런 지형을 가리킨다. 《주자어류》에서는 책을 읽을 때 어느 한쪽에 치우치지 말고 '사통팔달'로 보아야 막힘이 없어 진보할 수 있으니 '두루두루 읽어라'라는 뜻으로 썼다.

'사통팔달'의 지형은 교통, 특히 경제 교역에 대단히 유리한 조건이지만 군사적으로는 불리하다. 사방에서 적의 공격을 받을 수 있기 때문이다. 역대 기록을 살펴보면 도읍을 정할 때도 '사통팔달' 지역은 피하라고 했다. 《진서》에서도 "활대(滑臺)는 '사통팔달'이라 제왕의 거처가 못 된다"라고 했다.

지금 세계는 전기선이 필요 없는 무선통신망 시대로 빠르게 진입하고 있다. '사통팔달' 정도가 아니라 전방위로 모든 정보가 오가는 놀라운 시대가 되었다.

'사통팔달'은 원래 교통의 편리를 가리키는 성어였지만 '사리(事理)가 두루 통한다'는 비유로도 사용한다.

'사통팔달'의 출처인 《진서》 판본

'사통팔달'은 두 글자씩 바꿔서 '팔달사통'으로 쓰기도 한다. 비슷한 뜻을 가진 성어는 '훤히 뚫려 막힘없이 오갈 수 있다'는 뜻의 '창행무저(暢行無阻)'와 '육통사달(六通四達)' 등이다. 반대되는 뜻을 가진 성어는 '물이 새고 통하지 않는다'는 '수설불통(水泄不通)'이나 '막다른 길'이란 뜻의 '궁도말로(窮途末路)' 등이 있다.

■ 심화학습 : 방위와 관련한 고사성어에 대해 알아보기
■ '사통팔달'로 나의 문장 만들어 보기

089

사필귀정(事必歸正)

- 중국어 발음 : shì bì guī zhèng
- 일은 반드시 옳은 이치로 돌아간다.
- 모든 일은 순리대로 제 길을 찾아가기 마련이라는 뜻의 성어다.
- 교과서 : 초등 5-1 국어 연계 / 중등 한문
- 출전 : 불교 용어, 우리식 성어

'사필귀정'은 '원인과 결과에는 그에 합당한 이유가 있다'는 '인과응보(因果應報)'와 함께 불교의 성어로 보인다. '콩 심은 데 콩 난다'는 우리 속담과 일맥상통한다. 이 속담을 한문으로 옮기면, '종두득두(種豆得豆)'가 되는데, '종과득과(種瓜得瓜)'라고도 한다. '콩을 심으면 콩을 얻고, 오이를 심으면 오이를 얻는다'는 뜻이다. 《명심보감(明心寶鑑)》이 그 출처다.

'종과득과'는 '인과응보'와 함께 《열반경(涅槃經)》에 보이는데, '오얏나무를 심으면 오얏나무를 얻는다'는 '종리득리(種李得李)' 네 글자가 함께 붙어 있다. 중국의 지식 검색에서는 '사필귀정'을 우리식 성어로 소개했다.

'사필귀정'과 같은 뜻을 가진 성어는 '만절필동(萬折必東)'이 가장 대표적이다. 《순자》〈유좌(宥坐)〉 편의 다음 대목에서 비롯되었다.

"공자가 동쪽으로 흐르는 강물을 바라보고 있었다. 제자 자공이 '군자가 큰 강물을 대하면 반드시 그것을 바라보는 까닭이 있습니까'라고 물었다. 공자는 이렇게 대답했다. '강물은 두루 여러 생명체를 살리지만 아무런 억지를 부리지 않으니 덕 있는 사람과

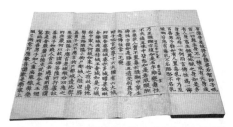

'사필귀정' '인과응보' '종리득리' 등 세상사 깊은 이치를 담아낸 《열반경》

같다. (중략) 강물은 만 번을 꺾어지면서 흐르지만 결국은 동쪽으로 흐르니 뜻이 굳센 사람과 같다. 그래서 군자는 큰 강물을 대하면 꼭 그것을 보는 것이다.'"

'사필귀정'은 '인과응보'와 함께 살면서 늘 마음에 새겨 둬야 하는 성어다. 옳지 않은 판단과 나쁜 일을 앞에 두고 있을 때 이 성어를 깊이 새기면 함부로 그런 일에 발을 담그지 않을 것이다. 많은 사람이 '사필귀정'의 깊은 뜻을 무시하고 나쁜 선택을 해서 세상을 나쁜 쪽으로 이끌기 때문이다.

■ 심화학습 : 《열반경》에 대해 알아보기
■ '사필귀정'으로 나의 문장 만들어 보기

090
산전수전(山戰水戰)

- 중국어 발음 : shān zhàn shuǐ zhàn
- 산에서 싸우고 물에서 싸운다.
- 세상의 온갖 고생을 다 겪었거나 세상일에 경험이 많은 것을 가리키는 성어다.
- 교과서 : 초등 5-1 국어 연계
- 출전 : 우리식 성어

우리식 성어로 추정된다. 중국 포털사이트에는 한국의 속어로 소개하면서 "산 위에서도 싸우고 물속에서도 싸운다는 뜻으로 온갖 고난과 시련을 겪는 것을 말한다"고 풀이했다. '산전수전' 같은 형식의 우리식 성어로 '애지중지(愛之重之)'를 들 수 있다. '사랑하고 아낀다'는 뜻으로 너무 사랑스럽고 소중하여 어쩔 줄 모르는 경우를 나타낸다.

비슷한 뜻을 가진 용어는 많은 경험을 치른 사람에 중점을 둔 '백전노장(百戰老將)'이 있고, 겪은 시련과 고난에 중점을 둔 '만고풍상(萬古風霜)'이 있다. '백전노장'은 백 차례 전투를 치른 늙은 장수라는 뜻인데, 이 역시 중국은 잘 쓰지 않는다. 대신 '백전노병'을 많이 쓰는 편이다. 어느 쪽이든 출처는 없다.

'백전'은 《손자병법》의 '지피지기(知彼知己), 백전불태(百戰不殆)'에 나온다. '상대를 알고 나를 알면 백 번 싸워도 위태롭지 않다'는 뜻인데, '백전불태'를 '백 번 싸워 백 번 다 이긴다'는 '백전백승(百戰百勝)'

으로 잘못 아는 경우가
많다. 숫자 100은 많은
전투를 가리킨다.

'지피지기, 백전불태'가 등장하는 《손자병법》 판본

'만고풍상' 역시 우리
식 표현으로 보인다. 우
리식 한자 성어에 '만고'
가 많이 들어가는 편이
다. '만고불변(萬古不變)', '만고상청(萬古常靑)' 등이 그런 경우다. '만고'
는 '오랫동안' 또는 '영원(永遠)'이란 뜻이다. '만고풍상'은 '오랫동안
바람을 맞고 서리를 맞았다'는 뜻으로 많은 고난과 풍파를 겪었음
을 비유한다. '만고불변'은 '영원히 변치 않는다'는 뜻이고, '만고상
청'은 '영원히(오래도록, 늘) 푸르다'는 뜻이다.

'만고'는 아주 길고 오래라는 뜻으로 중국 역대 서적이나 문장에
많이 등장한다. '만세(萬世)'와 같은 뜻으로 쓰거나 '죽음'을 완곡하게
표현할 때 쓴다.

■ 심화학습 : 1만 '만(萬)' 자가 들어가는 고사성어에 대해 알아보기
■ '산전수전'으로 나의 문장 만들어 보기

091
살신성인(殺身成仁)

- 중국어 발음 : shā shēn chéng rén
- 자신의 몸을 죽여 인(仁)을 이룬다.
- 자신의 몸을 희생하여 옳은 일을 행한다는 뜻의 성어다.
- 교과서 : 초등 6학년 도덕 연계 / 중등 한문
- 출전 : 《논어》

앞서 살펴본 '사생취의'와 같은 뜻을 가진 성어다. 공자와 제자들 사이에 오고 간 언행록인 《논어》 〈위령공〉 편의 공자 말씀에서 나왔다.

"인(仁)에 뜻이 있는 사람과 인을 행하는 사람은 살기 위하여 인을 해치는 일은 없지만, 자신의 몸을 버려 인을 이루는 일은 있다."

유가에서는 '인'을 강조한다. '인'은 마음이 '어질다'는 보편적인 뜻을 갖고 있지만 '남을 사랑한다'는 뜻도 포함한다. 공자는 인자(仁者)와 잘 지내라고 말한다. 제자 자공(子貢)이 '인'의 실천에 대해 묻자 공자는 이렇게 말한다.

"장인(匠人)이 일을 잘해 내고자 할 때는 반드시 그 연장부터 갈듯이 나라의 대부들 중 현자(賢者)를 섬기고 선비 중 인자(仁者)를 벗 삼아야 할 것이다."

제자 자공은 '인'의 실천을 물었는데, 스승 공자는 자공의 성품을 감안하여 우선 '인'으로 다가가는 방법을 일러 주었다. 인자를 가까이하면 '인'의 실천은 따라온다고 본 것이다. 공자의 또 다른 제자인 증자(曾子)*는 "인을 나 자신의 임무로 삼아야 하니 어찌 무거운 짐이 아니랴? 죽은 다음이라야 끝나는 길이니 어찌 먼 길이 아니랴"라고 인의 실천이 갖는 중요성을 강조했다.

'인'의 실천을 죽을 때까지 짊어져야 할 임무라고 강조한 공자의 제자 증자

유가에서 말하는 '인'은 한 개인의 품성에만 그치지 않고 꾸준한 실천을 전제로 한 개념이다. 기독교에서 말하는 '네 이웃을 사랑하라'는 가르침과 거의 일치한다. 이를 이루기 위해서는 때로 자신을 희생할 수 있어야 한다고 강조할 정도다.

___

＊증자(기원전 505~기원전 432)는 공자의 수제자로 꼽히는 춘추시대 유학자다. 이름은 삼(參), 자는 자여(子輿)다. 《대학》을 저술하여 공자가 말하는 인의(仁義)의 도를 전파하고, 공자의 사상을 바탕으로 《효경(孝經)》을 지었다. 공자의 손자인 자사는 그의 제자다.

■ 심화학습 : 효와 관련한 성어에 대해 알아보기
■ '살신성인'으로 나의 문장 만들어 보기

092
삼고초려(三顧草廬)

- 중국어 발음 : sān gù cǎo lú
- 초가집을 세 번 찾다.
- 인재를 얻기 위해 참을성 있게 정성을 다한다는 뜻의 성어다.
- 교과서 : 고등 한문
- 출전 : 《삼국지연의》

  '삼고초려'는 너무나 유명한 사자성어다. 동한 말기 유비는 '도원결의'를 통해 관우, 장비와 의형제를 맺고 한 왕실의 부흥을 위하여 군사를 일으켰다.(《도원결의》 항목 참고) 그러나 군기를 잡고 계책을 세워 전군을 통솔할 군사(軍師)가 없어 조조에게 고전을 면치 못했다. 어느 날 유비가 은사인 사마휘(司馬徽)에게 군사를 천거해 달라고 청하자 그는 이렇게 말했다.

  "복룡(伏龍)이나 봉추(鳳雛) 중 한 사람만 얻으십시오."

  "대체 복룡은 누구고 봉추는 누구입니까?"

  사마휘는 말을 흐린 채 대답하지 않았다. 그 후 제갈량의 별명이 복룡(또는 와룡臥龍)이란 것을 안 유비는 즉시 수레에 예물을 싣고 양양(襄陽) 땅에 있는 제갈량의 초가집을 찾아갔다. 제갈량은 집에 없었다. 며칠 후 또 찾아갔으나 역시 출타하고 없었다.

  "지난번에 다시 오겠다고 했는데 이거 너무 무례하지 않습니까? 듣자니 아직 나이도 젊다던데……. 그까짓 제갈공명이 뭔데. 형님,

유비가 제갈량의 초가집을 세 번이나 찾은 고사 '삼고초려'를 그린 그림이다.

이제 다시는 찾아오지 마십시오."

동행한 관우와 장비가 불평을 터뜨리고 말았다.

"다음엔 너희가 따라오지 말아라."

관우와 장비가 극구 만류하는데도 유비는 단념하지 않고 세 번째 방문길에 나섰다. 그 열의에 감동한 제갈량은 마침내 유비의 군사가 되어 적벽대전(赤壁大戰)에서 조조의 백만 대군을 격파하는 등 많은 전공을 세웠다. 그 후 유비는 제갈량의 헌책에 따라 위나라 조조, 오나라 손권과 더불어 천하를 삼분하고 한나라의 맥을 잇는 촉한을 세워 황제라 일컬었으며, 지략과 식견이 뛰어나고 충의심이 강한 제갈량은 재상이 되었다.

유비가 제갈량을 찾았을 때 나이가 마흔일곱이고 제갈량은 스물일곱 살에 불과한 젊은이였다. 그런데도 유비는 세 차례나 제갈량의 초가집을 찾아 허심탄회하게 가르침을 청했다. 조조나 손권이 인재를 대한 것에 비하면 한 수 위라 하겠다.

제갈량을 도움을 받은 유비는 침체에 빠진 자신의 상황을 반전시키고, 융중(隆中)에서 제갈량이 제기한 대책에 따라 손권과 동맹하여 '적벽대전'을 통해 조조의 군대를 대파했다. 아울러 외교 수단으로 형주를 차지하여 전진 기지를 확보했다. 그리고 익주로 진출하여 마침내 촉한 정권을 수립하는 데 성공했다.

당시 국면의 전개와 변화상은 인재의 중요성을 절실하게 요구하고 있었다. 이런 점에서 유비가 자신과 제갈량의 관계를 물과 물고기에 비유한 '수어지교(水魚之交)'도 결코 지나친 표현이 아니었다. 유비가 제갈량의 초가집을 세 번이나 찾은 '삼고초려'의 고사성어는 그 후 통치자가 낮은 자세로 인재를 대하고 성심을 다해 유능한 인물을 구하는 일의 대명사가 되었다.

■ 심화학습 : 제갈량과 천하삼분 계책인 '융중대(隆中對)'에 대해 알아보기
■ '삼고초려'로 나의 문장 만들어 보기

093

삼성오신(三省吾身)

- 중국어 발음 : sān shěng wú shēn
- 세 번(세 가지) 내 몸을 반성한다.
- 늘 자신에게 잘못이 없는지 되돌아본다는 뜻의 성어다.
- 교과서 : 중등 한문
- 출전 : 《논어》

'삼성오신'은 공자의 제자 증자의 말이다.('살신성인' 항목 참고)《논어》 첫 편인 〈학이(學而)〉에 나온다. 해당 대목을 보자.

"나는 하루에 세 번 나 자신을 반성한다. 남을 도울 때 정성을 다하지 않은 일은 없는가? 벗과 사귈 때 신의를 저버린 일은 없는가? 어설피 아는 것을 남에게 전하지는 않았는가?"

증자는 공자가 세상을 떠난 뒤 자공과 함께《논어》편찬을 주도한 인물로 알려져 있다. 그의 말은 스승 공자의 가르침을 되새긴 것으로 공자의 언어와 많이 닮았다. 증자가 말하는 '세 번'이란 딱 세 번이 아니라 여러 번 수시로 자신을 되돌아본다는 뜻에 가깝다.

동양의 전통적인 미덕은 자신의 도덕 수양을 높이는 것이다. 매일 자신의 언행을 점검하고 다시 생각해 보는 행위는 도덕 수양의 경지를 높이는 구체적이고 효과적인 방법이다. 스스로 존중하고 남에게 존중받으려면 더욱더 자신을 갈고닦아야 한다. 구체적으로 말하면 업무 수행과 인간관계에서 보이는 충심과 믿음, 그리고 자신의 공부다.

스스로 되돌아보는 일은 결코 퇴행적인 행위가 아니다. 유가와 증자가 말하는 반성은 후회가 아니라 내일, 미래를 위한 자기 점검이기 때문이다. 이런 점에서 특히 증자의 세 번째 반성은 어설피 아는 것을 남에게 우격다짐으로 전하려는 사이비 지식인들이 설치는 우리 현실을 되돌아보게 된다.

■ 심화학습 : 자성(自省)이나 반성(反省)에 관한 성어에 대해 알아보기
■ '삼성오신'으로 나의 문장 만들어 보기

094
삼인성호(三人成虎)

- 중국어 발음 : sān rén chéng hǔ
- 세 사람이 모이면 호랑이도 만든다.
- 근거 없는 말이나 거짓말이라도 여러 사람이 같은 말을 하면 곧이듣
  게 된다는 뜻의 성어다.
- 교과서 : 고등 한문
- 출전 : 《전국책》

'삼인성호'와 관련해서 《전국책》에 기록된 이야기가 있다. 위나라 대신 방총(龐葱)이 태자와 함께 조나라에 인질로 가게 되었다. 방총은 떠나기에 앞서 위왕에게 "지금 누군가가 시장에 호랑이가 나타났다고 말하면 대왕께서는 믿겠습니까"라고 물었다. 위왕은 믿지 않는다고 했고, 방총은 또 한 사람이 같은 말을 하면 믿겠냐고 물었다. 위왕은 반신반의할 것 같다고 했다. 방총은 또 다른 사람이 같은 말을 하면 그때는 어떻겠냐고 물었다. 위왕은 "당연히 믿을 수밖에 없지"라고 했다. 이에 방총은 이렇게 말했다.

"시장 바닥에 호랑이가 나타날 수는 없지요. 그러나 세 사람이 같은 말을 하면 진짜 호랑이가 생기는 겁니다. 조나라 도성 한단(邯鄲)과 우리 위나라 도성 대량(大梁)은 아주 멀리 떨어져 있습니다. 제가 떠나고 나면 저에 대해 이러쿵저러쿵 떠드는 사람이 세 사람뿐이 아닐 겁니다. 대왕께서는 잘 살피기 바랍니다."

위왕은 잘 알겠다고 했지만 방총이 돌아오자 다시는 그를 찾지

고사성어는 외교 무대에서, 특히 중국과의 관계에서 아주 유용하게 활용할 수 있는 인문학 자산이다. 사진은 고사성어를 즐겨 인용하는 시진핑 국가주석

않았다. 방총이 인질로 간 사이 방총을 헐뜯는 다른 신하들의 말에 이미 넘어간 것이다.

'삼인성호'는 원래 위(魏)나라 혜왕(惠王)의 어리석음과 불신을 풍자하려는 것이었지만, 시간이 흐를수록 유언비어나 거짓말이 진상을 가릴 수 있다는 뜻으로 인용되었다. 거짓말의 위력은 상상을 뛰어넘는다. 오죽했으면 '여러 사람의 입은 쇠도 녹인다'는 '중구삭금(衆口鑠金)'이란 성어까지 나왔을까? '적훼소골(積毁銷骨)', 즉 '헐뜯는 말이 쌓이면 뼈도 삭힌다'는 다소 으스스한 성어도 같은 의미다.

'삼인성호'는 중국의 시진핑 국가주석이 다른 나라의 평가만 듣고 중국을 헐뜯는 미국을 겨냥하여 언급한 적이 있다.

■ 심화학습 : 유언비어(流言蜚語)와 관련한 성어에 대해 알아보기
■ '삼인성호'로 나의 문장 만들어 보기

095

삼척동자(三尺童子)

- 중국어 발음 : sān chǐ tóng zǐ
- 키가 석 자밖에 안 되는 어린아이
- 철없는 어린아이를 가리키는 성어다.
- 교과서 : 중등 한문
- 출전 : 〈논회서사의장(論淮西事宜狀)〉 외

우리 일상에서는 '삼척동자도 안다'는 식으로 많이 쓴다. 키가 석자, 약 90센티미터밖에 안 되는 어린아이를 가리킨다. 여기에는 세상물정을 모른다는 뜻도 들어 있다.

당나라 문장가 한유(韓愈)의 글 중에 "힘이 다 빠진 틈을 타면 '삼척동자'도 그 목숨을 제압할 수 있다"는 대목이 있고, 이것이 '삼척동자'의 출전으로 보인다. 《맹자》〈등문공장구〉(상)에는 '오척동자'란 표현이 나온다. '삼척동자'의 가장 좋은 사례는 《송사(宋史)》〈호전전(胡銓傳)〉에 보이는데, 다음과 같은 역사적 사실과 관련이 있다.

1138년 금나라가 남송 조정에 사신을 보내 평화 협정을 제안하면서 금나라에 고개를 숙여 신하가 되라고 요구했다. 간신 진회(秦檜)는 금나라의 조건을 받아들여야 한다며 적극적으로 떠들고 나섰다. 이에 무주군사판관(撫州軍事判官) 호전(胡銓, 1102~1180)이 글을 올려 투항에 반대하면서 이렇게 말했다.

"삼척동자더러 개나 돼지에게 무릎을 꿇고 절하라고 해도 틀림없

'삼척동자'를 처음 쓴 당나라
문장가 한유

이 화를 낼 것입니다."

권력을 쥔 진회는 호전에게 죄를 뒤집어씌워 벼슬을 깎아내렸다.

《삼국연의》 제43회에는 '삼척동자' 대신 '삼척동몽(三尺童蒙)'으로 나오는데 뜻은 같다. ('동몽'은 주로 남자아이를 가리킨다.) '삼척동몽'은 제갈량이 동오에 가서 동오의 내로라하는 인재들과 설전을 벌일 때 장소(張昭)가 제갈량을 몰아붙이는 장면에서 나온다. 해당 대목을 보면 이렇다.

"만약 그렇다면 선생(제갈량)의 언행이 일치하지 않는 것이오. (중략) 유예주(유비)가 선생을 얻기 전에는 오히려 천하를 횡행하며 성지를 웅거한 터라 이제 선생을 얻으매 사람들이 모두 우러러보며 '삼척동자'들까지도 말하기를 날랜 범에게 날개가 돋쳤으니 장차 한 황실이 부흥하고 조씨는 곧 멸망하리라 했고……."

■심화학습 : 어린아이와 관련한 성어에 대해 알아보기
■'삼척동자'로 나의 문장 만들어 보기

096
상부상조(相扶相助)

- 중국어 발음 : xiāng fú xiāng zhù
- 서로서로 돕다.
- 서로서로 붙잡아 주고 도와주는 것을 뜻하는 성어다.
- 교과서 : 중등 한문
- 출전 : 《맹자》, 《수호전》

'상부상조'는 《수호전》 제19회의 다음 대목에 보인다.

"오늘 하늘이 도와 많은 호걸이 이곳 산채에 이르러 서로서로 돕게 되었으니 금상첨화(錦上添花, 비단 위에 꽃을 더한다는 뜻으로 좋은 일이 겹친 것을 비유하는 성어다)요, 마른 싹이 비를 만난 것과 같다."

'상부상조'는 오늘날 중국에서는 거의 쓰지 않고 대신 '상보상성(相輔相成)'을 많이 쓴다. 서로서로 보완해 주고 성취하게 돕는다는 뜻이다. '상보상성'의 출처는 명나라 장대(張垈, 1597~1689)의 《역서안서(歷書眼序)》로 본다.

그런데 '상부'는 서한시대 동방삭(東方朔)이 쓴 〈답객난(答客難)〉의 "천하가 평화로우면 의리로 서로를 돕는다"는 대목에서 나왔다. 이후 많은 문장에 '상부'가 사용되었다.

'상조(相助)'도 옛 전적들에 보인다. 특히 《맹자》〈등문공(滕文公)〉(상)은 '상조'와 '상부'가 함께 등장하니 '상부상조'의 출전으로 볼 수 있다. 해당 대목은 이렇다.

'상부'를 처음 쓴 동방삭(기원전 약 161~기원전 약 93)은 한나라 무제 때 문장가다. 풍자와 익살로 무제에게 즐거움을 주는 한편 충고도 했다.

"죽거나 이사해도 고향을 벗어나지 않고, 시골 전답에서는 우물을 함께 사용하고, 들고 남에도 서로 우애하여 서로 바라보는 곳에서 '서로 돕고(상조相助)', 병이 나면 '서로 부축하여(상부相扶)' 백성이 친하고 화목하다."

'상조'는 《육도(六韜)》(〈무도(武韜)〉)와 《여씨춘추(呂氏春秋)》(〈신행(愼行)〉), 《회남자》(〈병략훈(兵略訓)〉), 《사기》(〈오왕비열전吳王濞列傳〉) 등에도 보인다.

■ 심화학습 : 《수호전》에 대해 알아보기
■ '상부상조'로 나의 문장 만들어 보기

097

상전벽해(桑田碧海)

- 중국어 발음 : sāng tián bì hǎi
- 뽕나무 밭이 푸른 바다가 되다.
- 세상이 몰라볼 정도로 아주 달라졌음을 비유하는 성어다.
- 교과서 : 초등 3–1 사회 연계
- 출전 : 〈장안고의(長安古意)〉

'상전벽해'는 당나라 시인 노조린(盧照隣, 생몰 미상)의 7언고시 〈장안고의〉에서 나왔다. 노조린은 왕발, 양형(楊炯), 낙빈왕(駱賓王)과 함께 7세기 중반 당나라 초기를 대표하는 시인으로 흔히 '초당사걸(初唐四傑)'이라 불린다. '상전벽해'가 나오는 노조린의 시구는 다음과 같다.

사물과 풍광의 변화는 사람을 기다리지 않고
뽕나무 밭이 푸른 바다가 되듯 순식간에 바뀌는구나.

같은 뜻의 '창해상전(滄海桑田)'도 있는데, 노조린보다 앞서 진나라

노조린은 중풍을 비롯한 각종 질병에 시달렸다. 그래서 시에도 고통스러운 정감이나 짙은 애수가 묻어난다. 그는 자신의 처지와 병을 비관하다가 영수(潁水)에 몸을 가라앉혀 자결했다.

도교학자 갈홍(葛洪, 283~363)의 《신선전(神仙傳)》*에 나오는 "동해가 세 번 뽕나무 밭이 되었다"는 대목이다. 여기서는 뽕나무 밭이 바다가 된 것이 아니라 바다가 뽕나무 밭이 되었다고 했다. 어느 쪽이든 세상사의 엄청난 변화를 비유한다.

'상전벽해'와 비슷한 뜻을 가진 성어로 언덕이 변하여 골짜기가 되고 골짜기가 언덕으로 변한다는 뜻의 '능곡지변(陵谷之變)' 등이 있는데, 우리는 '격세지감(隔世之感)'을 많이 쓰는 편이다. '격세지감'은 다른 시대(세상)를 사는 듯한 느낌이라는 뜻으로 세상이 너무 크게 변해서 세월이 아주 많이 흐른 듯한 느낌이 들 때 쓴다.

---

* 《신선전》은 고대 중국의 지괴소설집(志怪小說集)이다. 고대 전설 속 신선 92명의 사적을 수록했는데, 풍부한 상상력과 생동감 넘치는 묘사가 돋보인다. 지괴소설은 고전소설 형식의 하나로 신기하고 괴이한 고사와 전설을 담았다. 220년부터 589년까지 350년 넘게 지속된 위진남북조라는 대혼란기에 유행했다.

■ 심화학습 : 당나라 초기의 '초당사걸'에 대해 알아보기
■ '상전벽해'로 나의 문장 만들어 보기

098

새옹지마(塞翁之馬)

- 중국어 발음 : sài wēng zhī mǎ
- 변방에 사는 노인의 말
- 세상사 좋은 일이 나쁜 일이 되기도 하고, 나쁜 일이 좋은 일이 되기도 하므로 미리 예측하기 어렵다는 뜻을 가진 고사성어다.
- 교과서 : 초등 / 중등 한문 / 고등 한문
- 출전 : 《회남자》

'새옹지마'는 널리 알려진 고사성어로 초·중·고 교과서 모두에 실려 있다. 관련한 고사의 줄거리는 다음과 같다.

옛날 중국 북쪽 변방에 앞날을 잘 내다보는 노인이 살고 있었다. 어느 날 노인이 기르던 말이 달아나 버렸다. 마을 사람들이 위로하자 노인은 "이게 복이 될지 누가 알겠소"라고 말했다. 몇 달이 지난 어느 날 그 말이 준마 한 필을 데리고 돌아왔다. 마을 사람들이 축하하자 노인은 "이게 화가 될지 누가 알겠소"라고 했다. 어느 날 말 타기를 좋아하는 노인의 아들이 그 준마를 타다가 떨어져 다리가 부러졌다. 마을 사람들이 이를 걱정하며 위로하자 노인은 "이 일이 또 복이 될지 누가 알겠소"라며 태연하게 받아들였다. 1년 뒤 마을 젊은이들은 싸움터로 불려 나가 대부분 죽었다.

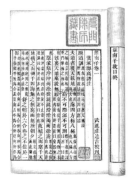

'새옹지마'의 고사를 전하는 《회남자》

그러나 노인의 아들은 말에서 떨어져 절름발이가 되었기 때문에 전쟁에 나가지 않아 죽음을 면했다.

조선시대 문인 안정복은 시 〈무명(無名) 오현(五賢)에 대한 찬(贊)〉에서 새옹을 다음과 같이 언급했다.

"재앙과 복은 서로 말미암고, 곤궁과 형통은 서로 따르는 것. 말을 잃고도 근심하지 않았으니 다리가 부러진 걸 어찌 슬퍼하리오. 마음을 언제나 느긋이 가져 외물(外物) 따라 옮겨 가지 않았다네. 아, 북방의 늙은이여! 그 지혜 실로 훌륭했네."

중국은 '새옹실마(塞翁失馬)'라고 쓴다. 비슷한 성어로 '재앙을 복으로 바꾼다'는 '전화위복(轉禍爲福)'이 있다.

■ 심화학습 : 화(禍)와 복(福)에 관한 성어에 대해 알아보기
■ '새옹지마'로 나의 문장 만들어 보기

099

생사고락(生死苦樂)

- 중국어 발음 : shēng sǐ kǔ lè
- 삶과 죽음, 괴로움과 즐거움을 통틀어 일컫는 말
- 오랫동안 모든 것을 함께한 사이를 가리키는 성어다.
- 교과서 : 초등
- 출전 : 우리식 성어?

'생사'와 '고락'을 합친 사자성어로 우리가 많이 쓴다. 대개는 불교 용어로 알지만 정확하지 않다. '생사의 문턱', '생사를 함께 하다', '생사고락을 함께 하다' 등의 표현을 많이 쓴다.

'생사'는 유가의 사상과 철학을 집대성한 《순자》(〈예론禮論〉 편)의 다음 대목에서 나왔다.

"예란 삶과 죽음을 삼가 다스리는 것이다. 삶은 사람의 시작이고, 죽음은 사람의 마지막이다. '마지막과 시작이 모두 좋으면(종시구선終始俱善)' 사람의 도리는 다한 것이다."

순자의 생사관은 상당히 실용적이다. 예란 흔히 산 사람만의 문제로 생각하기 쉽지만, 죽음에 대한 예도 그에 못지않게 중요하다. 따라서 인간은 단 한 번밖에 없는 인생의 마지막 죽음에 대해 극진한 예를 다해야 한다고 했다.

그런데 《한비자》에 나오는 '생사'는 죽음만 가리키는 뜻으로 쓰여서 눈길을 끈다. 〈해로〉 편에 "청렴이란 반드시 '생사'를 명으로 삼

〈예론〉 편에서 '생사'와 '종시구선'을
언급한 유가 사상의 집대성자 순자

아 재물을 가볍게 여기는 것이다"
라는 대목이 있다. 여기서 '생사'는
죽음만 가리킨다. 죽기를 각오하여
재물을 가볍게 여겨야만 청렴할 수
있다는 뜻이다.

'고락'은 《사기》 권41 〈월왕구천세
가〉에 보인다. 오나라와 월나라가
패권을 다툰 시기였는데, 오왕 부
차가 맞수 월왕 구천에게 경계심을
보이지 않자 오나라 충신 오자서가 이렇게 충고했다.

"신이 듣기에 구천은 식사 때 맛난 반찬을 따지지 않으며 고통도
즐거움도 백성들과 함께한답니다. 이 사람이 죽지 않으면 틀림없
이 오나라의 걱정거리가 될 것입니다."

위의 말에서 '동고락(同苦樂)'이 나왔고, 여기서 '동고동락(同苦同樂)'
도 파생되었다. 모두 '생사고락'과 비슷한 뜻이다.

■ 심화학습 : '오월쟁패'에 대해 알아보기
■ '생사고락'으로 나의 문장 만들어 보기

100
선견지명(先見之明)

- 중국어 발음 : xiān jiàn zhī míng
- 먼저(미리) 보는 밝은 눈
- 앞으로 닥쳐올 일을 미리 아는 지혜를 가리키는 성어다.
- 교과서 : 초등
- 출전 : 《후한서》

  '선견지명'은 남북조시대 송나라 역사가 범엽이 편찬한 《후한서》
〈양표전(楊彪傳)〉에 나온다.

  양표는 《삼국지》에 나오는 조조의 수하 양수(楊脩)의 아버지다. 양
수는 조조의 마음을 잘 헤아린 참모이며 '계륵(鷄肋)'*의 고사로 유
명하다. 하지만 너무 앞서 권력자의 심기를 헤아린 탓에 조조의 의
심을 사서 결국 살해되었다.

  양수가 죽은 뒤 그 아버지 양표를 만
난 조조는 "왜 이렇게 말랐소"라고 물
었다. 양표가 이렇게 답했다.

  "김일제(金日磾)와 같은 '선견지명'이 없
어 몹시 부끄러울 따름입니다. 또한 늙
은 소가 어린 송아지를 핥아 주듯이 자
식을 사랑하는 정이 있기 때문이지요."

  양표의 말에는 다양한 뜻이 함축되

양표는 '선견지명'을 말하면서
서한의 정치가 김일제를 언급했
다. 그림은 김일제의 초상화다.

어 있었다. 그는 솔직하게 늙은 소가 송아지를 아끼듯이 자기 아들을 사랑했고, 또 그것이 인지상정(人之常情)이라는 점을 인정했다. 그러니 아들이 죽었는데 어찌 마음이 아프지 않을 수 있고, 몸이 마르지 않겠냐는 반문이기도 했다. 조조도 이런 양표를 나무라지 못하고 깊은 동정심을 나타냈다.

양표가 말한 김일제(기원전 134~기원전 86)는 서한 시기의 흉노 출신 정치가로 험난한 정쟁의 와중에 어린 소제(昭帝)가 무사히 즉위할 수 있도록 앞날을 잘 헤아려 보필한 사람이다. 양표는 김일제의 '선견지명'을 은근히 부러워한 것이다.

---

* '계륵'은 '닭갈비'를 말한다. 먹기에는 살이 적고 버리기는 아까워 이러지도 저러지도 못하는 상황을 비유한다. 조조가 유비의 군대와 장기간 대치하자 공격하기도 수비하기도 힘든 상태가 되었다. 이에 조조는 식사 중에 닭갈비를 들었다 놓았다 했다. 이를 안 양수가 철수 준비를 지시했다. 다른 참모들이 어리둥절해하자 양수는 승상(조조)께서 이곳 한중을 닭갈비에 비유한 것이니, 철수를 결심한 듯하다고 풀이해 주었다. 과연 조조는 철수를 명령했다.

■ 심화학습 : 《후한서》와 범엽에 대해 알아보기
■ '선견지명'으로 나의 문장 만들어 보기

101

설상가상(雪上加霜)

- 중국어 발음 : xuě shàng jiā shuāng
- 눈 내린 위에 서리까지 내리다.
- 어려운 일이 계속 생기는 상황을 가리키는 성어다.
- 교과서 : 초등 6학년 도덕 연계
- 출전 : 《경덕전등록(景德傳燈錄)》

　'엎친 데 덮치기'라는 우리 속담과 딱 맞아떨어지는 사자성어다. 원전은 송나라 승려 석도원(釋道原)의 《경덕전등록》*이다. 관련 대목을 보면 스승이 "너는 눈앞의 것만 이해하려 하고 뒤는 돌아보지 않는구나"라고 하자 제자가 "설상가상이로다"라고 대답하는 장면이 있다. 원래 '설상가상'은 눈 위에 서리가 내려 봤자 별 차이가 없다는 것으로 '쓸데없는 참견'이라는 의미였으나 훗날 나쁜 일이 계

'설상가상'을 전하는 《경덕전등록》 판본

속 생긴다는 의미로 바뀌었다.

비슷한 뜻을 가진 성어는 '앓는 중에 또 병이 생긴다'는 '병상첨병(病上添病)'을 비롯하여 '앞에는 호랑이 뒤에는 이리'라는 '전호후랑(前虎後狼)' 등이다. 우리 속담에는 '엎친 데 덮친 격' 외에 '갈수록 태산'도 있다. 일본식 표현 '산 넘어 산'도 같은 뜻이다.

반대되는 뜻의 성어는 '금상첨화(錦上添花)'가 있다. '비단 위에 꽃을 더하다'라는 것인데 비단에 꽃무늬까지 놓는다는 뜻이다. '금상첨화'도 '설상가상'처럼 중국 불교 선종의 역사를 기록한《조당집(祖堂集)》에서 나왔다.

---

* 《경덕전등록》은 흔히《전등록》이라고 줄여 부르는 불교 선종의 역사서다. 모두 30권으로 이루어져 있다. 북송 때 선종 법안종 계통의 도원(道原)이 편찬했다. 선승들은 '선법'을 등불에 비유하고, 선법의 전수를 등을 전하는 것에 비유한다. 그리고 이 책이 북송 진종 경덕 연간(1006~1007)에 편찬되었기 때문에《경덕전등록》이라 불렀다. 이 책은 총 36만 7,917자이며 불법 세계는 모두 52대에 이른다. 언급된 인물은 모두 1,701명에 이르고, 인도인과 칠불, 즉 이른바 '서천 28조'를 뺀 나머지는 모두 중국의 선승이다. '등록'은 실질적으로는 선종의 '승전(僧傳)'인 셈이다.《경덕전등록》은 중국 불교 최초의 선종 '등록'이며, 불교철학을 연구하는 데 중요한 사료이자 한국 선종사에서도 비중 있는 사료로 꼽힌다.

■ 심화학습 : 《조당집》에 대해 알아보기
■ '설상가상'으로 나의 문장 만들어 보기

102

소탐대실(小貪大失)

- 중국어 발음 : xiǎo tān dà shī
- 작은 것을 탐내다 큰 것을 잃는다.
- 눈앞에 보이는 작은 이익을 욕심내다가 더 큰 것을 잃는다는 뜻의 성어다.
- 교과서 : 초등 3-1 국어 연계
- 출전 : 《여씨춘추》

　어법으로 보자면 '탐소실대'가 맞다. 실제로 중국에서는 '탐소실대'를 쓴다. 가장 이른 원전은 진시황의 생부라고도 전하는 거상 여불위가 자신의 문객을 동원하여 편찬한 《여씨춘추》〈권훈(權勳)〉 편이다. 여불위는 이 책을 편찬한 다음 그 목간을 성문 밖에 걸어 놓고 잘못된 부분을 한 글자라도 고치거나 지적하는 사람에게 한 글자에 천금을 주겠다고 큰소리를 쳤다. 여기서 '일자천금(一字千金)'이란 성어도 나왔다.

　'소탐대실'과 관련한 역사적 사실은 이렇다. 전국시대 말기 연나라와 제나라가 크게 싸웠다. 연나라 소왕(昭王)은 인재들을 잘 대우하여 명장 악의(樂毅)를 얻었고, 악의는 연나라의 숙적 제나라를 대파했다. 그러나 제나라 민왕(閔王)은 거듭된 패배에도 불구하고 장병들을 다그치기만 했다.

　민왕은 사령관 촉자(蜀子)에게 승리하지 못하면 가족들을 모조리 죽이고 조상들 무덤까지 파헤치겠다고 협박했다. 이에 촉자는 은

근히 제나라의 패배를 바랐고, 결국 악의에게 패하여 달아났다. 그는 행방불명이 되어 아무도 그의 행방을 알 수 없었다.

촉자에 이어 달자(達子)가 군대를 이끌었는데 병사들의 사기를 올리기 위해 민왕에게 상금을 요청했다. 민왕은 욕을 퍼부으며 매몰차게 거절했다. 달자는 전투에서 죽고 민왕도 도망칠 수밖에 없었다. 연나라 장수 악의가 제나라 도성에 들어가 보니 금은보화가 산더미처럼 쌓여 있었다.

《여씨춘추》는 이런 이야기를 전하면서 끝머리에 '작은 이익을 탐함으로써 큰 이익을 잃은 사례다'라고 평했다. 뜻이 비슷한 우리 속담으로 '빈대 잡으려다 초가삼간을 태운다'가 있다.

북제시대 유주(劉晝, 514~565)의 《신론(新論)》에도 이런 이야기가 나온다. 전국시대 진(秦)나라 혜왕이 촉나라를 공격하기 위해 계략을 짰다. 혜왕은 지략을 써서 욕심이 많은 촉후(蜀侯)를 이용해 촉을 공격하기로 했다. 신하들을 시켜 소를 조각하고 그 속에 황금과 비단을 채워 넣은 뒤 '쇠똥의 금'이라 칭하며 촉후에게 우호의 예물을 보낸다고 소문을 퍼뜨렸다. 이 소문을 들은 촉후는 신하들의 간언을 듣지 않고 진나라 사신을 접견했다.

촉후는 진의 사신이 올린 헌상품 목록을 보고는 눈이 어두워져

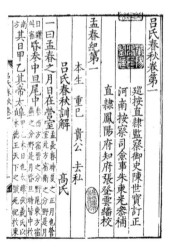

'소탐대실'의 사례를 전하는 《여씨춘추》 판본

300

백성들을 징발해 보석으로 치장한 소를 맞이할 길을 닦았다. 혜왕은 소와 함께 장병 수만 명을 촉나라로 보냈다. 촉후는 문무백관을 거느리고 도성의 교외까지 몸소 나와 맞이했다. 그때 갑자기 진나라 병사들이 숨겨 둔 무기를 꺼내 촉을 공격했고, 촉후는 사로잡혀 버렸다. 촉은 망하고 '보석 소'는 촉나라 치욕의 상징으로 남았다. 촉후의 소탐대실이 나라를 잃게 만든 것이다. 이처럼 '소탐대실'은 작은 것에 눈이 어두워져 큰 것을 잃는다는 뜻으로 쓰이는 말이다. '눈앞의 이익 때문에 의리를 잊는다'는 뜻의 '견리망의(見利忘義)'와 일맥상통한다.

■ 심화학습 : 여불위와 《여씨춘추》에 대해 알아보기
■ '소탐대실'로 나의 문장 만들어 보기

103

속수무책(束手無策)

- 중국어 발음 : shù shǒu wú cè
- 손이 묶이고 대책이 없다.
- 손이 묶여 어찌할 수 없어 꼼짝 못하거나, 일이 잘못되어도 대책이 없는 상황을 비유한 성어다.
- 교과서 : 초등 3 도덕 연계 / 고등 한문
- 출전 :《노재집(魯齋集)》

'속수무책'은 흔히 사용하는 성어지만 그 출전은 알려지지 않았다. 중국 지식 검색에는 송나라의 서화가이자 장서가로 이름난 왕백(王柏, 1197~1274)의 《노재집》(《노재집》의 원래 이름은 《노재청풍록魯齋清風錄》이다)에 나오는 다음 대목이 가장 오래된 원전이다.

"사대부가 이 일까지 생각이 미치지 못하니 일단 일이 터지면 '속수무책'이다."

원나라 때 이름을 알 수 없는 사람이 편찬한 《송계삼조정요(宋季三朝政要)》에도 '속수무책'이 나온다. 이 책은 원나라 혜종(惠宗) 때인 1343년부터 편찬이 시작되어 1345년에 완성된 요·금·송의 역사서다.

'속수무책'을 처음 사용한 왕백의 초상화

이 책에서 '속수무책'은 "(송나라의 간신) 진회가 죽고 (금나라 군주) 완안량(完顏亮)이 남쪽을 넘보니 어찌 손을 묶고 대책을

302

세우지 않을 수 있겠는가"라는 대목에 나온다. 이후 여러 책에서 이 대목을 인용함으로써 널리 퍼졌다.

또한 명나라 소설가 풍몽룡의 《동주열국지》에 노나라 "계씨(季氏)가 안으로 신하들에게 통제당하니 밖에서 제(齊)나라가 침공해도 속수무책이다"라는 대목이 있다.

비슷한 뜻을 가진 성어로 '손을 묶고 죽기를 기다린다'는 '속수대폐(束手待斃)'가 있고, 반대되는 성어는 '천 개의 방법과 백 가지 계책', 즉 수없이 많은 방법과 대책이란 뜻의 '천방백계(千方百計)'가 있다. 참고로 '속수무책'과 가장 가까운 뜻을 가진 영어 단어는 helpless다.

■ 심화학습 : '계책(計策)'이나 '방법(方法)'에 관한 성어에 대해 알아보기
■ '속수무책'으로 나의 문장 만들어 보기

104

송양지인(宋襄之仁)

- 중국어 발음 : sòng xiāng zhī rén
- 송나라 양공의 어짊
- 쓸데없는 인정을 베푸는 행위를 비유하는 성어다.
- 교과서 : 고등 한문
- 출전 : 《좌전》, 《사기》

원전은 《좌전》이지만 《사기》 권38 〈송미자세가〉에 그 내용이 충실하게 전한다. '송양지인'은 어진 송나라 양공(襄公)이란 뜻이지만, 그 이면에는 적에 대해 지나친 은혜와 정을 베풀다 자신을 망치는 어리석은 행위에 야유를 보내는 복선이 깔려 있다.

기원전 7세기 송나라 양공은 홍수(泓水)에서 강국 초나라 군대와 전투하는 중에 충분히 승리할 수 있는데도 적이 전열을 가다듬도록 기회를 주는 바람에 대패한다. 전투가 끝난 뒤 대신 목이(木耳)가 양공의 판단에 대해 시시비비를 가리고 나서자 양공은 다음과 같이 말했다.

"군자는 어려움에 빠진 사람을 곤란하게 만들지 않는 법이다. 상대가 전열을 갖추지 못했으면 공격의 북을 울리는 것이 아니다."

그러자 목이는 다음과 같은 말로 양공을 통렬하게 비난했다.

"전쟁은 승리로 공을 세우는 것입니다. 그런데 어찌하여 공께서는 실제와는 거리가 먼 헛소리만 늘어놓으시는 겁니까? 공의 말씀대로

라면 차라리 노예가 되어 다른 사람을 섬기지 뭣 하러 전쟁을 한답니까?”

사마천은 〈송미자세가〉를 논평하면서 이렇게 양공을 두둔한다.

“송 양공이 홍수에서 패하긴 했지만 어떤 군자는 매우 칭찬할 만하다고 했다. 당시 중원의 국가들이 예의가 없는 것을 안타까워하면서 양공의 예의와 겸양의 정신을 칭찬한 것이다.”

사마천의 두둔이 언뜻 궁색해 보이기도 하지만 게임의 룰을 무시해 가며 수단과 방법을 가리지 않고 서로를 공격하는 당시 풍조에 대해 뭔가 하고 싶은 말이 있던 것 같다.

지금은 무한경쟁의 시대라고들 한다. 하지만 분명한 사실은 공존(共存)하지 않으면 공멸(共滅)하는 세상이기도 하다. 상대를 무너뜨리고 없애는 식의 살벌한 경쟁이 아닌, 서로의 생각을 자극하여 좀 더 나은 세상을 만들어 나가려는 공존을 위한 선의의 경쟁만이 살길이다. 그러려면 송 양공 같은 페어플레이 정신이 필요하다.

사마천은 송 양공의 페어플레이 정신에 방점을 찍고 그 정신이 갖는 의미를 강조하려 했다. 그럼에도 불구하고 '송양지인'에 대해 어리석고 판단력이 부족한 리더를 조롱하는 어조는 여전하다. 그가 실패한 리더였다는 사실이 크게 작용하기 때문일 것이다. 사진은 송 양공의 석상이다.

■ 심화학습 : 공존과 관련한 성어에 대해 알아보기
■ '송양지인'으로 나의 문장 만들어 보기

105
수수방관(袖手傍觀)

- 중국어 발음 : xiu shǒu páng guān
- 손을 옷소매에 넣고 곁에서 쳐다본다.
- 어떤 일을 당하는데 곁에서 쳐다만 보고 돕지 않는 것을 비유하는 성어다.
- 교과서 : 초등
- 출전 : 〈제유자후문(祭柳子厚文)〉

'수수방관'은 당나라 문장가 한유가 쓴 유종원(柳宗元)을 위한 제문(祭文)에 나온다. 원문에는 '방관'과 '수수'가 따로 떨어져 있는데 점점 두 단어가 합쳐져 사자성어가 되었다. 송나라 소동파의 문장에 '수수방관'이 이어져 나온 것을 시작으로 그 후의 문장이나 책에는 대부분 '수수방관'으로 나온다. 한유의 해당 문장을 보자.

"도끼질을 잘 못하여 손가락에 피가 나고 얼굴에 땀이 흐르건만 솜씨 좋은 장인은 곁에서 구경만 하고(傍觀) 손을 소매 사이에 넣고(手袖) 있구나."

청나라 소설가 조설근의 대표작 《홍루몽》(72회)에는 두 단어를 합친 대목이 보인다.

"너조차 이렇게 은혜를 베풀고 마음을 쓰는데 나는 '수수방관'만 하고 아무것도 못 하는구나."

'홍학(紅學)'을 탄생시킨 《홍루몽》

1760년대 탄생한 조설근의 장편소설 《홍루몽》은 '홍학'이란 학문을 탄생시킬 정도로 중요한 작품이다. 모두 120장(회)에 200여 명의 인물이 등장하는 소설이다. 남자 주인공 가보옥(賈寶玉)과 여자 주인공 임대옥(林黛玉), 설보채(薛寶釵) 사이에 벌어지는 애정 스토리를 서술하고 있다.

홍루몽의 작가 조설근은 만주족 귀족 출신에 방직 공장 등을 운영하며 상당한 부를 축적했다. 강희제가 강남으로 놀러 온 여섯 번 중 다섯 번을 조씨 집에 묵었고, 조씨 집안은 황제의 접대를 책임졌다.(이를 접가接駕라 한다.)

조씨 집안은 조설근의 나이 스무 살 전후에 방직 공장의 직무를 버리고(또는 파면) 북경으로 옮겨 정착했으나 얼마 뒤 비리가 탄로 나서 파산했다. 조설근은 생계를 꾸릴 능력이 없는 터라 입지도 먹지도 못하는 지경이었다. 부귀한 집에서 자란 사람에게 곤궁한 생활은 견딜 수 없는 엄청난 변화였다.

그는 작품을 쓰기 시작했다. 지난날의 생활을 바탕으로 《홍루몽》을 쓴 것이다. 마흔일곱 살이 되는 1764년 제야의 밤, 조설근은 파란만장한 생을 마감했다. 들리는 설에 의하면 그가 죽을 당시 작품은 80장밖에 못 썼고 나머지 40장은 고악(高鶚)이 이어서 마무리했다고 하나 믿기 어렵다.

세 가지를 들어 《홍루몽》의 숭고한 값어치를 이야기하고자 한다.

첫째, 중국 문학에서 이에 필적할 만한 소설이 나타나지 않았다. 소설의 구상과 배치, 그에 따른 기백은 망망대해와 같고, 장면 묘

《홍루몽》 판본의 제1회 첫 장이다.

사는 치밀하면서도 심각하다. 이렇듯 많은 인물을 등장시키면서 그토록 섬세하게 관찰하여 묘사한 소설은 세계 어디에도 없다.

둘째, 언어의 측면에서 《홍루몽》은 북경어로 쓰였다. 북경어의 음조는 듣기 좋고 어휘가 풍부한데, 이런 훌륭한 장점들이 작품에서 충분히 발휘되었다. 《홍루몽》이 세상에 선을 보인 지 200년이 넘은 지금, 북경어는 중국의 표준어가 되었다.

셋째, 사회사 측면에서 《홍루몽》은 모든 것을 두루 갖춘 매장량이 풍부한 보물 창고와 같다. 18세기 이전까지 중국 사회는 본질과 구조 면에서 변화가 아주 적었다. 따라서 《홍루몽》은 기원전 3세기 서한 왕조부터 19세기 서양 문화의 충격을 받기 전까지 2천 년 중국 사회에 대한 총체적 해부라 할 수 있다.

《홍루몽》은 유가의 격렬한 비난에 직면하기도 했지만 '홍학'이라는 전대미문의 학문까지 탄생시키며 지금도 엄청난 영향력을 미치고 있다. 중국의 봉건시대를 알고 싶으면 《홍루몽》을 읽으라는 말까지 있다.

■ 심화학습 : 중국의 대표적 소설에 대해 알아보기
■ '수수방관'으로 나의 문장 만들어 보기

106
수주대토(守株待兎)

- 중국어 발음 : shǒu zhū dài tù
- 나무 그루터기를 지키며 토끼를 기다린다.
- 한 가지 일에만 얽매여 발전을 모르는 어리석은 사람, 경험 부족으로 변통을 모르는 속 좁은 사람 또는 요행을 바라는 심리를 비유하는 성어다.
- 교과서 : 고등
- 출전 : 《논형(論衡)》

'수주대토'는 중국 역사상 최초의 유물주의 학자라 불리는 왕충(王充. 27~약 79)*의 대표 저서 《논형》에 나오는 우화다.

전국시대 송나라에 한 농부가 있었다. 그는 해가 뜨면 나가 일하고 해가 지면 돌아와 쉬면서 좋은 나날을 보냈다. 먹고 자는 생활이 전부였다. 가뭄이 닥치면 굶주림을 참아야만 하는 생활을 개선할까 생각했지만 게으른 데다 담이 작아 새로운 일에 겁을 냈다. 그래서 늘 뜻밖의 횡재가 굴러 들어오기만 바랐다.

어느 날 기적이 일어났다. 늦가을 밭을 가는데 근처에서 누군가 사냥을 하고 있었다. 사방에 몸을 감추고 있던 작은 짐승들이 걸음아 날 살려라 도망치기 시작했다. 그런데 토끼 한 마리가 달아나다 나무 그루터기에 머리를 부딪쳐 그

《논형》 판본

만 죽고 말았다. 농부는 그날 저녁 맛난 토끼 고기를 배불리 먹었다. 그날 이후 농부는 농사는 뒷전이고, 하루 종일 그 신기한 나무 그루터기를 지키며 또 한 번의 기적이 일어나기만 기다렸다.

이상이 '수주대토'의 성어가 나오게 된 이야기다. '수주대토'는 가리키는 바가 많다. 노력하지 않고 요행만 바라는 심리를 비롯하여 얼마 되지 않은 경험만을 고수하며 변통을 모르는 사람을 가리키는 의미심장한 성어가 되었다.

우리 속담의 '노루 때리던 막대(타장장打獐杖)'가 '수주대토'와 같은 뜻이다.《동언해》

---

*왕충은 동한시대의 사상가이자 문학이론가다. 가난한 집안에서 태어나 학문에 힘을 쏟아서 마침내 백가 사상에 통달했다. 그 뒤 귀향하여 제자를 가르치며 30여 년에 걸쳐 《논형》 30권 85편(현재는 84편)을 저술했다. 《논형》은 소박한 유물주의를 반영한 대단히 공격적인 저서로 평가받는다. 그 역시 중국 최초의 유물론자로 인정받는다. 그는 선험론을 반대하면서 지식을 얻으려면 인간의 감관(感官)과 외재하는 객관적 사물이 접촉해야 한다고 주장했다.

■ 심화학습 : '수주대토'와 비슷한 성어와 반대되는 뜻의 성어에 대해 알아보기
■ '수주대토'로 나의 문장 만들어 보기

107
순망치한(脣亡齒寒)

- 중국어 발음 : chún wáng chǐ hán
- 입술이 없어지면 이가 시리다.
- 서로 떨어질 수 없는 밀접한 관계라는 뜻의 성어다.
- 교과서 : 초등 / 고등 한문
- 출전 : 《좌전》

'순망치한'과 관련해서는 '길을 빌려 괵을 치다'라는 뜻의 사자성어 '가도벌괵(假道伐虢)'이 유명하다. 관련 고사는 다음과 같다. 춘추시대 말기, 진(晉)나라 헌공(獻公)이 괵(虢)나라를 공격하려는 야심을 품고 우(虞)나라 우공에게 우나라 땅을 지나도록 허락해 줄 것을 요청했다. 우나라의 현인 궁지기(宮之奇)는 헌공의 속셈을 알고 우공에게 간언했다.

"괵나라와 우나라는 한 몸이나 다름없는 사이라서 괵나라가 망하면 우나라도 망할 것입니다. 옛 속담에도 수레의 짐받이 판자와 수레는 서로 의지하고(보거상의輔車相依), 입술이 없어지면 이가 시리다(순망치한脣亡齒寒)고 했습니다. 이는 괵나라와 우나라의 관계를 말한 것입니다. 길을 빌려 주는 건 절대 안 됩니다."

그러나 뇌물에 눈이 어두워진 우왕은 "진나라와 우나라는 동종(同宗)의 나라인데 어찌 우리를 해칠 리가 있겠소"라며 듣지 않았다. 궁지기는 후환이 두려워 "우나라는 올해를 넘기지 못할 것이다"라

原著 馮夢龍
改編 潘勤孟
繪畫 汪玉山
掃撮 毒
制作 紀

'순망치한'과 '가도벌괵'의 고사를 남긴 진나라 헌공

는 말을 남기고 가족과 함께 우나라를 떠났다. 진나라는 궁지기의 예견대로 12월에 괵나라를 정벌하고 돌아오는 길에 우나라도 정복하고 우왕을 사로잡았다.

'순망치한'과 비슷한 뜻을 가진 성어는 궁지기가 말한 '보거상의'를 비롯하여 '입술과 이의 관계에 있는 나라'라는 뜻의 '순치지국(脣齒之國)', '순망치한'과 '보거상의'를 합친 '순치보거(脣齒輔車)' 등이 있다. 이 밖에 '한 손바닥으로는 소리를 내기 어렵다'는 '고장난명'도 있다.

'순망치한'은 서로 이해관계가 밀접한 사이를 가리킬 때 흔히 인용한다. 특히 역사적으로 가까웠던 중국과 한국의 관계를 설명할 때 이보다 적합한 말은 찾아보기 힘들 것이다. 예컨대 조선 선조 24년(1591) 3월에 조선통신사 편에 보내온 도요토미의 서신 가운데 일본이 장차 '명나라를 정벌할 것이니, 조선의 길을 빌려 달라'고 요청하는 글이 있었다. 이것이 '정명가도(征明假道)'다. 일본이 조선과 동맹을 맺거나 협조를 받아서 명나라를 정벌하겠다는 것인데, 진짜 숨은 의도는 진나라가 괵나라를 정벌하고 돌아오는 길에 우나라도 정복했던 '가도벌괵'의 고사처럼 명나라와 조선을 모두 정복하겠다는 일본의 흑심을 공개적으로 표명한 것이었다.

이를 간파한 조선은 도요토미의 제의를 단호히 거절했고, 이를 빌미로 일본이 임진왜란을 일으켰다. 조선은 명나라에 양국 간의 관계가 '순망치한'과 같음을 간절하게 호소하여 명나라의 원병을 이끌어 냄으로써 일본의 침략을 가까스로 격퇴할 수 있었다.

'순망치한'은 국가 간의 관계뿐만 아니라 대인 관계에도 적용된다. 2007년 삼성경제연구소에서 국내 최고경영자를 대상으로 '오늘의 내가 있기까지 가장 힘이 되어 준 습관'을 사자성어로 물은 결과 응답자의 19.7퍼센트가 '순망치한'을 택했다고 한다. '순망치한'이 국가와 국가뿐 아니라 대인 관계에서도 대단히 중요한 처세술임을 실감할 수 있다.

■ 심화학습 : '순망치한'과 '가도벌괵'의 역사 사례에 대해 알아보기
■ '순망치한'으로 나의 문장 만들어 보기

108
승승장구(乘勝長驅)

- 중국어 발음 : chéng shèng cháng qū
- 싸움에서 이긴 기세를 타고 계속 몰아치다.
- 어떤 일이 잘될 때 계속 그 기세를 유지하여 더 큰 승리와 더 많은 것을 얻는다는 뜻의 성어다.
- 교과서 : 고등
- 출전 : 우리식 성어로 추정

'승승장구'는 싸움에서 이긴 기세를 타고 다음 싸움에서도 힘차게 맞서는 것을 비유하는 성어다. 어떤 일이 잘 풀리면 다음 일도 잇따라 거침없이 잘 해결해 나가는 상황을 가리킨다.

'승승장구'는 중국은 쓰지 않는 성어다. 중국 포털사이트를 검색하면 같은 제목의 한국 연예 프로그램이 소개되어 있다. '승승장구'와

연예 프로그램에 사용된 사자성어
'승승장구'

뜻이 비슷한 성어로 '파죽지세(破竹之勢)'가 있다.('파죽지세' 항목 참고)

정확하게 그 뜻이 일치하지는 않지만 중국에서 많이 쓰는 비슷한 뜻의 성어는 '승풍파랑(乘風破浪)'이다.('승풍파랑'은 한국의 연예 프로그램 〈승승장구〉처럼 중국 영화의 제목으로 사용되기도 했다.)

'승풍파랑'은 '바람을 타고 파도를 헤친다'는 뜻으로 배의 속도가 아주 빠

른 것을 가리킨다. 뜻이 크고 기백이 당차서 난관을 두려워하지 않고 용감하게 앞으로 나아가는 것을 비유한다. '승풍파랑'과 관련해서는 《송서(宋書)》 〈종각전(宗慤傳)〉에 이런 이야기가 전한다.

중국 남북조시대에 종각이라는 젊은이가 있었다. 그는 어려서부터 아버지와 숙부에게 검술을 배워 어린 나이에 남다른 무예 실력을 갖췄다. 어느 날 종각의 형이 혼인을 하여 집 안에 많은 축하객이 몰려들었다. 그런데 이 틈에 축하객으로 위장한 10여 명의 도적이 몰래 들어와 감시가 없는 창고의 물건을 훔쳐 달아나려다 하인에게 들켰다. 도적들은 검 따위의 무기를 꺼내 들고 사람들을 위협하며 도망치려 했다. 이 사실을 전해들은 종각은 조금도 망설임 없이 검을 빼들고 달려가 도적들을 막아섰다. 종각의 기세가 범상치 않음을 본 도적들은 훔친 물건들을 버리고 줄행랑을 쳤다. 축하객들이 한목소리로 종각을 칭찬하며 앞으로 무슨 일을 하고 싶으냐 물었다. 종각은 큰 소리로 말했다.

"큰 파도를 타고 1만 리 파도를 헤치며 위대한 일을 하고 싶습니다!"

아니나 다를까, 종각은 몇 년 뒤 변방을 침범한 반역자를 물리치는 데 큰 공을 세워 장군이 되었다. 그 뒤로도 여러 차례 큰 공을 세워 조양후(洮陽侯)라는 작위까지 받음으로써 소년 시절의 이상과 포부를 실현했다.

'승풍파랑'은 송나라 이홍(李洪)의 시 〈우작(偶作)〉에도 나온다.

■ **심화학습** : 성공과 실패, 승리와 패배와 관련한 성어에 대해 알아보기
■ **'승승장구'로 나의 문장 만들어 보기**

109
시기상조(時機尙早)

• 중국어 발음 : shí jī shàng zǎo
• 아직 때가 이르다.
• 어떤 일을 하기에 아직 적절한 때가 되지 않았음을 뜻하는 성어다.
• 교과서 : 초등
• 출전 : 일본식 성어

 '시기상조' 역시 중국은 쓰지 않는 성어다. 중국 포털사이트에서는 '시기상조'를 일본의 TV 프로그램과 연관 지어 소개했다. 일본 고사성어 검색 항목에도 나온다.

 '시기상조'와 같은 뜻의 중국 성어로 '위시상조(爲時尙早)'가 있다. 이 표현은 이백원(李伯元)의 견책소설 《관장현형기(官場現形記)》에 나온다. (견책소설에 대해서는 '가화만사성' 항목 참고) 이 소설 2회의 "원래 '때가 아직 되지 않았기'에 오씨 집안의 대문이 열리지 않은 것이야"라는 대목에서 '위시상조'란 표현이 나온다. 비슷한 뜻의 성어로 '위시과조(爲時過早)'가 있는데, 때가 아직 많이 이르다는 뜻이다. '위시상조'는 같은 제목의 노래도 있다.

청나라 말기 관료 사회의 부패상을 적나라하게 묘사한 《관장현형기》에서 '위시상조'를 쓴 작가 이백원

'시기상조'는 일을 벌일 적절한 때가 아니라는 뜻으로 많이 쓰지만, 더 나은 결과를 위해 좀 더 기다릴 필요가 있다는 뜻도 내포한다. 이와 반대되는 성어는 '시의적절(時宜適切)'이다.

최근 몇 년 코로나 팬데믹 상황에서 마스크 착용 여부를 둘러싸고 '시기상조' 논란이 크게 벌어지면서 전례 없이 '시기상조'가 많이 등장했다. 모든 일은 때가 무르익어야, 즉 '시기(時機)가 성숙(成熟)해야' 제대로 된 효과와 결과를 거둘 수 있다. 너무 일러도 너무 늦어도 제 성과를 내지 못한다. 때를 맞추는 일이 아주 어렵다는 점을 '시기상조'를 통해 생각해 본다.

■ 심화학습 : 기회(機會)에 관한 성어에 대해 알아보기
■ '시기상조'로 나의 문장 만들어 보기

110
시시비비(是是非非)

- 중국어 발음 : shì shì fēi fēi
- 옳은 것은 옳고 그른 것은 그르다.
- 매사에 일을 바르게 판단하고 잘잘못을 가린다는 뜻의 성어다.
- 교과서 : 초등 3-1 국어 연계
- 출전 : 《순자》

'시시비비'는 유가 사상을 집대성한 전국시대 말기의 사상가 순황(荀況, 기원전 약 313~기원전 238)의 저서 《순자》* 〈수신(修身)〉 편의 다음 대목에 보인다.

"옳은 것을 옳다 하고 그른 것을 그르다 하는 것을 지혜라 하며, 옳은 것을 그르다 하고 그른 것을 옳다고 하는 것을 어리석음이라 한다."

순자는 〈수신〉 편에서 제대로 된 사람이 되려면 자신을 어떻게 수양해야 하는가를 논한다. 특히 옳은 것을 옳다 하고 그른 것을 그르다 하는 것을 지혜라 하여, 옳고 그른 것을 가릴 줄 아는 것을 지혜의 차원에 놓았다. '시시비비'는 사람으로서 갖춰야 할 기본 태도이자 양심의 기초라는 말이다.

'시시비비'는 같은 글자를 두 자씩 연결한 특이한 성어다. '시시'에서 앞의 '시'는 긍정한다는 뜻의 동사이고, 뒤의 '시'는 정확한 것, 옳은 것을 가리키는 목적어다. '비비'도 마찬가지로 그른 것을 그르다 한다는 뜻이다. 합쳐서 옳고 그른 것, 좋고 나쁜 것을 아주 분명하게 가린다는 뜻이다.

지금 우리 사회를 보면 옳고 그른 것을 제대로 가리기는커녕 시비의 경계를 교묘하게 흐리거나 심지어 이 둘을 뒤바꾸는 '시비전도(是非顚倒)'라는 나쁜 현상이 곳곳에서 벌어지고 있다. 제대로 살펴야 한다.

＊순자는 전국시대 후기의 사상가로 이름은 황(況)이다. 공자 이후 유가가 진보와 보수로 크게 갈라지면서 진보를 대표하는 인물이 되었다. 이 때문에 그를 유가 좌파라 부르기도 한다.(맹자는 유가 우파를 대표한다고 본다.) 사상의 뿌리는 유학이지만 당시의 진보 사상을 두루 흡수하고 수용했다. 이런 사상적 특징 때문에 그의 문하에서 법가를 대표하는 한비와 이사가 배출되었다.

순자는 사회 실천적 경험을 중시했고, 인간의 본성에 대해서는 '예(禮)'로써 '악(惡)'한 본성을 '선(善)'으로 바꿔야 한다는 이른바 '성악설(性惡說)'을 주장하여 맹자의 '성선설(性善說)'과 대립했다. 그가 남긴 것으로 전하는 《순자》는 유가의 사상과 논리를 집대성한 저작이라는 평가를 받는다.

■ 심화학습 : 성선설, 성악설, 무선무불선설(無善無不善說)에 대해 알아보기
■ '시시비비'로 나의 문장 만들어 보기

111
시종일관(始終一貫)

- 중국어 발음 : shǐ zhōng yī guàn
- 처음부터 끝까지 같은 자세나 의지를 보이는 것
- 어떤 일을 할 때 처음 먹은 마음을 끝까지 바꾸지 않고 마무리하는 자세와 태도를 가리키는 성어.
- 교과서 : 초등
- 출전 : 〈항일 시기 중국 공산당의 임무(中國共産黨在抗日時期的任務)〉

　우리 일상에서 자주 사용하는 '시종일관'에 대해 관련 사전이나 지식 검색에서는 그 출전을 명시하지 못한다. 같은 뜻을 가진 성어로 '시종여일(始終如一)'과 '수미일관(首尾一貫)'이 있다. '시종여일'은 역사서인 《양서(梁書)》〈도흡전(到洽傳)〉이 그 출전이고, '수미일관'은 그 출전이 분명하지 않다.

　'시종일관'의 출전에 대해 중국 지식 검색 등에서는 1937년 공산당 혁명 기지 연안(延安)에서 열린 중국 공산당 전국대표대회 때 발표된, 공산당 초기 지도자를 대표하는 모택동(毛澤東, 1893~1976)의 보고서 〈항일 시기 중국 공산당의 임무〉로 명시하고 있다.(이 보고서는 1951년 인민출판사에서 출간한 《모택동선집》 제1권에 수록되었다.) 이 글에서 모택동은 다음과 같이 말했다.

　"중국은 중국 인민과 '시종일관' 좋은 친구인 소련과 서로 연합해야 할 뿐만 아니라 가능한 모든……."

　'시종일관'처럼 네 글자는 아니지만 《한서》〈왕망전(王莽傳)〉에 '종시일이관지(終始一以貫之)'란 표현이 나온다. 뜻은 같다. '일관'과 관련해서는 《논어》 〈이인〉 편에서 공자가 증자에게 "삼(參, 증자의 이름)아, 내 길은 하나로 일관되어 있다"라고 한 대목에 '일이관지'란 표현이 보인다. '일이

모택동은 독서광이었고 고전에 대한 조예가 깊어 문장이 상당히 뛰어나다는 평가를 받는다. 사진은 글을 쓰는 모택동의 모습이다.

관지'는 〈위령공〉 편에 한 번 더 나오는데 여기서는 자신의 배움은 '하나의 이치로 모든 것을 꿰뚫고 있다'는 뜻으로 쓰였다. 모택동은 이런 표현들을 참고하여 '시종일관'을 만든 것으로 보인다.

■ 심화학습 : 모택동의 독서법에 대해 알아보기
■ '시종일관'으로 나의 문장 만들어 보기

112

심기일전(心機一轉)

- 중국어 발음 : xīn jī yī zhuǎn
- 마음의 틀을 바꾸다.
- 어떠한 동기에 의해 이제까지 먹은 마음을 바꾼다는 뜻인데, 마음의 자세를 새롭게 가다듬는다는 의미가 강하다.
- 교과서 : 초등 3-1 국어 연계
- 출전 : 일본식 성어

    중국 포털사이트에는 '심기일전'이 일본식 성어로 소개되어 있고, 일본 검색 사전에도 항목이 보인다. 우리가 흔히 쓰는 '심기(心機)'는 남조시대 양나라 시인 하손(何遜, 생몰 미상, 5세기 중후반에서 6세기 초에 활동)이 쓴 〈궁조부(窮鳥賦)〉에 보인다. 하손보다 앞서 동한의 문장가 조일(趙壹)도 〈궁조부〉라는 작품을 남겼다. '심기'는 하손의 〈궁조부〉 마지막 대목에 나온다.

    "곤궁한 새가 이런 세상사 이치를 모르는 바는 아니지만, 마음으로 어떤 생각도 낼 수가 없구나!"

'심기'를 남긴 남조의 시인 하손

    여기서 '심기'는 '마음속 생각', 즉 '심사(心思)'와 같은 뜻이다. 하손 이후 많은 문인이 '심기'를 인용했는데, 어떤 상황이나 어려움이 처했을 때 마음으로 생각하여 계책을 낸다는 뜻으로 많이 사용하고 있다. 훗날 속담에도 인용하여 '심기를 낭비하지 마라'거나 '심기를 함부로 쓴다'거나 '심기를 다 사용하다'라는 식으로 활용한다. '심기'는 남을 해치는 마음이나 그런 계략이란 뜻으로도 쓰인다. 예컨대 '심기가 불량하다'거나 '심기가 나쁘다'는 식으로 쓰는데, 이때의 '심기'는 한국어에서 '마음 씀씀이가 나쁘다'고 할 때 그 '마음 씀씀이'와 딱 통한다.

자신의 능력과 처한 상황이 한순간에 바뀌지 않거나 스스로 바꿀 수 없는 경우가 있다. 이럴 때 그냥 체념하고 자포자기(自暴自棄)할 것이 아니라 '심기'를 전환하여 그 상황을 변화시키고, 나아가 자신의 능력을 한 단계 더 끌어올릴 수 있다. 사람은 누구에게나 이런 능력이 잠재되어 있기 때문이다. 이것이 '심기일전'의 진정한 의미라 할 것이다.

■ 심화학습 : 마음 '심(心)' 자가 들어가는 성어에 대해 알아보기
■ '심기일전'으로 나의 문장 만들어 보기

113

심사숙고(深思熟考)

- 중국어 발음 : shēn sī shú kǎo
- 깊게 생각하고 곰곰이 살핀다.
- 일이나 상황이 왜 이렇게 되었는지 차분하고 깊게 곰곰이 생각하는
  것을 가리키는 성어다.
- 교과서 : 초등 3-1 국어 연계
- 출전 :《위서》

중국은 '심사숙려(深思熟慮)'를 주로 쓴다. 반복해서 깊이 생각한다는 뜻이다. '심사'와 '숙려'가 떨어져 나오긴 했지만, 그 출전은《위서》〈정준전(程駿傳)〉의 다음 대목이다.

"그리고 공격하기는 어렵고 지키기는 쉽기 때문에 힘이 백 배는 더 든다. '깊이 생각(심사深思)'하지 않을 수 없고, '곰곰이 고려(숙려熟慮)'하지 않을 수 없다."

같은 뜻의 성어는 '재삼고려(再三考慮)'가 있다. '두 번 세 번 생각한다'는 뜻이다. 세 번 생각하고 행동하라는 '삼사이행(三思而行)'도 종종 인용한다. '삼사이행'의 출전은《논어》〈공야장〉 편에서 "계문자는 세 번 생각한 다음 행동했다. 공자께서 이를 듣고 '두 번이면 된다'고 했

《사기》를 완성하고 깊은 생각에 빠져 있는 사마천을 그린 기록화

324

다"는 대목의 '삼사이후행(三思而後行)'이다.

'심사'는 전국시대 초나라 애국 시인 굴원(屈原)의 대표 작품 《초사 (楚辭)》〈어부(漁夫)〉에 보인다. 사마천은 〈오제본기〉 말미에서 '배우 길 좋아하고 깊이 생각한다'는 '호학심사(好學深思)' 네 글자를 남겼 다. 사마천은 '호학심사'하면 '심지기의(心知其意)'한다고 덧붙였다. 앞뒤를 다 풀이하자면 '배우길 좋아하고 깊이 생각하면 마음으로 그 뜻을 안다'는 의미다.

사마천은 인간과 사물에 내재된 깊은 의미와 이치를 알고 깨치려 면 배우는 것을 즐거워하고 생각을 깊이 하라고 말한다. 그러면 마 음으로 그 의미와 이치를 깨닫는다는 것이다.

'호학심사, 심지기의' 여덟 자는 음미할수록 절묘하다. '심사(深思)' 에 방점을 찍으면 모든 의문과 의심, 의혹과 질문이 바로 여기서 비롯된다. 이 여덟 글자를 가만히 잘 살펴보면 사마천의 절묘한 글 자 배치와 의도를 눈치챌 수 있다. 생각 '思' 아래에 있는 마음 '心' 은 바로 다음 글자 마음 '心'으로 이어지고, 끝 글자인 뜻 '意' 아래 의 마음 '心'으로 마무리된다. 그리고 전반부 끝 글자인 '思'와 후반 부 끝 글자인 '意'는 마음 '心'을 공통분모로 대구(對句)를 이룬다. 또 한 '學'과 '知'도 어울린다. 참으로 절묘한 배치이자 의미심장한 명 구가 아닐 수 없다.

■ 심화학습 : 생각 '사(思)' 자가 들어가는 성어에 대해 알아보기
■ '심사숙고'로 나의 문장 만들어 보기

114

십시일반(十匙一飯)

- 중국어 발음 : shí chí yī fàn
- 열의 한 술 밥, 즉 열 사람이 한 술씩 보태면 한 사람 먹을 분량이 된다.
- 여러 사람이 힘을 합하면 한 사람을 돕기는 쉽다는 뜻의 우리 성어다.
- 교과서 : 초등 3학년 도덕 연계
- 출전 : 《이담속찬》

'십시일반'은 우리 속담을 한자로 옮긴 것이다. 우리 속담을 한문으로 바꾸어 수록한 《이담속찬》의 원문은 '십반일시(十飯一匙), 환성일반(還成一飯)'인데 대개 '십시일반' 네 글자로 줄여서 표현한다.(《이담속찬》에 대해서는 서문 참고) 이에 딸린 해설을 보면 "여러 사람이 힘을 내면 힘을 작게 쓰고도 그 혜택은 커진다"라고 되어 있다. '십시일반'이란 제목으로 TV 드라마도 제작되었다.

'십시일반'과 비슷한 뜻을 가진 우리 속담으로 '백지장도 맞들면 낫다'가 있다. 혼자 하는 것보다 힘을 합치면 힘이 덜 들고 훨씬 효과적이라는 뜻이다. 이 속담은 우리 속담집인 《이담속찬》, 《백언해》, 《동언해》에 보인다. 《이담속찬》에는 "경피박저(輕彼薄楮), 상욕대거(尙欲對舉)", 즉 "가볍고 얇은 종이라도 맞들려 한다"라고 했다. 《백언해》에는 "일지지경(一紙之輕), 양력이거(兩力易舉)", 즉 "가벼운 종이 한 장도 둘이 힘을 쓰면 쉽게 든다"라고 했다. 한편 《동언해》에는 "지장대거경(紙丈對舉輕)", 즉 "종이 한 장도 맞들면 가볍다"라고 나온다. 약간씩 차이는 있지만 뜻하는 바는 같다. 그에 딸린 해설 역시 혼자 하기 힘든 일도 힘을 합치면 쉬워진다 등으로 나온다.

이 밖에 어렵더라도 함께 나누며 산다는 뜻의 '콩 한 쪽이라도 나눠 먹는다'라는 말이 있다. 모두가 힘을 합치면 어려움을 헤쳐 나갈 수 있다는 뜻을 가진, 서민들의 생활 모습을 잘 반영한 속담들이라 할 수 있다.

■ **심화학습 : 밥이나 먹을 것과 관련한 성어에 대해 알아보기**
■ **'십시일반'으로 나의 문장 만들어 보기**

115
십중팔구(十中八九)

- 중국어 발음 : shí zhōng bā jiǔ
- 열에 여덟아홉
- 거의 예외 없이 그럴 것으로 추측할 수 있음을 비유하는 성어다.
- 교과서 : 초등
- 출전 : 〈부신행(負薪行)〉

'십중팔구'는 거의 틀림없이 그럴 것이라고 추측할 때 많이 쓰는데, 차이가 거의 나지 않을 것이라는 뜻이기도 하다.

'십중팔구'는 우리가 많이 쓰고 중국은 '십유팔구(十有八九)'를 많이 쓴다. 같은 뜻이다. '십유팔구'는 당나라 시인 두보의 시 〈부신행〉에 나온다. 두보는 평생 기구한 삶을 살았다. 이곳저곳을 전전하기도 했는데, 〈부신행〉은 장강 삼협 기주(夔州)에 잠시 머물 때 그곳 여성들의 고달픈 삶을 보고 지은 것이다. '부신'은 등에 장작(땔나무)을 진다는 뜻이다. 전반부만 소개한다.

기주의 처녀들은 머리가 반백이 되고
마흔 쉰이 넘도록 남편이 없단다.
잇단 난리 통에 시집을 갈 수 없어
한평생 한을 안은 채 늘 한숨짓는다.
이곳 풍습은 남자는 앉고 여자는 서며

남자는 집을 보고 여자가 드나드는데

십중팔구는 땔나무 지고 돌아와

땔나무 팔아 그 돈으로 생활한다.

'십유팔구'와 같은 뜻의 성어로 '십지팔구(十之八九)'를 많이 쓴다. (두
보에 대해서는 '금시초문' 항목 참고)

■ 심화학습 : 열 '십(十)' 자가 들어가는 성어에 대해 알아보기
■ '십중팔구'로 나의 문장 만들어 보기

두보는 시 〈부신행〉에서 '십유팔구'라는 표현을 남겼다. 사진은 두보의 무덤이다. (하남성 낙양시
동쪽 약 23킬로미터 지점 언사시偃師市 두루촌杜樓村)

116

아복기포불찰노기(我腹旣飽不察奴飢)

- 중국어 발음 : wǒ fù jī bǎo bù chá nú jī
- 제 배가 부르면 종 배고픈 줄 모른다.
- 자신의 처지가 나아지면 남의 어려움을 생각하지 않는다는 비유로 우리 속담의 한문 표현이다.
- 교과서 : 고등 한문
- 출전 : 《이담속찬》, 《백언해》

'제 배 부르면 종 배고픈 줄 모른다'는 우리 속담을 한문으로 바꾼 표현이다. '내 배 부르면 종의 밥 짓지 말라고 한다'는 속담도 같은 뜻이다. 남의 사정은 조금도 생각할 줄 모르고 자기만 알아서 제 욕심만 채우는 사람을 보고 하는 말이다.

《이담속찬》과 《백언해》에 보이는데, 《백언해》에는 "궐복과연(厥腹果然), 불찰노기(不察奴飢)"라고 했다. "배를 채우면 아니나 다를까, 종 배고픈 것은 살 피지 않는다"는 뜻이다. 《이담속찬》에서는 "자기가 복과 즐거움을 누리면 남의 궁색함을 알지 못한다"는 해설을 함께 달았다.

요 임금이 순에게 임금 자리를 양보한 이른바 '선양(禪讓)'은 훗날 바람직한 권력 계승으로 높이 평가되었다. 그림은 요·순의 선양을 나타낸 벽돌 그림이다.

중국의 언어(諺語, 속담) 중에 이와 비슷한 표현으로 '포복부지기두고(飽腹不知饑肚苦)'가 있다. '부른 배는 고픈 배의 고통을 모른다'는 뜻이다. 생활 수준이나 조건이 훨씬 나은 사람일수록 어렵게 사는 사람의 고통을 이해하지 못한다는 뜻으로, 당사자가 아니면 당사자의 고충을 모른다는 점을 비유하기도 한다.

예나 지금이나 권력과 돈을 가진 자들의 특권 의식과 이를 자기들만 누리려는 탐욕이 문제였다. 이 때문에 고대 로마와 유럽 귀족들에게 뿌리박힌 '고귀한 만큼 책임과 의무를' 다하라는 '노블레스 오블리주' 정신은 지금까지 유럽 사회를 지탱하는 하나의 힘이 되고 있다.

역사가 사마천은 요(堯) 임금이 아들이 아닌 능력 있는 순(舜)에게 임금 자리를 물려주면서 "한 사람의 이익을 위해 천하가 손해 볼 수 없다"는 말로 이 정신을 매우 강조했다. 동서양을 막론하고 의식 있는 사람들은 사회 고위층일수록 더 높은 수준의 법률적, 도덕적 의무가 중요하다는 점을 제대로 인식했다. 과연 우리 사회의 실상은 어떤지 되돌아볼 일이다.

■ 심화학습 : 노블레스 오블리주와 관련한 동서양 명언명구에 대해 알아보기
■ '아복기포불찰노기'로 나의 문장 만들어 보기

117
아전인수(我田引水)

- 중국어 발음 : wǒ tián yǐn shuǐ
- 제 논에 물 대기
- 자기 이익만 생각하고 행동하는 것을 비유하거나, 자신에게만 이롭도
  록 억지로 꾸미는 것을 비유하는 표현이다.
- 교과서 : 초등 5-1 국어 연계
- 출전 : 일본식 성어

'아전인수'는 중국 포털사이트에 일본식 성어로 소개되어 있고, 일본 검색 사전에도 항목이 보인다. 우리 지식 검색에서는 출처를 밝히지 않고 가볍게 생각 없이 함부로 행동하는 것, 옳은지 그른지도 모르고 아무 생각 없이 행동하는 것, 자기에게만 이롭도록 생각하거나 행동하는 것을 비유한다고 풀이했다.

최근에는 사회적으로 큰 해악을 끼치는 언론의 잘못된 보도 행태를 지적할 때 '아전인수'식의 보도라며 비판하고 있다. 이와 뜻이 가장 가까운 성어는 '견강부회'가 있다.(견강부회' 항목 참고)

■ 심화학습 : 언론의 '아전인수'식 기사나 보도에 대해 알아보기
■ '아전인수'로 나의 문장 만들어 보기

118
안하무인(眼下無人)

- 중국어 발음 : yǎn xià wú rén
- 눈 아래 사람이 없다.
- 잘난 체하며 겸손하지 않고 건방져서 다른 사람을 업신여기는 것을 비유하는 표현이다.
- 교과서 : 초등 5-1 국어 연계
- 출전 : 《이각박안경기(二刻拍案驚奇)》, 《동주열국지》

　　명나라 소설가 능몽초(凌蒙初, 1580~1644)의 작품 《이각박안경기》＊ 제9권에 "저 두 친척 형제는…… 젊고 호기가 넘쳐 '눈 아래 사람이 없는' 자들이다"라는 대목이 있다. 원문은 '안저무인(眼底無人)'으로 되어 있고, 이렇게 많이 쓴다. 훗날 거듭 인용되면서 좀 더 쉽게 '안하무인'으로 표현했다. 같은 명나라 작가 풍몽룡의 역사소설 《동주열국지》에도 '안저무인'으로 나온다. 비슷하거나 같은 뜻의 성어는 '마치 곁에 아무도 없는 것 같다'는 '방약무인(傍若無人)'과 '눈 안에 사람이 없다'는 '목중무인(目中無人)'이 있다. '방약무인'은 《사기》〈자객열전〉에 보이는데 다음과 같은 고사가 있다.

　　전국시대 위나라 형가(荊軻)는 책 읽는 것과 검 쓰는 것을 즐겨 했다. 나랏일에도 관심이 많았으나 자신의 의견이 받아들여지지 않아 이 나라 저 나라를 떠돌며 호걸들과 교류했다. 그러다 연나라 태자 단(丹)이 인재를 존중한다고 해서 연나라로 갔다. 형가는 연나라에서 백정과 축(筑)이라는 악기 연주의 달인인 고점리(高漸離)와 사

'안저무인'이 나오는 능몽초의 소설집 《이각박안경기》의 삽화가 들어간 판본

귀었다.

축은 거문고 비슷한 악기로서 작대기로 줄을 퉁겨서 소리를 낸다. 이 두 사람과 형가는 날마다 큰길로 나가 술을 마셨다. 취기가 돌면 고점리는 축을 퉁기고 형가는 여기에 맞추어 노래하며 함께 즐겼다. 그러다가 감정이 극도에 달하면 울기도 했는데 그 모습이 '마치 곁에 아무도 없는 것 같았다'. 여기에서 '방약무인'이 비롯되었다.

＊《이각박안경기》는 1632년 능몽초가 편집하고 지은 화본소설집(話本小說集)으로 앞서 나온 《초각박안경기》와 함께 '이박(二拍)'으로 많이 부른다. 옛날부터 전해 오는 기이한 이야기를 모아 놓은 것으로 당시 새로 등장한 시민 계층의 사상과 관념을 반영했다는 평가를 받는다.

■ 심화학습 : 〈자객열전〉에 대해 알아보기
■ '안하무인'으로 나의 문장 만들어 보기

119

애지중지(愛之重之)

- 중국어 발음 : ài zhī zhòng zhī
- 무엇을 매우 사랑하고 중시하다.
- 특정한 그 무엇 또는 사람을 몹시도 소중하게 여기는 것을 비유하는 표현이다.
- 교과서 : 초등
- 출전 : 〈계형자엄돈서(誡兄子嚴敦書)〉

우리가 일상에서 즐겨 쓰는 '애지중지'는 한나라의 명장 마원(馬援, 기원전 14~기원후 49)이 형님의 아들, 즉 조카인 마엄(馬嚴)과 마돈(馬敦) 형제에게 보낸 편지에 나온다. 마원의 편지는 젊은이들이 충분히 귀담아들을 만한 대목이다. 그 편지를 아래에 소개한다.

"나는 너희가 다른 사람의 험담을 들으면 부모의 이름을 듣는 것처럼 귀로는 듣되 입으로는 말하지 않길 바란다. 남의 장단점을 거론하고 아무 데서나 정치와 법령을 비판하는 것을 나는 가장 통탄스럽게 생각한단다. 차라리 죽을지언정 내 자손들이 이렇다, 라는 소리는 듣고 싶지 않구나. 내가 이런 점을 깊이 걱정한다는 것을 너희가 잘 아는데도 또 한 번 이야기하는 까닭은 부모가 딸을 시집보낼 때 허리춤에 향주머니를 달아 주며 신신당부하는 것처럼 가르침을 꼭 머릿속에 기억하여 영원히 잊지 않길 바라기 때문이다.

우리 속담의 '불면 날까 쥐면 꺼질까', '쥐면 꺼질까 불면 날까'가 '애지중지'의 뜻과 가깝다.《순오지》,《백언해》,《열상방언》)

마원의 편지는 냉정할 것 같은 무장의 마음에 감추어진 자애로운 정이 깊게 느껴진다.

용백고는 사람이 후덕하고 근신하며 함부로 말하지 않는 위인이다. 겸손하고 근검절약하며 청렴하고 공정하여 위엄을 갖춘 사람이라 할 수 있다. 나는 그를 '경애하고 중시'하므로 너희가 그를 본받길 바란다. 두계량은 위인이 호방하고 의기가 넘쳐 다른 사람이 우울해하면 같이 우울해하고 즐거워하면 같이 즐거워한다. 어질건 어질지 않건 모두 교류하여 함께 잘 어울려 지낸다. 그 아버지가 돌아가셔서 출상하는 날 인근 몇 개 군의 사람들이 조문하러 올 정도였다. 나는 또한 그를 '경애하고 중시'한다. 하지만 너희가 두계량은 본받지 않길 바란다.

용백고를 다 본받지 못하더라도 근신하는 사람은 될 수 있다. '백조는 못 그리더라도 들오리는 그릴 수 있다'는 말이다. 두계량을 본받지 말라고 한 것은 경박한 사람으로 빠질 위험이 있기 때문이다. 말하자면 '호랑이를 그리려다 개를 그리는' 꼴이 될 수 있기 때문이다. 두계량이 끝내 어떻게 될지는 아직 알 수 없지만 각 군의 장수들이 처음 부임하면 모두 이를 갈며 그를 미워했고, 주와 군에서도 이러쿵저러쿵 말이 많았다. 나는 늘 그를 꺼려했고, 그래서 내 자손들이 그를 본받지 않길 바라는 것이다."

■ 심화학습 : 사랑 '애(愛)' 자가 들어가는 성어에 대해 알아보기
■ '애지중지'로 나의 문장 만들어 보기

120
어부지리(漁父之利)

• 중국어 발음 : yú fù zhī lì
• 어부의 이익
• 둘이 다투는 사이 제3자가 이익을 얻는 것을 비유하는 표현이다.
• 교과서 : 초등 6-1 국어 연계
• 출전 : 《전국책》

너무나 유명한 사자성어인 '어부지리'는 중국 전국시대 여러 나라의 이야기를 기록한 《전국책》〈연책(燕策)〉에 나온다. 중국은 '어옹지리(漁翁之利)'를 많이 쓴다. 조금 길지만 이 부분을 자세히 살펴보고 그 의미를 짚어 본다. 비슷한 뜻의 성어로 '방휼지쟁(蚌鷸之爭, 조개와 도요새의 다툼)', '견토지쟁(犬兎之爭, 개와 토끼의 다툼)' 등이 있다. 《삼십육계》의 '불난 틈에 훔친다'는 '진화타겁(趁火打劫)'과 비슷한 뜻이다.

전국시대 중국 동북쪽에 위치한 연나라는 서쪽으로 조나라, 남쪽으로 제나라와 국경을 접하고 있어 끊임없이 침략의 위기에 시달렸다. 어느 해 기근이 들어 고생하고 있을 때, 조나라가 그 틈을 타서 침략하려 했다. 연나라는 많은 병력을 제나라에 보낸 터라 조나라와 싸우고 싶지 않았다. 그래서 소대(蘇代)를 보내 조왕을 설득해 보기로 했다.

소대는 합종책으로 유명한 소진(蘇秦)의 동생이다. 형이 죽은 뒤 종횡가의 맥을 이어 연왕 쾌(噲)부터 소왕에 이르기까지 연나라에

있으면서 여러모로 힘쓴 인물이다. 조나라로 건너간 소대는 자신
있게 혜문왕을 설득했다.

"제가 오늘 조나라로 오면서 역수(易水, 조와 연의 경계를 흐르는 강)를 지
나다 무심코 강가를 보았더니 민물조개가 입을 벌린 채 햇볕을 쬐
고 있었습니다. 그때 도요새가 날아와 그 민물조개의 살을 쪼았습
니다. 조개는 깜짝 놀라 급히 껍데기를 닫아 그 새의 부리를 물고
놓아주질 않았습니다. 어떻게 될까 궁금해서 가만히 걸음을 멈추
고 지켜보았더니 도요새가 이렇게 말하더군요. '야! 이대로 있다가
오늘도 내일도 비가 오지 않으면 너는 말라죽을 수밖에 없어.' 민물
조개도 지지 않고 쏘아붙였습니다. '흥! 내가 오늘도 내일도 너를
놓아주지 않으면 너도 죽어.' 양쪽 모두 고집을 부리며 말다툼만 했
지 화해하려 하지 않았습니다. 그때 지나가던 어부가 보고는 아주
간단하게 둘 다 잡아 버렸습니다. 이 순간 번개같이 제 머릿속을
스쳐 가는 생각이 있었습니다. 왕께서 지금 연을 공격할 생각인 것
같습니다만, 우선 제 말씀을 들어 보십시오. 연나라가 민물조개라
면 조나라는 도요새입니다. 연과 조가 쓸데없이 싸워 백성들을 못
살게 만든다면, 저 강력한 진나라가 어부가 되어 힘 하나 안 들이
고 두 나라를 집어삼킬 것입니다."

조나라 혜문왕은 소대의 말을 듣고 조와 접한 진의 위력을 무시
할 수 없음을 깨달아 연을 공격하지 않았다.

입장을 바꾸어 말한다면 '어부지리'보다 더 유리한 일도 없다. 자
신의 손을 더럽히지 않고 '어부지리'를 달성할 수만 있다면 최상이
다. 이번에는 〈초책(楚策)〉에 나오는 사례를 보자.

위나라와 조나라가 싸움을 벌였다. 위나라 대군이 조나라 수도를 포위하여 조나라의 운명은 풍전등화의 처지에 놓이고 말았다.

이런 상황에서 가장 기뻐한 나라는 초나라였다. 두 나라가 서로 죽으라고 싸우면 초나라는 그만큼 안전해진다. 그렇다면 이 상황에서 초나라는 어떤 행동을 취해야 하는가? 조정 회의에서 의견들이 분분했다.

장군 소해휼(昭奚恤)이 말했다. "우리는 어느 쪽 편도 들지 않고 그들끼리 서로 싸우게 만들어 양쪽 모두 감당할 수 없을 만큼 지치게 만드는 것이 가장 좋습니다."

아무도 이 의견에 이의를 제기하지 않을 것 같았다. 그런데 경사(景舍)가 이의를 제기하고 나섰다.

"그냥 그대로 내버려 둔다면 조나라는 멸망하고 말 것입니다. 이전에 조나라는 우리 초나라를 믿을 수 없는 나라라고 생각해 왔습니다. 따라서 위나라에 투항하면 곧 두 나라가 동맹하여 우리 초나라에 대항할 것입니다. 지금은 두 나라를 계속 싸우게 하면서, 우리는 조나라에 작은 원조를 보내야 합니다. 초나라가 뒤에서 후원한다는 사실을 알면 조나라는 사기가 올라 계속 싸울 것이고, 또 한편으로 위나라가 초나라의 원조라는 것이 보잘것없다는 사실을 알

흥미로운 고사를 많이 담고 있는 《전국책》〈초책〉의 한 부분이다.

면 별다른 두려움 없이 물러서지 않고 계속 싸울 것입니다. 이렇게 해야만 두 나라를 계속 싸우게 만들 수 있고, 그렇게 해야 둘 다 피로를 감당할 수 없습니다."

경사의 의견이 채택되었고, 초나라는 '어부지리'를 얻어 조나라 땅을 차지했다.

■심화학습 : 유세가 소진 형제에 대해 알아보기
■'어부지리'로 나의 문장 만들어 보기

121
어불성설(語不成說)

- 중국어 발음 : yǔ bù chéng shuō
- 말이 말이 아니다.
- 말이나 문장이 이치나 맥락에 맞지 않아 온전한 말이나 문장이 되지 못함을 비유하는 표현이다.
- 교과서 : 초등 5–1 국어 연계
- 출전 : 우리식 성어?

중국 포털사이트에서는 우리식 성어로 소개하면서 '어불성구(語不成句)'의 한국식 표현이라고 했다. 중국에는 같은 뜻의 성어로 '어불성구'가 있는 것이다. 우리 지식 검색이나 사전에는 '어불성설'의 출처가 전혀 나오지 않고, 비슷한 뜻의 성어로 '만불성설(萬不成說)', '어불근리(語不近理)'를 소개하고 있다. 줄여서 '불성설'이라고 한다는 설명도 있다. '만불성설'은 말이 되지 않음을 더욱 강조한 표현이고, '어불근리'는 말이 이치에 가깝지 않다, 즉 이치에 맞지 않는다는 뜻이다. 두 성어 역시 출처가 없고 중국은 쓰지 않는다. 다만 '어불근리'와 뜻이 같은 '불근도리(不近道理)'의 출처는 《고금소

황대림을 소개한 《흠정사고전서(欽定四庫全書)》 판본이다. 첫 문장에 산곡(山谷) 황정견의 형임을 언급하고 있다.

설(古今小說)》로 나와 있다. 《고금소설》은 명나라 때 소설가 풍몽룡이 편집한 백화체 단편소설집이다.

'어불성설'과 뜻이 가장 가까운 '어불성구'의 출처는 송나라 시인 황대림(黃大臨, 생몰 미상)의 시 〈청옥안(青玉案)〉으로 보인다. 〈청옥안〉은 황대림이 동생 황정견(黃庭堅, 1045~1105)을 유배지로 떠나보내는 비통한 심정을 읊은 이별시다.(황정견은 송나라의 이름난 문학가이자 화가다.) 그중 '어불성구'와 관련한 대목은 다음과 같다.

별어전면불성구(別語纏綿不成句).
작별의 말 이리저리 얽혀 말이 되지 않는구나.

사지로 떠나보내는 것처럼 마음이 아프고 애가 끊어 뭐라 말을 하는데도 자신조차 무슨 말인지 알 수가 없는 비통하고 애틋한 심경을 표현한 것이다.

■ 심화학습 : 언어(言語)에 관한 성어에 대해 알아보기
■ '어불성설'로 나의 문장 만들어 보기

122

여리박빙(如履薄氷)

- 중국어 발음 : rú lǚ bó bīng
- 살얼음을 밟는 듯하다.
- 아슬아슬하고 위험한 상황을 비유하는 표현이다.
- 교과서 : 고등 한문
- 출전 : 《시경》

중국에 남은 가장 오래된 시가집인 《시경》〈소아〉 편에 나오는 노래 '소민(小旻)'의 일부다. 앞뒤까지 포함해서 그 노랫말을 읊어 보자.

감히 맨손으로 호랑이를 잡지 못하고

걸어서 황하를 건너지 못하거늘

사람들은 하나만 알고

나머지는 모르는구나.

두려워하길

깊은 연못을 대하듯 하고

얇은 얼음 위를 걷는 듯하오.

이 노랫말에서 '두려워하길'을 나타내는 '전전긍긍(戰戰兢兢)'과 '깊은 연못을 대하듯'의 '여임심연(如臨深淵)'도 많이 쓰는 사자성어이자 비슷한 뜻의 성어다. 모두 아주 조심스러워하는 자세나 태도를 가

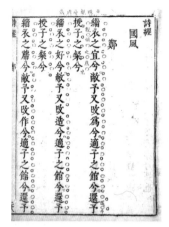
중국의 가장 오랜 시가집인 《시경》은
원래 3천 수 정도 수록되어 있었으나
공자가 300편으로 줄였다고 한다.

리킨다.

우리 주위를 보면 사람마다 일을 처리하는 방식이나 자세 등이 다 다른데 보기에 아슬아슬하게 일을 대하는 사람도 적지 않다. 이럴 때 '전전긍긍', '여임심연', '여리박빙' 같은 성어로 비유할 수 있다. 같은 《시경》〈대아〉 편의 노래 '대명'에 나오는 '소심익익(小心翼翼)'도 비슷한 뜻의 성어다. 어린 새가 날개를 펴듯 조심한다는 뜻이다.

이 노래는 당시 주나라의 어리석은 군주가 나라를 다스리는 모습이 마치 얇은 얼음 위를 걷는 것처럼 위태롭다는 것을 비유하고 있다. 그 군주를 유왕(幽王)으로 보기도 한다. 유왕은 후궁 포사(褒姒)를 웃기기 위해 전쟁 때나 피우는 봉화를 수시로 피워 결국 나라를 망하게 만든 장본인이다. (관련 고사성어로 '천금으로 웃음을 사다'는 '천금매소千金買笑'가 있다.)

■ 심화학습 : 《시경》과 《시경》에서 나온 고사성어에 대해 알아보기
■ '여리박빙'으로 나의 문장 만들어 보기

123
역지사지(易地思之)

- 중국어 발음 : yì dì sī zhī
- 입장을 바꿔서 생각한다.
- 다른 사람의 처지에서 생각해 볼 것을 비유하는 표현이다.
- 교과서 : 초등 4-2 국어 연계
- 출전 : 우리식 성어

  중국 포털사이트에는 우리식 성어로 언급하면서 관련한 우리 TV 사극 프로그램에 나오는 '역지사지'라는 대사도 함께 소개하고 있다. 《속담사전》에도 '역지사지' 항목이 있지만 출전은 밝히지 않았고 예문으로 염상섭의 소설 《취우》의 "역지사지하시더라도 나만 틀리다고는 않으시리라 믿습니다"라는 대목을 들고 있다.

  같은 뜻의 중국 성어로 '역지이처(易地而處)'가 있다. '입장을 바꾸어 그 사람의 자리에 서 보라'는 뜻이다. 출전은 삼국시대 위나라의 조모(曹髦, 241~260)가 쓴 〈소강한고조론(少康漢高祖論)〉의 다음 구절이다.

  "사직이 거의 기울었는데 (한 고조 유방이) 만약 소강(少康)의 입장에 섰더라면 대우(大禹)의 공적을 재현할 수 없었을지도 모른다."

  소강은 하나라 제6대 임금으로 한착(寒浞)에게 빼앗긴 하나라를 중흥시킨 인물이다. 대우는 하나라를 건국한 시조다. 위 글은 유방이 소강처럼 다 망한 진나라를 다시 일으키려 했다면 대우처럼 하나라를 건국하는 업적을 이루지 못했을 것이라는 뜻이다.

'역지사지'의 출전으로 '역지이처'라는
성어를 남긴 조모의 초상화

참고로 조모는 위 문제 조비(曹丕)의 손자이며 위나라 4대 황제로 즉위했다가 19세의 젊은 나이에 사마씨에게 나라를 빼앗겼다. 문무를 겸비했다고 하며 하나라를 중흥시킨 소강을 몹시 숭배했고, 그래서 위 글을 남겼다.

이후 '역지이처'는 당나라 사학자 유지기(劉知幾, 661~721)를 비롯하여 많은 문인의 글에 인용되었다. 같은 뜻으로 '역지이사(易地而思)', '역위이사(易位而思)' 등을 쓰기도 한다.

그런가 하면 비슷한 뜻으로 '역지개연(易地皆然)'이 있다. '입장을 바꾸어도 다 그렇다'는 뜻인데 출처는 《맹자》 〈이루(離婁)〉(하) 편이다. 다만 《맹자》에서는 그 뉘앙스가 조금 달리 쓰여 사람의 이상과 뜻, 그리고 관심 등이 일치한다면 설사 위치와 입장이 바뀌어 다른 환경에 처한다 해도 그 나타내는 바는 다 같을 것이라는 뜻이다. 해당 대목을 인용하면 다음과 같다.

"우 임금, 후직(后稷), 안회(顏回)의 길은 다 같다. 우 임금은 물에 빠진 사람을 보면 자기 때문에 빠졌다고 생각했고, 후직은 굶주린 사람이 있으면 자기 때문에 굶주린다고 생각했다. 그래서 그렇게 급했던 것이다. 우 임금, 후직, 안회의 입장을 서로 바꾸어도 다 그럴 것이다."

후직은 주나라의 시조이고, 안회는 공자의 수제자다. 이들이 추구하는 길이 시대는 달랐지만 다 같았다는 요지다. '역지사지'는 인간관계에서 공감대 형성을 위한 기본 자세이자 태도다.

■ 심화학습 : '역지사지'에 언급된 인물들에 대해 알아보기
■ '역지사지'로 나의 문장 만들어 보기

124

연목구어(緣木求魚)

- 중국어 발음 : yuán mù qiú yú
- 나무에 올라가서 물고기를 구한다.
- 안 되는 일을 굳이 하려는 행동을 비유하는 표현이다.
- 교과서 : 고등 한문
- 출전 : 《맹자》

'연목구어'는 《맹자》〈양혜왕(梁惠王)〉(상)에 나오는 사자성어로 일을 하는 방향과 방법이 잘못되어 힘만 들이고 성과는 없다는 것을 비유한다. 비슷한 뜻을 가진 사자성어는 배를 타고 가다 강에 검을 빠뜨린 사람이 배에다 빠뜨린 지점을 표시하고는 검을 찾겠다고 하는 '각주구검(刻舟求劍)'이다. ('각주구검'의 출처는 《여씨춘추》다.)

맹자는 '군주와 백성 중 누가 더 귀하냐'는 질문에 망설임 없이 '백성이 귀하고 군주는 가볍다(민귀군경 民貴君輕)'고 했다. 맹자의 언어는 매우 날카롭다. 전문가들은 맹자의 성격도 그랬을 것으로 추정한다. 그림은 맹자의 초상화다.

'연목구어'는 맹자가 천하를 제패하고 싶어 하는 제나라 선왕(宣王, 기원전 약 350~기원전 301)의 의중을 헤아리고 그의 야심을 꼬집어 비판하는 대목에 나왔다.

"대왕께서는 천하를 정복하여 진

나라와 초나라마저 조공시키고, 사방의 이민족들도 명령에 따르게 함으로써 천하의 패주가 되려고 하십니다. 그러나 이는 '나무에 올라가 물고기를 구하는 것'과 같습니다."

선왕이 뭐 그렇게까지 심하게 말하냐고 하자 맹자는 한술 더 떠서 대답했다.

"그보다 더 엄중하지요. 나무 위에 올라가 물고기를 구하는 일이야 고작해야 뜻을 이루지 못할 뿐이지만 대왕께서 그런 방법으로 욕심을 채우려 한다면 뜻을 이루지 못하는 것은 물론 큰 피해를 보니 말입니다."

덧붙여서 맹자는 정치를 잘해서 백성의 마음을 얻는 것이 중요하다고 지적했다.

■ 심화학습 : 맹자의 '민본사상(民本思想)'에 대해 알아보기
■ '연목구어'로 나의 문장 만들어 보기

125
오리무중(五里霧中)

- 중국어 발음 : wú lǐ wù zhōng
- 짙은 안개가 5리나 낀 가운데 있다.
- 안개가 자욱하게 낀 상황처럼 일의 갈피나 사람의 행방을 알 수 없는
  것을 비유하는 표현이다.
- 교과서 : 초등
- 출전 : 《후한서》

한 치 앞을 내다볼 수 없을 때 많이 쓰는 '오리무중'의 출처는 남
조 송(宋)나라의 역사가 범엽이 편찬한 《후한서》〈장패전(張霸傳)〉이
다. 다음과 같은 이야기가 수록되어 있다.

중국 동한시대 장해(張楷, 장패의 아들)라는 인물이 있었다. 그는 학
문이 뛰어나 문하에 둔 제자만 백여 명에 달했는데, 학문뿐만 아니
라 도술에도 능하여 쉽사리 '오리무(五里霧)'를 만들었다고 한다. 방
술(方術)로써 사방 5리에 안개를 일으켰다는 말이다.

관리들이 다투어 그와 교류하기를 원했지만, 그는 때가 묻은 자들
과 섞이기 싫어해 은둔거사를 자처했다. 그 소문을 들은 황제가 벼슬
을 주려고 불렀으나, 그는 화음산(華陰山) 깊은 산중으로 숨어 버렸다.
장해의 학문과 도술이 대단하다는 것을 알게 된 벼슬아치들이 장해
를 세속으로 불러내려고 화음산 깊은 골짜기까지 계속 찾아왔다.

장해는 만나기 싫은 사람이 자신을 찾아오고 있다는 소식을 접하면
도술을 부려 '오리무(五里霧)'를 일으켰다. 사방 5리나 되는 길에 안개가

자욱하게 끼도록 만들어 찾아오는 자들이 길을 잃게 만들었던 것이다.

어느 날 배우(裵優)라는 자가 장해의 신출귀몰한 도술 소문을 듣고 화음산 골짜기로 찾아들었다. 배우 또한 3리 정도는 안개를 일으킬 수 있었는데, 장해한테는 미치지 못한다고 생각하여 제자로 들어가 배우기를 바랐지만 장해는 모습을 숨겨서 그를 보려고 하지 않았다.

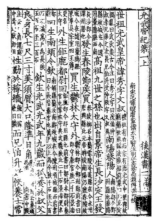

'오리무중'이 수록된 《후한서》 판본이다. 《후한서》는 동한을 건국한 광무제(光武帝)부터 헌제(獻帝)에 이르기까지, 즉 25년부터 220년까지 13대 196년의 역사를 기록한 역사서다.

'오리무중'이란 말은 본래 장해가 일으킨 5리의 안개에서 나온 말로 처음에는 '오리무(五里霧)'였으나 5리나 되는 안개 속에서 길을 잃으면 방향을 전혀 분간할 수 없다는 데서 훗날 가운데 중(中)이 붙은 것이라고 한다. 그래서 '오리무중'은 방향이나 갈피를 잡지 못하거나 일의 실마리를 찾지 못하는 경우를 뜻하게 되었다.

1992년 한국 지성의 정론지를 표방하면서 창간한 주간신문인 〈교수신문〉은 2001년부터 한 해 동안 우리 사회상을 특징짓는 사자성어를 '올해의 사자성어'라는 제목으로 선정하기 시작했는데, 처음으로 선정된 사자성어가 '오리무중'이었다.

■ 심화학습 : 올해의 사자성어(부록)에 대해 알아보기
■ '오리무중'으로 나의 문장 만들어 보기

126
오비삼척(吾鼻三尺)

- 중국어 발음 : wú bí sān chǐ
- 내 코가 석 자다.
- 내 일이나 사정이 급해 다른 사람의 사정을 돌볼 겨를이 없음을 비유하는 성어다.
- 교과서 : 중등 한문
- 출전 : 《동한역어》 외

'오비삼척'은 '내 코가 석 자'라는 우리 속담을 한자로 바꾼 성어다. 《동한역어》를 비롯하여 《순오지》, 《이담속찬》, 《송남잡지》, 《열상방언》 등 우리 속담을 한자나 한문으로 바꾸어 수록한 거의 모든 책에 다 비슷하게 수록되어 있다.

먼저 《동한역어》에는 '오비삼척'으로, 《순오지》에는 '오비체수삼척(吾鼻涕垂三尺)', 즉 '내 콧물이 석 자나 늘어졌다'로 표현하면서 '내가 궁하면 남을 구할 수 없다'는 풀이를 달아 놓았다. 《이담속찬》에는 '아체삼척(我涕三尺)'으로, 《열상방언》에는 '오비체삼척예(吾鼻涕三尺曳)'로 표현하면서 내 콧물을 닦을 수 없는데 언제 남의 콧물을 닦아 줄 수 있겠냐는 풀이를 달았다.

《속담사전》은 '내 코가 석 자'라는 항목에 이상의 출전들을 소개하면서 이 속담이 등장하는 심훈의 소설 《영원의 미소》를 인용했다.

"그래도 계숙이는 너무 만만하지 않아, 저의 아버지는 올라만 오면 꼭 나를 찾아와서 사정사정을 하다가 나중엔 나더러 친부형 대신으로 감독을 잘하다 신랑감까지 골라 달라고 신신부탁을 하며 내려가지만…… 내 코가 석 자나 빠진 사람이 남의 일까지 참견할 겨를이 있어야지."

'오비삼척'은 중국 포털사이트에도 우리 속담으로 비교적 상세히 소개해 놓았다. 그중 하나를 보면 다음과 같은 설명이 달려 있다.

"한국어에는 한자로 된 사자성어가 아주 많다. '내 코가 석 자다'는 '오비삼척' 네 글자에서 나왔다. 중국 사람이 보기에는 성어 같지 않지만 한국어에는 이런 것이 아주 많다. 글자의 뜻은 '내 콧물이 석 자나 흘러내려 네 일에 관여할 시간이 없다'는 것이고, 하고자 하는 말의 뜻은 '내 일이 아주 급해 다른 사람에게 마음 쓸 시간이 없다'는 것이다."

위 설명에서 '내 코가 석 자다'가 '오비삼척'에서 나왔다는 대목은 정확하지 않다. '네 코가 석 자다'에서 '오비삼척'이 나왔다고 해야 한다. 사자성어를 중국의 고유한 언어 습관으로 인식하기 때문에 더 탐구해 보지 않고 그냥 한자로 이루어진 사자성어에서 한국의 속담이 나왔다고 본 것이다.

■ 심화학습 : 비슷한 뜻을 가진 한·중 고사성어에 대해 알아보기
■ '오비삼척'으로 나의 문장 만들어 보기

127

오비이락(烏飛梨落)

- 중국어 발음 : wū fēi lí luò
- 까마귀 날자 배 떨어진다.
- 관계없는 일이 우연히 동시에 일어나 괜히 의심받는 상황을 비유하는 성어다.
- 교과서 : 중등 한문 / 고등 한문
- 출전 : 《순오지》 외

'오비이락'은 '까마귀 날자 배 떨어진다'는 우리 속담을 한문으로 바꾼 것이며 홍만종의 《순오지》가 그 출처다. 이 책에 앞서는 기록은 《광해군일기》 13년 9월 기록에 나오는 "이정구의 사위가 동참한 일은 '오비이락'에 가깝습니다"라는 대목이다. 이 밖에 우리 속담을 한자로 수록한 《동한역어》, 《백언해》, 《동언해》, 《송남잡지》 등에도 글자가 약간씩 다르지만 뜻은 같은 표현들이 수록되어 있다. 특히

'오비이락'과 같은 뜻의 '과전이하' 고사를 전하는 《열녀전》

《송남잡지》 풀이 부분에는 아래에서 소개할 중국의 성어 '과전불납리(瓜田不納履), 이하부정관(李下不整冠)'을 함께 소개했다.

이와 같은 뜻을 가진 중국 성어로 '과전이하(瓜田李下, guā tián lǐ xià)'가 있다. '오

354

이 밭, 자두나무 아래'라는 뜻이다. '오이 밭에서는 신을 고쳐 신지 않는다'라는 '과전불납리(瓜田不納履)'와 '자두나무 밑에서 갓끈을 고치지 마라'라는 '이하부정관(李下不整冠)'을 합쳐서 줄인 성어다. 괜한 의심을 살 언행은 애당초 하지 말라는 비유다. 이와 관련해서는 유향이 편찬한《열녀전》에 다음과 같은 고사가 전한다.

제나라의 위왕(威王)은 간신 주파호(周破胡)의 아부하는 말만 믿고 정치를 제대로 하지 못했다. 위왕의 후궁인 우희(虞姬)가 보다 못해 북곽(北郭) 선생을 등용하라고 충고했다. 주파호는 도리어 우희와 북곽 선생 사이가 수상쩍다고 모함하여 없는 죄를 날조해 우희를 옥에 가두었다. 위왕이 아무래도 미심쩍어 우희를 직접 심문하자 우희는 이렇게 말했다.

"소첩에게 죄가 있다면 '오이 밭에서 신을 바꾸어 신지 말고, 배 밭을 지날 때 갓을 고쳐 쓰지 말라'는 가르침에 따르지 않고 의심받을 짓을 했다는 것뿐입니다."

우희의 직언에 위왕은 퍼뜩 깨달은 바가 있어 우희를 풀어 주고 간신 주파호와 그 패거리를 삶아 죽였다.

'오비이락'은 아무 관계 없이 한 일이 공교롭게도 어떤 다른 일과 때를 같이하여 둘 사이에 무슨 관계라도 있는 듯한 혐의를 받는 것을 비유하는 말이다. 괜한 의심을 사지 않게 주의하라는 경고의 메시지도 함께 담고 있다.

■ 심화학습 : 날짐승이 들어가는 성어에 대해 알아보기
■ '오비이락'으로 나의 문장 만들어 보기

128
오십보백보(五十步百步)

- 중국어 발음 : wǔ shí bù bǎi bù
- 오십 걸음과 백 걸음
- 조금 낮고 못한 정도의 차이는 있으나 본질적으로 차이가 없음을 비유하는 성어다.
- 교과서 : 중등 한문
- 출전 : 《맹자》

'오십보백보'의 출전은 《맹자》 〈양혜왕〉(上)이다. 맹자가 위(魏)나라 도성 대량에서 위 혜왕을 만나 대화를 나누는 중에 나온 것으로, 싸움터에서 어떤 병사가 죽는 것이 두려워 백 보를 도망쳤는데 오십 보를 도망친 병사가 백 보 도망친 병사를 비웃었다는 대목이다. 우리 속담의 '검둥개 돼지 흉본다'나 '뒷간 기둥이 물방아 기둥이 더럽다 한다'가 이와 비슷한 뜻이다.

당시 혜왕은 맹자에게 정치에 대해 자문을 청하면서 이렇게 말문을 열었다. 두 사람의 대화를 들어 보자.

혜왕 : 과인은 나랏일에 정성을 다했습니다. 하내(河內)의 수확이 좋지 않으면 이재민을 하동(河東)으로 이주시키고 식량을 실어다 이재민을 구했습니다. 하동이 수확이 좋지 않아도 그렇게 했습니다. 그런데 어째서 위나라 인구는 늘지 않고 다른 나라의 인구는 줄지 않습니까?

맹자 : 왕께서 전쟁을 좋아하시니 전쟁으로 비유하겠습니다. 싸

움터에서 어떤 병사가 오십 보 도망치고, 어떤 병사는 백 보를 도망치다 멈췄다고 합시다. 그때 오십 보를 도망친 병사가 백 보를 도망친 병사에게 '너는 비겁한 놈이다'라고 말했다면 이것이 옳다고 보십니까?

혜왕: 옳지 않지요.

그러면서 혜왕은 다 비겁한 놈들이라고 했다. 이에 맹자는 "왕께서 그런 이치를 아신다면 어찌 이웃 나라 임금보다 자신이 더 낫다고 생각할 수 있겠습니까"라며 웃었다.

'오십보백보'는 정도는 차이가 있어도 본질은 같다는 뜻의 성어로 우리 일상에서 자주 활용한다. 또한 '오십보백보'는 자신도 남과 같은 결점을 갖고 있거나 잘못을 하고도 남을 비웃는다는 것을 비유하기도 한다. 중국은 '오십보소백보(五十步笑百步)'를 많이 쓴다. '오십 보 도망친 자가 백 보 도망친 자를 비웃는다'는 뜻이다. 비슷한 뜻을 가진 중국 속담으로 '오아소저흑(烏鴉笑猪黑)'이 있다. '까마귀가 돼지더러 검다고 비웃는다'는 뜻인데 우리 속담 '검둥개 돼지 흉본다'와 같다. 《열상방언》에는 '솥 밑 그을음이 가마 밑 보고 껄껄댄다'는 우리 속담이 있다.

■ 심화학습 : 돼지가 들어가는 성어에 대해 알아보기
■ '오십보백보'로 나의 문장 만들어 보기

129
오월동주(吳越同舟)

• 중국어 발음 : wú yuè tóng zhōu
• 오나라 사람과 월나라 사람이 한 배를 타다.
• 적이라도 위험에 처하면 서로 돕는 것을 비유하는 성어다.
• 교과서 : 고등 한문
• 출전 : 《손자병법(孫子兵法)》

'오월동주'는 원수지간인 '오나라 사람과 월나라 사람이 같은 배를 탔다'는 뜻으로, 원수나 사이가 좋지 않는 사람이라도 위험에 처하면 서로 돕는다는 것을 비유한 성어다. '오월동주'는 영화 〈적과의 동침〉과 많이 비교한다. 비슷한 뜻의 성어로 '동병상련(同病相憐)'이 있다. 같은 병을 앓는 사람끼리 서로 불쌍히 여긴다는 뜻으로 '곤란한 처지에 있는 사람들끼리 서로 딱하게 여기고 동정함'을 이르는 말이다. 우리 속담의 '과부 사정은 과부가 안다'도 같은 뜻이다.

'오월동주'의 출전은 《손자병법》 〈구지(九地)〉 편의 다음 대목이다.

병사를 잘 부리기 위해서는 비유컨대 솔연(率然) 같아야 한다. 솔연은 회계(會稽)의 상산(常山)에 사는 거대한 뱀이다. 그 머리를 치면 꼬리로 반격하고, 그 꼬리를 치면 머리로 덤벼들며, 몸 한가운데를 치면 머리와 꼬리가 함께 덮친다고 한다.

"감히 묻겠습니다. 군사를 솔연과 같이 부려야 합니까?"

"그렇다. 대저 오나라 사람과 월나라 사람은 서로 미워하지만 같

은 배를 타고 가다가 거
센 바람을 만나면 서로
돕는 것이 마치 왼손과
오른손이 서로 돕는 것
처럼 한다.”

'오월동주', '동주공제'가 나온 《손자병법》의 죽간이다.

　오월동주는 대인관계
뿐만 아니라 국가·정치·경제, 특히 외교에서 광범위하게 활용한
다. 예를 들어 구소련과 미국은 그 이념과 체제를 달리했지만 제2차
세계대전에 참전하여 공동 전선을 펼쳤고, 현재의 중국과 미국 역시
이념과 체제는 다르지만 경제 방면에서 나름 관계를 유지하고 있다.

　'오월동주'는 중국과 미국의 외교 관계에서 자주 등장하고, 강대
국이 서로 경쟁하면서도 서로 돕는 관계여야 한다는 원론적 입장
표명이다. '오월동주'보다 더 직접적인 표현은 '동주공제(同舟共濟)'
다. '같은 배를 탔으면 서로 도와 함께 건너야 한다'는 뜻이다. 출전
은 《손자병법》의 위 대목이다.

　정치에서 정당 간에 서로 이합집산(離合集散)하며 정권을 쟁취하는
과정에서도 '오월동주'하는 경우를 흔히 볼 수 있다. 최근에는 기업
경영에서 상호 경쟁 관계에 있던 기업들이 좀 더 큰 이익을 남기기
위해 '오월동주'하여 '윈윈'하는 경우가 나날이 늘어나고 있다.

■ 심화학습 : '동병상련', '와신상담'과 연계하여 '오월동주'의 역사 알아보기
■ '오월동주'로 나의 문장 만들어 보기

130
온고지신(溫故知新)

• 중국어 발음 : wēn gù zhī xīn
• 옛것을 익혀 새것을 알다.
• 앞서 배운 것을 수시로 익혀서 그때마다 늘 새로운 깨달음을 얻는 것을 비유하는 성어다.
• 교과서 : 초등 3-2 사회 연계 / 중등 한문 / 고등 한문
• 출전 : 《논어》

《논어》〈위정〉 편에 "온고이지신(溫故而知新), 가이위사의(可以爲師矣)"라는 공자의 말씀이 나온다. "옛것을 익혀 새것을 아는 이라면 남의 스승이 될 만하다"라는 뜻이다. '온고'란 옛것을 읽고 그 참된 뜻을 찾아 반복하여 익힌다는 것이며, '지신'은 새로운 학문을 안다는 것이다. 다시 말하면 '온고지신'이란 옛 학문을 되풀이하여 연구하고, 현실을 해결할 수 있는 새로운 학문을 이해해야 비로소 남의 스승이 될 자격이 있다는 말이다.

'온고지신'은 가장 널리 사용되는 사자성어다. 비슷한 성어로 '법고창신(法古創新)'이 있다. '옛것을 본받아 새로운 것을 창조해 낸다'는 뜻으로 조선시대 실학자 연암 박지원의 말로 알려져 있다.

'온고지신'은 옛것을 배우거나 익히는 공부와 새로운 것을 아는 공부 두 방면을 가리키며, 또 서로 깊은 관련이 있다고 해석하는 것이 일반적이다. 즉 옛것을 꾸준히 익히고 배우면 새로운 것도 알아 간다는 말이다. 사마천이 말한 '지난 일을 기술하여 다가올 일을

공자는 제자들과 마음을 터놓으며 대화하고 공부했다. 그림은 공자가 제자들과 강학하는 모습을 그린 것이다.

안다'는 '술왕사(述往事), 지래자(知來者)'와 같은 뜻이다.

조선시대에는 임금 앞에 나가서 경서를 강의하고 논하는 경연(經筵)이라는 공부 자리가 있었다. 선조 때 학자 기대승은 경연에서 "성현의 글은 얼핏 읽으면 상세히 이해할 수 없으니, 반드시 깊게 생각하며 한 번 읽고 두 번 읽고 하여 백 번에 이른 뒤에야 그 뜻이 저절로 나타나는 것입니다. 이것이 이른바 온고지신(溫故知新)입니다"라고 말했다.

'온고지신'은 원문대로 '온고이지신'으로도 많이 쓴다. 초등학교를 비롯하여 중학교와 고등학교까지 가장 많이 수록된 성어이기도 하다.

■ 심화학습 : 조선시대 실학자들이 《사기》에 보인 관심에 대해 알아보기
■ '온고지신'으로 나의 문장 만들어 보기

131
와신상담(臥薪嘗膽)

- 중국어 발음 : wò xīn cháng dǎn
- 장작더미에서 자고 쓸개를 핥는다.
- 원수를 갚거나 마음먹은 일을 이루기 위해 온갖 어려움과 괴로움을 참고 견디는 것을 비유하는 성어다.
- 교과서 : 고등 한문
- 출전 : 《사기》

춘추시대 강남의 오나라와 월나라는 대대로 원수지간이라 끊임없이 싸웠다. 오나라 왕 부차는 즉위하면서 월나라를 공격했다. 당시 오나라의 수도는 오(吳)였고, 월나라의 수도는 회계(會稽)였다. 두 나라 군대는 태호(太湖)와 고성(固城) 일대에서 전투를 벌였고, 월나라가 대패했다. 월나라 왕 구천은 대부 문종(文種)을 오나라의 태재(太宰) 백비(伯嚭, 당시 그는 전선에서 작전을 지휘하고 있었다)에게 보내 화해를 청했다. 백비는 문종이 가져온 황금·옥 등 귀중품과 미녀를 보고는 득의만만해져 문종을 왕 부차에게 데려갔다.(당시 오나라로 보내진 미녀들 중에는 중국 역사상 4대 미녀의 한 사람인 서시西施도 포함되어 있었다.) 문종은 부차를 만나 월나라 왕이 오나라 왕의 신하가 되길 간청하며 월나라의 토지도 오나라에 바치겠다고 했다. 부차는 그것을 받아들이는 한편 보내온 예물을 거두고 월나라 왕 구천이 오나라로 와서 자기를 모시라고 했다.

《사기》〈월왕구천세가(越王勾踐世家)〉와 《오월춘추》에는 월나라 왕

구천이 나랏일을 문종과 다른 대신에게 맡기고 자신은 처자식과 대부 범려(范蠡)를 데리고 수도 회계를 떠나 오나라로 왔다고 기록하고 있다. 오나라 왕 부차는 구천을 자기 아버지 합려(부차의 아버지로 과거 오·월 전쟁에서 전사했다)의 무덤 옆 돌방에서 말을 먹이게 했다. 범려도 그들과 함께 허드렛일을 하면서 지냈다.

구천은 3년 동안 부차의 말을 먹이면서 조심조심 근신하며 참고 살았다. 부차가 매번 수레를 타고 나갈 때면 구천은 그를 위해 말고삐를 잡고 수레를 몰았다. 부차를 모시는 구천의 자세는 참으로 주도면밀했고 정성스럽기 그지없었다. 문종도 수시로 월나라에서 각종 귀중품을 가져와 백비에게 갖다 바쳤고, 백비는 그의 왕 부차 앞에서 구천에 관해 좋은 말을 해 주었다. 언젠가 한번은 오왕 부차가 병이 났다. 구천은 백비를 통해 부차의 침실로 들어가 손수 부차를 간호했다. 부차는 진짜 감동했고, 병이 낫자 구천 부부와 범려를 석방, 귀국시켰다.

구천은 고국 월나라로 돌아온 후 뼈를 깎는 노력으로 나라를 회복시킬 결심을 굳히고, 문종에게는 정치를 범려에게는 군대를 맡기며 전 국민에게 분발해서 부국강병을 이루자고 호소했다. 10년간의 준비로 인구를 늘리고 국력을 축적하는 한편 백성과 군대의 교육과 훈련에도 박차를 가했다. 이것이 '십년생취(十年生聚), 십년 교훈(十年教訓)'이다. 다시 10년 후 월나라는 마침내 오나라를 물리쳤다. 구천은 자신의 투지를 확고히 다지기 위해 편안한 생활을 마다했다. 심지어는 이불도 덮지 않은 침상에 장작을 깔아 놓고, 옆에는 쓰디쓴 쓸개를 준비해서 식전 또는 휴식 시간에 그 쓰디쓴 맛을

참고 기다리며 자신의 실력을 키울 줄 알아야 상대에게 승리할 수 있다. '와신상담'은 전후 20년에 걸쳐 내실을 다지는 시간이 필요했음에 유의할 필요가 있다. 그림은 구천의 와신상담을 그린 것이다.

보며 의지를 다졌다. 이것이 저 유명한 '장작더미 위에서 잠을 자고 쓰디쓴 쓸개를 맛본다'는 '와신상담'이다.

이렇게 월나라는 국세를 회복하고 날로 발전·강대해지기 시작했다. 그리고 단 한 번으로 오나라를 격파했다.

구천은 문종·범려와 함께 직접 대군을 이끌고 오나라로 쳐들어갔다. 오나라는 이 기세를 당해 내지 못했다. 백비는 투항하고 부차는 자살함으로써 오나라는 마침내 망하고 말았다.

'와신상담', '십년생취, 십년교훈'은 훗날 각고의 노력, 비분강개, 설욕의 맹서 등을 비유하는 말이 되었다. 또 실패나 좌절을 당한 후 자신을 격려하거나 서로 격려하는 중요한 방법이 되기도 했다.

■ 심화학습 : 4대 미녀와 관련한 고사성어에 대해 알아보기
■ '와신상담'으로 나의 문장 만들어 보기

132
외유내강(外柔內剛)

- 중국어 발음 : wài róu nèi gāng
- 겉으로 보기에는 부드러우나 속은 꿋꿋하고 강하다.
- 약하고 부드러워 보이는데 의지가 강한 사람을 비유하는 성어다.
- 교과서 : 초등 6학년 도덕 연계 / 고등 한문
- 출전 : 《역경》, 《진서》

《역경》〈부괘(否卦)〉에 이런 풀이가 있다.

"안은 음이고 밖은 양이며, 안은 유(柔)하고 밖은 강(剛)하다."

"내음이외양(內陰而外陽), 내유이외강(內柔而外剛)."

《역경》에는 '내유외강'이라고 나와 있지만 '외유내강'은 그 반대여서 '밖은 유하고 안으로 강하다'는 뜻이다. 안과 밖이 바뀌긴 했지만 《역경》은 '외유내강'의 원전이 되는 셈이다. '외유내강'이 하나의 성어로 출현한 것은 《진서》〈감탁전(甘卓傳)〉의 다음 대목이다.

"(감탁은) 외유내강하며 정치를 할 때 관대하고 인자하다."

조선시대 선조의 신임을 받고 영의정까지 지낸 신흠(申欽)이 세상을 떠나자 이수광(李睟光)은 그에 대해 다음과 같은 명문을 남겼다.

"신씨(申氏)는 명문이라, 대대로 인재가 나와 고관을 줄 잇다가 공에 와서 더 떨쳤네. 성품은 '외유내강', 나라의 보배로세……."

조선시대의 문인 이식(李植) 또한 〈이조참판 원주목사(原州牧使) 유공(柳公)에게 드리는 묘비명〉에서 다음과 같이 유공의 성품을 평가

'외유내강'의 출처인 《역경》은 《주역》으로 많이 부른다. 주(周) 문왕(文王)이 유리성(羑里城)에 7년 동안 갇혀 있으면서 8괘를 64괘로 늘리고 그에 대해 풀이를 했기 때문에 《주역》이란 이름을 얻었다고 한다. 사진은 《주역》 판본이다.

했다.

"겸허하게 자기 몸을 낮추신 우리 군자, '외유내강'의 성품을 갖추고서, 넉넉하게 배운 뒤에 벼슬길에 진출하여, 오직 자신의 뜻 관철하려 하였지요……."

이렇듯 '외유내강'은 사람의 성품을 나타날 때 많이 인용되었다. 비슷한 뜻을 가진 성어로 '밖은 둥글고 안은 네모나다'는 뜻의 '외원내방(外圓內方)'이 있다. 겉은 둥근 원처럼 부드럽지만 속은 각이 진 네모처럼 반듯하다는 말이다.

■ 심화학습 : 《주역》과 관련한 성어에 대해 알아보기
■ '외유내강'으로 나의 문장 만들어 보기

133

용두사미(龍頭蛇尾)

- 중국어 발음 : lóng tóu shé wěi
- 용의 머리에 뱀의 꼬리
- 시작은 대단했으나 그 끝은 보잘것없음을 비유하는 성어다.
- 교과서 : 초등
- 출전 : 《주자어류》, 《오등회원(五燈會元)》

'용두사미'는 '박학다식' 항목에서 소개한, 주자학으로 대변되는 송나라 학자 주희와 그 문인의 문답을 수록한 《주자어류》 제130권에 나오는 성어다. 시작과 과정, 그리고 그 끝의 상황을 비유하는 것으로 시작은 성대했지만 갈수록 나빠져 결국은 보잘것없어지는 것을 말한다. 《주자어류》의 다음 대목을 보자.

"구공(歐公)의 문집처럼 처음은 온갖 좋은 말을 늘어놓다가 끝에 가서는 이러했으니 어찌 '용두사미'라 하지 않을 수 있겠는가?"

'용두사미'는 또 송나라 때 편찬한 불교 서적으로 이미 출간된 다섯 종류의 선종(禪宗) 역사서를 압축한 선종의 통사라 할 수 있는 《오등회원》에도 보이고, 그보다

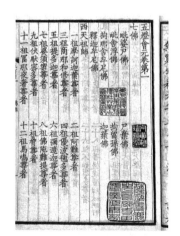
'용두사미'가 나오는 《오등회원》 판본

앞서《전등록(傳燈錄)》에도 "안타깝게 용 머리가 뱀 꼬리로 바뀌었구나"라는 대목이 있다.

'용두사미'와 비슷한 뜻을 가진 성어는 '용'을 호랑이 '호'로 바꾼 '호두사미(虎頭蛇尾)'가 있다. '머리는 있는데 꼬리가 없다'는 뜻의 '유두무미(有頭無尾)'도 있다. 반대되는 뜻의 성어는 '처음부터 끝까지 일관되다'라는 '자시지종(自始至終)'과 '처음과 끝이 다 좋다'는 '선시선종(善始善終)'이 있다.

'용두사미'는 우리 일상에서 많이 쓰는 성어다. 거창하게 시작했지만 갈수록 쪼그라들어 성과가 별것 없거나 아주 없을 때 자주 인용한다. 한편《성경》에는 '용두사미'와 반대되는 의미로 '네 시작은 미미했으나 네 나중은 심히 창대하리라'라는 구절이 보인다.(《욥기》 8장 7절)

■ 심화학습 : 용과 뱀이 들어가는 성어에 대해 알아보기
■ '용두사미'로 나의 문장 만들어 보기

368

134
우공이산(愚公移山)

- 중국어 발음 : yú gōng yí shān
- 우공(어리석은 노인)이 산을 옮긴다.
- 무슨 일이든 꾸준히 노력하면 결국 큰일을 이룰 수 있음을 비유하는 성어다.
- 교과서 : 중등 한문 / 고등 한문
- 출전 : 《열자》

많은 사람의 입에 오르내리는 '우공이산'은 전국시대 도가(道家) 계통의 책인 《열자》* 〈탕문(湯問)〉 편에 나오는 우화다. 우공이 산을 옮긴다는 말인데, 남이 보기엔 어리석은 일처럼 보이지만 한 가지 일을 끝까지 밀고 나가면 언젠가는 목적을 달성할 수 있음을 비유한다. 그 우화의 줄거리는 다음과 같다.

옛날 중국 북산(北山)에 우공이라는 아흔 살 노인이 태항산 (太行山)과 왕옥산(王屋山) 사이에 살고 있었다. 이 산은 사방이 700리, 높이가 만 길이나 되는 큰 산인데 북쪽이 가로막혀 교통이 불편했다. 우공이 어느 날 가족을 모아 놓고 말했다.

《열자》를 지었다는 열어구

"저 험한 산을 평평하게 만들어 예주(豫州) 남쪽까지 곧장 길을 내는 동시에 한수(漢水) 남쪽까지 갈 수 있도록 하겠다. 너희 생각은 어떠냐?"

모두 찬성했으나 그의 아내만 반대하며 이렇게 말했다.

"당신 힘으로는 조그만 언덕 하나 파헤치기도 어려운데, 어찌 이 큰 산을 깎아 내려는 겁니까? 또 파낸 흙은 어찌하렵니까?"

우공은 흙은 발해(渤海)에다 버리겠다며 세 아들은 물론 손자들까지 동원하여 돌을 깨고 흙을 파서 삼태기와 광주리 등으로 나르기 시작했다. 황해 근처의 지수라는 사람이 그를 비웃었지만 우공은 "내 비록 앞날이 얼마 남지 않았으나 내가 죽으면 아들이 남을 테고, 아들은 손자를 낳고……. 이렇게 자자손손 이어 가면 언젠가는 반드시 저 산이 평평해질 날이 오겠지" 하고 태연히 말했다.

한편 두 산을 지키는 사신(蛇神)이 자신들의 거처가 없어질 형편이라 천제에게 호소하자 천제는 우공의 우직함에 감동하여 역신(力神) 과아씨(夸蛾氏)의 두 아들에게 두 산을 하나는 삭동(朔東)에, 또 하나는 옹남(雍南)에 옮겨 놓으라고 했다.

우리 현실에서도 '우공이산' 같은 일이 얼마든지 벌어지고 있다. 마음가짐과 그에 따른 실천 의지야말로 세상을 바꾸는 힘이다.

비슷한 뜻으로 '티끌모아 태산', '모래알도 모이면 산이 된다'는 표현이 있다. 한문으로는 '진합태산(塵合泰山)' '적진생산(積塵成山)' '적토성산(積土成山)' 등이 있다.

---

*《열자》는 전국시대 열어구(列御寇, 생몰 미상)가 지은 책으로 전한다. 제자백가 중

도가 계통으로 분류되는 이 책에는 민간의 고사와 우화 그리고 신화, 전설이 많이 들어 있다. 예를 들어 우리에게도 잘 알려진 우공이산을 비롯하여 기로망양(岐路亡羊, 갈림길에서 양을 잃어버리다), '기우(杞憂)' 두 글자로 많이 쓰는 기인우천(杞人憂天, 기나라 사람이 하늘이 무너질까 걱정하다), 기창학사(紀昌學射, 기창이 활쏘기를 배우다) 등 생생하면서 의미가 심각한 문학적 의의와 사상적 가치를 갖춘 고사가 적지 않다. 이 고사들은 여러 다른 책에서 취한 것이지만 개작과 윤색을 거치면서 원작보다 수준과 의미가 높아지고 깊어져 음미할 점이 많다. 논쟁이나 설전과 관련한 이야기도 적지 않다.

■ 심화학습 : 《열자》와 《열자》에 수록된 우화에 대해 알아보기
■ '우공이산'으로 나의 문장 만들어 보기

135
우도할계(牛刀割鷄)

- 중국어 발음 : niú dāo gē jī
- 소 잡는 칼로 닭을 자른다.
- 작은 일에 어울리지 않게 큰 도구를 쓰는 것을 비유하는 성어다.
- 교과서 : 고등 한문
- 출전 : 《논어》

'우도할계'는 《논어》 〈양화(陽貨)〉 편에 나온다. 해당 대목은 다음과 같다.

공자가 무성(武城) 지방에 들어서자 현악기 연주와 노랫소리가 들렸다. 공자는 빙그레 웃으며 "닭을 잡는데 어찌 소 잡는 큰 칼을 쓰는고?"라고 물었다. 이에 자유(子游)가 이렇게 말했다.

"전에 선생님께서 '군자가 도를 배우면 백성을 사랑하게 되고, 소인이 도를 배우면 백성을 부리기 쉽다'라고 말씀하신 것을 들었습니다."

이 말에 공자는 "언(偃, 자유의 이름)의 말이 옳다. 아까 한 말은 농담이었다"라고 했다. 당시 무성은 제자 자유가 다스렸는데, 스승이 음악 소리를 듣고는 유머스럽게 너무 수준 높은 것 아니냐고 하자 자유가 정색을 하고 옛날 공자의 말을 들어 반박한 것이다. 고지식한 자유의 성격을 잘 아는 공자는 가볍게 농담이었다며 응수하고 넘어갔다.

《논어》를 잘 읽어 보면 공자는 근엄하기만 한 사람이 결코 아니

었다. 음악과 노래를 들으면 꼭 앙
코르를 청했고, 제자들과 수시로
농담과 유머를 주고받았다. 유명한
수필가 임어당(林語堂, 1895~1976)은
이런 공자의 모습에 주목하여 〈공
자의 유머〉를 비롯해 인간미 넘치
는 공자의 모습에 관한 글을 여러
편 남겼다. 공자를 '영원한 스승의
표상'이란 뜻의 '만세사표(萬世師表)'

공자의 인간다운 모습을 재발견하여
〈공자의 유머〉라는 주제로 여러 편의
수필을 남긴 임어당

라 부르는 것도 이런 공자의 인간적인 면모 때문일 것이다. '우도할
계'와 비슷하거나 같은 뜻을 가진 성어는 다음과 같은 것들이 있다.

대재소용(大材小用) : 큰 재목을 작은 곳에 쓰다.

대기소용(大器小用) : 큰 그릇을 작게 쓰다.

우정팽계(牛鼎烹鷄) : 소를 삶는 솥으로 닭을 삶는다.

인재는 처음부터 큰 그릇으로 태어나지 않는다. 교육과 사회 환경
그리고 자기 수양을 통해 성장한다. 성장한 인재를 큰 그릇으로 완
성하려면 사회가 그를 넉넉히 품을 수 있는 여건을 갖춰야 한다. 좋
은 인재가 기도 펴 보지 못하거나 사라지는 일이 너무 많다.

■ 심화학습 : 《논어》에 나오는 공자의 유머에 대해 알아보기
■ '우도할계'로 나의 문장 만들어 보기

136
우왕좌왕(右往左往)

- 중국어 발음 : yòu wǎng zuǒ wǎng
- 오른쪽으로 갔다 왼쪽으로 갔다 한다.
- 바른 방향을 잡지 못하거나 차분하게 행동하지 못하고 갈팡질팡하는 모습을 비유하는 성어다.
- 교과서 : 초등 5학년 도덕 연계
- 출전 : 일본식 성어

'우왕좌왕'은 우리 일상에서 많이 쓰는 성어다. 일본어 사전에 보이고, 중국 포털사이트에서는 일본식 성어로 소개하면서 관련한 일본 TV 프로그램까지 함께 소개해 놓았다. 중국은 '동포서찬(東跑西竄)'을 많이 쓴다. '동쪽으로 뛰다가 서쪽으로 달아나다'라는 뜻이다. 비슷한 성어로 '지동지서(之東之西)'가 있다. '동쪽으로 갔다가 서쪽으로 가다'라는 뜻인데 중국은 쓰지 않는다. 출처와 출전은 알 수 없다.

같은 뜻은 아니지만 유사한 형태의 우리 속담은 '동에 번쩍 서에 번쩍'이다. 한자로 '동섬서홀(東閃西忽)'이라고 표현하는데, '동쪽에 번쩍했다가 갑자기 서쪽에 나타난다'는 정도의 뜻이다. 이와 비슷한 중국어로 '동섬서타(東閃西躲)'가 있다. '동에 번쩍하다가 서쪽에 숨는다'는 뜻이다. 출처는 《수호전》 제61회의 "이규(李逵)가 숲속에서 동에 번쩍했다가 서쪽에 숨었다"는 대목인데 그 내용은 다음과 같다.

"송강(宋江)이 양산박(梁山泊)을 이끈 이후 군사(軍師) 오용(五用)은 그에게 북경의 노준의(盧俊義)를 추천했다. 그들은 꾀를 내서 노준의를 산 위로 유인했다. 노준의는 양산박에 이르러 이규를 뒤쫓았다. 이규는 동에 번쩍

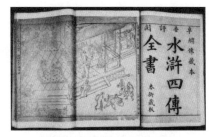

'동섬서타'의 출처인 《수호전》 판본

했다가 서쪽에 숨는 등 끝내 노준의를 속여 산 위로 유인했다. 그러나 노준의는 결코 포기하지 않았다. 이에 송강은 다시 꾀를 써서 노준의를 산 아래로 풀어 주었고, 노준의는 북경으로 돌아가자 관부에 바로 체포되었다."

방향, 특히 동과 서를 가지고 어떤 상황이나 행동을 나타낸 성어가 적지 않은데 여기에 소개한 '지동지서', '동포서찬', '동섬서타' 외에도 바쁘게 뛰어다닌다는 뜻의 '동분서주(東奔西走)'가 있다. 또 앞서 살펴본 '동문서답'도 있다. '동분서주'는 원나라 위초의 시 〈유별장주경운〉에서 나왔다. 유명한 '성동격서(聲東擊西)'도 있다. '동쪽에서 소리 지르고 서쪽을 친다'는 뜻으로 동쪽을 공격할 것처럼 하여 상대를 유인한 다음 비어 있는 서쪽을 공격하는 군사 전술인데, 최근에는 경영 등 거의 모든 방면에서 활용한다.

'성동격서'는 병법서 《36계》의 승전계에 들어 있고 제6계로서 글자가 약간씩 다르긴 하지만 《육도》를 비롯한 여러 고전에 수록되어 있다.

■ 심화학습 : 동서남북 방향과 관련한 성어에 대해 알아보기
■ '우왕좌왕'으로 나의 문장 만들어 보기

137
우유부단(優柔不斷)

- 중국어 발음 : yōu róu bù duān
- 너무 부드러워 맺고 끊지 못한다.
- 어떤 일을 할 때 망설이기만 하고 과감하게 실행하지 못함을 비유하
  는 성어다.
- 교과서 : 초등 6학년 도덕 연계
- 출전 : 《한비자》

'우유부단'의 정확한 표현은 '유여이과단(柔如而寡斷)'이고, 중국은 '우유과단(優柔寡斷)'으로 쓴다. 결단을 내리지 못하고 머뭇거리는 모습을 나타낸다. 출처는 《한비자》〈망징(亡徵)〉 편이다. 〈망징〉은 '나라가 망할 징조'라는 뜻으로, 한비자는 무려 47개의 망할 징조를 열거하면서 권력자, 즉 리더의 주의를 촉구하고 있다. 《한비자》 관련 대목의 내용은 다음과 같다.

"군주의 마음이 늘어져서 일의 성과가 없고 '유약해서 결단성이 부족하며(유여이과단柔如而寡斷)' 좋고 나쁜 바를 결정하지 못해서 정책을 확실하게 세우지 못하면 망할 수 있다."

'우유부단'과 비슷한 뜻을 가진 성어로 '수서양단(首鼠兩端)'이 있다. '쥐가 머리만 내밀고 양쪽 끝을 이리저리 두리번거린다'는 뜻이다. '수서양단'은 《사기》〈위기무안후열전〉에 나오는데 관련 내용은 이렇다.

서한 경제(景帝) 때, 두영(竇嬰)과 전분(田蚡) 두 신하가 서로 황제의

인정을 받으려고 애쓰다가 하찮은 일로 시비가 벌어져 경제가 그 흑백을 가리게 되었다. 황제가 어사대부 한안국(韓安國)에게 그 시비를 묻자 그는 판단하기 곤란하다고 했다. 황제는 다시 궁내대신 정불식(鄭不識)에게 물었는데 그역시 분명한 대답을 회피하자, 그래서야 어찌 궁내대신을 감당하겠느냐며 일족을 멸하겠다고 진노했다. 전분

'우유부단'의 출처인 법가 사상을 집대성한 《한비자》 판본

은 황제의 마음을 괴롭힌 것을 부끄럽게 여겨서 사표를 내고 나가다가 대답을 회피한 어사대부 한안국을 불러 "그대는 구멍에서 머리만 내민 쥐처럼 엿보기만 하고, 시비곡직(是非曲直)이 분명한 일을 얼버무리는가"라고 쏘아붙였다. 바로 여기서 '수서양단'이 비롯되었다.

　일상에서 흔히 쓰는 '좌고우면(左顧右眄)'도 있다. '왼쪽으로 돌아보고 오른쪽으로 돌아본다'는 뜻으로 역시 어떤 일을 결정짓지 못하고 요리조리 눈치만 살핀다는 말이다. 이 밖에 '유예부결(猶豫不決, 머뭇거리며 결정을 내리지 못하다)', '거기부정(擧棋不定, 바둑돌을 든 채 두지 못하다)', '당단부단(當斷不斷, 잘라야 하는데 자르지 못한다)' 등도 같거나 비슷한 뜻의 성어다.

■ 심화학습 : 결심, 결단, 결행을 나타내는 성어와 명언명구에 대해 알아보기
■ '우유부단'으로 나의 문장 만들어 보기

138

우자패지어역리(愚者敗之於逆理)

- 중국어 발음 : yú zhé bài zhī yú nì lǐ
- 어리석은 사람은 이치를 거스르는 데서 실패한다.
- 어리석은 사람은 세상사 이치나 올바른 길이 아닌 그와 반대로 행동
  하기 때문에 실패한다는 뜻이다.
- 교과서 : 중등 한문
- 출전 : 〈토황소격문(討黃巢檄文)〉

  '우자패지어역리'는 교과서에 실린 성어 중에서 특이한 경우에 속
한다. 그 출처가 최치원의 〈토황소격문〉이고, 이 글은 또 당나라
말기 전국 각지에서 터진 농민 봉기 중 가장 위세가 컸던 황소(黃巢)
의 봉기와 관련이 있기 때문이다.

  9세기 들어 당나라는 환관들이 황제를 죽일 정도로 그 세력이 커
졌다. 여기에 당쟁까지 겹쳐 나라 살림이 엉망이 되었고, 백성들의
생활은 감당하기 불가능할 정도로 나빠졌다. 각지에서 농민을 중
심으로 한 저항 세력이 일어났다. 봉기에 불을 붙인 사람은 식량을
담당하던 하급 관리 방훈(龐勛)이었다. 868년에 터진 방훈의 봉기는
강경 진압으로 실패하긴 했지만 더 큰 봉기의 도화선이 되었다.

  874년 터진 농민 봉기는 2세기 황건 농민 봉기 이후 최대 규모였
다. 불과 몇 달 사이에 3만 명에 이르는 무장한 군중이 결집했고,
이를 이끈 지도자가 바로 황소였다. 황소의 봉기군은 강남을 추풍
낙엽처럼 휩쓴 다음 수도 장안까지 점령했다. 황제 희종은 성도(成

都)로 도망쳤고, 이민족인 사타(沙陀) 부족과 군벌 세력인 주온(朱溫) 등의 도움을 받아 가까스로 황소의 봉기를 잠재웠다.

당시 신라 사람 최치원(857~?)은 당나라에 유학하여 과거에 급제한 다음 당 조정으로부터 벼슬까지 받았다. 황소의 봉기가 터지자 당 조정은 고변(高駢)을 보내 황소의 군대를 토벌했고, 최치원은 고변의 막료로 들어갔다. 여기서 최치원이 고변을 대신하여 〈토황소격문〉을 지었다. 교과서에 인용된 '우자패지어역리'는 이 격문의 첫 부분에 나오는데 관련 부분은 다음과 같다.

"광명 2년(881년) 7월 8일에 제도도통검교태위 모(某, 고변)는 황소에게 고하노니, 무릇 바른 것을 지키고 떳떳함을 행하는 것을 도(道)라 하고, 위험한 때를 당하여 변통하는 것을 권(權)이라 한다. '지혜로운 자는 시기에 순응하는 데서 성공하고(지자성지어순시智者成之於順時), 어리석은 자는 이치를 거스르는 데서 패하는(우자패지어역리愚者敗之於逆理)' 법이다. 비록 백 년의 수명에 죽고 사는 것은 기약하기 어려우나, 모든 일은 마음으로써 그 옳고 그른 것을 분별할 수 있는 것이다."

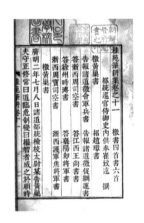

최치원은 이 글에서 중국 고대의 전적들과 중국 역사 및 고사들을 자유자재로 인용하고 있어 그의 학식이 어느 정도인지 짐작케 한다. 이 때문에 역사의 평가를 떠나 최치원의 이 글은 '황소를 물리친 것은 칼이 아니라 최치원의 글

〈토황소격문〉이 실려 있는 최치원의 문집 《계원필경(桂苑筆耕)》(〈토황소격문〉의 번역문은 지식 검색 참고)

이다'라는 이야기가 떠돌 정도로 명성을 얻게 만들었다. 일설에는 이 격문을 읽은 황소가 놀라서 침상 아래로 굴러떨어졌다고 한다.

■ 심화학습 : 최치원과 〈토황소격문〉에 대해 알아보기
■ '우자패지어역리'로 나의 문장 만들어 보기

139

월단평(月旦評)

- 중국어 발음 : yuè dàn píng
- 매월 초하루의 논평
- 인물이나 그 인물의 글에 대한 평을 비유하는 용어다.
- 교과서 : 고등 한문
- 출전 : 《후한서》〈허소전(許劭傳)〉

'월단평'이라는 다소 특이한 단어는 동한 말기 여남군(汝南郡)의 허소(150~195) 형제가 주관한 당대 인물이나 작품 등에 대한 품평 활동을 가리킨다. 허소 형제는 매달 초하루 이 품평회를 개최했기 때문에 '월단평'이란 이름이 붙었다.

허소는 젊을 때부터 지조 있는 명사로 이름을 떨쳤고, 처음 공조(功曹)라는 작은 벼슬살이를 할 때도 태수 서구(徐璆)가 그의 처신과 공직 수행을 크게 칭찬했다. 이런 명성 때문인지는 몰라도 원소(袁紹) 역시 허소를 몹시 아꼈다고 한다. 그가 벼슬에서 물러나 집으로 돌아올 때 호화로운 마차가 줄줄이 뒤를 따랐다. 허소는 고향 땅에 들어서자 다른 마차들을 다 돌려보내고 혼자 수레를 몰아 집으로 갔다.

'월단평'을 통해 품평의 대상이 된 인사나 작품은 평가 여하에 따라 그 몸값과 작품의 가치가 크게 달라졌다. 이 때문에 허소에게 불만을 품은 사람도 적지 않았고, 관련한 일화가 여럿 전한다.

당시 진연(陳宴)이란 인물이 허소 못지않은 명성을 누리고 있었다. 덕망 있는 친구들이 함께 진연을 찾아가 보자고 했으나 허소는 사양했다. 진연의 아내가 세상을 떠났을 때도 조문조차 가지 않았다. 허소는 진연의 성품이 너무 엄하고 사나워서 사람들과 두루 통하지 못하기 때문이라고 평했다. 또 같은 고향 친구인 이규(李逵)와도 사이가 틀어졌고, 나아가 형제와도 불화하여 여론의 꾸지람을 듣기도 했다.

'월단평'은 지속된 기간이 길지 않고 이런저런 말이 많았지만 하나의 풍속처럼 자리를 잡아 정치, 사상과 문화, 관리 선발 제도 등에 작지 않은 영향을 주었다. 왜 하필 매달 초하루에 열었는가에 대해서는 설이 많다.

허소가 당시 명사들에 대해 남긴 품평 가운데 가장 유명한 것을 들라면 역시 조조에 대한 평가다. 그는 조조를 두고 '청평지간적(清平之奸賊), 난세지영웅(亂世之英雄)'이라 했다. '평안한 때는 간적이요, 난세에는 영웅'이란 뜻이다.

■ 심화학습 : 조조에 관한 역대 인물평에 대해 알아보기
■ '월단평'으로 나의 문장 만들어 보기

140

위풍당당(威風堂堂)

- 중국어 발음 : wēi fēng táng táng
- 위엄이 넘치고 거리낌 없이 떳떳하다.
- 모습이나 크기가 남을 압도할 만큼 의젓하고 엄숙한 태도나 기세를 비유하는 용어.
- 교과서 : 초등 6학년 도덕 연계
- 출전 : 출처 불명

　'위풍당당'은 우리 일상에서 자주 쓰는 성어지만 출처는 분명치 않다. '위풍'과 '당당'이 합쳐진 사자성어다. '위의당당(威儀堂堂)'이라 고도 하는데 이 역시 출처는 분명치 않다. 중국 포털사이트에는 '위 풍당당'과 '위의당당'이 흔히 제2의 영국 국가로 불리는 〈엘가의 행 진곡(Pomp and Circumstance Military Marches, Op.39)〉 제목으로 번역되어 있 다.(작곡가 에드워드 엘가는 1857년에 태어나 1934년에 사망했다.) 한국 드라마 제 목으로 '위풍당당'이 사용되기도 했다.

　'위풍당당'에서 '위풍'은 두렵지만 공경심이 드는 기운이나 목소리 또는 그런 분위기를 가진 사람을 가리킨다. '위풍'은 역사서 《사기》 〈서남이열전(西南夷列傳)〉을 비롯하여 당시(唐詩) 등 수많은 작품에 등 장한다. 《수호전》에는 양산박 영웅들을 묘사하면서 '위풍'과 함께 '늠 름(凜凜)'이란 단어를 결합하여 '늠름위풍(凜凜威風)'이라 했다.

　한편 '당당'은 아주 성대하고 기운과 기백이 넘치는 모습을 꾸미 는 단어다. 가장 오랜 출처는 춘추시대 제나라 재상 안영(晏嬰)의 언

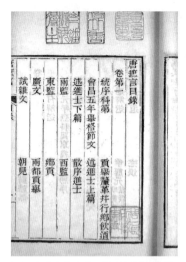
'의표당당'의 출처인 소설집 《당척언》 판본

행록인 《안자춘추(晏子春秋)》이
며, 이후 많은 문장에서 사용되
고 있다. 《안자춘추》(외편2)에 제
나라 경공이 술에 취하여 눈물
을 흘리며 "과인이 장차 이런
당당한 나라를 두고 죽어야 한
단 말인가"라고 탄식한 대목이
있다.

'위풍당당'과 같은 뜻을 가진
출처가 분명한 중국의 성어는
'의표당당(儀表堂堂)'이다. 용모가 단정하고, 행동거지가 당당하며,
자태에 위엄이 넘친다는 뜻이다. 당나라 말기에서 오대 시기에 활
동한 왕정보(王定保, 870~954)가 편찬한 문어체 소설집 《당척언(唐摭言)》
에 나온다. 《당척언》의 〈해서불우(海敍不遇)〉에 "13랑은 '의표당당'한
좋은 장군감인데 뭣 하러 굳이 과거급제를 밑천으로 삼는가"라는
대목이 보인다.

중국의 현대 작가이자 역사학자, 고고학자인 곽말약(郭沫若,
1892~1978)은 창작 역사희극 《채문희(蔡文姬)》 제2막에서 조조의 모습
을 두고 '의표당당'으로 묘사했다.

■ 심화학습 : 곽말약에 대해 알아보기
■ '위풍당당'으로 나의 문장 만들어 보기

유구무언(有口無言)

- 중국어 발음 : yǒu kǒu wú yán
- 입이 있어도 할 말이 없다.
- 잘못한 것이 너무 분명해서 변명할 말이 없음을 비유하는 용어다.
- 교과서 : 초등
- 출전 : 우리식 성어로 추정

‘유구무언’은 ‘입이 열 개라도 할 말이 없다’는 우리 속담과 그 뜻
이 같다. 중국은 쓰지 않는 것으로 보아 우리식 사자성어로 추정된
다. 중국은 ‘미구무언(弭口無言)’을 쓰는데 ‘입을 꽉 다물고 아무 말도
하지 않는다’는 뜻이다. 출처는 《전국책》〈진책〉으로, 유세가 장의
(張儀)의 유세에 넘어간 초나라 회왕(懷王)이 진진(陳軫)의 우려와 충고
에도 불구하고 “과인이 하는 일은 틀림이 없다. 그대는 입을 다물
고 아무 말 하지 마라”라고 성을 낸 대목에서 ‘미구무언’이 나왔다.
물론 ‘유구무언’의 뜻
과는 다르다.

관련하여 ‘훼장삼척
(喙長三尺)’이라는 어려
운 사자성어가 있다.
‘부리가 석 자나 된다’
는 뜻으로 말만 번지

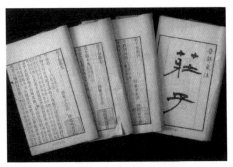

‘훼장삼척’이 나오는 《장자》 판본

르르하고 실속이 없음을 비유한 것이다. '유구무언'의 뜻과는 일치하지 않지만 참고로 그 출처와 관련한 고사를 소개해 둔다. '훼장삼척'의 출처는 당나라 말기의 문인 풍지(馮贄, 생몰 미상)의 《운선잡기(雲仙雜記)》이며 그 일화는 이렇다.

당나라 초기 감찰어사 등을 지낸 육여경(陸餘慶)은 말재주가 뛰어났지만 문장 실력은 형편이 없었다. 한번은 황제의 명으로 어전에서 조서를 쓰는데 하루 종일 한 글자도 쓰지 못했다. 그는 결국 벼슬이 깎였다. 사람들은 육여경을 두고 "부리가 석 자나 되지만" 정작 일을 할 때는 "손이 천 근이나 되듯 무겁다"며 비웃었다. 또한 육여경이 낙주장사로 일할 때 말은 유창했지만 판결을 내리면 오류가 많았다. 사람들은 그를 다음과 같이 놀렸다고 한다.

"일을 말할 때는 부리가 석 자지만, 글자를 가릴 때는 손 무게가 다섯 근이나 나간다."

이 말에서 '손 무게가 다섯 근'이란 뜻의 '수중오근(手重五斤)'도 파생되었다. '훼장삼척'은 《장자》〈서무귀(徐無鬼)〉 편에도 보이는데 "구(丘, 공자)는 세 자나 되는 부리를 가지고자 했다"는 말로 공자를 비꼬는 대목에 나온다.

'훼장삼척'은 말재주가 뛰어나다는 뜻이었지만 시간이 흐를수록 말만 번지르르하고 알맹이는 없다는 야유로 많이 인용되고 있다.

■ 심화학습 : 말조심에 관한 성어에 대해 알아보기
■ '유구무언'으로 나의 문장 만들어 보기

142

유비무환(有備無患)

- 중국어 발음 : yǒu bèi wú huàn
- 준비가 있으면 근심이 없다.
- 미리 준비되어 있으면 어떤 어려움도 없고 뒷걱정이 없다는 뜻의 성어다.
- 교과서 : 초등
- 출전 : 《상서》, 《춘추좌전(春秋左傳)》

'유비무환'은 우리의 일상용어로 정착한 사자성어이며 각계각층에서 두루 인용하고 있다. 중국에 현존하는 가장 오랜 책이자 유가의 경전으로 《시》(시경), 《역》(역경)과 함께 '삼경(三經)'의 하나인 《상서》(서경) 〈열명(說命)〉(중) 편에 나온다. 참고로 유가의 또 다른 경전인 '사서(四書)'는 《논어》, 《맹자》, 《중용》, 《대학》이다. 그리고 훗날 '삼경'에다 《예기》와 《춘추》를 보태 '오경'이라 했고, 《중용》과 《대학》은 각각 《예기》의 한 편이었다. '유비무환' 관련 내용은 이렇다.

중국 은(殷)나라 고종(高宗) 때 부열(傳說)이란 어진 재상이 있었다. 어느 날 고종이 자문을 구하자 부열은 다음과 같이 말했다.

"생각이 옳으면 이를 행동으로 옮기되 그 옮기는 것을 시기에 맞게 하십시오. 자신이 잘한다고 자랑하면 그 공(功)을 잃어버립니다. 오직 모든 일은 다 그 갖춘 것이 있는 법이니, 갖춘 것이 있어야만 근심이 없을 것입니다."

마지막 문장의 원문은 "유사사(惟事事), 급기유비(及其有備), 유비무환(有備無患)"이다.

한편《춘추좌전》에는 이런 사실이 기록되어 있다. 춘추시대 어느
해 정(鄭)나라가 송(宋)나라를 침략하자 송나라는 진(晉)나라에 위급
함을 알리고 구원병을 청했다. 진의 국군 도공(悼公)은 즉시 노(魯)·
제(齊)·조(曹) 등 주변 10여 개국에 이 사실을 통고하고 연합군을 편
성하여 군을 이끄는 사마(司馬) 위강(魏絳)을 보내 정나라 도성을 포
위한 뒤 송에서 철수하라고 으름장을 놓았다. 정나라는 정세가 불
리하다고 판단하여 재빨리 철군한 다음 연합국과 불가침조약을 맺
었다. 그런데 남방에 있던 초나라가 북방 나라들의 연합 전술에 위
협을 느껴 정나라를 침공했다. 초나라 군대의 위세에 기가 죽은 정
나라는 초나라와도 맹약(盟約)을 체결할 수밖에 없었다. 그러자 이
번에는 북방의 연합국들이 두 나라의 맹약에 불만을 품고 정나라

'유비무환'의 중요성을 강조한 춘추시대
진나라의 명장 위강

를 공격했다. 정나라가 연합국
에 다시 화친을 요구했고, 연합
국은 마지못해 응함으로써 억지
로 평화가 유지되었다. 정나라
는 감사의 표시로 보물과 미녀
들을 도공에게 보냈다. 도공은
이것을 다시 위강에게 하사했
다. 그러자 위강이 사양하면서
도공에게 말했다.

"편안할 때도 위태로운 때를
생각해야 하고, 위태로운 때를

생각한다면 언제나 준비가 있어야 하며, 충분한 준비가 되어 있으면 근심할 일이 없을 것입니다."

이 말을 전해 들은 도공은 새삼 위강의 남다른 식견에 머리를 끄덕이며 미녀들을 모두 정나라로 돌려보냈다고 한다.

위강이 말한 마지막 대목의 원문은 "거안사위(居安思危), 사위즉유비(思危則有備), 유비즉무환(有備則無患)"이다. 앞의 '거안사위' 역시 '유비무환'과 함께 많이 인용되는 성어다.

■ 심화학습 : 위기 대응에 관한 성어에 대해 알아보기
■ '유비무환'으로 나의 문장 만들어 보기

143

유야무야(有耶無耶)

- 중국어 발음 : yóu yé wú yé
- 있는 듯 없는 듯
- 있는 것 같기도 하고 없는 것 같기도 한 흐지부지한 상태나 상황을 비유하는 성어다.
- 교과서 : 고등 한문
- 출전 : 불교식 용어, 일본식 성어로 추정

'술에 술 탄 듯, 물에 물 탄 듯'이란 표현과 비슷한 뜻의 성어다. 불교식 표현으로 보인다. 《불학대사전(佛學大詞典)》의 해설은 다음과 같다.

"마음이 있고 없고 두 자락으로 내달아 머뭇거리며 정하지 못한다는 뜻이다. 의심스러운 모양을 형용할 때도 사용한다."

'유야무야'의 어원이 분명치 않아 국립국어원에 이 성어가 일본어의 '우야무야(うやむや)'에서 비롯된 것인가, 질문한 결과 어원과 관련한 자료가 없어 답변할 수 없다고 했다. 일본 검색 사전에 '유야무야' 항목이 보이고 발음도 'うやむや(우야무야)'로 되어 있다. 발음도 뜻도 비슷하여 흐지부지한 상태를 가리킨다. 이 때문에 중국 포털 사이트에서는 일본식 용어로 소개하는 경우도 있다.

뜻만 놓고 볼 때 '유야무야'와 가장 가까운 표현으로 《논어》〈태백(泰伯)〉편의 '유약무(有若無)'가 있다. '있어도 없는 듯하다'는 뜻이고, 바로 뒤에 나오는 '가득 차도 비어 있는 듯하다'는 '실약허(實若虛)'와 짝을 이룬다. 증자가 한 말인데, 관련 대목을 소개하면 이렇다.

"유능하면서도 무능한 사람에게 묻고, 박학다식하면서도 배움이 얕고 들은 것이 없는 사람에게 묻고, 도를 지녔는데도 없는 듯하고, 덕이 가득 찼는데도 비어 있는 듯하다. 또 겸손하고 남에게 욕을 당해도 따지거나 대놓고 다투지 않았다. 옛날 내 친구가 그랬다."

증자가 말한 친구란 대체로 안연(顏淵)을 가리키는 것으로 본다.

'유야무야'에는 높이거나 깎아내리는 뜻이 포함되어 있지 않다. 그러나 실제 사용에서는 깎아내리는 뜻으로 많이 쓴다. 딱 부러지게 결정하지 못하고 망설이거나, 일을 정확하게 처리하지 못하고 흐지부지 처리할 때, 대충 얼버무리고 넘어가려 할 때 '유야무야'라 해서 다소 비판적으로 지적한다. 중국어에는 비슷한 뜻으로 '마마호호(馬馬虎虎, mǎ mǎ hū hū)'라는 재미난 표현이 있다. 소설가 모순(茅盾, 1896~1981)의 《자야(子夜)》라는 작품에 보인다. 일을 진지하게 처리하지 않고 대충하거나 억지로 맞추는 것을 뜻한다.

■ 심화학습 : '유야무야'와 비슷한 뜻의 성어에 대해 알아보기
■ '유야무야'로 나의 문장 만들어 보기

144
유유자적(悠悠自適)

- 중국어 발음 : yōu yōu zì shì
- 여유가 있어 한가롭고 걱정이 없는 모양
- 속세를 떠나 아무 속박 없이 조용하고 편안하게 사는 모습을 비유하는 성어다.
- 교과서 : 고등 한문
- 출전 : 〈중승장공묘지명(中丞蔣公墓誌銘)〉

'유유자적'은 송나라 시인 육유(陸游, 1125~1210)의 글 〈중승장공묘지명〉에 보인다. '유유자적 아침부터 날이 저물 때까지 쉬지 않고 책을 읽는다'는 대목에서 나온다. 중국은 '유유자적'보다 '유유자득(悠悠自得)'을 많이 쓴다. '조용히 서두르지 않고 만족스러운 모양'을 나타낸다. '유유자득'은 명나라 소설가 풍몽룡*의 단편소설집 《성세항언(醒世恒言)》 권4의 다음 대목에 나온다.

"저 늙은이가 꽃에 취미가 들어 젊어서부터 늙을 때까지 50년 넘게 피곤한 줄 모른 채 오히려 뼈가 더 튼튼

명나라를 대표하는 소설가 풍몽룡은 명말청초라는 혼란기에 파란만장한 삶을 살았다. 순탄치 않은 벼슬살이를 청산하고 소설 창작과 민간에 흩어진 이야기를 수집하여 소설집으로 묶어 편찬함으로써 중국 문학사에 큰 업적을 남겼다. 사진은 그의 석상이다.

해지고 거친 옷에 싱거운 음식을 먹으며 '유유자득'하고 살지."

'유유자득'과 같은 뜻의 성어로 '유유자재(悠游自在)'가 있다. 출처는 중국의 유명한 작가이자 역사 문물 연구자인 심종문(沈從文)*의 《과절화관등(過節和觀燈)》인데 관련 대목은 다음과 같다.

"말가죽으로 세 길 길이의 그넷줄을 만들어 길 옆 큰 나무에 걸어 놓고 열 번을 밟고 오르내리길 마치 아무 일 없다는 듯 '유유자재'로 논다."

'유유자적', '유유자득', '유유자재'는 모두 서두르지 않고 편안하게 즐기거나 그렇게 사는 모습을 비유한다. '유유자적'은 일본 검색 사전에 일본식 성어의 한 항목으로 소개되어 있기도 하다.

---

*풍몽룡은 《성세항언》뿐 아니라 같은 형식의 소설집인 《유세명언(喩世明言)》, 《경세통언(警世通言)》도 편찬했는데, 이 셋을 흔히 '삼언(三言)'이란 별칭으로 부른다. 같은 명나라 소설가 능몽초가 편찬한 《이각박안경기》, 《초각박안경기》를 '이박(二拍)'이라 부르는데, 이 둘을 합쳐 '삼언이박'이라 하여 명나라를 대표하는 소설집을 가리키기도 한다.

*심종문(1902~1985)은 대표적인 중국 현대 작가로 《장하(長河)》, 《변성(邊城)》 등 뛰어난 작품을 남겼다. 1949년 신중국 성립 이후에는 중국 고대사와 문물 연구에 종사하여 《중국 고대 복식 연구(中國古代服飾研究)》같은 저서를 남기기도 했다.

■ 심화학습 : 시인 육유에 대해 알아보기
■ '유유자적'으로 나의 문장 만들어 보기

145

읍참마속(泣斬馬謖)

- 중국어 발음 : qì zhǎn mǎ sù
- 눈물을 흘리며 마속의 목을 베다.
- 큰 목적을 위해 자기가 아끼는 사람을 버린다는 뜻의 성어다.
- 교과서 : 고등 한문
- 출전 : 《삼국연의》

'읍참마속'은 어린아이들까지 아는 워낙 유명한 사자성어다. 특히 소설 《삼국지》, 즉 《삼국연의》를 좋아한다면 명장면의 하나로 꼭 추천한다. 내용이 좀 길어지겠지만 '읍참마속'을 둘러싼 다양한 의견을 소개해 본다. 제목은 '마속(馬謖)의 목을 꼭 잘랐어야만 했나'로 잡아 보았다.

《삼국연의》의 여러 장면 중 제갈량이 눈물을 흘리며 아끼는 마속의 목을 베는 '읍참마속'은 지금까지도 많은 독자를 감동시킨다. 특히 제갈량의 공정하고 엄정한 법 집행을 칭찬하는 사례로 높은 평가를 받는 대목이다. 그런데 이와 별도로 그 당시 마속의 목을 벤 일이 타당했느냐를 두고 논쟁이 벌어졌다. 먼저 제갈량의 상벌에 관한 기본 입장과 '읍참마속'의 과정을 간략하게 정리해 둔다.

제갈량은 자신을 춘추시대의 관중이나 전국시대의 악의에 비교하곤 했는데, 두 사람 모두 법가의 통치술로 국정을 이끈 인물이다. 제갈량의 통치술 역시 법가에 가깝고, 따라서 일을 처리할 때 누가 되었건 잘잘못에 따라 상벌을 엄격하게 적용하라고 주장했다. 그는 다음과 같이 말했다.

"상으로 공을 장려하고 벌로 나쁜 짓을 방지해야 한다. 상벌은 공평하지 않으면 안 된다. 상은 왜 베푸는가를 알게 해야 용사들이 죽음의 의미를 알고, 형벌은 왜 받는지를 알아야 사악한 자들이 두려움을 아는 것이다."《편의십육책便宜十六策》제10 상벌)

제갈량은 많은 사람에게 상을 주었고, 또 많은 사람에게 벌을 주기도 했다. 상과 벌을 다 받은 사람도 있었다. 어느 경우든 제갈량은 공로와 과오를 엄격하게 가려서 상과 벌을 내렸다.

마속은 유비와 함께 사천으로 들어온 백전노장이었다. 군대 일에도 능숙하여 제갈량은 그를 누구보다 중시했다. 228년 제갈량은 한중을 출발하여 기산을 나와 가정(街亭)에 이르렀다. 그런데 마속은 가정을 잘 지키라는 명령을 어기고 섣불리 적을 공격했다가 대패하여 도주하는 상황이 발생했고, 이 때문에 촉의 군대가 큰 위기에 빠졌다. 제갈량은 마속이 지금까지 많은 공을 세웠고, 또 자신과 친한 신분임에도 불구하고 군법에 따라 그의 목을 벴다. 참으로 안타까운 비극이었다. 이 사건이 두고두고 사람들 입에 오르내리는 '읍참마속(泣斬馬謖)'이

제갈량이 눈물을 흘리며 마속의 목을 베는 '읍참마속'을 그린 그림

다. '제갈량이 울면서 마속의 목을 베었다'는 뜻이다.

사건은 이걸로 마무리되지 않았다. 제갈량은 자신이 군을 이끄는 사령관이기 때문에 마속의 잘못은 곧 자신의 잘못이므로 자신도 책임을 져야 한다며 스스로 속죄했다. 그는 후주 유선(劉禪)에게 글을 올려 사람을 제대로 보지 못한 죄에 대한 벌을 받아야 한다고 주장하여 벼슬을 세 등급 낮추고 승상 직위를 해제하는 처분을 받았다. 후주 유선은 제갈량을 우장군으로 옮겨 승상의 직무를 보게 했는데, 얼마 뒤 다른 공을 인정받아 다시 승상 직위를 회복했다.

제갈량은 엄격하게, 그리고 공평하고 공정하게 법을 집행했다. 요립(廖立)은 방통(龐統)에 버금가는 인재라는 평판을 들었고, 유비 때는 시중이란 요직에 있었다. 그러나 요립은 자신의 재능을 너무 믿고 잘난 척하는 경향이 있었다. 그는 자신과 제갈량이 무슨 차이가 있냐며 떠들고 다녔다. 이 때문에 울적한 마음에 "나라가 유능한 인재는 등용하지 않고 평범하고 속된 자만 등용하고 있으며, 만인을 통솔하는 자리에는 모두 젊은 놈이 앉아 있다"고 투덜거리며 주위를 시끄럽게 했다. 제갈량은 요립을 '여러 사람을 어지럽히는 자'로 보아 파직시켜 문산으로 유배 보냄으로써 교훈을 주고자 했다.

그런데 크게 반발할 줄 알았던 요립이 제갈량의 처분을 달갑게 받아들이고 아내와 함께 밭을 갈며 유유자적 생활했다. 제갈량의 상벌이 기준과 원칙이 확고하며 공평무사하다는 것을 잘 알기 때문이었다. 그 뒤 제갈량이 병으로 세상을 떠나자 요립은 슬픔을 견디지 못하고 "우리가 제갈량을 잃었으니 결국 다른 나라에 합병될 것이다"라고 탄식했다. 제갈량의 동료인 장예(張裔)는 제갈량의 인재 등용에 대해 다음과 같이 칭찬했다.

"공(제갈량)은 상을 주고 벌을 내릴 때 멀고 가까움을 따지지 않았다. 공을 세우지 않고는 자리를 얻을 수 없었고, 귀한 신분이라 해서 벌을 면할 수 없었다."

정사 《삼국지》를 편찬한 진수(陳壽)는 제갈량의 인재 등용을 평가하면서 "형벌이 엄했지만 원망하는 사람이 없었는데, 이는 그의 마음 씀씀이가 공명정대했기 때문이다. 그는 진정 정치를 아는 인재로 관중과 소하에 비할 만하다"라고 했다. 그런데 진수의 아버지는 제갈량 밑에 있다가 마속의 패배에 대한 책임을 지고 제갈량에 의해 머리를 깎이는 형벌을 당했기 때문에 진수의 감정이 좋을 수가 없었다. 그럼에도 불구하고 그가 이런 평가를 내렸다는 것은 제갈량에 대한 평가가 결코 빈말이 아님을 의미한다. 유비는 백제성(白帝城)에서 죽음을 앞두고 제갈량에게 아들 아두(阿斗, 유선)를 부탁하면서 다음과 같이 말했다.

"그대의 능력은 조비(曹丕, 조조의 아들)에 비해 월등하니 틀림없이 나라를 안정시키고 큰일을 이룰 것이오. 만약 내 아들이 자리를 물려받을 만한 인재라면 도와주고, 그렇지 못하다면 그대가 (그 자리를) 대신하시오." 《삼국지》 〈제갈량전〉

군주가 자신이 세운 정권을 승상에게 넘기겠다는 유언을 남겼다는 사실은 봉건 사회에서는 전무후무한 일이었다. 제갈량은 유비의 당부에 따라 혼신의 힘을 다해 위기에 처한 촉한을 구해 내고 국면을 만회할 수 있었다.

제갈량은 평생 많은 공적을 세웠지만 특히 인재 문제는 후대에 귀중한 자산을 남겼다. 그를 일컬어 역대 최고의 재상이라고 부르는 것도 이와 무관하지 않다.

이상이 제갈량의 상벌에 대한 입장과 '읍참마속'의 간략한 과정이다. 삼국시대가 끝나고 이 시대에 관한 고사와 일화, 그리고 영웅담이 민간으로 퍼져 나가면서 이 시기와 인물들을 대상으로 한 문학 작품이 속출하기 시작했다. 특히 나관중의 《삼국연의》는 요즘 말로 공전의 빅 히트를 쳤다. 이 때문에 《삼국연의》의 장면 하나하나가 관심과 연구의 대상이 되었고, '읍참마속' 또한 모르는 사람이 없을 정도가 되었다. 그런데 가정을 잃은 책임은 결국 누가 져야 하는가? 마속의 실책이 제갈량의 북벌 실패를 초래한 가장 중요한 원인인가? 이런 의문들은 오래전부터 있었지만 전통적인 주장은 마속이 당연히 주된 책임을 져야 하고, 따라서 벌을 받은 것은 당연했다는 것이다. 그리고 1980년 개혁개방 이후 전통적인 설에 반기를 드는 문제 제기가 잇따랐다.

1980년 4월 10일자 석간 〈북경만보(北京晚報)〉에 내원(乃源)이란 이름으로 〈마속의 목을 베어야만 했는가〉라는 글이 실렸다. 글의 요지는 대체로 이렇다. 마속을 주장으로 기용한 것은 제갈량의 잘못이 결코 아니다. 즉 제갈량이 마속을 기용하지 말라는 선주 유비의 충고를 듣지 않고 마속을 기용한 일은 잘못이 아니라는 것이다. 따라서 패배 때문에 눈물을 흘리며 마속의 목을 베는 비극이 초래되었다는 것은 공평하지 못하다. 마속은 당시 걸출한 장수라 할 수 없었다. 유비가 그를 두고 "말이 실제를 앞지르니 크게 기용해서는 안 된다"고 한 말은 그의 결점을 지적한 것이긴 하지만 다소 추상적인 지적이 아닐 수 없다. 제갈량은 그의 남다른 재능을 인정했기 때문에 그를 기용했다. 특히 남만을 정벌할 때 상대의 심리를 공략하라는 대책은 마속이 건의한 것이고, 이를 채택하여 성공을 거두었다.

그렇다면 제갈량의 실책은 어디에 있는가? 마속은 현령, 태수, 참군 정도의 벼슬을 지냈고 혼자 한 부분 전체를 통솔하여 큰 적을 상대한 경험이 없었다. 그런데 단번에 대군을 이끌게 하여 단련도 경험도 없이 강적을 만났으니 패배를 면하기 어려웠다. 제갈량에게는 그 장단점과 재능을 잘 헤아리는 식견이 없었고, 또 마속의 단점을 지적하여 그가 단점을 보완하게 하지도 못했다. 그저 전투에 임하여 여러 사람의 의견을 물리치고 마속을 발탁했으며, 패하자 마속의 목을 베어 여러 사람에게 사죄했다. 마속에게 잘못을 고치고 바로잡을 기회도 주지 않았다. 하물며 마속은 적에게 투항하지도 않았을 뿐만 아니라 자신의 잘못을 싹싹하게 인정했다. 죽음을 앞두고는 제갈량에게 글을 올리니 글을 읽은 모든 장병이 감동의 눈물을 흘렸다. 굳이 마속의 목을 베어 모두에게 사죄할 필요까지 있었는가? 대체로 이런 요지인데, 결국 마속의 목을 베어서는 안 되었다는 주장이다.

이 글은 발표되자마자 여러 사람의 반발을 샀다. 불과 보름 뒤 혹자는 같은 지면을 통해 마속은 전국시대 글로만 병법을 알던 조괄(趙括)처럼 위험한 인물이었다며 이렇게 반박했다. 마속은 전투에 앞서 독단적으로 행동하고, 부장 왕평(王平)의 거듭된 권고도 듣지 않았으며, 실제와 맞지도 않는 '사지에 놓인 다음이라야 살 수 있다'는 생경한 병법을 들고 나와 유리한 지형도 버린 채 산 위에 주둔하는 등 적을 경시했고, 또 자신이 병법을 아주 잘 아는 것처럼 허풍을 떨었다.

어떤 사람은 가정을 잃은 일 자체가 마속이 위험한 인물임을 증명하는 것이라면서 마속은 이루는 일은 없고 실패하는 일만 많은 인물이지 무슨 걸출한 장수감은 아니라고 했다. 제갈량이 하마터면 사마의의 포로가 될 뻔한 것도 마속이 군대를 잃었기 때문이니 처벌은 당연하며, 게다가 마속이 군령장을 받고 군을 지휘할 당시 "만약 잘못하면" "전 집안의 목을 베어 주십사"라고 하지 않았는가?(이상 〈북경만보〉 1980년 4월 26일자)

마속의 목을 벤 것은 마땅했다는 의견들이 내세운 근거는 대부분 소설 등 예술적 허구로 이루어진 이른바 '사실(事實)'이었다. 다들 알다시피 예술은 허구를 허용한다. 제갈량이 포로가 될 뻔한 '공성계'는 순전히 허구이며, '병법을 잘 안다고 큰소리를 쳤다'는 등 마속에 대한 평가 역시 소설의 기록이지 '사실(史實)'이 아니다. 바로 이 때문에 내원은 자신의 견해를 굽히지 않았던 것이다.(〈북경만보〉 5월 15일자)

한편 이상의 논쟁과는 관점이 다른 견해도 나왔다. 《학림만록(學林漫錄)》 4집에 주대위(朱大渭)란 이름으로 실린 〈마속 피살의 진상〉이란 글이다. 이 글의 주장을 요약하면 대체로 이렇다. 마속의 죄는 죽음에 해당한다. 다만 가정을 잃은 전투가 직접적인 원인이 아니다. 승패야 군에서는 늘 있는 일이라 한 번 실패로 장수를 꼭 죽여서는 안 된다. 마속이 참수된 까닭은 그가 군법을 어겼고, 또 죄가 무서워 숨었기 때문이다. 이 때문에 가정에서 승리했다 하더라도 그는 군법에 따라 목이 잘렸을 것이다. 마속의 패전은 제갈량의 정확한 지휘를 어겼기 때문이다. 《삼국지》 〈제갈량전〉은 이 점을 분명하게 지적한다. 제갈량의 군법은 대단히 엄격했다. 가정에서 패배한 것은 단순히 지휘상의 실수가 아니라 전쟁의 중요한 순간에 상급 지휘관의 정확한 지휘를 어겼기 때문이다. 따라서 그 죄가 엄중했고, 군법에 따라 목이 잘린 것이다. 이는 제갈량이 장완에게 보낸 회신에서 "만약 군법에 따라 마속의 목을 베지 않았다면 누가 지휘에 복종할 것이며, 어떻게 적을 토벌하겠는가?"라고 한 대목에서도 잘 드러난다. 주대위는 또 마속이 잘못을 인정하지 않았고, 벌이 두려워 몰래 도망 다녔다면서 "당시 군기에 따르면 전투에 나선 장병이 뒤로 물러나거나 도망치면 모두 머리를 잘랐다"고 했다. 따라서 마속의 처벌은 자업자득으로 당연히 받아야 하는 벌을 받은 것이다.

이 논쟁 역시 '적벽대전'의 패배 원인을 놓고 벌인 논쟁처럼 현존하는 자료만으로는 역사의 진상을 단정하기가 매우 어렵다. 그러다 보니 서로 승복하지 못하고 자신의 주장을 꺾지 않는다. 마속의 목을 베는 것이 마땅했는가의 문제 역시 여전히 의문으로 남아 있다고 할 것이다.

■ 심화학습 : 제갈량에 대해 알아보기
■ '읍참마속'으로 나의 문장 만들어 보기

146
이구동성(異口同聲)

- 중국어 발음 : yì kǒu tóng shēng
- 입은 다르지만 하는 말은 같다.
- 여러 사람이 같은 의견이나 입장을 보이는 모습을 비유하는 성어다.
- 교과서 : 초등 3-1 국어 연계
- 출전 : 《송서》

'이구동성'은 일상에서 많이 쓰는 사자성어로 그 출처는 중국 남 북조시대 남조의 왕조인 송(宋, 420~479)의 역사서 《송서》〈유병지전 (庾炳之傳)〉이다. 참고로 중국 역사상 '송'이란 국호를 사용한 왕조는 모두 셋이었다. 먼저 기원전 1046년 건국한 주(周) 왕조 때 제후국 의 하나로 송이 있었고, 두 번째로 남조의 첫 왕조인 송이 있었는 데 황제의 성씨가 유(劉)였기 때문에 '유송'으로 불러 구별한다. 마 지막 세 번째가 잘 아는 조광윤(趙匡胤)이 세운 송 왕조(960~1279)다.

사람은 다 다르지만 생각과 뜻이 하나일 때 '이구동성'을 많이 쓴 다. '이구동음(異口同音)'으로도 많이 쓴다. 비슷하거나 같은 뜻을 가 진 성어로 '여출일구(如出一口)'가 있다. 입은 다 다르지만 '한 입에서 나온 것 같다'는 뜻이다. 중국에는 '약속도 하지 않았는데 똑같다'는 뜻의 '불약이동(不約而同)', '여러 입에서 같은 말이 나온다'는 뜻의 '중 구일사(衆口一詞)' 등이 있다.

반대되는 뜻을 가진 성어는 '여러 설이 어지럽다'는 '중설분분(衆

說紛紛)', '말이 사람마다 다 다르다'는 '언인인수(言人人殊)', '저마다 자기 의견을 고집한다'는 '각집기견(各執己見)' 등이 있다.

중국에서는 '이구동성'이란 제목으로 영화를 비롯해 음악 예능 프로그램 등이 제작되어 많은 인기를 끌기도 했다.

한국에서는 한 제과 회사가 '이구동성'이란 이름의 과자를 출시한 적이 있었고, 또 '이구동성' 게임도 나왔다. '이구동성' 게임은 한 팀의 팀원들이 서로 다른 글자를 동시에 외치면 상대 팀이 그 단어를 맞히는 방식이다. 예를 들어 '이구동성'이라면, 1번 사람이 '이구동성'의 네 글자 중 하나를 외치고, 남은 세 사람은 남은 세 글자 중 하나씩을 외치면 상대 팀이 이를 유추하여 온전한 네 글자의 성어를 맞히는 식이다. 비슷한 방식으로 다양하게 변형하여 상대가 하는 말이나 의중을 맞히는 게임도 '이구동성' 게임으로 부른다.

■ 심화학습 : 소리 '성(聲)' 자가 들어가는 성어에 대해 알아보기
■ '이구동성'으로 나의 문장 만들어 보기

147
이실직고(以實直告)

- 중국어 발음 : yǐ shí zhí gào
- 사실을 그대로 말한다.
- 사실을 있는 그대로 바로 알린다는 뜻의 성어다.
- 교과서 : 초등 3-2 국어 연계
- 출전 : 우리식 표현

'이실직고'는 우리가 많이 쓰는 성어다. 특히 사극에서 죄인을 다그칠 때 '이실직고하렷다'라는 대사로 많이 등장한다. 중국은 '이실직고'와 같은 뜻의 '이실상고(以實相告)'가 포털사이트 등에 소개되어 있다. 출전은 이백원(李伯元, 1867~1906)의 《문명소사(文明小史)》 제47회다. 《문명소사》는 청나라 말기에 유행한 '견책소설'인데 1900년 어지러운 변혁의 소용돌이에 놓인 중국 사회가 배경이다.

'이실직고'는 '이실고(以實告)'로 줄여서 쓰기도 하는데 이와 관련해서는 송나라 때의 일화가 전해 온다. 송나라 진종(眞宗) 때 노종도(魯宗道, 966~1029)라는 아주 충실한 사람이 있었다. 진종이 태자로 있을 때 노종도는 태자의 스승으로 일했다. 노종도의 집 근처에는 술집이 있었고, 그는 시간이 나면 그곳에서 술을 마셨다. 하루는 황제(진종)가 급히 노종도를 불렀다. 사신이 노종도의 집에 왔지만 그는 집에 없었다. 그 시간 노종도는 술집에 있었고, 술을 다 마신 뒤에야 느릿느릿 집으로 돌아왔다.

사신은 노종도에게 "황상께서 늦게 왔다고 꾸짖으면 뭐라고 변명하실 겁니까"라고 물었다. 노종도는 "사실대로 말씀드려야지요(이실고以實告)"라고 답했다. 사신은 당황하며 "그러면 황상께 죄를 짓는 일이 될 텐데요"라고 걱정했다. 노종도는 "술 마시는 일이야 사람의 일상이지만 황상을 기만하는 일은 신하의 큰 죄입니다"라고 대답했다. 사신은 노종도에게 감탄했고, 두 사람은 서둘러 궁으로 들어갔다.

과연 황제는 왜 늦었냐고 물었다. 사신은 노종도의 말을 그대로 전했다. 진종은 노종도에게 집을 놔두고 왜 술집에 가서 술을 마시냐고 물었다. 노종도는 이렇게 답했다.

"집이 가난하여 술그릇 따위가 없습니다. 술집에는 이런 것들이 다 갖추어져 있어 제 집처럼 편합니다. 마침 집안 친지가 방문했기에 함께 술집에 가서 술을 마셨습니다. 그렇지만 옷을 갈아입고 가기 때문에 백성들은 저를 알아보지 못합니다."

진종은 노종도의 인품을 귀하게 여겨 그를 중용했다. 어떤 변명이나 거짓도 사실을 이길 수 없다. 한 사람의 인격을 평가하는 중요한 표준 역시 그 사람이 진실하냐 아니냐다. 이는 동서고금(東西古今)을 막론하고 한결같았다.

■ 심화학습 : 열매 '실(實)' 자가 들어가는 성어에 대해 알아보기
■ '이실직고'로 나의 문장 만들어 보기

148
이심전심(以心傳心)

· 중국어 발음 : yǐ xīn chuán xīn
· 마음으로 마음을 전한다.
· 굳이 말이나 글로 전하지 않아도 서로 마음이 통한다는 뜻의 성어다.
· 교과서 : 초등
· 출전 : 《육조단경(六祖壇經)》*, 《전등록》

'이심전심'은 불교 경전과 불교 전적에서 나오는 성어로 일상에서 즐겨 인용한다. 같은 뜻을 가진 불교 용어로 '염화미소(拈華微笑)'도 많이 쓴다. '꽃을 들어 올리자 미소를 지었다'는 뜻이다.

부처는 자신의 깨달음을 제자들에게 전하기 위해 이런저런 방식으로 시험을 했다. 이를 '삼처전심(三處傳心)'이라 한다. 세 곳에서 마음을 전했다는 뜻이다. 그 결과 가섭(迦葉)이란 제자가 부처의 뜻을 알아들어 의발(衣鉢)을 이어받았다. (의발은 옷과 바리때, 즉 밥그릇을 말하는데, 스승이 입던 옷과 바리때를 물려받은 제자가 스승의 법통을 잇는다.)

'이심전심'을 전하는 《경덕전등록》 판본

첫 번째는 영산(靈山)에서 꽃을 들어 올리자 가섭이 그 뜻을 알고 미소를 지었다. 다음은 다자탑 앞에서 부처가 설법을 할 때 가섭에게 자리를 반 비워 주었다. 마지막은 쌍림에서 열반에

들 때 가섭이 오자 관 속에서 발을 밖으로 내밀었다.

부처의 이 '삼처전심'은 불법이란 글이나 말로 전하는 것이 아니라 마음으로 전할 수 있고, 또 마음으로 깨달아야 한다는 뜻을 담고 있다.

'이심전심'은 불교 용어지만 지금은 여러 상황에서 두루 쓰고 있다. 서로의 처지나 생각을 굳이 말로 하지 않아도 이해하고 나눌 때 널리 쓰인다.

＊《육조단경》은 중국 선종사(禪宗史)의 제6대 조사인 육조 혜능(慧能)의 자서전 성격의 일대기로 정식 이름은 《육조대사법보단경(六祖大師法寶壇經)》이다. 내용은 혜능이 6조의 자리에 이르는 과정과 제자들을 위한 설법이다. 엄격하게 말하자면 부처의 말씀이 아니기 때문에 '경(經)'이라 부를 수 없으나 불교사, 특히 선종사에서 혜능의 위상이 독보적이라 경전으로 높여 부른다.

■ 심화학습 : 중국 불교인 선종(禪宗)에 대해 알아보기
■ '이심전심'으로 나의 문장 만들어 보기

149
이전투구(泥田鬪狗)

- 중국어 발음 : ní tián dòu gǒu
- 진흙탕에서 싸우는 개
- 자기 이익을 위해 비열하게 다투는 것을 비유하는 성어다.
- 교과서 : 고등 한문
- 출전 : 《택리지(擇里志)》

'이전투구'도 일상에서 많이 인용하는 사자성어다. 조선 후기의 지리학자 이중환(李重煥, 1690~1752)의 인문 지리서 《택리지》에 나온 다. 중국 포털사이트에도 우리의 성어로 소개했다.

'이전투구'는 원래 함경도 사람의 강인한 성격을 평가하는 대목에서 나온 표현이었다. 그 뒤 뜻이 변하여 볼썽사납게 서로 헐뜯거나 싸우는 것을 비유하게 되었다. 이 표현은 태조 이성계가 정도전(1337~1398)에게 팔도 사람들의 특성을 한마디로 평해 보라는 대목에서 나왔다.

당시 정도전은 팔도 사람들의 특성을 쭉 늘어놓다가 이성계의 출신지인 함경도에 와서는 감히 무엇이라 평을 내리지 못하고 머뭇거렸다. 이성계가 무슨 말을 해도 괜찮으니 해 보라고 하자 "함경도는 '이전투구'입니다"라고 했다. 순간 이성계의 안색이 달라졌고, 당황한 정도전은 "함경도는 또 '석전경우(石田耕牛)'이기도 하지요"라고 보탰다. 이성계는 굳은 표정을 풀고 환히 웃으며 상을 내렸다고 한다.

'석전경우'란 '돌밭을 가는 소'로 '이전투구'와 마찬가지로 강인하다는 뜻을 담고 있다. 다만 개로 표현한 것과 소로 표현한 것의 차이가 있어 듣기에 따라서 당연히 기분이 나쁠 수 있다. 이성계도 이 때문에 순간 얼굴을 붉혔고, 이를 눈치챈 정도전이 재치 있게 개를 소로 바꾼 것이다.

'이전투구'와 '석전경우'가 정도전 자신의 표현인지는 알 수가 없다. 추측하건대 오래전부터 내려오는 팔도 사람들의 세평을 정도전이 인용한 것으로 보인다. '석전경우' 역시 중국 포털사이트에서 우리식 성어로 소개했다. 참고로 당시 정도전이 말한 팔도 사람들에 대한 세평을 아래에 소개해 둔다. 다만 이 세평은 지역에 대한 편견이 눈에 띈다는 점을 지적해 둔다.

- 경기 : 경중미인(鏡中美人) 거울 속에 비친 미인
- 충청 : 청풍명월(淸風明月) 맑은 바람과 밝은 달
- 전라 : 풍전세류(風前細柳) 바람 앞에 하늘거리는 가는 버드나무
- 경상 : 송죽대절(松竹大節) 소나무나 대나무 같은 굳은 절개
- 강원 : 암하노불(巖下老佛) 바위 아래 늙은 부처
- 황해 : 춘파투석(春波投石) 봄 물결에 던져진 돌멩이
- 평안 : 산림맹호(山林猛虎) 산속에 사는 사나운 호랑이

■ 심화학습 : 실학자 이중환과 《택리지》에 대해 알아보기
■ '이전투구'로 나의 문장 만들어 보기

150
인과응보(因果應報)

- 중국어 발음 : yīn guǒ yīng bào
- 원인과 결과는 서로 물린다.
- 좋은 일에는 좋은 결과가, 나쁜 일에는 나쁜 결과가 돌아온다는 뜻의 성어다.
- 교과서 : 초등
- 출전 : 《자은전(慈恩傳)》

'인과응보'는 불교 용어다. 중국은 '인과보응(因果報應)'이라고 쓴다. 출전은 삼장법사(三藏法師)의 전기인 《자은전》이다. (《자은전》은 《대자은사삼장법사전大慈恩寺三藏法師傳》의 약칭이다.) 같은 뜻을 가진 불교 용어로 '선인선과(善因善果), 악인악과(惡因惡果)'가 있다. '선인선과, 악인악과'는 '선유선보(善有善報), 악유악보(惡有惡報)'로도 쓴다. '착한 인연을 지으면, 즉 착한 행동을 하면 착한 결과가 돌아오고, 나쁜 인연을 지으면 나쁜 결과가 돌아온다'는 뜻이다.

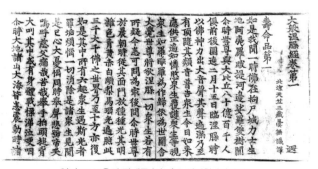

업과 그 보응의 관계를 '삼보'로 설명한 《열반경》

410

불교에서는 현생에 어떤 인연을 뿌리느냐에 따라 내세의 결과가 결정된다고 믿는다. 《열반경》에 업(業)에는 세 가지 갚음, '삼보(三報)'가 있다고 되어 있다. 하나는 현재의 갚음, 즉 '현보(現報)'로 지금 착한 행동을 하면 지금 착한 갚음을 받고, 악한 행동을 하면 악한 갚음을 받는다는 것이다. 둘째는 '생보(生報)'로 전생에 지은 업을 현생에 받거나, 현생에 지은 업을 내세에 받는 것이다. 셋째는 '속보(速報)'로 지금 바로 눈앞에서 지은 업에 대해 그 즉시 갚음을 받는 것이다. 그러므로 인간은 착한 업을 지어야, 즉 적선(積善)해야 현생은 물론 내세에도 좋은 보답을 받을 수 있다.

불행과 행복이 들어오는 정해진 문은 없다. 이것이 '화복무문(禍福無門)'이다. 불행과 행복은 모두 내가 불러들인다. 선행(善行)은 선행으로 보답을 받고, 악행(惡行)은 악행으로 앙갚음을 당한다. 인간 세상사의 당연한 이치다.

'인과응보'와 비슷한 뜻을 가진 사자성어로 '사필귀정(事必歸正)'이 있다.('사필귀정' 항목 참고)

■ 심화학습 : 삼장법사와 《서유기》에 대해 알아보기
■ '인과응보'로 나의 문장 만들어 보기

151
인산인해(人山人海)

• 중국어 발음 : rén shān rén hǎi
• 사람이 산과 바다를 이룬다.
• 헤아릴 수 없이 많은 사람이 모여 있는 모습을 비유하는 성어다.
• 교과서 : 초등 6-1 국어 연계
• 출전 : 《수호전》 외

'인산인해'는 《수호전》를 비롯하여 명나라의 이름난 소설 《금병매
(金瓶梅)》, 《성세항언》, 《초각박안경기》 등에 다 사용된 잘 알려진 성
어다. 모두 '사람들이 산과 바다를 이룰 만큼 많이 모여'들어 구경
하는 모습을 묘사하고 있다.

'인산인해'는 중국어 특유의 과장법을 잘 보여 주는 성어다. 관련
하여 사람이 많다는 뜻을 가진 표현으로 재미난 과장법과 관련한
일화를 소개한다.

춘추시대 제나라의 재상 안영이 초나라에 사신으로 갔을 때의 일
이다. 초나라 영왕(靈王)은 기선을 제압하려고 안영의 외모를 가지
고 놀렸다. 안영이 키가 작고 못생겼기 때문이다. 영왕은 "제나라에
얼마나 사람이 없기에 당신 같은 사람을 우리처럼 큰 초나라에 사
신으로 보냈냐"고 비꼬았다. 그러자 안영은 제나라 도성 임치의 번
화한 모습을 다음과 같이 묘사하면서 영왕의 말을 맞받아쳤다.

"제나라 수도 임치에는 3백여 개의 거리가 있습니다. 이곳에 사

는 사람이 얼마나 많은지 소매를 펼치면 태양도 가릴 수 있으며, 각기 몸에서 흐르는 땀이 마치 비가 내리는 것 같고, 또 어깨가 서로 닿고 부딪칠 정도입니다. 그러니 어찌 훌륭한 사람이 없을 수 있겠습니까?"

제나라의 인구가 얼마나 많은지를 다양한 과장법으로 표현하여 초나라 영왕의 코를 납작하게 만든 제나라의 명재상 안영

그러면서 제나라는 상대 나라의 격에 맞춰 사람을 보낸다는, 다시 말해 초나라의 격이 형편없기 때문에 자기같이 못생기고 작은 사람을 보낸 것이라는 비유의 말로 영왕의 모욕을 통쾌하게 되갚았다. 안영은 임치의 번성함, 특히 사람이 얼마나 많은가를 여러 가지 과장법으로 표현했다.

참고로 임치는 춘추전국시대 제나라의 도성으로 인구가 수십만에 이르렀는데, 이 때문에 《사기》 등 역사서에 '토해 내는 기운이 구름을 만들고 흘리는 땀이 비가 내리는 듯하다'라고 기록할 정도로 인구가 많았다.

안영이 말한 위 대목은 그의 언행록인 《안자춘추》에 나온다. 바로 이 대목에서 사람이 아주 많음을 비유하는 '장메성음(張袂成陰, 소매를 펼치면 태양을 가린다)', '휘한성우(揮汗成雨, 흐르는 땀이 비가 되어 내린다), '비견계종(比肩繼踵, 어깨가 서로 닿고 부딪치다)'이 잇따라 나왔다.

■ 심화학습 : 《안자춘추》와 관련한 성어에 대해 알아보기
■ '인산인해'로 나의 문장 만들어 보기

152
인지상정(人之常情)

- 중국어 발음 : rén zhī cháng qíng
- 사람이면 누구나 갖는 보통의 감정이나 생각
- 일반인이 통상적으로 갖고 있는 감정을 가리키는 성어다.
- 교과서 : 초등 4-1 국어 연계
- 출전 : 《조씨백중우의전(趙氏伯仲友義傳)》

'인지상정' 역시 일상에서 자주 쓰는 성어지만 정작 그 출전이나 출처에 대해서는 알려진 바가 없다. 중국 포털사이트에서 '인지상정'을 검색하면 '사람의 마음이 오가는' 것을 뜻하는 '인심향배(人心向背)'가 그 출처로 나오고, 그 용례로 '인지상정'이 언급되어 있다. '인심향배'는 '사람의 마음이 이리 가거나 저리 간다'는 뜻이다.

'인심향배'는 남조시대 양(梁)나라의 유명한 문인 강엄의 〈잡체시(雜體詩)〉 38수 서문에 나온다. 그 대목은 이렇다.

"귀한(비싼) 것을 멀리하고 천한(싼) 것을 가까이하는 것은 '인심의 향배'이고, 눈으로 보는 것을 중시하고 귀로 듣는 것을 가볍게 여기는 것은 풍속의 일반적인 폐단이다."

한편 '인지상정'은 명나라 조필(趙弼, 15세기 중반)의 《조씨백중우의전》에 "부귀를 바라는 것은 '인지상정'이다"라는 대목에 보인다. 또 능몽초의 소설 《초각박안경기》(권6)에는 이런 대목이 보인다.

"농(隴) 지역을 얻고 다시 촉(蜀) 지역을 바라는 것은 '인지상정'이

다. 한번 맛을 보았는데 어찌 그만
둘 수 있겠는가?"

'득롱망촉'을 남긴 동한의 개국 황제 광
무제 유수

　'농 지역을 얻고 다시 촉 지역을
바란다'는 대목은 유명한 사자성
어인 '득롱망촉(得隴望蜀)'의 출처다.
사람의 욕심이 끝이 없다는 비유
로 많이 인용된다. 이백의 시 〈고
풍(古風)〉에도 인용되었고, 동한을
건국한 광무제(光武帝) 유수(劉秀)가
농 지역을 얻은 다음 촉 지역도 원했다는 《동관한기(東觀漢記)》〈외효전
(隗囂傳)〉의 역사 고사에서 비롯되었다.

■ 심화학습 : 능몽초와 그의 소설에 대해 알아보기
■ '인지상정'으로 나의 문장 만들어 보기

153
일석이조(一石二鳥)

- 중국어 발음 : yī shí èr niǎo
- 돌 하나로 두 마리의 새를 잡다.
- 한 가지 일을 해서 두 가지 이익을 한 번에 얻는 것을 비유하는 성어다.
- 교과서 : 초등 5학년 도덕 연계 / 중등 한문
- 출전 : 영어 속담

'일석이조' 역시 우리 일상에서 많이 쓰는 사자성어다. 우리 속담의 '도랑 치고 가재 잡는다', '마당 쓸고 돈 줍는다와 '배 먹고 이 닦기' 등과 같은 뜻이다. '일석이조'는 영어 속담 'To kill two birds with one stone'을 한자로 옮긴 것이다. 같은 뜻의 중국 성어로 '일거양득(一擧兩得)', '일전쌍조(一箭雙鵰)'가 있다. '일거양득'은 《전국책》(〈진책秦策〉 2)에 나오고, '화살 하나로 수리 두 마리를 잡는다'는 '일전쌍조'는 역사서 《북사(北史)》(〈장손성전長孫晟傳〉)에 나온다. 간혹 더 많은 이익을 얻은 경우에는 '일석삼조'를 쓰기도 한다. 관련하여 《전국책》에 나오는 이야기를 소개한다.

중산국(中山國)의 상국 사마희(司馬熹)는 국왕의 신임을 한 몸에 받는 인물이었다. 그러나 왕이 총애하는 음간(陰簡)이 사마희를 아주 미워했다. 음간은 늘 베갯머리에서 사마희를 헐뜯었다. 왕이 그 말을 믿는 날이면 큰일이 날 판이었다. 역사적으로 왕이 아끼는 여자에게 잘못 보여 죽임을 당하거나 쫓겨난 예가 무수히 많았기 때문이다. 사마희도 이 점을 잘 알고 있었다.

당시 중산국에는 전간(田簡)이란 지혜로운 자가 있었는데, 사마희가 이런 곤경에 처해 있다는 사실을 알고는 슬며시 이렇게 저렇게 하라며 대책을 알려 주었다.

그리고 얼마 뒤 이웃 조(趙)나라에서 사신이 왔다. 조나라는 전국칠웅(戰國七雄)*의 하나였기 때문에 약소국인 중산국이 대접을 소홀히 할 수 없는 존재였다. 상국인 사마희는 거의 한순간도 떨어지지 않고 사신에게 붙어 다니며 접대했다. 연회석상에서 사마희는 사신에게 자연스레 이런 말을 늘어놓았다.

"듣자 하니 조나라에는 음악에 능숙한 미녀가 많다던데, 우리 중산국 역시 보기만 해도 놀라 자빠질 정도로 아름다운 여인이 있지요. 우리 왕께서 총애하시는 음간이란 여인인데 마치 선녀와 같답니다."

《전국책》〈중산책(中山策)〉에는 이 부분을 다음과 같이 묘사하고 있다.

"그 용모와 자태가 실로 절세가인이라 할 수 있죠. 눈·코·피부·눈썹·머리 모양이 실로 제왕의 황후감이지 결코 제후의 첩은 아니지요."

이 얘기를 들은 조나라 왕은 아니나 다를까, 직접 보지도 않았는데 이미 마음이 움직이기 시작했다. 그래서 다시 사신을 중산국으로 보내 음간을 조나라 왕에게 달라고 했다. 사마희의 책략이 적중하는 순간이었다. 조나라 왕의 요구대로 음간을 바친다면 사마희는 곤경에서 쉽게 빠져나올 수 있었다. 여기까지가 전간이 가르쳐 준 '첫 단계'였다.

중산국 왕은 승낙하지 않았다. 신하들은 당황하지 않을 수 없었다. 조나라의 요구를 거절할 경우 중산국은 곤경에 처할 것이 뻔하기 때문이었다. 중산국 왕은 속수무책이었다. 속으로 회심의 미소를 지은 사람은 사마희 한 사람뿐이었다. 이 중요한 시기에 사마희는 '제2 단계'를 실천에 옮겼다. 사마희는 틈을 타서 국왕에게 대책을 전했다.

"저에게 조나라 왕의 청도 거절하고 중산국의 안전도 확보하는 방법이 있습니다만."

"뭐요? 그런 기막힌 대책이 있단 말이오?"

"이참에 음간을 아예 정식 왕후로 봉하십시오. 그러면 청을 거절해도 조나라가 어쩌지 못할 것입니다. 제가 보기에 다른 뾰족한 방법은 없을 것 같습니다만."

이렇게 해서 중산국은 위기를 모면했고, 음간을 왕후로 앉히는 데 힘을 다한 사마희는 더 이상 음간의 미움을 받지 않았다.

전간의 꾀로 사마희는 곤경에서 빠져나왔고, 음간을 왕후로 세움으로써 더 이상 음간에게 미움을 받지 않았으며, 조나라의 요구를 적절히 거절하여 중산국의 체면을 살렸으니 정말이지 빈틈없는 '일석삼조'의 모략이었다.

---

* 전국칠웅은 전국시대 세력을 다툰 일곱 개 나라를 가리키는 용어다. 진(秦)·초(楚)·연(燕)·전제(田齊)·조(趙)·위(魏)·한(韓)을 말한다.

■ 심화학습 : '일석이조'와 비슷한 동서양의 격언, 속담에 대해 알아보기
■ '일석이조'로 나의 문장 만들어 보기

154

일취월장(日就月將)

- 중국어 발음 : rì jiù yuè jiāng
- 매일 얻는 바가 있고 매달 진보한다.
- 학문이나 실력이 날마다 달마다 성장하고 발전하는 것을 비유하는 성어.
- 교과서 : 초등 3-1 도덕 연계
- 출전 : 《시경》

'일취월장'은 중국의 오래된 시가집 《시경》〈주송(周頌)〉의 '경지(敬之)'라는 노랫말에서 나온 말이다.

공경하고 공경할지어다.

천도(天道)가 심히 밝아서,

천명(天命)을 지키기 쉽지 않으니

높고 높은 저기에 있다 마시오.

나의 하는 일에 오르내리며,

나날이 살펴보고 계시니이다.

나이와 덕 아울러 모자라는 나,

공경을 다하지 못하고 있으나,

나날이 이루고 다달이 나아가

덕이 빛나도록 닦고 넓히며,

경들은 충성으로 나를 도와서,

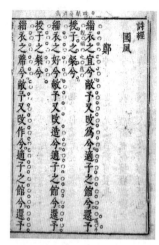

서주시대 백성들의 애환을 반영한 시
가집 《시경》 판본

밝은 덕 어진 행실 보여 주오.

위의 '나날이 이루고 다달이 나
아가'라는 대목이 바로 '일취월장'
이다.

《노자》(64장)에 '천리지행시어족
하(千里之行始於足下)'라는 말이 있다.
'천리길도 발아래에서 시작한다'는
뜻으로 천 리나 되는 먼 길도 첫걸
음부터 시작하니 '쉬지 않고 힘쓰
면 큰일을 이룰 수 있음'을 의미한다. 흐르는 물은 썩지 않는 법이
고, 그래야 큰 바다로 나갈 수 있다. 사람도 게으름을 피우지 않고
끊임없이 노력해야 자기 발전을 이루고 앞으로 나아갈 수 있다.

'일취월장'과 같은 뜻을 가진 성어로 '일진월보(日進月步)'가 있다.
잘 알려진 '괄목상대(刮目相對)'도 비슷한 뜻의 성어다. '눈을 비비고
상대를 다시 본다'는 뜻으로 사람의 학식이나 재주 따위가 놀랍도
록 향상됨을 비유하는 말이다. 이 밖에 '날로 새로워지고 달로 왕성
해진다'는 '일신월성(日新月盛)'이 있다.

■ 심화학습 : 진보(進步)와 발전(發展)에 관한 성어에 대해 알아보기
■ '일취월장'으로 나의 문장 만들어 보기

155

임기응변(臨機應變)

- 중국어 발음 : lín jī yīng biàn
- 그때그때 처한 형편에 따라 알맞게 일을 처리한다.
- 갑작스러운 상황에서 빠르고 순발력 있게 행동하거나 대처하는 것을 비유하는 성어다.
- 교과서 : 초등 2-2 국어 연계
- 출전 : 《구당서》 외

'임기응변'은 《구당서》〈곽효각전(郭孝恪傳)〉에 같은 뜻의 '수기응변 (隨機應變)'으로 나타난 이래 '임기제변(臨機制變)' 등 여러 가지 표현으로 활용되었다. '임기응변'은 명나라 소설가 풍몽룡의 《동주열국지》에 나오는 다음 대목이 그 출처로 보인다.

"우리 백성들 일이라면 범려가 신(문종)보다 못하지만 여러 사람을 주선하여 '임기응변'하는 일이라면 신이 범려보다 못합니다."

'임기제변'은 《남사(南史)》〈양종실전(梁宗實傳)〉의 다음 대목에서 나왔다.

갑자기 화를 내며 "내가 알아서 '낌새를 보고 변화를 통제할' 것이니 쓸데없이 말을 많이 하지 마라"라고 했다.

또 《진서》〈손초전(孫楚

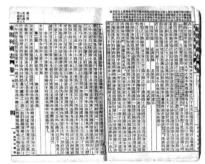

'임기응변'이 등장하는 《동주열국지》 판본

傳〉끝부분에 다음과 같은 손초에 대한 평가가 나온다.

"(손초는) 조정에서 만드는 일을 잘 계획했고, '응변이 무궁'했다."

위 대목에는 '임기응변'이 아닌 '응변무궁(應變無窮)'으로 나오는데 뜻은 비슷하다. '임기응변'은 긍정적으로 높이 평가할 때 많이 쓰지만 때에 따라서는 깎아내리는 뜻으로 쓰기도 한다. 이를테면 "너는 임기응변은 잘하는데 기본기가 딸려" 같은 경우다.

■ 심화학습 : 범려와 문종에 대해 알아보기
■ '임기응변'으로 나의 문장 만들어 보기

156

임전무퇴(臨戰無退)

- 중국어 발음 : lín zhàn wú tuì
- 싸움에 임해서 물러나면 안 된다.
- 자신이 맡은 일이나 해야 할 일에서 포기하지 말라는 뜻의 성어이기
  도 하다.
- 교과서 : 초등
- 출전 : 《삼국유사》, 《삼국사기》

우리 사자성어로 삼국 통일의 원동력이 된 화랑의 '세속오계' 다섯 항목 중 하나다. (교우이신' 항목 참고)

157
입신양명(立身揚名)

- 중국어 발음 : lì shēn yáng míng
- 몸을 세우고 이름을 날리다.
- 명예나 부, 지위 따위를 얻어 사회적으로 출세한 것을 비유하는 성어다.
- 교과서 : 초등 3-2 국어 연계
- 출전 : 《효경(孝經)》

《효경》은 유가의 핵심 사상이자 윤리관인 효도를 다룬 유가 경전이다. 유가의 주요 경전은 '사서삼경(四書三經)'을 중심으로 후대로 가면서 '13경'으로 정착되었는데 《효경》은 유일하게 처음부터 '경(經)'이라 불렸다. 즉 '삼경'인 《시경》, 《서경》, 《역경》의 원래 이름은 《시》, 《서》(또는 《상서》), 《역》이었다. 《효경》만 처음부터 그렇게 불렸다.

《효경》을 지은 사람에 대해서는 공자, 증자, 공자의 제자들, 증자의 제자들 등으로 여러 설이 있지만 모두 충분한 근거가 없다.

'입신양명'은 《효경》의 전체 개요를 밝히는 제1장 〈개종명의(開宗明義)〉의 다음과 같은 유명한 대목에서 나왔다.

"몸과 머리카락 그리고 살갗은 부모에게 받은 것이니 함부로 손상하지 않는 것이 효도의 시작이다. '입신출세해서 도를 행하여(입신행도立身行道) 후세에 이름을 드날려(揚名於後世)' 부모를 드러내는 것이 효도의 마침이다."

위대한 역사가 사마천은 사람으로 태어나 실천해야 하는 가치관으로 '삼립(三立)'과 '삼현(三賢)'을 이야기했다. '삼립'이란 '자신의 몸을 세우는' '입신'을 시작으로 '자신의 생각과 사상

유가의 주요 경전인 13경에 드는 《예기》의 송나라 판본

을 세우는' '입언(立言)'을 거쳐 '세상에 덕을 세우는', 즉 덕을 베푸는 '입덕(立德)'을 말한다. 또 '삼현'은 사람의 발전 과정을 가리키는데, 먼저 '스스로 유능해지기 위해 노력하는' '자현(自賢)'을 시작으로 '유능하고 좋은 사람을 찾는' '구현(求賢)'을 거쳐 그런 인재와 함께 '재능을 세상에 베푸는' '포현(布賢)'으로 나아가야 한다는 것이다.

　'입신양명'은 자기 뜻을 세워 세상에 이름을 날림으로써 낳아 주신 부모를 드러내야 한다는 효도의 기본을 가리키는 성어다. 비슷한 뜻의 성어로 '등용문(登龍門)'이 있다.('등용문' 항목 참고)

＊사서삼경이란 《논어》, 《맹자》, 《중용》, 《대학》의 사서와 《시경》, 《서경》, 《역경》의 삼경을 말한다. 13경이란 사서삼경을 포함하여 《주례》, 《의례》, 《중용》과 《대학》을 포함하는 《예기》, 《춘추좌씨전》, 《춘추공양전(春秋公羊傳)》, 《춘추곡량전(春秋穀梁傳)》, 《이아(爾雅)》, 《효경》을 말한다. 유가의 핵심 경전이라 할 수 있다.

■ 심화학습 : 유가 경전의 변천에 대해 알아보기
■ '입신양명'으로 나의 문장 만들어 보기

158
입현무방(立賢無方)

- 중국어 발음 : lì xián wú fāng
- 어진 인재를 기용할 때 부류를 따지지 않는다.
- 인재를 기용할 때는 출신 등을 가리지 말고 능력을 봐야 한다는 것을 비유하는 성어다.
- 교과서 : 고등 한문
- 출전 : 《맹자》

봉건시대는 인재 기용의 기준으로 신분과 출신을 중시했다. 그러나 한편으로는 이런 것들이 걸림돌이 되면 안 된다며 능력만 보라는 주장도 있었다. 공자는 '가르침에 부류가 있어서는 안 된다'는 '유교무류(有教無類)'를 내세웠고, 맹자는 '입현무방'을 주장했다. '입현무방'의 출처는 《맹자》〈이루〉(하) 편으로 관련 대목은 다음과 같다.

"하나라 우 임금은 맛난 술을 멀리하고 착한 말을 좋아했다. 은나라 탕(湯) 임금은 중도를 지키면서 '현명한 인재를 기용할 때 지역이나 계층을 가리지 않았다.' 주나라 문왕(文王)은 백성이 다치기라도 하듯 잘 살펴서 도에 이르기를 여전히 이르지 못한 듯했다. 무왕(武王)은 가까운 사람이라고 가까이하지 않고, 먼 사람이라 하여 잊지 않았다. 주공(周公)은 앞의 3대 군왕을 두루 겸하여 이 네 가지 일을 시행하되 합당하지 않으면 밤낮없이 우러러 생각하다가 다행히 터득하면 앉아서 날이 새기를 기다렸다."

봉건시대가 되었건 지금처럼 민주주의 시대가 되었건 나라의 발전은 인재들과 뗄 수 없는 관계에 있다. 사마천은 심지어 한 나라의 흥망성쇠를 인재와 연결하여 "(나라의) 안정과 위기는 어떤 정책을 내느냐에 달려 있고(안위재출령安危在出令), (나라의) 존속과 멸망은 어떤 사람을 쓰느냐에 달려 있다(존망재소용存亡在所用)"라는 명

맹자가 '입현무방'의 대표 사례로 든 은나라 탕 임금

언을 남겼다. 다양한 분야의 다양한 인재가 마음껏 자신의 재능을 펼칠 수 있는 여건과 통로가 마련된다면, 그런 조직이나 나라는 발전할 수밖에 없다. 이런 점에서 맹자의 '입현무방'은 그 울림이 작지 않다. 나아가 인재가 인재를 서로 추천하여 다 함께 발전할 수 있는 '윈윈'의 정신이 힘차게 작동하는 사회가 된다면 더할 나위 없겠다.

■ 심화학습 : 인재의 중요성에 관한 성어와 명언명구에 대해 알아보기
■ '입현무방'으로 나의 문장 만들어 보기

159
자격지심(自激之心)

- 중국어 발음 : zì jī zhī xīn
- 자신에 대해 스스로 모자란다고 생각하는 마음
- 자신의 처지나 자신이 한 일에 대해 부족하다고 생각하는 열등감을 비유하는 성어다.
- 교과서 : 초등 3-1 도덕 연계
- 출전 : 우리식 성어(?)

'자격지심'의 출처나 출전은 찾을 수 없다. '자격'만 놓고 보면 '자격지심'에는 부정적 의미가 없다. '자격(自激)'에는 자신을 격려한다는 뜻이 들어 있기 때문이다. 특히 교육에서 '자격'은 타인에 의한 자극을 뜻하는 '타격(他激)'과 함께 학생의 자신감을 기르는 한 방법으로 언급된다. 물론 '자격'에는 스스로 부딪치는, 즉 스스로 괴롭힌다는 뜻도 있다.

우리가 쓰는 '자격지심'의 뜻만 놓고 보면 '자신을 나무란다'는 '자책(自責)'이 가장 가까운 뜻을 가진 단어라 할 수 있다. '자책'은 당나라 원진의 칠언절구 시 제목으로 쓰이기도 했다.

오늘날 '자책'은 인간의 심리 활동을 가리키는 단어이며 영어는 Self-reproach다. 개인의 결점이나 잘못 때문에 내심 괴로움을 느껴 자신을 나무라는 것이다. 적극적 자책은 타인에 대한 사과로 나타나는데 자아 심령의 해탈이기도 하다. 소극적 자책은 자기 책망이 지나쳐서 의기소침해지고 우울해지고 절망하는 심리로 나타나

심신의 건강까지 영향을 미친다.

자책은 적당하면 심리적 평형을 조절하는 데 유리하다. 자신에 대해 더 잘 알아서 자기 수양의 수준을 높일 수 있는 것이다. 자책은 인간이 당연히 가져야 할 정상적 현상이지만 지나치게 반응하는 것은 비정상이다.

동양의 전통 문화에서 자책은 좋고 가치 있는 것으로 인식해 왔다. 이런 관점은 심지어 '아이는 맞지 않으면 그릇이 될 수 없다'는 따위의 속담에도 반영되어 있다. 성장 과정에서 때로는 벌을 받고 바로잡아야 한다는 인식인데, 그 결과 자책은 하나의 습관이 되고 자연스러운 반응이 된다는 것이다. 물론 이런 전통적인 인식에는 문제가 있다. 자칫 앵무새 한 마리가 어깨에 앉아 시도 때도 없이 '잘못했어'라고 조잘거리는 것처럼 의기소침하게 만들기 쉽다. 그렇게 되면 매사에 자신감을 잃어버린다.

자책이나 자격지심이나 스스로 그 정도를 통제할 줄 알아야 자신의 실수나 잘못을 제때 바로잡아 인격이 좀 더 나아지는 심리기제(心理機制)로 작용할 수 있음을 알아야 한다.

■ 심화학습 : 심리(心理)에 관한 성어에 대해 알아보기
■ '자격지심'으로 나의 문장 만들어 보기

160
작심삼일(作心三日)

- 중국어 발음 : zuò xīn sān rì
- 마음먹고 사흘 / 단단히 먹은 마음이 사흘을 넘기지 못한다.
- 무엇인가 해 보겠다고 마음먹지만 얼마 지나지 않아 포기하는 것을 비유하는 성어다.
- 교과서 : 초등 4학년 도덕 연계
- 출전 : 우리식 성어

중국 포털사이트에서는 '작심삼일'을 한국식 성어로 소개해 놓았다. 18세기에 간행된, 사역원에서 사용한 일본어 학습서 《인어대방(隣語大方)》에 '작심삼일'이란 표현이 있어 혹 일본식 표현과도 관련 있지 않을까 추정한다.

심훈의 소설 《상록수》에는 "웬걸 '작심삼일'은커녕 그날 저녁도 못 참고 주막으로 간 사람들이 있었어요"라는 대목이 있다.

'작심삼일'과 비슷한 뜻을 가진 성어로 '머리는 용, 꼬리는 뱀'이란 뜻의 '용두사미(龍頭蛇尾)'가 있다. 시작은 거창했지만 그 결과가 초라한 경우나 시작은 좋았지만 갈수록 나빠지는 것 등을 비유하는 성어다. 출전은 송나라 학자 주희와 그 제자의 문답을 모아 놓은 《주자어류》(제130권)다.

'용두사미'와 비슷한 뜻을 가진 성어는 '유시무종(有始無終)'이다. '시작은 있지만 끝이 없다'는 뜻이다. '유시무종'의 출처는 《진서》〈유총재기(劉聰載紀)〉다. "소인은 시작은 있지만 끝이 없기 때문에 관고(貫高)처럼 흘러갈 수 없다"라는 대목에 나왔다.

흔히 '시작했으면 끝을 보라'는 말을 많이 한다. 결과를 내놓아야 한다는 말이다. 물론 무슨 일이든 마음먹고 시작했으면 마무리를 하는 것이 바람직하다. 그러나 하다가 아니다 싶으면 언제든 그만 둘 수 있어야 한다. 되지도 않는 결과가 뻔한 일을 고집부리며 붙들고 있다가는 결과가 엉망인 것은 물론 심신과 시간 그리고 돈을 낭비하게 된다.

한편 '유시유종(有始有終)'이란 성어도 있다. 시작과 끝이 다 있다는 뜻이다. 원전은 《논어》〈자장〉 편의 자유*와 자하*가 나누는 문답 인데 원문은 '유시유졸(有始有卒)'로 되어 있다. 뜻은 매한가지다.

---

*자유 : 자하의 문인 제자들은 청소, 응대, 행동은 제법이다. 그러나 모두 말단적인 일이다. 근본을 찾는 일은 아무것도 하지 않으니 어찌 된 일일까!

*자하 : 아, 자유의 말은 잘못이다. 군자의 도를 남보다 먼저 습득하는 사람도 있지만 뒤늦게 힘쓰는 사람도 있다. 풀과 나무에 비유하자면 종류에 따라 심는 것을 달리하는 것과 같다고 할까. 군자의 도를 어찌 일률적으로 강요하겠는가. 처음과 끝을 모두 갖추는 것은 그야말로 성인(聖人)뿐일 것이다.

■심화학습 : 시종(始終)이 들어가는 성어에 대해 알아보기
■'작심삼일'로 나의 문장 만들어 보기

161

적공지탑불휴(積功之塔不墮)

- 중국어 발음 : jī gōng zhī tǎ bù huī
- 공들여 쌓은 탑은 무너지지 않는다.
- 정성을 다해 최선을 다한 일은 그 결과가 헛되지 않다는 것을 비유하는 성어다.
- 교과서 : 고등 한문
- 출전 : 《순오지》 외

우리 속담의 '공든 탑이 무너지랴'를 한문으로 바꾼 성어다. 《순오지》에 나오는데 "공을 들여 쌓은 탑은 단단하기 마련이다. 공을 들이면 스스로 먹고살 힘이 있음을 비유하는 것이다"라는 설명이 달려 있다. 《백언해》에는 "공을 들여 쌓은 탑은 끝까지 무너지지 않는다(적공성탑積功成塔, 종역불붕終亦不崩)" 했고, 《열상방언》과 《이담속찬》에도 비슷한 표현들이 있다.

중국에서 인용하는 '적공지탑'과 비슷한 뜻을 가진 성어로 '적공흥업(積功興業)'이 있다. '공을 쌓아 사업을 일으킨다', 즉 '포부를 실현한다'는 뜻이다. 출처는 《의림(意林)》에 인용된 서진(西晉) 시기 양천(楊泉, 생몰 미상)의 《물리론(物理論)》에 나오는 다음 대목이다.

"제갈량은 참으로 한 시대의 남다른 사람이다. 나라를 잘 다스렸고, 군대를 법으로 이끌었으며, '공을 쌓아 사업을 일으키니', 하는 일이 시기를 얻었다."

하루아침에 이루어지는 일은 없다. 끊임없는 노력을 통해 쌓여야 한다. 우리 속담의 '티끌 모아 태산'도 같은 뜻이다. 한자 성어로 '적토성산(積土成山)'이라 하는데 그 출전은 《순자》 첫 편인 〈권학〉 편의 다음 대목이다.

"흙이 쌓여 산이 되면 바람이 일고 비가 내린다. 물이 모여 못이 이루어지면 교룡과 용이 생긴다. 선함이 쌓여 덕이 이룩되면 자연 귀신같은 총명함을 얻고, 성스러운 마음을 갖춘다. 그러므로 반걸음이 쌓이지 않으면 천리길을 갈 수 없고, 작은 흐름이 쌓이지 않으면 강과 바다가 이루어질 수 없다. 천리마도 한 번 뛰어 열 걸음을 갈 수 없고, 둔한 말도 열 배의 시간과 힘을 들여 수레를 끌면 천리마를 따를 수 있다. 공이 이루어지는 것은 중단하지 않는 데 달려 있다. 칼로 자르다 중단하면 썩은 나무라도 자를 수 없지만, 중단하지 않으면 쇠나 돌도 자를 수 있다."

---

* 《의림》은 제자백가 중 잡가로 분류된 총 30권으로 이루어진 책이며 유가의 학설이 많이 인용되어 있다. 당나라 마총(馬總)이 편찬했다고 한다.
* 3세기 후반에 활동한 것으로 추정되는 양천의 《물리론》은 선진과 양한 시기의 양웅(揚雄), 왕충, 장형 같은 유물론자의 전통을 계승하여 우주의 발생론 등을 논한 책이다. 이 책에는 "하늘과 땅을 세우는 것은 물이고, 하늘과 땅을 완성하는 것은 기이며, 물과 땅의 기가 올라가 하늘이 된다"는 주장이 있다.

■ 심화학습 : 노력(努力)과 관련한 성어에 대해 알아보기
■ '적공지탑불휴'로 나의 문장 만들어 보기

162
적반하장(賊反荷杖)

- 중국어 발음 : zéi fǎn hé zhàng
- 도둑이 도리어 매를 든다.
- 잘못한 자가 오히려 잘한 사람을 나무라는 경우를 비유하는 성어다.
- 교과서 : 초등 3-2 국어 연계
- 출전 : 《순오지》 외

'적반하장'은 우리 일상에서 많이 쓰는 성어인데 중국 포털사이트에는 한국식 성어로 소개했다. 우리 속담의 '도둑이 매를 든다'를 한자로 바꾼 것인데 《광해군일기》 7년 3월조에 "속담에 이르기를 '도둑이 매를 든다(적이하장賊而荷杖)'고 했습니다"라는 대목이 보인다. '적반하장'은 《순오지》를 비롯하여 《백언해》, 《동한역어》, 《동언해》에도 다 실려 있다. '방귀 뀌고 성낸다'는 우리 속담과 비슷한 뜻이다. '적반하장'과 관련하여 중국의 민간 설화 하나를 소개한다.

서한시대의 일이다. 갑이란 사람이 비단을 내다팔려고 시장에 가는 중이었다. 반도 가지 못했는데 야속하게 하늘에서 비가 내리기 시작했다. 비 피할 곳을 찾지 못한 갑은 하는 수 없이 비단을 꺼내 우비처럼 걸쳐서 비를 막았다.

그때 저만치에서 한 남자가 달려오는데 몽땅 젖은 채 온몸을 부들부들 떨고 있었다. 을이란 이 사내는 갑에게 자기도 함께 비를 피하게 해 달라고 사정했다. 갑은 비단 자락을 들어 올리고 을을 맞아들여 비를 피하게 해 주었다.

이윽고 비가 개자 갑은 서둘러 비단
을 등에 메고 길을 재촉했다. 그런데
을이 갑의 등짐을 잡아당기며 길을 막
았다. 그 비단이 자기 것이니 내놓고
가라는 것이었다. 을은 한사코 그 비
단이 자기 것이라고 우겼고, 두 사람
사이에 주먹질까지 오갔다. 구경꾼들

'적반하장'하는 자를 현명하게 가
려내서 처벌한 설선

이 몰려들었고, 상황은 말로도 주먹으로도 해결 날 기미가 보이지
않았다.

마침 군 태수 설선(薛宣, 생몰 미상)이 가마를 타고 지나가다가 두 사
람이 싸우는 광경을 목격했다. 두 사람이 싸운 이유를 듣고 난 설
선은 "너희 두 사람 말 모두 일리가 있다. 그럼 그 비단에 무슨 표
시라도 있느냐"라고 물었다.

두 사람 대답은 모두 같았다. 설선은 "이렇게 하자. 너희가 모두
그 비단을 자기 것이라고 주장하면서 포기하려 하지 않으니 본관
이 판결을 내리겠다. 너희 두 사람 이의 없겠지"라고 다짐을 받았
다. 두 사람은 고개를 끄덕이며 동의했다. 설선은 부하를 시켜 비
단을 반으로 자르고는 "똑같이 반반씩 나누었으니 더 이상 싸우지
마라"라고 엄명을 내렸다.

두 사람이 자리를 뜨자 설선은 바로 사람을 보내 두 사람을 미행
해서 그들이 무슨 말을 하는지 듣고 오게 했다. 갑은 만나는 사람
마다 불만이 가득 찬 얼굴로 설선을 욕했다. 반면 을은 싱글벙글거

리며 비단을 싼값에 팔았다.

염탐꾼의 보고를 들은 설선은 두 사람을 다시 불러들였다. 태수를 욕한 갑은 잔뜩 겁을 먹었다. 그러나 설선의 반응은 뜻밖이었다. 설선은 을을 향해 호통을 치며 당장 곤장을 치라고 불호령을 내렸다.

'적반하장'과 비슷한 뜻을 가진 우리 속담으로 '물에 빠진 놈 건져 놓으니까 보퉁이 찾는다'가 있다. 같은 뜻의 중국 성어로는 '도적이 고함질러 도적을 잡는다'는 '적함착적(賊喊捉賊)'이 있다.

■ 심화학습 : 설선에 대해 알아보기
■ '적반하장'으로 나의 문장 만들어 보기

436

163

전화위복(轉禍爲福)

- 중국어 발음 : zhuǎn huò wéi fú
- 화가 바뀌어 복이 된다.
- 좋지 않은 일이 계기가 되어 오히려 좋은 일이 생겼음을 비유하는 성어다.
- 교과서 : 초등 / 고등 한문
- 출전 : 《사기》

'전화위복' 역시 우리 일상에서 많이 인용되는 잘 알려진 성어이며, 출처는 《사기》〈소진열전〉이다. '전화위복(轉禍爲福)'은 바로 뒤에 따라 나오는, '실패를 바탕으로 성공을 이끌어 낸다'는 '인패성공(因敗成功)'과 짝을 이룬다.

'전화위복'도 힘들고 어려울 때 사람들에게 용기를 줄 수 있는 성어로 꼽힐 법하다. 많은 사람이 용기와 희망이 절실하기 때문이다. 이 유명한 말은 당대의 걸출한 유세가 소진이 제나라 왕을 설득하는 과정에서 나오는 오래된 격언이다.

서쪽에서 세력을 뻗쳐 오는 진나라를 막기 위해 소진이 제안한 6국 동맹책인 합종(合縱)이 받아들여짐으로써 15년 동안 진은 함곡관(函谷關) 동쪽을 넘보지 못했다. 그러나 진나라는 범수가 제안한 '원교근공(遠交近攻, 멀리 있는 나라와 사이좋게 지내면서 가까이 있는 나라를 공략한다)'과 장의가 내놓은 연횡(連橫) 정책으로 합종을 깨뜨리기 위해 안간힘을 썼고, 그 결과 부분적인 성공을 거두었다.('합종연횡' 항목 참고)

전국시대를 주름잡은 최고의 유세가 소진의 무덤으로 지금 하남성 낙양시에 남아 있다. 일설에는 그가 6국의 공동 재상을 맡았기 때문에 6각 도장을 찼으며, 죽은 뒤 그의 비석도 6각이었다고 한다. 지금 남아 있는 것은 후대에 세운 것으로 4각이다.

먼저 제나라와 위나라가 조나라를 공격하고 나섰다. 이에 조나라 왕이 소진을 원망하고 나섰다. 얼마 뒤 진나라의 부마국이 된 연나라의 국상(國喪)을 틈타 제나라가 연나라를 공격했다. 합종은 와해되었다. 사태가 여의치 않자 소진은 마지막으로 사태 수습에 나섰다. 연나라가 잃은 땅을 찾아 주기 위해 제나라를 방문했다. 소진은 제나라 선왕에게 두 번 절하면서 축하한 다음 곧바로 불행을 조문(弔問)했다. 축하와 조문을 동시에 받은 제나라 왕은 어리둥절해하며 그 까닭을 물었다.

이에 소진은 진나라의 부마국이 된 연나라를 아무리 배가 고파도 먹어서는 안 되는 독초에 비유하며, 연나라에게 빼앗은 성을 돌려주면 연나라와 진나라를 동시에 만족시키는 것은 물론 두 나라와 튼튼한 동맹을 맺어 천하를 호령할 수 있으니 이것이 바로 '화를 복으로 바꾸고 실패를 바탕으로 성공을 이끌어 내는' 일이라고 설득한다.

소진의 논리는 코에 걸면 코걸이 귀에 걸면 귀걸이 식으로 곳곳에서 허점을 드러내고 있지만, 그가 인용한 이 격언만큼은 귀담아 새길 만하다. '실패는 성공의 어머니다'라는 격언도 있듯이 인생에서 성공의 보약은 실패라는 쓰라린 경험이다. 문제는 실패를 복으로 바꿀 수 있다는 자신감과 용기를 갖추느냐 그렇지 못하느냐에 있다. 이 성어는 〈관안열전〉에도 그대로 보인다.

'전화위복'은 복과 화를 바꾸어 '전복위화(轉福爲禍)'라는 반의어도 있고, 같은 뜻으로 '인화위복(因禍爲福)'을 쓰기도 한다.

■ 심화학습 : 유세가 범수에 대해 알아보기
■ '전화위복'으로 나의 문장 만들어 보기

164

정문일침(頂門一針)

• 중국어 발음 : dǐng mén yī zhēn
• 정수리에 침을 놓다.
• 따끔한 충고나 교훈을 비유하는 성어다.
• 교과서 : 중등 한문
• 출전 : 〈제무타조공사집정은수간(題毋惰趙公辭執政恩數簡)〉 외

'정문일침'은 글자 그대로 정수리에 침을 한 대 놓는다는 뜻으로, 얼빠진 것처럼 흐리멍덩한 사람에게 정신을 차리도록 따끔하게 한 마디 충고하는 경우를 비유한다. 비슷한 뜻으로 일상에서 '정곡(正鵠) 을 찌른다'라는 표현을 많이 쓴다. '정곡'의 '곡(鵠)'은 흰 고니를 뜻하는데 옛날 활쏘기에서 과녁 한가운데 고니를 그려 붙인 데서 '한가운데'를 뜻하는 단어가 되었다. '정곡'은 활쏘기 전문 용어인데 《주례(周禮)》 〈천관(天官)〉 '사구(司裘)'에 딸린 주석에 이런 대목이 있다.

"과녁에서 사방 열 자 되는 것을 후(候), 넉 자 되는 것을 곡(鵠), 두 자 되는 것을 정(正), 네 치 되는 것을 질(質)이라 했다."

《중용》 14장에 공자의 "활쏘기에는 군자의 태도와 같은 점이 있다. 정곡을 잃으면 자신을 돌이켜 본다"라는 말이 있다. 그에 딸린 주석에는 "천에다 그린 것이 정(正)이고, 가죽에다 그린 것이 곡(鵠)이다. 다 중심으로 활 쏘는 과녁이다"라고 했다.

'정문일침'의 출처는 송나라 문장가 유극장(劉克莊, 1187~1269)의 글

〈제무타조공사집정은수간〉이다. 그 후 명나라 난릉소소생(蘭陵笑笑生)의 소설 《금병매사화(金瓶梅詞話)》(제57회)에 "나 오월랑(吳月娘)은 어쨌거나 바른 사람으로 황당무계한

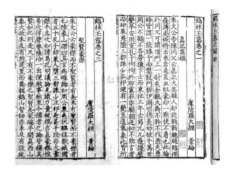

'촌철살인'의 출처인 《학림옥로》 판본

말은 하지 않고 다음 몇 마디로 서문경(西門慶)의 정수리에 일침을 가하겠어"라는 대목이 보이는데, 여기에는 '정문상침(頂門上針)'으로 표현되어 있다. 뜻은 같다.

'정문일침'과 비슷한 뜻을 가진 성어로 '일침견혈(一針見血)', '촌철살인(寸鐵殺人)' 등이 있다. '일침견혈'은 '침 한 번 찔러 피를 본다'는 뜻으로 《후한서》 〈곽옥전(郭玉傳)〉이 그 출처인데, 여기에는 '일침즉채(一針卽瘥)'로 표현되어 있다. '침 한 번 찔러 병이 낫는다'는 뜻이다. '일침견혈'은 모택동(毛澤東)의 글 〈반대당팔고(反對黨八股)〉의 "이것이야말로 우리의 병폐를 '일침견혈'하는 것 아니겠는가"라는 대목에서 활용되었다.

'한 치의 쇳조각으로 사람을 죽인다'는 뜻의 '촌철살인'은 송나라 나대경(羅大經, 1196~1252)의 대표 저서 《학림옥로(鶴林玉露)》(권7)에 나오는 "나는 그저 한 치 길이의 병기만 있으면 바로 사람을 죽일 수 있다"라는 대목을 '촌철살인'으로 압축한 것이다. 원래의 뜻은 사물의 중요성은 많고 적음이 아니라 정교함에 달려 있다는 것인데, 정곡을 찌르는 정확한 말 한마디를 비유하기도 한다.

* 《학림옥로》는 송나라 문인들의 잘 알려지지 않은 일들을 모아 창작한 문어체 소설이다. 문학사의 사료로 상당한 가치를 가진 작품이며 모두 18권으로 이루어져 있다.

■ 심화학습 : 사물과 현상의 핵심을 찌르는 성어에 대해 알아보기
■ '정문일침'으로 나의 문장 만들어 보기

165

조삼모사(朝三暮四)

- 중국어 발음 : zhāo sān mù sì
- 아침에 세 개, 저녁에 네 개
- 잔꾀로 남을 속이는 것을 비유하는 성어다.
- 교과서 : 초등 6-1 국어 연계 / 중등 한문
- 출전 : 《장자》

'조삼모사'는 《장자》〈제물론(齊物論)〉의 우화에서 나온 유명한 성어다. '아침에 변하고 저녁에 바꾼다'는 뜻의 '조변석개(朝變夕改)'도 비슷한 뜻의 성어다. '조변석개'는 우리가 즐겨 쓰는 표현이고 중국은 '조령석개(朝令夕改)'를 많이 쓴다. '아침에 내려진 명령이 저녁에 바뀐다'는 뜻으로 출처는 《한서》〈식화지(食貨志)〉(상)다. 같은 뜻의 '조령모개(朝令暮改)'로도 많이 쓴다. 《장자》에 나오는 우화를 간략하게 소개하면 이렇다.

원숭이 대장이 도토리를 나눠 주면서 "아침에는 세 개, 저녁에는 네 개를 주겠다"고 하자 원숭이들이 화를 냈다. 그래서 원숭이 대장이 "그러면 아침에 네 개, 저녁에 세 개를 주겠다"고 하자 모두 좋아했다. 《장자》는 이렇게 덧붙였다.

"아침과 저녁이 약간의 차이는 있어도 모두 일곱 개라는 것도, 하루에 그것을 받을 수 있다는 것도 변함이 없는데, 화를 냈다가 기뻐하는 다른 대응을 보인 것은 역시 눈앞의 이익이 좋다고 생각했기 때문이다."

이 원숭이 이야기는 〈제물론〉에서 매우 의미심장한 우화로 평가받는 부분인데, 장자는 눈앞의 작은 이익을 다투는 원숭이들의 어리석음을 빌려 사물에 집착하는 인간의 못남을 풍자한 것이다.

■ 심화학습 : 원숭이가 들어가는 성어에 대해 알아보기
■ '조삼모사'로 나의 문장 만들어 보기

166

주객전도(主客顚倒)

- 중국어 발음 : zhù kè diān dǎo
- 주인과 손님이 뒤바뀌다.
- 서로의 입장이 뒤바뀐 것이나 일의 차례가 뒤바뀐 것을 비유하는 성어다.
- 교과서 : 초등
- 출전 : 〈전운포우화종문(滇雲浦雨話從文)〉

'주객전도'는 사물의 가볍고 무거움, 크고 작음이 뒤바뀐 것을 비유하는 성어다. 그 출처에 대해 중국의 포털사이트는 〈전운포우화종문(滇雲浦雨話從文)〉으로 밝히고 있다. 이 글은 현대 중국의 문학가, 번역가, 교육자로 이름난 시칩존(施蟄存)*이 평상시 아주 가까이 지낸 소설가 심종문(沈從文, 1902~1988)이 세상을 떠나자 그와의 우정과 추억을 회고하면서 기고한 것이다. '주객전도'가 나오는 대목은 이렇다.

"이때부터 심종문은 고정된 직업을 갖게 되어 매달 월급으로 생활할 수 있었다. 그러나 이렇게 되자 글 쓰는 일이 시간이 날 때 하는 일이 되고 말았으니, 그의 정신생활이란 면에서 어느 정도 주객이 뒤바뀌었다."

'주객전도'와 비슷한 뜻을 가진 성어로 '본말전도(本末顚倒)'가 있고, 우리 속담에는 '배

'주객전도'를 글에 넣은 작가 시칩존

보다 배꼽이 더 크다'나 '굴러온 돌이 박힌 돌 뺀다' 등이 있다. '도적이 도리어 몽둥이를 든다'는 '적반하장(賊反荷杖)'도 상황에 따라서는 비슷한 뜻으로 쓸 수 있다. 영어에 'Wag the dog'이란 표현이 있는데, '꼬리가 개를 흔든다'는 뜻으로 '주객전도'와 비슷한 뉘앙스라 할 수 있다. 나무위키에 참고할 만한 '주객전도'의 사례가 아주 많이 소개되어 있다.

---

* 시칩존(1905~2003)은 중국 학계의 걸출한 인물이다. 평생을 교육에 종사한 교육가이기도 하다. 박학다재로 동서고금의 학문에 능통하여 문학 창작은 물론 고전문학, 금석문 연구 등에도 조예가 깊었다. 또 헝가리, 폴란드 등 동유럽 문학 작품을 비롯해 외국 문학을 번역 소개하는 데 큰 업적을 남겼다. 장편소설 《상원등(上元燈)》, 심리소설 《구마라즙(鳩摩羅什)》 등 많은 작품을 남겼고, 《시칩존문집》이 있다.

■ 심화학습 : 심종문에 대해 알아보기
■ '주객전도'로 나의 문장 만들어 보기

167

주마간산(走馬看山)

- 중국어 발음 : zǒu mǎ kàn shàn
- 말을 달리며 산을 본다.
- 자세히 살피지 않고 대충대충 보며 지나가는 것을 비유하는 성어다.
- 교과서 : 중등 한문
- 출전 : 〈등과후(登科後)〉

'주마간산'은 우리 속담의 '수박 겉핥기'와 같은 뜻의 사자성어다. 당나라 중기의 시인 맹교(孟郊, 751~814)의 〈등과후〉에서 유래했다. 그런데 맹교의 시는 '산을 보는' '간산'이 아니라 장안의 '꽃을 보는' '간화(看花)'다. '주마간화' 쪽이 좀 더 실감 나는 비유라 할 것이다. 맹교는 관직에 나아가지 않고 시를 지으면서 청렴하게 살다가 어머니 뜻에 못 이겨 마흔한 살 때 과거에 응시했다. 하지만 자신의 뜻과 달리 번번이 낙방하고 수모와 냉대만 받다가, 5년 뒤인 마흔여섯에야 겨우 급제했다. 〈등과후〉는 맹교가 급제하고 난 뒤에 술좌석에서 읊은 작품이다.

지난날 궁색할 때는 자랑할 것 없더니,

오늘 아침에는 우쭐하여 생각에 거칠 것이 없어라.

봄바람에 뜻을 얻어 세차게 말을 모니,

하루 만에 장안의 꽃을 다 보았네.

위 시에서 살펴볼 수 있듯이 맹교는 보잘것없을 때와 과거에 합격했을 때의 세상인심이 다름을 풍자하며 일이 바빠 '달리는 말 위에서 장안의 꽃을 다 보았다'는 주마간화(走馬看花)로 표현했다. 주마간화는 단순히 '말을 타고 가면서 꽃구경을 했다'는 것이 아니라 하루 만에 장안의 좋은 것을 모두 맛보았다는 은유적 표현이다. 한편 세상인심의 각박함을 비웃는 시인의 호탕함도 잘 나타나 있다. 그러나 후대에 와서 '말을 타고 달리면서 산을 바라본다'는 주마간산(走馬看山)으로 바뀌어, 일이 몹시 바빠 이것저것 자세히 살펴볼 틈도 없이 대강대강 훑어보고 지나침을 비유하게 되었다.

'주마간산'과 비슷한 뜻을 가진 성어로 '불구심해(不求甚解)'가 있다. '깊게 이해하려 하지 않는다'는 뜻이다. 상반되는 성어는 '주마간산'에 맞춘 '말에서 내려 꽃을 보다'라는 '하마간화(下馬看花)'가 있다. 또 글씨를 쓰는 데 얼마나 힘을 주었는지 '나무판자를 삼 푼이나 파고들다'라는 '입목삼분(入木三分)'도 '주마간산'과 반대되는 뜻의 성어다. '입목삼분'은 당초 필력의 웅건함을 형용하는 것으로 인용되었지만 때로는 문장 묘사나 논의의 심각성을 비유하기도 한다.('입목삼분'의 출처는 원말명초에 편찬된, 진기한 글을 모아 놓은 《설부說郛》다.)

출세(과거급제) 전과 후로 너무나 달라진 세태를 '주마간화'라는 표현으로 풍자한 당나라 중기 시인 맹교

■ 심화학습 : 시인 맹교에 대해 알아보기
■ '주마간산'으로 나의 문장 만들어 보기

168
죽마고우(竹馬故友)

- 중국어 발음 : zhú mǎ gù yǒu
- 대나무로 만든 말을 타고 놀던 친구
- 어릴 때부터 사귀어 온 오랜 친구를 비유하는 성어다.
- 교과서 : 초등 5-1 국어 연계
- 출전 : 〈장간행(長干行)〉, 《진서》

'죽마고우'는 오랜 친구를 가리키는 널리 인용되는 사자성어다. 중국 포털사이트에는 이를 한국식 성어로 소개했다. 실제로 중국 성어는 '죽마고우'가 아닌 '죽마지교(竹馬之交)', '죽마지우(竹馬之友)', '죽마지호(竹馬之好)' 등이다. 이백의 시 〈장간행〉에 '그대는 죽마를 타고 오고'라는 '낭기죽마래(郞騎竹馬來)'라는 표현이 보이는데, 여기서 '죽마지교'라는 성어가 나왔다. 뜻은 모두 '죽마고우'와 같다. '죽마지우'는 《진서》〈은호전(殷浩傳)〉에서 나왔다. '죽마지호'와 관련하여 《세설신어》〈방정(方正)〉 편에 다음과 같은 일화가 전한다.

삼국시대 동오의 군인 제갈정(諸葛靚, 생몰 미상)은 오나라가 망하자 진(晉)나라로 옮겼다. 진 무제(武帝)가 그를 대사마로 삼으려고 불렀지만 끝내 나가지 않았다. 오나라와 진나라는 원수 사이였으므로 제갈정은 늘 오나라 쪽을 향하여 낙수(洛水)를 등지고 앉았다. 제갈정은 무제와 어린 시절 친구였다. 무제는 제갈정이 너무 보고 싶었지만 기회가 없었다. 이에 무제는 자신의 숙모이자 제갈정의 누이

인 제갈비를 시켜 제갈정을 불렀다. 제갈정이 들어오자 무제는 태비를 사이에 두고 만났다. 예를 다하고 술자리를 마련하여 취기가 돌자 무제가 물었다.

"그대는 예전에 죽마를 타고 돌아다니던 좋은 시절이 생각나지 않는가?"

"저는 옛날 예양(豫讓)처럼 숯을 삼키지도 못하고 몸에 옻칠도 하지 못했는데, 오늘 다시 임금을 만나게 되었습니다."

제갈정은 이 말과 함께 눈물을 줄줄 흘렸다. 무제는 제갈정의 마음을 모르고 억지로 만나고자 한 것이 부끄러워 밖으로 나갔다.

제갈정의 아버지 제갈탄(諸葛誕, ?~258)은 무제의 아버지 사마소(司馬昭)에게 반기를 들었다 살해당했다. 이 때문에 제갈정과 무제는 죽마고우임에도 불구하고 한 하늘 아래에서는 더불어 살아갈 수 없는 원수 사이가 되었다. 그래도 무제는 옛정을 생각하여 제갈정에게 대사마라는 큰 벼슬을 내리고 화해의 손길을 펼쳤지만, 제갈정은 과거 예양이 자기 은인인 지백(智伯)의 원수를 갚기 위해 숯을 삼켜 벙어리가 되고 몸에 옻칠을 해서 병자처럼 꾸며 원수를 죽이려고 했던 것처럼 행동하지 못한 자신을 부끄럽게 생각했다. 무제는 그의 마음을 확인하고 성급하게 그를

제갈정과 '죽마지우' 사이였던 진나라 무제 사마염

만나자고 한 일을 반성한 것이다. 부모 사이의 원한과 친구 사이의 우정에서 번민하는 제갈정의 심정이 잘 묘사되어 있다.

조선시대 변계량(卞季良, 1369~1430)은 술에 취하여 서도의 부윤으로 가는 죽마고우 철성군을 송별하며 다음과 같은 시를 남기기도 했다.

죽마고우가 된 지 30년이 넘었으나,

봄바람에 길 떠나니 아쉽기만 하네그려.

영명루(永明樓) 그 아래에 꽃밭이 바다 같아,

앉아서 강산 보면 이 몸이 생각날지.

■ 심화학습 : 우정과 원수에 관한 성어에 대해 알아보기
■ '죽마고우'로 나의 문장 만들어 보기

169
지과필개(知過必改)

- 중국어 발음 : zhī guò bì gǎi
- 잘못을 알면 반드시 고친다.
- 자신이 무엇을 잘못했는지 알면 틀림없이 잘못을 바로잡는다는 뜻의 성어다.
- 교과서 : 중등 한문
- 출전 :《천자문》,《논어》외

  '지과필개'는《천자문》의 '득능막망(得能莫忘)'과 짝을 이룬다. '잘못을 알면 반드시 고치고, 누군가의 도움을 얻었으면 잊지 마라'라는 대목이다. 《논어》와《좌전》(선공 2년)에서도 비슷한 뜻의 문장을 찾을 수 있다.

  먼저 《논어》(〈자한〉)에 공자 말씀으로 "충(忠)과 신(信)을 주로 하고,

잘못을 알기보다 고치기가 어렵다는 말을 남긴 당나라 문장가 육지

나보다 못한 자를 벗 삼지 말며, 잘못했으면 고치기를 꺼려하지 마라"라는 문장에서 마지막 대목 '잘못했으면 고치기를 꺼려하지 마라'라는 '과즉물탄개(過則勿憚改)'가 널리 알려진 명구다.

  춘추시대 여러 나라의 사적을 기록한《좌전》을 보면 진(晉)나라에 이런 일이 있었다. 진나라 영공(靈公)은

성품이 잔인하여 사람을 함부로 죽였다. 신하 사회(士會)가 충고하자 영공은 "내가 잘못을 알았으니 고치겠소"라고 했다. 그러자 사회는 절을 하며 "사람이 누군들 잘못이 없었겠습니까? 잘못했지만 그것을 고칠 수 있다면 그보다 더 좋은 것은 없습니다"라고 했다. 여기서 '과이능개(過而能改), 선막대언(善莫大焉)'이란 명언이 나왔다.

예부터 잘못을 알고 그것을 고치는 일이 쉽지 않았다. 그래서 많은 사람이 이와 관련한 명언을 남겼다. 당나라 육지(陸贄, 754~805)는 〈봉천론사서사무상(奉天論赦書事務狀)〉에서 다음과 같이 말했다.

"지과비난(知過非難), 개과위난(改過爲難); 언선비난(言善非難), 행선위난(行善爲難)."

"잘못을 알기가 어려운 것이 아니라 잘못을 고치는 것이 어렵고, 좋은 말 하기가 어려운 것이 아니라 좋은 일 하기가 어렵다."

청나라 진학(陳確, 1604~1677)은《고언(瞽言)》의 '근언(近言)'에 딸린 한 문장에서 이렇게 말했다.

"지과지위지(知過之謂智), 개과지위용(改過之謂勇)."

"잘못을 안다는 것을 지혜라 하고, 잘못을 고치는 것을 용기라 한다."

그러면서 진학은 배운 사람이라면 "먼저 잘못을 알고 고칠 뿐이다"라고 했다.

■ 심화학습 : 잘못과 부끄러움에 관한 성어에 대해 알아보기
■ '지과필개'로 나의 문장 만들어 보기

170
지록위마(指鹿爲馬)

- 중국어 발음 : zhǐ iù wéi mǎ
- 사슴을 가리켜 말이라고 한다.
- 위아래 사람들을 농락하여 권력을 마음대로 휘두르는 것을 비유하는 성어다.
- 교과서 : 고등 한문
- 출전 : 《사기》

　2014년 〈교수신문〉은 2001년 이후 매년 연말에 실시하는 올해의 사자성어로 '지록위마'를 선정하여 발표했다. 2014년 한 해 동안 사회적으로 '지록위마'와 같은 현상이 많았고, 또 심각했음을 이 성어를 통해 알린 것이다.

　'지록위마'는 사슴을 보며 말이라고 우긴다는 뜻으로, 힘으로 남을 짓눌러 바보로 만들거나, 그릇된 일을 가지고 속여서 남을 죄에 빠뜨리는 것을 비유하는 유명한 사자성어다. 《사기》 〈진시황본기〉에 나오는데 해당 내용은 이렇다.

　진시황 재위 27년째인 기원전 210년 7월, 시황제는 순행 도중 사구(沙丘)에서 갑자기 쓰러져 일어나지 못했다. 시황은 죽기 전에 변방에 있는 큰아들이자 태자인 부소(扶蘇)를 불러 장례식을 치르게 하라는 유서를 남겼다. 이 유서를 보관하고 있던 조고(趙高)가 작은아들 호해(胡亥)와 승상 이사를 회유와 협박으로 설득하여 유서를 조작했다. 이들은 진시황의 죽음을 비밀에 부치고 서울인 함양으

로 들어와 거짓 조서를
발표하여 부소를 죽인
뒤 호해를 황제 자리에
앉혔다. 바로 진의 2세
황제다.

간신 조고는 '지록위마'로 조정 신하들의 의중을 떠보았다. 사진은 이를 나타낸 조형물이다.

조고는 2세를 정치에
서 멀어지게 만들고 방
해자인 이사를 죽인 다음 자신이 승상이 되어 권력을 한손에 쥐고
흔들었다. 조고의 야심은 갈수록 커져 황제 자리까지 넘보기에 이
르렀다. 그러나 신하들이 자신을 따를지 확신이 없었다. 조고는 이
를 확인하기 위해 한 가지 꼼수를 냈다.

하루는 조고가 사슴을 한 마리 끌고 들어와 2세에게 바치면서
"말입니다"라고 했다. 2세는 웃으며 "승상이 사슴을 가리켜 묘한
말을 하는구려. 사슴을 보며 말이라고 하다니"라고 했지만 조고는
계속 말이라고 우겼다. 이에 주위 신하들에게 물었더니 말이라고
하는 자, 사슴이라고 하는 자, 말하지 않는 자로 다 달랐다.

조고는 사슴이라고 말한 사람들을 기억해 두었다가 무고한 죄를
씌워 죽였다. 이 일 이후 신하들은 조고가 무서워 그가 하는 일에
다른 의견을 말하지 못했다.

그러나 2세와 조고의 폭정과 무능 때문에 천하가 소용돌이쳤다.
더 이상 2세를 속일 수 없게 된 조고는 2세를 죽이고 부소의 아들
자영(子嬰)을 황제에 앉혔으나 자영에게 죽임을 당했다. 그리고 얼
마 뒤인 기원전 206년 진나라는 통일 후 불과 15년 만에 멸망했다.

'지록위마'는 권력을 가진 자가 말도 안 되는 짓으로 주위 사람들을 떠보거나 거짓으로 진실을 가리려는 짓을 비유한다. 지금은 사이비 지식인이나 가짜 뉴스를 일삼는 언론과 언론인들의 행태를 비판하는 성어로도 많이 사용한다.

■ 심화학습 : '지록위마' 같은 고사성어와 정치 시사의 관계에 대해 알아보기
■ '지록위마'로 나의 문장 만들어 보기

171
지성감천(至誠感天)

- 중국어 발음 : zhì chéng gǎn tiān
- 지극한 정성은 하늘을 감동시킨다.
- 하늘조차 감동시키는 지극한 정성을 나타내는 성어다.
- 교과서 : 중등 한문
- 출전 : 《중용》

겨울날 대나무 밑에서 밤새 울고 있었더니 죽순이 나와 병든 어머니를 구했다는 '맹종읍죽(孟宗泣竹)'이란 고사성어가 있다. '맹종이 대나무 밑에서 운다'라는 뜻이다. 효성이 지극하면 하늘도 감동한다는 지성감천(至誠感天)은 바로 이 맹종(孟宗)과 아내의 효성 지극한 전설에서 유래되었다.

'맹종읍죽'은 '맹종곡죽(孟宗哭竹)'이라고도 하며 '대나무 밑에서 울었더니 죽순이 나왔다'고 해서 '곡죽생순(哭竹生笋)'이라고도 한다. 중국의 효도에 관한 고사 24편을 모은 《이십사효고사(二十四孝故事)》 중 열일곱 번째 고사다.

인간으로서 이 세상을 살면서 꼭 갖춰야 할 심성(心性)이라면 역시 '성(誠)'일 것이다. 정성과 성실이라는 뜻을 가진 성에 대하여 《중용》은 다음과 같이 정의했다.

첫째, 성실함은 자신의 완성을 통하여 남을 완성시킨다.

둘째, 성실함은 자연스럽게 이루어져야 한다. 어떤 의도나 목적을 갖고 성실함을 추구한다면 인위적인 성실함일 뿐이다. 이익만으로 성실함에 접근할 경우 이익이 없으며 성실함도 사라질 것이기 때문이다.

셋째, 최고의 성실함은 '무식(無息)'이다. 이때의 무식은 알지 못하는 무식(無識)이 아니라 쉬지 않는다는 무식(無息)으로 쉬지 않고 어제도 오늘도 내일도 변함없이 계속한다는 것이다. 해는 매일 뜨고 사계절의 운행은 쉬지 않는다. 이런 자연의 원리를 본받아 쉬지 않고 나아가는 것이 성실이다.

그래서 '지성감천(至誠感天, 지극한 정성은 하늘도 감동시키고), 지성무식(至誠無息, 지극한 정성은 쉬지 않는다)'이라고 말하는 것이다. '감천'이란 하늘이 감복한다는 수동적인 뜻이 아니라 내가 직접 하늘을 감동시킨다는 능동적인 뜻이다.

오늘날 많은 사람이 성실의 힘을 모른 채 그저 똑똑하고 유식해야 경쟁력이 있다고 말한다. 그러나 아무리 똑똑하고 유식해도 성

24효 고사를 나타낸 그림 〈24효도〉

실함을 당할 수 없다. 묵묵히 쉬지 않고 자신의 길을 가는 '무식(無息)'한 성실이야말로 일을 성취하는 진정한 힘일 뿐만 아니라 인생의 마지막 승자를 가리는 가장 중대한 기준이 된다. 많은 이가 원하는 것이며 결국 최후의 동반이 되는, 그리고 승리자가 되는 방법이다.

"하늘은 쉬지 않는 무식(無息)함에 감동한다."

* 유교의 윤리 규범에서 '효(孝)'는 특별히 중요한 덕목이다. 부모에 대한 '효'가 임금에 대한 '충(忠)'으로 직결되기 때문이다. 이 때문에 '효'와 관련한 많은 고사가 만들어졌고, 그중에서도 순 임금부터 북송의 황정견에 이르기까지 효자 24명의 고사를 수록한 《이십사효고사》가 가장 널리 알려져 있다. 이 고사는 시와 그림 등 다양한 형태로 변형되고 보태졌다.

■ 심화학습 : '이십사효고사'에 대해 알아보기
■ '지성감천'으로 나의 문장 만들어 보기

172

지피지기(知彼知己)

- 중국어 발음 : zhī bǐ zhī jǐ
- 적을 알고 나를 안다.
- 싸움에서는 상대를 먼저 알고 나를 알아야 한다는 뜻의 성어다.
- 교과서 : 초등 / 중등 한문
- 출전 : 《손자(孫子)》

'지피지기'는 바로 따라 나오는 '백전불태(百戰不殆)'와 함께 "적을 알고 나를 알면 백 번 싸워도 위태롭지 않다"는 뜻의 명언이다. 상대편과 나의 약점과 강점을 충분히 알고 승산이 있을 때 싸움에 임하면 이길 수 있다는 말이다.

춘추시대를 대표하는 군사 전문가 손무는 병법서의 바이블로 불리는 《손자병법》〈모공(謀攻)〉 편에서 승리하는 방법에 대해 다음과 같은 취지의 말을 남겼다.

"최선의 승리는 아군의 피해가 전혀 없는, 싸우지 않고 승리하는 것이다. 그러기 위해서는 계책으로 적군의 전의(戰意)를 꺾어야 한다."

손무는 결코 '백전백승'을 상책으로 삼지 않았다. 백 번 싸워 백 번 이기는 것은 상책이 아니고, 싸우지 않고서 적의 군대를 굴복시키는 것이 상책이라고 본 것이다. 으뜸가는 군대는 계책으로 적을 쳐부수는 것이고, 그다음은 외교로 적을 고립시켜 무너뜨리는 것이고, 그다음이 힘으로 정벌하는 것이라고 주장했다.

또한 전쟁에서 승패를 알 수 있는 방법에 대해 다음과 같은 말들을 남겼다.

"적과 아군의 실정을 잘 알고 비교 검토한 후 승산이 있을 때 싸운다면 백 번을 싸워도 결코 위태롭지 않다.(지피지기知彼知己, 백전불태百戰不殆)"

"적의 실정을 모른 채 아군의 전력만 알고 싸운다면 승패의 확률은 반반이다."

"적의 실정은 물론 아군의 전력까지 모르고 싸운다면 싸울 때마다 반드시 패한다."

《손자병법》의 요지는 패하지 않

《손자병법》은 단순한 병법서가 아니라 군사학을 철학의 경지까지 끌어올린 명저다. 이 때문에 서양에서는 《손자병법》을 《The Art of War》로 번역한다. 송나라 때 대표적인 병법서 7종을 골라 함께 편찬한 '무경칠서(武經七書)' 중에서도 《손자병법》은 맨 앞에 위치한다. 도판은 '무경칠서'의 《손자병법》 첫 부분이다.

는 데 있고, 패하지 않으려면 나와 상대의 실력을 정확하게 파악해야 한다는 것이다. '지피지기'면 '백전백승'으로 아는 사람이 많은데 잘못 알고 있는 것이다. '백전불태'는 '백 번 싸워도 위태롭지 않다', 즉 패하지 않는다는 뜻이다. 어떤 경쟁이든 실패하거나 패배하지 않는 위치에 자신을 놓을 수 있어야만 그 발판 위에서 승리의 기회를 잡을 수 있는 것이다.

■ 심화학습 : 손무와 손빈 등 병법가에 대해 알아보기
■ '지피지기'로 나의 문장 만들어 보기

173
천고마비(天高馬肥)

• 중국어 발음 : tiān gāo mǎ féi
• 하늘은 높고 말은 살찐다.
• 맑고 풍요로운 가을을 비유하는 성어다.
• 교과서 : 초등
• 출전 : 《전당시(全唐詩)》〈증소미도(贈蘇味道)〉

'천고마비'는 글자 그대로 하늘은 높고 말은 살찐다는 뜻으로, 오곡백과가 무르익는 가을이 꽤 좋은 절기임을 일컫는 말이다. 지금은 가을이 좋은 계절임을 나타낼 때 흔히 쓰는 말이나 원래는 고대 중국에서 흉노족의 침입을 경계하며 나온 말이다.

'천고마비'의 출처는 시성(詩聖)으로 불리는 당나라 시인 두보의 할아버지 두심언(杜審言, 약 645~약 708)이 쓴 아래 시인데 원문은 '추고새마비(秋高塞馬肥)'다. 우리가 이 대목을 인용하며 '추' 대신 '천'으로 바꿨기 때문에 대개는 '천고마비'로 알려져 있다. 중국은 '추고마비(秋高馬肥)' 네 글자를 많이 쓴다.

구름은 여리고 요사한 별은 흩날리는데,
가을 하늘 드높고 변방의 말은 살찌도다.
말안장에 올라앉아 웅검을 휘두르며,
붓을 휘둘러 승전보를 전해다오.

중국은 역대로 북방 유목민들의 침략을 받았다. 은나라 초기부터 중국 서북방에서 일어난 흉노는 주(周)·진(秦)·한(漢) 세 왕조를 거쳐 육조(六朝)에 이르는 근 2천년 동안 북방 변방의 농경 지대를 끊임없이 침

손자 두보 때문에 그 이름이 잘 알려지지 않았지만 두심언은 당나라 초기 문단을 주름잡은 명사다. 이교(李嶠), 최융(崔融), 소미도와 함께 '문장사우(文章四友)'로 불리기도 했다. 사진은 두심언의 무덤이다.

범한 유목 민족이었다. 고대 중국의 군주들은 흉노의 침입을 막기 위해 늘 고심했는데 전국시대에는 연(燕)·조(趙)·진(秦)의 북방 변경에 성벽을 쌓았고, 천하를 통일한 진시황은 기존의 성벽을 수축하는 한편, 이를 증축 연결하여 만리장성을 연결하기도 했다. 그러나 흉노의 침입은 끊이지 않았다. 북방의 초원에서 방목과 수렵으로 살아가는 흉노에게는 우선 초원이 얼어붙는 긴 겨울을 살아가야 할 양식이 필요했기 때문이다. 그래서 북방 변경의 중국인들은 '하늘이 높고 말이 살찌는' 가을만 되면 언제 흉노가 쳐들어올지 몰라 전전긍긍했다고 한다.

두심언의 시는 바로 이런 흉노의 침략을 막기 위해 북방으로 떠나는 친구 소미도(蘇味道)를 걱정해서 쓴 것이다. 그 후 '천고마비'는 원래 뜻이 조금씩 바뀌어 지금처럼 풍요롭고 평화로운 가을의 정경을 비유하는 말로 쓰인다. 일본은 '하늘이 높고 말이 살찌는 가을'로 표현한다. 참고로 풍요로운 가을을 나타내는 비슷한 성어는

다음과 같은 것들이 있다.

- 등화가친(燈火可親) : 가을밤은 서늘하여 등불 밑에서 책 읽기에 좋음을 일컫는 말. 쾌청한 가을을 의미한다.
- 중추절(中秋節) : 추석
- 청풍명월(淸風明月) : 맑은 바람과 밝은 달
- 화조월석(花朝月夕) : 꽃피는 아침과 달 밝은 저녁이라는 뜻. 봄·가을 등 좋은 계절을 이르는 말이다.
- 만산홍엽(滿山紅葉) : 단풍이 들어 온 산의 나뭇잎이 붉게 물든 가을의 정경

■ 심화학습 : 두심언에 대해 알아보기
■ '천고마비'로 나의 문장 만들어 보기

174

천리지행시어족하(千里之行始於足下)

- 중국어 발음 : qiān lǐ zhī xíng shǐ yú zú xià
- 머나먼 천리길도 발아래에서 시작한다.
- 무슨 일이든 시작이 있고 그 시작이 중요하다는 것을 비유하는 성어다.
- 교과서 : 중등 한문
- 출전 : 《도덕경》

'천리길도 한 걸음부터'라는 우리 속담과 같은 의미의 성어다. 중국의 발마사지 가게에 많이 붙어 있는 글귀이기도 하다. 《도덕경》*의 관련 대목을 보면 다음과 같다.

"두 팔로 안을 만큼 큰 나무도 털끝 같은 싹에서 자라고, 9층 높이의 축대도 흙을 쌓아 올려 만든 것이다."

"합포지목(合抱之木), 생어호말(生於毫末); 구층지대(九層之臺), 기어누토(起於累土)."

무슨 일이든 시작이 있는 법이고, 아무리 큰 뜻과 계획도 작은 실천에서 시작된다. 뜻만 크고 계획만 거창해서는 제대로 마무리를

노자의 《도덕경》은 5천 자 조금 넘는 짧은 책이지만 그 안에 담긴 내용과 철학은 대단히 심오하다. 뿐만 아니라 인생의 이치를 전하는 경구(警句)가 많다. 푸른 소를 타고 함곡관을 넘는 노자의 모습을 나타낸 그림이다.

짓기 어렵다. 모든 일은 예외 없이 시작이 있지만 끝은 없을 수 있다. 중도에 포기하거나 일을 그르쳐 끝을 보지 못하는 경우가 많기 때문이다. 그래서 노자는 이렇게 경고한다.

"세상 사람들의 일을 보면 다 될 무렵에 실패하기 일쑤다. 끝에 가서도 처음처럼 신중하게 해야 일을 망치지 않는다."

'처음 먹은 마음', 즉 '초발심(初發心)'을 잃지 말라는 것도 같은 의미다.

---

*춘추시대 도가학파의 창시자인 노자의 저서로 전하는 《도덕경》은 노자가 도덕(道德)을 수행했기 때문에 붙은 이름이다. 노자의 학설은 자신을 감추어 이름이 드러나지 않게 힘쓰는 것이었다. 주(周)의 도성 낙양에 오래 살았지만 주가 쇠퇴하는 것을 보고는 홀연히 떠났다. 노자가 관문, 즉 함곡관에 이르렀을 때 관문을 관리하는 윤희(尹喜)가 "당신께서 은거하실 모양인데 저를 위해 억지로라도 글 하나 써 주십시오"라고 부탁했다. 노자는 상·하 두 편의 글을 바로 써서는 도덕의 뜻을 담은 5천여 글자라 하고 떠나니 그 행방을 알 수 없었다. 노자가 윤희에게 건넨 5천여 글자로 된 글이 바로 《도덕경》이다. 여기서 '오천언(五千言)' 또는 '오천문(五千文)'이란 단어가 나왔고, 훗날 《도덕경》의 대명사가 되었다. 실제로 《도덕경》의 정확한 글자는 5,162자로 '5천여 글자'라고 기록한 《사기》(〈노자한비열전〉)의 기록과 맞아떨어진다.

■ 심화학습 : 발 '족(足)' 자가 들어가는 성어에 대해 알아보기
■ '천리지행시어족하'로 나의 문장 만들어 보기

175
청출어람(靑出於藍)

- 중국어 발음 : qīng chū yú lán
- 푸른색은 쪽빛에서 나오지만 쪽빛보다 더 푸르다.
- 제자가 스승보다 뛰어남을 비유하는 성어다.
- 교과서 : 초등 / 중등 한문
- 출전 : 《순자》

'청출어람'도 우리 일상에서 많이 인용하는 사자성어다. 유가 사상을 집대성했다고 평가받는 순자의 저서 《순자》〈권학(勸學)〉 편의 다음 대목에서 나오는 성어다. 조금 길지만 새길 부분이 적지 않아 인용해 둔다.

"배움은 중단하면 안 된다. '푸른빛은 쪽풀에서 뽑아내지만 쪽빛보다 더 푸르고, 물이 얼어서 얼음이 되지만 얼음은 물보다 더 차다.' 곧은 나무가 먹줄에 맞는다고 할지라도 불에 쬐고 구부려서 수레바퀴를 만들면 그 굽은 것이 그 굽은 자에 들어맞고, 이것을 다시 볕에 말려도 전처럼 펴지지 않는 것은 구부려 다졌기 때문에 그런 것이다. 나무가 먹줄의 힘을 빌려 곧아지고, 쇠붙이가 숫돌에 갈려서 날카로워지는 것처럼, 군자도 나날이 지식을 넓히고 또 자신을 반성해 가노라면 지혜는 밝아지고 행동함에 잘못이 없어질 것이다. 따라서 높은 산에 올라가 보지 않고는 하늘이 높은 것을 알지 못하고, 깊은 골짜기에 가 보지 않고는 땅이 넓음을 알지 못

순자는 실천적 사회 경험을 중시했고, 인간의 본성에 대해서는 '예(禮)'로써 '악(惡)'한 본성을 '선(善)'으로 바꿔야 한다는 '성악설(性惡說)'을 주장하여 맹자의 '성선설(性善說)'과 맞섰다. 그림은 순자의 초상화다.

하니, 선왕이 남긴 말을 듣지 않고는 학문의 위대함을 알지 못한다. 월나라 또는 멀리 동서남북에 자리 잡은 크고 작은 오랑캐 나라의 아이들을 보더라도, 태어날 때는 모두 같은 소리를 내지만 자라면서 생활 풍속이 달라지는 것은 교화의 힘이다."

'청출어람'에 바로 이어 나오는 '물이 얼어서 얼음이 되지만 얼음은 물보다 더 차다'라는 '빙한우수(氷寒于水)'도 같은 뜻인데 '청출어람'에 가려져 상대적으로 덜 알려졌다. 관련하여 북조 시기의 역사서 《북사》〈이밀전(李謐傳)〉에 이런 일화가 있다.

후위(後魏)의 이밀은 어려서 스승 공번(孔璠)에게 배웠는데 학문의 발전 속도가 매우 빠르고 열심히 노력한 결과, 몇 년 후에는 스승의 학문을 능가했다. 공번이 더 이상 이밀에게 가르칠 것이 없다고 생각하여, 오히려 이밀에게 자신의 스승이 되어 주기를 청했다. 이에 공번의 친구들이 그 용기에 감탄하고 또한 훌륭한 제자를 두었다는 뜻에서 '청출어람'이라고 칭찬했다.

'후배가 두렵다'는 '후생가외(後生可畏)'도 '후배의 나이가 젊고 의기가 장하므로 학문을 계속 쌓고 덕을 닦으면 그 진보는 선배를 능가하는 경지에 이를 것'이란 뜻의 성어로 많이 인용한다. 창의력이 무엇보다 중요한 오늘날에 맞추어 '청출어람'을 다시 음미하자면 '청출어람'을 뛰어넘어 '푸른색에서 붉은색이 나오는' '홍출어람(紅出於藍)'할 수 있어야 하지 않을까?

■ 심화학습 : 색을 나타내는 글자가 들어가는 성어에 대해 알아보기
■ '청출어람'으로 나의 문장 만들어 보기

176

쾌도난마(快刀亂麻)

- 중국어 발음 : kuài dāo luàn má
- 잘 드는 칼로 엉킨 삼 가닥(실타래)을 자른다.
- 어지럽게 얽힌 사물이나 상황을 하나하나 풀려 하지 않고 강하고 빠르게 처리하는 것을 비유하는 성어다.
- 교과서 : 고등 한문
- 출전 : 《북제서(北齊書)》

'쾌도난마'는 '쾌도참난마(快刀斬亂麻)'에서 한 글자를 뺀 성어로 역사서인 《북제서》〈문선기(文宣紀)〉의 다음 일화에서 비롯되었다.

남북조시대 고환(高歡)은 북조 동위(東魏) 효정제(孝靜帝, 534~550년 재위) 때 승상을 지낸 사람이다. 어느 날 고환이 아들들의 지혜를 시험해 보기 위해 마구 뒤엉킨 삼 한 다발을 주며 누가 가장 빨리 풀 수 있는지 시합을 시켰다. 다른 아들들은 모두 한 가닥 한 가닥 뽑아내서 정리하려 했다. 생각 같아서는 그렇게 하는 것이 빠를 것 같았지만 제대로 되지 않자 다들 조급해졌다. 그런데 고양(高洋)은 쾌도를 꺼내더니 다발을 자르는 것이 아닌가? 고양은 이리저리 뒤엉킨 덩어리에 아랑곳하지 않았던 것이다. 그가 가장 먼저 정리를 끝냈음은 물론이다. 아버지 고환이 어찌해서 그런 방법을 택했느냐고 묻자, 아들은 "어지럽게 엉킨 것은 잘라야만 합니다"라고 대답했다. 고환은 고양이 기특하기도 하고 또 기뻤다. 장차 큰일을 할 것이라고 생각했기 때문이다.

과연 고양은 훗날 효정제의 황제 자리를 빼앗아 북제(北齊)의 문선제(文宣帝)가 되었다. 소년 시절의 이 일화는 그렇게 '전승' 자료로 역사서에 실렸다. '어지럽게 엉킨 것은 잘라야만 한다'는 그의 말은 훗날 통치 계급에 의해 백성들을 억누르는 '격언'으로도 받아들여졌다.

지금은 복잡한 문제를 신속하고 과감하게 처리하는 것에 비유하여 흔히 '쾌도참난마'라 한다. 현대에 와서는 활용 범위가 더욱 넓어졌다. 사방이 의문(疑問)으로 둘러싸여 있어 아무리 생각해도 풀어낼 길이 없을 때, 의기소침하여 오갈 데 없는 상황에 놓여 있을 때, 이 '쾌도참난마'를 활용하여 문제의 세부적인 부분은 포기하고 극히 간단한 방법으로 모호한 문제를 처리해 버리는 것이다. 과감한 조치로 한두 차례의 '풍파'를 헤친 다음 밝은 국면을 열어 나가면 되는 것이다.

서양 전설에 의하면 고대 페르시아의 다리우스 왕은 '매듭' 하나를 묶어 놓고는, 누구든지 이 매듭을 풀 수 있는 사람이 소아시아 전체를 통치할 수 있을 것이라고 선포했다. 많은 사람이 그 매듭을 풀려 했지만 누구도 성공하지 못했다. 알렉산더 대왕은 그 매듭을 살펴보더니 칼을 뽑아 두 동강을 내 버렸다. 이런 가장 간단하고 과감

상황과 문제가 복잡하게 얽힐수록 그 해결책은 단순할 수 있다. '쾌도난마'는 바로 이런 점에서 작지 않은 깨달음을 주는 성어다. 그림은 알렉산더 대왕이다.

한 방법은 흔히 지혜와 사고가 고갈되었을 때 미로를 헤쳐 나가는
데 도움이 될 수 있다.

■ 심화학습 : 칼 '도(刀)' 자가 들어가는 성어에 대해 알아보기
■ '쾌도난마'로 나의 문장 만들어 보기

177

타산지석(他山之石)

- 중국어 발음 : tā shàn zhī shí
- 다른 산의 돌
- 다른 사람의 잘못된 행동이나 실패한 모습도 자기 수양에 도움이 됨을 비유하는 성어다.
- 교과서 : 초등 / 고등 한문
- 출전 : 《시경》

'타산지석'은 다른 산의 나쁜 돌이라도 내 숫돌로 쓸 수 있음을 비유하는 성어다. 이렇듯 다른 사람의 잘못된 말이나 행동, 실패한 사례 등을 그냥 보아 넘기지 않고 자신의 상황에 도움이 되게 활용할 수 있음을 비유하는 성어로 '다른 사람이나 사물의 부정적인 면에서 가르침을 얻는다'는 '반면교사(反面教師)'와 비슷한 뜻이다. '반면교사'는 우리가 즐겨 쓰는 성어고, 중국은 '반면교재(反面教材)'로 많이 쓰는데, 가장 가까운 출처는 초기 공산당 지도자 모택동이 성시와 자치구의 공산당 서기를 위한 회의 석상에서 강의한 내용이다.

'타산지석'의 출처는 중국에서 가장 오랜 시가집 《시경》* 〈소아〉 편 '학의 울음'이란 뜻의 '학명(鶴鳴)'이란 노랫말에 나온다.

학이 높은 언덕에서 우니
소리가 온 들에 울려 퍼지네.
물고기는 깊은 못에 잠겼다가

때로는 물가로 나오기도 하네.

즐거워라. 저 동산에는

심어 놓은 박달나무가 있구나.

(중략)

즐거워라. 저 동산에는

심어 놓은 박달나무가 있구나.

그 밑에는 닥나무도 있네.

다른 사람 산에 있는 돌이라도

여기 옥을 가는 데는 요긴한 것이지.

＊《시경》은 중국에서 가장 이른 시가 모음집이다. 서주(西周) 초기인 기원전 11세기부터 춘추(春秋) 중기인 기원전 6세기에 이르는 500여 년간의 시가 총 305편을 골라 놓았다. 춘추 말기 공자가 3천여 편 중에서 골라 편집했다고도 한다. 원래는 《시》라고만 했으나, 한나라 무제 때 《시경》이라 부르며 《주역》·《상서》·《의례》 등과 함께 유가의 경전이 되었다. 진시황의 '분서갱유(焚書坑儒)' 이후 사라졌다가 한나라 초기에 제(齊)·노(魯)·한(韓) 3가에 의해 전해져 온 것이라며 다시 나타났다. 이후 여러 유학자가 자료를 모으고 연구하여 유가의 경전으로 모습을 갖출 수 있었다.

■ 심화학습 : 돌 '석(石)' 자가 들어가는 성어에 대해 알아보기
■ '타산지석'으로 나의 문장 만들어 보기

178
파안대소(破顔大笑)

- 중국어 발음 : pò yán dà xiào
- 얼굴이 찢어질 정도로 크게 웃는다.
- 매우 즐거운 표정으로 활짝 웃는 모습을 비유하는 성어다.
- 교과서 : 중등 한문
- 출전 : 일본식 성어

'파안대소'는 앞서 살펴본 '박장대소'와 같은 뜻이다. 아주 즐겁거나 너무 기뻐서 온 얼굴이 환해지도록 크게 웃는 모습을 '파안대소'라 한다. 너무 우스울 때 '배꼽 잡는다' '배꼽 떨어진다'는 표현이 있고, 이를 성어로는 '요절복통(腰折腹痛)'이라 한다. 하도 우스워 허리가 꺾이고 배가 아플 정도라는 뜻이다. 거의 같은 뜻으로 '포복절도(抱腹絶倒)'가 있다. 너무 우스워 배를 움켜쥐고 숨이 넘어가 쓰러질 정도라는 뜻이다.

'파안대소'를 비롯하여 '요절복통', '포복절도'는 우리가 일상에서 많이 쓰는 성어긴 하지만 출처는 분명치 않다. '포복절도'도 일본식으로 추정된다. 이와 비슷한 뜻을 가진 성어로 가장 오랜 사례는 점쟁이들의 일화를 담은 《사기》〈일자열전(日者列傳)〉인데 관련 대목은 다음과 같다.

한나라 초기 중대부 송충(宋忠)과 박사 가의(賈誼, 기원전 200~기원전 168)가 길을 가다 갑자기 소낙비를 만나 남의 집 처마에서 비를 피했다. 거기에서 점을 치는 산명(算命) 선생 사마계주(司馬季主)가 제자들과 음양이니 길흉의 이치에 대해 대화를 나누는 모습을 보았는데 그 모습이 일반 속인과 달랐다. 이에 두 사람이 다가가 말을 걸었다.

"우리가 선생을 지켜보면서 말씀을 잘 들었습니다. 보잘것없는 우리가 세상을 가만히 살펴보니 아직까지 선생 같은 사람을 보지 못했습니다. 그런데 어이하여 이렇게 누추한 데 살면서 천하게 행동하십니까?"

사마계주는 '배를 잡고 크게 웃으며' 대체 무엇을 가지고 비천하다고 판단하냐며 핀잔을 주었다. 여기서 '배를 잡고 크게 웃는다'는 '봉복대소(捧腹大笑)'가 나왔다. 훗날 송나라의 소식은 시 〈유박라향적사(游博羅香積寺)〉에서 '포복대소(抱腹大笑)'라는 표현을 쓰기도 했는데 같은 뜻이다.

'파안'이 들어간 중국의 성어는 '파안일소(破顏一笑)', '파안위소(破顏爲笑)'가 있다. '파안일소'는 노신의 작품 《기괴(奇怪)》에 나온다. 다만 뜻은 우리가 쓰는 '파안대소'와 다르다. '파안일소'와 '파안위소'는 잠깐 근심 어린 표정을 짓다가 '파안(破顏)', 즉 표정을 바꾸어 웃는 모습을 뜻한다.

■ 심화학습 : 웃음과 울음에 관한 성어에 대해 알아보기
■ '파안대소'로 나의 문장 만들어 보기

179
파죽지세(破竹之勢)

- 중국어 발음 : pò zhú zhī shì
- 대나무를 쪼개는 듯한 기세
- 거침없이 맹렬하게 나아가는 모습이나, 세력이 강해서 감히 맞설 상대가 없는 것을 비유하는 성어다.
- 교과서 : 초등
- 출전 : 《진서》

'파죽지세'도 많이 활용하는 성어다. '세여파죽(勢如破竹)'으로도 쓴다. '그 기세가 대나무를 쪼개는 듯하다'라는 뜻이다. 출처는《진서》〈두예전(杜預傳)〉이고 관련 내용은 다음과 같다.

위(魏)나라의 권신 사마염(司馬炎, 236~290)은 원제를 폐한 뒤 스스로 황제 자리에 오르고 나라 이름을 진(晉)이라 했다. 바로 진 무제(武帝)다.(사마염은《삼국지》에서 유명한 사마의司馬懿의 손자이자 사마소司馬昭의 아들이다.) 이렇게 해서 천하는 3국 중 유일하게 남아 있는 오나라와 진나라로 나뉘어 대립하게 되었다.

279년, 무제는 남은 오나라마저 없애기 위해 진남대장군 두예(杜預, 222~285)에게 출병을 명했다. 이듬해 2월, 무창(武昌)을 점령한 두예는 휘하 장수들과 오나라를 일격에 공략할 마지막 작전 회의를 열었다. 이때 한 장수가 이렇게 건의했다.

"지금 당장 오나라의 도읍을 치기는 어렵습니다. 이제 곧 잦은 봄비로 강물이 범람할 것이고, 또 언제 전염병이 돌지 모르기 때문입

'파죽지세'를 남긴 두예는 경전과 법률에도 정통한 문무를 겸비한 명장이다. 훗날 명나라 때 문묘(文廟)와 무묘(武廟)에 그 위패를 모시는 유일한 인물이 되었다.

니다. 일단 철군했다가 겨울에 다시 공격하는 것이 어떻겠습니까?"

찬성하는 장수도 많았으나 두예는 단호히 말했다.

"그건 안 될 말이오. 전국시대의 명장 악의는 제서(濟西)의 한 번 싸움에서 승리하여 강국 제나라를 병합했소. 지금 아군의 사기는 마치 '대나무를 쪼개는 기세'요. 대나무란 처음 두세 마디만 쪼개면 그다음부터는 칼날이 닿기만 해도 저절로 쪼개지는 법인데, 어찌 이런 절호의 기회를 버린단 말이오."

두예는 곧바로 휘하의 전군을 휘몰아 오나라의 도읍 건업(建業)으로 진격하여 단숨에 공략했다. 오왕 손호는 제대로 싸울 생각도 없이 항복했고, 진나라는 오나라를 정벌하고 천하를 통일했다. 그해가 280년이었다.

임진왜란 때 조선을 구원하러 온 명나라의 유격장군 송대빈(宋大斌)은 남원 남숙성 고개에서 왜적을 크게 무찌르고 돌아오다가 광한루에서 쉬며 다음과 같은 시를 남겼다.

싸움을 파하고 돌아오다 지쳐 누각에 기대어,
큰 시내에 칼 씻고 말에게 물 먹이네.
팔산(八山)의 초목은 천 년의 좋은 경치요,

사야(四野)의 봉화(烽火) 연기가 한눈에 들어오네.

오늘 파죽지세(破竹之勢)로 몰고 가는데,

오히려 연을 캐던 옛날의 놀이가 생각나네.

내일 아침엔 군대를 엄정히 하여 추격할 터이니,

만 리의 공명을 정히 여기어 구(求)하네.

'파죽지세'와 비슷한 뜻을 가진 성어는 다음과 같은 것들이 있다.

– 사기충천(士氣衝天) : 병사들의 기세가 하늘을 찌를 듯하다.

– 석권지세(席卷之勢) : 자리를 둘둘 말듯이 손쉽게 모조리 차지할
  기세

– 승승장구(乘勝長驅) : 이긴 기세를 타고 거리낌 없이 나아간다.

■ 심화학습 : 대나무 '죽(竹)' 자가 들어가는 성어에 대해 알아보기
■ '파죽지세'로 나의 문장 만들어 보기

180

파천황(破天荒)

· 중국어 발음 : pò tiān huāng
· 천황을 깨뜨린다.
· 이전에 아무도 하지 못한 일을 처음으로 해내는 것을 비유하는 성어다.
· 교과서 : 고등 한문
· 출전 : 《북몽쇄언(北夢瑣言)》

'파천황'은 얼핏 무협소설이나 애니메이션 제목처럼 들린다. '천황'이란 하늘과 땅이 아직 열리지 않은 혼돈 상태를 말한다. '파천황'이란 이런 상태를 깨고 새로운 세상을 만든다는 뜻이다. 즉 그때까지 아무도 해내지 못한 일을 해내는 것을 가리킨다. 비슷한 뜻을 가진 단어나 성어는 '미증유(未曾有, 일찍이 없던 일)'와 '전대미문(前代未聞, 이전에는 들어 본 일이 없다.)' 등이 있다.

'파천황'은 소설집 《북몽쇄언》에 나온다. '쇄언'은 '이런저런 잡다한 이야기'란 뜻이다. 이 소설집은 송나라 손광헌(孫光憲)이 편찬했다고 하는데, 당 말기 무종(武宗, 814~846) 때부터 오대십국(907~979)에 이르는 시기의 역사, 문인들의 언행, 정

'파천황'이란 흥미로운 단어를 전하는 《북몽쇄언》의 청나라 판본

치 등을 연구하는 데 귀중한 자료로 평가받는다. 모두 20권으로 16권은 당나라, 나머지 4권은 오대십국 시대의 기록이다. '파천황'이 나오는 대목은 다음과 같다.

"형주(荊州) 지방에서는 해마다 인재를 과거에 보냈는데 급제하는 사람이 거의 없었다. 이를 가리켜 '천황'이라 했다. 그러다 유태(劉蛻)가 급제하자 이를 일러 '파천황'이라 했다."

수나라 때부터 시작된 과거는 당나라의 발전기를 거쳐 송나라에 이르러 전성기를 누렸고, 청나라 말기까지 무려 1,300년 가까이 유지된 인재 선발 제도였다. 이 제도가 정착된 이후 지식인의 출셋길은 과거에 한정되었고 이 때문에 과거에 급제하기란 하늘의 별 따기였다. 과거는 고려로 전해졌고, 조선시대에는 사대부의 거의 유일한 출셋길로 정착되어 중국과 비슷한 길을 걸었다.

이런 점에서 '파천황'은 과거급제의 어려움을 잘 보여 주는 단어라 하겠다. 유태의 과거급제도 그만큼 큰일이었기 때문에 이런 표현이 나왔고, 실제로 절도사는 '파천황전'이란 명목으로 70만 전을 보내 축하했다고 한다.

■심화학습 : 하늘 '천(天)' 자가 들어가는 성어에 대해 알아보기
■'파천황'으로 나의 문장 만들어 보기

181

풍전등화(風前燈火)

- 중국어 발음 : fēng qián dǎng huó
- 바람 앞의 등불
- 매우 위험하거나 오래 견디지 못할 상황 또는 바람에 꺼지는 등불처럼 덧없음을 비유하는 성어다.
- 교과서 : 초등 4학년 도덕 연계
- 출전 :《구사론소(俱舍論疏)》, 일본식 성어

　'풍전등화'도 우리 일상에서 많이 쓰는 사자성어다. 중국 포털사이트에는 일본식 성어로 소개하고 있고, 일본 검색 사전에도 항목이 보인다. 같은 뜻을 가진 중국의 사자성어로 '풍전등촉'이 있다. 5세기 무렵 북인도 간다라 사람 세친(世親, 범어로 Vasubandhu)이 지은 불교 서적 《구사론(俱舍論)》*에 해설을 단 《구사론소》에 나온다. "인간의 수명이란 것이 '바람 앞의 등불'과 같다"라는 대목이다. 이때 '풍전등촉'은 인생의 덧없음을 가리킨다.

　송나라 시인 소동파의 시 〈손신노구묵묘정시(孫莘老求墨妙亭詩)〉 마지막에 "과안백세여풍등(過眼百世如風燈)"이란 대목이 보인다. "눈앞으로 지나가는 백 세가 바람 앞의 등불"이란 뜻이다. 이 역시 인생이나 세월의 덧없음을 말한다.

　이렇게 보면 '풍전등화'에 위태로운 뜻이 언제 어떻게 포함되었는가, 하는 의문이 들지만, 지금으로서는 딱히 밝힐 자료가 없다. 위태로움을 나타내는 '풍전등화'와 비슷한 뜻을 가진 성어는 이 책에

도 들어 있는 '누란지위(累卵之危)'가
있고, '백 척이나 되는 대나무 끝'이
란 뜻의 '백척간두(百尺竿頭)'가 있다.
'백척간두'는 대개 '진일보(進一步)'와
함께 쓴다. '백 척이나 되는 대나무
끝에 서 있어도 앞으로 한 걸음 더
나아가라'는 뜻으로 현재의 성취에
만족하지 말고 더 용맹정진(勇猛精

'풍전등화'와 뜻이 같은 '풍전등촉'을
쓴 세친 보살

進)하라는 말이다. 이 역시 불교 용어로 수양의 최고 경지를 비유한
다. 여기서 '백척간두'만 떼어 마치 백 척의 대나무 끝에 선 것처럼
위태로운 상황을 비유하게 되었다. 《경덕전등록》(제10)에 나온다.

─────────────────────

＊《구사론》의 정식 이름은 《아비달마구사론(阿毗達磨俱舍論)》이다. 세친이 매일 진
행한 강론의 내용을 엮은 것으로 이 책이 나오자 논쟁이 많았는데 아무도 이 논리를
깨지 못해 당시 사람들이 '총명론(總明論)'이라 불렀다는 이야기도 전한다. '아비달마'
는 불법 연구라는 뜻이고, 구사론은 창고(倉庫)라는 뜻이라 한다. 이 책은 훗날 대승
불교의 교리에 상당한 영향을 주었다.

■ 심화학습 : 바람 '풍(風)' 자가 들어가는 성어에 대해 알아보기
■ '풍전등화'로 나의 문장 만들어 보기

182
합종연횡(合縱連橫)

- 중국어 발음 : hé cóng lián héng
- 합종책과 연횡책
- 약자끼리 연합하여 강자에 대항하거나, 반대로 강자와 손잡는 외교
  책략을 비유하는 성어다.
- 교과서 : 고등 한문
- 출전 : 《전국책》, 《사기》

'합종연횡'이란 국가·조직·세력을 '종(세로)' 또는 '횡(가로)'으로 규합한다는 뜻이다. 전국시대부터 외교 전략의 대명사가 되어 여러 형태로 변형되어 내려왔다.

합종책은 전국시대를 대표하는 책략가이자 유세가인 소진이 제안한 국가 간 동맹에 관한 외교 책략으로 요약할 수 있다. 전국칠웅 중 상대적으로 약세인 6국이 종으로 동맹하여 서방의 가장 강대한 진나라에 대항하자는 것이 주요 내용이다.

진나라의 세력이 점차 동쪽으로 뻗치면서 주변국을 압박하자 소진은 제나라 민왕(湣王)을 설득하여 합종책을 올린 다음 나머지 다섯 나라를 다니면서 동맹 약속을 얻어 냄으로써 합종책을 성공리에 정착시켰다. 그 결과 15년 동안 진나라는 동쪽으로 함곡관을 넘지 못하는 '힘의 균형(Balance of Power)' 상태를 유지할 수 있었다.

한편 연횡책은 장의가 제기한 외교 책략이다. 소진의 합종책을 깰 목적으로 제기한 것인데, 당연히 진나라가 채택했다. 주된 내용

은 원거리 외교 정책을 근간으로 한 '멀리 있는 나라와 화친하고 가까운 나라를 공격한다'는 '원교근공(遠交近攻)'이다. 소진의 사망과 함께 합종책이 붕괴되고 연횡이 급속도로 부상하여 결국 진이 천하를 통일한다.

합종과 연횡은 외교 정책의 가장 기본적인 틀로 지금도 그 실효성을 인정받는다. 따라서 합종연횡에 대해 좀 더 알아볼 필요가 있다.

여러 세력이 뒤섞인 혼란 중에 약자가 안전하게 생존할 수 있는 방법은 대체로 두 가지다.

① 약자들끼리 단결하여 강자에 대항하는 것이다. 이 경우는 자주성을 유지할 수 있지만, 강자에 의해 각개격파를 당할 가능성이 있다.

② 강자의 보호막 아래로 들어가는 것이다. 하지만 자주성을 상실할 위험이 있다.

전국시대 후기로 접어들면서 진(秦)이 점차 강성해졌다. 다른 여섯 나라, 제·연·한·위·조·초는 진의 침공을 두려워했다. 그리하여 6국이 단결하여 강대한 진에 대항하기로 했는데, 이것이 바로 '합종(合縱)'책이었다. '종(縱)'은 세로 방향이란 뜻으로, 다시 말해 서방의 진에 대응하여 6국이 남북 방향으로 연합한다는 것이었다. 이 정책을 추진한 인물은 모사 공손연(公孫衍)과 소진이었다.

이와 상대되는 것으로 진나라와 연맹하여 안전을 보전하려는 정책이 '연횡(連橫)'책이다. '횡(橫)'은 가로 방향이란 뜻으로, 즉 각국이 동서로 연합하는 것이다. 진은 6국이 '합종책'으로 대항함에 따라 고립에 빠졌다. 그래서 적극적으로 '연횡'을 추진했고, 추진의 주체는 장의였다.

소진은 6국을 두루 돌아다니며 '합종'을 강조하는 데 필사의 노력을 기울였다. 이 정책은 한때 효과를 거두어 진나라를 고립무원의 처지로 몰고 갔다. 그러나 얼마 되지 않아 진의 분열 공작으로 몇몇 나라의 사이가 벌어졌고, 소진마저 암살당해 '합종'은 끝내 와해되고 말았다.

한편 장의는 진의 상국이 되어 6국을 분열시켜 각기 진과 연합하게 하는 '연횡' 공작을 추진하고 있었다. 오래지 않아 장의를 신뢰하던 진 혜왕이 세상을 떠났고, 장의는 신변의 위협을 느끼고 망명하여 타향에서 이내 객사하고 말았다. 그 후에도 진은 각개격파 전술을 계속 유지하여 천하를 통일했다.

'합종'이건 '연횡'이건 그 형태는 다르지만, 모두가 다수를 끌어들여 벌이는 외교 공작이라는 점에서는 같다. 즉 공동 행동으로 자신의 안전을 도모하는 것이다. 동시에 적의 진영을 분열시키는 데 힘을 기울여 통일된 역량을 발휘하지 못하게 하는 것이기도 하다.

외교 전략의 영원한 본

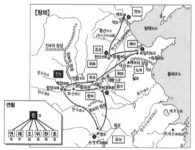

소진과 장의의 주도로 제안된 '합종연횡'은 오늘날 외교에서도 일쑤 활용되고 있다. 지도는 소진과 장의가 당시 7국을 누비며 벌인 유세도다.

보기로서 '합종연횡'의 역사는 후세에 각종 경험과 교훈을 남겼다. 그중 가장 큰 교훈이라면 외교에서는 나라의 자주권이 독립되어야 한다는 것이다. '합종연횡'은 자기 역량을 비축하는 수단으로 작용할 때 비로소 의미를 갖는다. 복잡하고 번잡한 외교적 허상에 미혹되어 주체성을 잃어버리면 결국 자신을 망쳐 버린다. '합종'과 '연횡' 사이에서 우왕좌왕하던 초나라 회왕(懷王)은 결국 진의 계략에 걸려들어 타국에서 죽고 말았다.

■ 심화학습 : 유세가(遊說家)에 대해 알아보기
■ '합종연횡'으로 나의 문장 만들어 보기

183
형설지공(螢雪之功)

• 중국어 발음 : yíng xué zhī gōng
• 반딧불이와 눈으로 이룬 공부
• 고생스럽게 꾸준히 공부하여 성취하는 것을 비유하는 성어다.
• 교과서 : 고등 한문
• 출전 : 《손씨세록(孫氏世錄)》, 일본식 성어?

'형설지공'은 '반딧불이와 눈이 내뿜는 빛에서 얻은 공'이란 뜻으로 온갖 고생을 다하며 부지런히 학문을 닦는 것을 일컫는 유명한 성어다. 출처는 《손씨세록》인데 중국은 '낭형영설(囊螢映雪)'로 표현한다. '주머니에 반딧불이를 담아서 그 불에 비추고, 또 눈빛에 비추어 책을 읽었다'는 뜻이다. 중국 포털사이트에서는 '형설지공'을 일본식 성어로 소개해 놓았다. 이 고사가 일본에 건너가 '형설지공'으로 소개되었다는 것이다. 관련 고사는 이렇다.

진(晉)나라 사람 손강(孫康)은 집안이 가난해서 등불을 켤 기름을 살 돈이 없어 겨울에는 항상 눈에 비추어 책을 읽었다. 그는 어릴 때부터 마음이 맑고 지조가 굳어 사귀고 노는 데도 뜻을 같이하지 않는 사람과는 교제하지 않는 등 잡되지 않았다. 훗날 관직에 나아가 어사대부에 이르렀다.

같은 진나라 사람 차윤(車胤)은 겸손하고 부지런하게 많은 책을 읽어 두루 통달했다. 그 역시 집안이 가난했기 때문에 기름이 떨어지는 경우가 많아서, 여름에는 명주 주머니에 몇 십 마리의 반딧불이를 잡아넣고 그 빛을 비추어 책을 읽으면서 밤에도 낮처럼 공부했다. 훗날 형주자사의 종사관이 되었는데 모든 일을 바르게 잘 판별하여 크게 중용되었다. 그 뒤로도 계속 벼슬이 올라가 마침내 그 이름이 조정에 알려졌다.

조선시대 문인 변계량은 형설의 공을 이룬 이전서(李典書)에게 다음과 같은 시를 남겼다.

10여 년간 부지런히 형설의 공부를 하고 나니,
소년의 그 호기 천지에 충만하네.
정원의 푸른 풀에 봄이 절반을 넘자,
달력을 가져다가 억지로 넘겨 봤네.
주역과 수리 쉽사리 궁구되지 않는데,
선생은 일관으로 집중하여 통달했소.
천근(天根)과 월굴(月窟)을 일찍이 탐색하니,
해동에도 소옹(邵雍) 같은 학자가 있다는 걸 믿어야지.

'형설지공'과 비슷한 뜻을 가진 성어는 많다. 대표적으로 몇 가지만 소개한다.

- 주경야독(晝耕夜讀) : 낮에는 밭을 갈고 저녁에는 책을 읽는다는 뜻으로, 어려운 여건 속에서도 꿋꿋이 공부함을 비유하는 가장 유명한 성어다.
- 착벽인광(鑿壁引光) : 벽을 뚫어서 (남의 집) 불빛을 끌어들인다는 뜻

으로, 어려운 환경에서도 그것을 극복하여 열심히 공부함을 비유한다. (벽을 뚫어 남의 집 빛을 훔쳤다고 해서 '착벽투광鑿壁偸光'이라고도 한다.)

– 현량자고(懸梁刺股) : 들보에 상투를 매달아 졸음을 쫓고, 송곳으로 허벅다리를 찔러 잠을 깨우는 각고의 노력으로 면학에 힘쓴다.

■ 심화학습 : 공부와 관련한 고사성어(부록)에 대해 알아보기
■ '형설지공'으로 나의 문장 만들어 보기

184
호가호위(狐假虎威)

- 중국어 발음 : hú jiǎ hú wēi
- 여우가 호랑이의 위세를 빌리다.
- 남의 권세, 즉 힘을 빌려서 자신이 위세를 부리는 것을 비유하는 성어다.
- 교과서 : 중등 한문
- 출전 : 《전국책》

이 유명한 고사는 전국시대 여러 나라의 사적을 기록한 《전국책》 〈〈초책〉 1)에 나온다. 관련 내용은 다음과 같다.

기원전 369년, 초나라 숙왕(肅王)의 형제인 선왕(宣王)이 즉위했다. 어느 날 선왕이 군신들을 모아 놓고 이렇게 물었다.

"듣자 하니 북방의 여러 제후국이 우리 초나라의 대장 소해휼(昭奚恤)을 그렇게 두려워한다는데, 대체 어찌 된 일이오?"

신하들은 아무도 대답하지 못했다. 이때 꾀가 뛰어난 위나라 출신의 강을(江乙)이 다음과 같은 이야기를 들려주었다.

"호랑이가 배가 고파 짐승을 잡아먹으려다 여우를 잡았습니다. 그러자 여우는 '너는 감히 나를 잡아먹을 수 없어! 하느님께서 나를 백수의 우두머리로 삼으셨단 말이다. 지금 네가 나를 잡아먹으면 하느님의 명을 어기는 것이 되지. 내 말을 못 믿겠다면 내가 몸소 보여 줄 테니 내 뒤를 따르면서 백수들이 나를 보고 감히 도망가지 않는 놈이 있는가 보라고'라고 말했답니다. 호랑이는 여우의 말이 그럴듯해서 여우를 따라나섰습니다. 동물들이 보고는 모두 도망쳤습니다. 호랑이는 동물들이 자기 때문에 도망친 줄 모르고 그저 여우를 무서워한다고 생각했답니다. 지금 왕의 땅은 사방 5천 리에 백만 군대를 자랑하고 있으며, 소해휼은 그 일부분일 뿐입니다. 북방 제후들이 해휼을 두려워하는 것은 실은 왕의 군대를 두려워하는 것입니다. 마치 백수가 호랑이를 두려워하듯이 말입니다.”

사람들은 여우가 호랑이의 위세를 빌려 백수를 겁주었다는 고사를 ‘호가호위’라는 성어로 개괄했다. ‘가(假)’ 자는 빌린다는 뜻으로, 다른 사람의 권세를 빌려 남을 억누르는 것을 비유하는 말이다.

강을이 이 고사를 인용하여 제후국들이 두려워하는 것은 대장 소해휼이 아니라 초나라 선왕이라고 한 아첨은 아주 적절했다. 당시의 사회적 조건에서 보면 각국 간의 전쟁이 빈번했기 때문에, 정치·군사·외교 영역에서 이러한 ‘호가호위’의 모략으로 생존을 도모하는 것도 작은 제후국들에게는 유용한 책략이었다. 외교상 대국이나 강국에 의지하지 않으면 언제고 남에게 먹힐 위험이 뒤따랐던 것이다.

기원전 549년, 초나라와 진(陳)나라가 연합하여 정나라를 공격했는데, 진나라는 정나라에 비해 약소국이었기 때문에 혼자서는 정나라를 감당하지 못하고 완전히 초나라에 의존할 수밖에 없었다. 역사상 이와 비슷한 경우가 적지 않았다.

외교에서 ‘호가호위’는 결코 고상한 방법이 아니다. 대국 사이에서는 왕왕 자국의 이익을 전제로 그에 상응하는 외교 정책을 채택하기 때문에 대국의 권력에 의존하는 소국으로서는 때때로 자신을 보존하기조차 힘들다. 앞서 예를 든 진나라는 그때부터 2년 후 정나라의 보복을 받지 않으면 안 되었다.

정나라 장공(莊公)이 주나라 천자의 명을 빌려 제나라와 노나라를 끼고 송나라를 공격한 것이나, 조조가 천자를 끼고 제후를 호령한 것 모두가 '호가호위'를 이용한 사례다.

■ 심화학습 : 호랑이가 들어가는 성어에 대해 알아보기
■ '호가호위'로 나의 문장 만들어 보기

185

호연지기(浩然之氣)

- 중국어 발음 : hào rán zhī qì
- 하늘과 땅 사이에 가득 찬 넓고 큰 기운
- 사람의 마음에 가득 찬 넓고 크고 올바른 마음을 비유하는 성어다.
- 교과서 : 초등 / 고등 한문
- 출전 : 《맹자》

'호연지기'는 《맹자》에서 '사단(四端)', 즉 '측은지심(惻隱之心, 남을 가엾게 여기는 마음)', '시비지심(是非之心, 옳고 그름을 가리는 마음)', '수오지심(羞惡之心, 의롭지 못하고 착하지 못함을 부끄러워하고 미워할 줄 아는 마음)', '사양지심(辭讓之心, 겸손하게 양보할 줄 아는 마음)'과 함께 가장 널리 알려진 사자성어다. 〈공손추〉(상)에 이런 이야기가 있다.

공자에 버금가는 성인이란 뜻에서 '아성(亞聖)'으로 불리는 맹자의 사상은 유가학파의 기틀을 확실하게 다지는 데 큰 작용을 했다. 사진은 산동성 추현(鄒縣) 맹자의 고향에 남아 있는 맹자의 사당 맹묘(孟廟)의 주요 건물인 '아성전(亞聖殿)'이다.

맹자가 제자 공손추와 진정한 용기에 대해 토론했다. 맹자는 진정한 용기란 '흔들리지 않는 마음'인 '부동심(不動心)'이라 했다. 이에 공손추가 "선생님의 부동심과 고자(告子)의 부동심은 어떤 차이가 있습니까"라고 물었다. 고자는 《맹자》에 자주 등장하는 인물로 맹자의 사상과 맞서는 사상을 가진 사람이었다. 맹자는 공손추의 물음에 이렇게 답했다.

"고자는 '납득할 수 없는 말을 억지로 이해하려 하지 말고, 마음에 내키지 않는 점을 기개(氣槪)에 맡겨서 해결하려 하면 안 된다'고 했다. 다시 말해 마음을 쓰지 않고 '부동심'을 얻겠다는 것이다. 기개를 억제하려는 것은 좋다만 납득할 수 없는 말을 이해하려 들지 말라는 것은 너무 소극적인 태도 아니겠느냐?"

"그럼 선생님의 경우는 어떤 점이 고자보다 낫습니까?"

"나는 말을 안다(지언知言). 게다가 '호연지기'를 기르고 있다."

맹자의 '말을 안다'는 것은 한쪽으로 치우친 말, 음란한 말, 그릇되고 간사한 말, 숨기고 피하는 말 등 모든 말을 꿰뚫어 본다는 뜻이다. 거기에 더해 '호연지기'를 기르기 때문에 고자보다 낫다고 덧붙였다. 맹자의 '호연지기'에 대해서는 많은 해석이 있지만, 대체로 만물과 삶에 활기를 불어넣어 더욱 강하게 만드는 힘을 가리킨다. 이런 기운으로 공부하고 생활해야만 나쁜 길로 빠지지 않고 옳은 일을 실천할 수 있다는 것이다. 말이 아닌 실천을 위한 자기 수양법으로 '호연지기'를 기르라는 뜻이기도 하다.

■ 심화학습 : 맹자의 주요 사상에 대해 알아보기
■ '호연지기'로 나의 문장 만들어 보기

186
호접몽(胡蝶夢)

- 중국어 발음 : hú dié mèng
- 나비의 꿈
- 인생의 덧없음을 비유하는 성어다.
- 교과서 : 고등 한문
- 출전 : 《장자》

'호접몽'은 '호접지몽(胡蝶之夢)'이란 사자성어로도 많이 쓴다. 도가 사상가 장주(莊周, 기원전 약 369~기원전 약 286)가 자신의 저서 《장자》에 수록한 나비 꿈 우화에서 비롯된 유명한 성어다. 장주는 나비가 되어 날아다닌 꿈을 꾸고 깨어났다. 그런데 현실과 꿈이 구별이 안 된다는 느낌이 들었고, 장주는 인생의 덧없음을 깨달았다. 이후 '호접몽'은 인생의 덧없음을 비유하는 대표적인 성어가 되었다. 관련 대목을 보면 이렇다.

장주의 사상은 매우 난해하지만 우화(寓話) 속에 담긴 속뜻을 잘 음미하면 인생의 또 다른 경지를 경험한다. 그의 사상은 노자와 함께 흔히 '노장사상(老莊思想)'이라 불린다.

장주가 어느 날 꿈을 꾸었다. 그는 꿈속에서 나비가 되어 꽃들 사이를 즐겁게 날아다녔다. 그러다 문득 눈을 떠 보니, 자신은 틀림없이 인간 장주가 아닌가. 그러나 이것이 장주가 꿈에서 나비가 된 것인지, 아니면 나비가 꿈에서 장주가 된 것인지, 그 어느 쪽이라고 말할 수 없었다. 그러면서 장주는 이렇게 말했다.

"현실의 모습으로 얘기하자면 나와 나비 사이에는 확실히 구별이 있다. 하지만 이것은 물(物)의 변화, 현상계에서 한때의 모습일 뿐이다."

또 장주는 "천지는 나와 나란히 생기고, 만물은 나와 하나다"라고도 말한다. 그와 같은 만물일체(萬物一體)의 절대 경지에서 말한다면, 장주도 나비도, 꿈도 현실도, 생(生)도 사(死)도 구별이 없다. 보이는 것은 만물의 변화에 불과하다는 것이다. 이처럼 피아(彼我), 즉 너와 나의 구별을 잊어버리는 것 혹은 물아일체(物我一體)의 경지를 비유해 '호접몽'이라 하고, 또 인생의 덧없음을 비유해서 쓰기도 한다.

장주의 '호접몽' 이야기는 문화 예술 방면에 상당한 영감을 주고 있다. 특히 영화를 만들고 감독하거나 각본을 쓰는 사람들에게 번득이는 영감을 주어 시간과 공간을 초월하는 스토리의 영화들이 만들어졌다. 구로자와 아키라 감독의 〈꿈〉을 비롯하여 크리스토퍼 놀란 감독의 〈메멘토(Memento)〉, 워쇼스키 감독의 〈매트릭스〉 같은 영화가 대표적이다.

■ 심화학습 : 장자의 나비 꿈에 대해 알아보기
■ '호접몽'으로 나의 문장 만들어 보기

187
홍문지회(鴻門之會)

- 중국어 발음 : hóng mén zhī huì
- 홍문의 만남
- 상대를 죽이기 위해 마련한 술자리를 비유하는 성어다.
- 교과서 : 고등 한문
- 출전 : 《사기》

'홍문지회'는 '홍문지연(鴻門之宴)'으로도 쓴다. 대개는 '홍문연(鴻門宴)'으로 많이 쓴다. 홍문에서 열린 항우와 유방의 술자리를 가리킨다. '홍문연'은 《사기》 전편을 통해 가장 유명한 장면이기도 하다. 권7 〈항우본기〉와 권8 〈고조본기〉에 각각 상세한 기록이 남아 있다.

기원전 206년, 유방은 먼저 진을 멸망시키고 함양에 주둔한 다음 함곡관으로 병사를 파견하여 서쪽을 향해 진격하는 항우를 막았다. 항우가 이끄는 대군은 함곡관을 돌파하고 지금의 섬서성 임풍(臨灃) 동북쪽 홍문에 이르러 유방에 대해 대대적인 공격을 준비했다. 유방의 병력은 10만이 채 안 되고, 항우의 병력은 40만으로 실력에서 현격한 차이가 났다. 유방은 하는 수 없이 정면충돌을 피하고자 장량(張良)의 꾀에 따라 몸소 홍문으로 나가 자신을 굽혀 항우에게 사죄했다. 연회 석상에서 항우의 모사 범증(范增)은 세 차례나 항우에게 신호를 보내 유방을 죽이라고 했으나 항우는 결행하지 못했다. 범증은 항장(項莊)에게 칼춤을 추다가 틈을 봐서 유방을 찔러 죽이라고 명령했다. 이 낌새를 알아챈 장량은 항우의 호위무사 번쾌(樊噲)에게 검과 방패를 들고 연회 석상으로 뛰어들어 유방을 보호하라고 했다.

외교 관점에서 보면 당시 유방이 홍문으로 나간 것은 정치·군사 투쟁을 위한 1차 외교 활동이라 할 수 있다. 이런 연회에 상대의 요인을 초청해 놓고 살해하거나 납치하는 음모는 고대 외교 관계에서 낯선 일이 아니었다. 비슷한 사례를 하나 더 소개한다.

기원전 340년, 진(秦)나라 상앙은 효공(孝公)에게 위(魏)나라가 제(齊)나라에 패해 국력이 크게 떨어진 틈을 타서 위나라를 정벌하자고 건의했다. 위나라에서는 공자 앙(卬)을 보내 진나라를 맞아 싸우게 했다. 상앙은 편지 한 통을 공자 앙에게 보내 자신은 지금까지 공자 앙 당신과 잘 지내 왔는데 지금 두 사람이 각기 다른 두 나라의 장군으로 갈라져 싸우는 바, 차마 서로 죽고 죽일 수 없다고 전했다. 그러면서 공자 앙 당신과 내가 마주 앉아 서로 동맹을 맺어

진나라와 위나라가 평화스럽게 지낼 수 있도록 해 보자는 뜻도 함께 전달했다.

공자 앙은 상앙의 말을 곧이곧대로 믿고 회담에 응했다. 쌍방이 회담을 끝내고 막 축배를 들려는 찰라 미리 매복

항우는 홍문에서 유방을 죽이지 못하는 바람에 결국 대세를 그르쳤지만, 그것은 오히려 이런 방법이 정당치 않다는 것을 역설적으로 말해 준다. 사진은 당시 연회가 열린 유적 항왕성, 즉 홍문에 세워 놓은, 연회에 참석한 인물들을 나타낸 조형물이다.

해 있던 상앙의 군사가 돌연 공자 앙을 납치한 다음 즉시 군사를 일으켜 위나라를 공격하기 시작했다. 지휘관을 잃은 위나라 군대는 모조리 투항하고 말았다. 위나라 혜왕은 연달아 제나라와 진나라에 패하면서 국력에 허점이 생기고 병력이 딸려 더 이상 싸울 수 없다고 판단하여 강화를 요청하는 한편, 하서(河西) 땅을 진나라에 떼어 주고 대량으로 수도를 옮겼다. 이는 표면적으로는 평화를 얘기하면서 내면으로는 몰래 칼을 가는 외교 수단으로, 고대 정치·군사·외교에서 흔히 볼 수 있었다.

사회가 발전한 오늘날 이런 외교 수단은 거의 활용되지 않는다. 현대 외교 투쟁의 복잡성과 기묘함 때문에 한두 사람의 목숨으로 한 국가의 정치적 대세를 일시에 바꾸어 놓을 수는 없다. 또 중요 인물에 대한 암살과 납치로도 정치·군사적 목적을 달성할 가능성이 그다지 크지 않다. 이 때문에 각국의 외교 정책은 이런 비문명적인 외교 방식을 포기하고 있다. 다만 민간에서는 특정한 목표를 달성하는 수단으로 종종 사용되고 있으며, 때로는 사람들의 '입에 발린 말'과 같은 위협 수단이 되기도 한다.

■ 심화학습 : 초한쟁패 과정에서 홍문연 사건의 중요성에 대해 알아보기
■ '홍문지회'로 나의 문장 만들어 보기

188

홍일점(紅一點)

- 중국어 발음 : hóng yī diǎn
- 한 떨기 붉은 꽃
- 여럿 중의 색다른 하나 또는 여러 명의 남자 사이에 있는 한 여자를 비유하는 성어다.
- 교과서 : 고등 한문
- 출전 : 〈영석류화(永石榴花)〉

'홍일점'은 송나라 정치가이자 문장가인 왕안석(王安石, 1021~1086)의 시 '석류꽃을 노래하다'라는 〈영석류화〉에 보인다. 그러나 중국 포털사이트에는 '홍일점'을 일본식 용어로 소개했다. 중국은 '홍일점'을 일상에서 사용하지 않기 때문으로 보인다. 아무튼 '홍일점'은 왕안석의 다음 시에 보인다.

금조오월정청화(今朝五月正淸和),
오늘 아침 5월 봄날 한창 맑고 따스한데

유화시구입선나(榴花詩句入禪那),
석류꽃 시 짓느라 삼매경에 들었네.

농록만지홍일점(濃綠萬枝紅一點),
온통 푸른 잎새 사이 붉게 한 점 피어나니

시 〈영석류화〉에서 '홍일점'이란 표현을 남긴 것으로 전하는 송나라 문인 왕안석의 초상화

동인춘색불수다(動人春色不須多).

사람 마음 움직일 봄빛 많이도 필요 없구나.

이 작품에 대해서는 훗날 논란이 있었다. 왕안석의 작품이 아니라 그 동생 왕안국(王安國)의 작품이라는 주장도 나왔고, 당나라 시인의 작품이라는 주장도 있었다.

우리는 일상에서 '홍일점'을 자주 사용한다. 앞의 풀이대로 여러 명의 남자 사이에 있는 한 여자를 가리킬 때 많이 쓴다. 반대의 경우는 '청일점(靑一點)'으로 표현하기도 한다. 그런데 시의 뜻을 가만히 생각해 보면 '홍일점'에는 하나가 여럿을 감당하거나, 적은 수로 많은 수를 이긴다는 뜻도 함축되어 있다. 시를 보면 붉게 핀 석류꽃 한 떨기가 온통 푸른 잎새를 압도한다는 느낌을 주기 때문이다. 따라서 단 한 명밖에 없는 여성이, 또는 한 사람이 뭇 남성들이나 다수를 압도하는 상황을 나타낼 때도 쓸 수 있겠다.

■ 심화학습 : 왕안석에 대해 알아보기
■ '홍일점'으로 나의 문장 만들어 보기

189

화사첨족(畫蛇尖足)

- 중국어 발음 : huǒ sé jiān zú
- 뱀을 그리면서 발을 보탠다.
- 쓸데없는 일을 보태 도리어 잘못되게 만드는 경우를 비유하는 성어다.
- 교과서 : 고등 한문
- 출전 : 《전국책》

'화사첨족'은 '뱀의 발을 더 그린다'라는 뜻의 사자성어인데, 우리에게는 '뱀의 발'이란 뜻의 '사족(蛇足)'으로 더 많이 알려져 있다. 쓸데없는 군일을 하다가 도리어 실패하거나 일을 그르치는 것을 비유하는 성어다. 《전국책》(〈제책齊策〉2)이 그 출처이고 《사기》 〈초세가〉에도 인용되어 널리 알려졌다. 이 이야기는 기원전 323년, 초나라와 제나라의 전쟁을 막기 위해 유세가 진진(陳軫)이 초나라 장수 소양(昭陽)에게 유세하는 대목에서 나왔다.

전국시대 초나라 회왕 때의 이야기다. 어떤 인색한 사람이 제사를 지낸 뒤 하인들 앞에 술 한 잔을 내놓으며 나누어 마시라고 했다. 그러자 한 하인이 이렇게 제안했다.

"여러 사람이 나누어 마신다면 간에 기별도 안 갈 테니, 땅바닥에 뱀을 가장 먼저 그리는 사람이 혼자 다 마시기로 하는 게 어떻겠나?"

모두 그 하인의 말에 찬성하고는 제각기 땅바닥에 뱀을 그리기 시작했다. 이윽고 뱀을 다 그린 하인이 술잔을 집어 들고 말했다.

"이 술은 내가 마시게 됐네. 어떤가, 멋진 뱀이지? 발도 있고."

그때 막 뱀을 그린 다른 하인이 재빨리 그 술잔을 빼앗아 단숨에 마셔 버렸다. 그리고 이렇게 말했다.

"세상에 발 달린 뱀이 어디 있나!"

술잔을 빼앗긴 하인은 공연히 쓸데없는 짓을 했다고 후회했지만 때는 이미 늦어 버렸다. 진진은 소양에게 제나라를 공격하는 일은 '뱀의 발을 그리는 것'과 같이 아무런 이득이 되지 않는다고 설득했고, 소양은 공격을 그만두었다.

비슷한 뜻을 가진 성어로 '집 위에 또 집을 짓는다'는 '옥상가옥(屋上架屋)'을 많이 쓴다. 《안씨가훈》에는 '집 아래 다시 집을 짓는다'는 '옥하가옥(屋下架屋)'과 '상 위에 또 상을 설치한다'는 '상상시상(床上施床)'이 나오는데 모두 같은 뜻이다. '상상시상'은 '마루 위에 마루를 또 놓는다'는 '상상안상(牀上安牀)'으로도 쓴다.

■ **심화학습 : 역사서 《전국책》과 관련한 고사성어에 대해 알아보기**
■ **'화사첨족'으로 나의 문장 만들어 보기**

부록 1 〈교수신문〉 선정 올해의 사자성어(2001~2021)

　〈교수신문〉은 2001년부터 한 해를 마무리하면서 그해를 대변할 만한 사자성어를 선정하여 발표하고 있다. 2021년까지 선정된 21개의 사자성어와 함께 추천된 성어들의 출처와 내용을 살펴보고, 그 의미를 짚어 보았다. 먼저 지난 20년 동안 선정된 올해의 사자성어를 함께 추천된 성어들과 함께 표로 만들어 제시한다. 굵게 표시한 항목은 앞에서 표로 제시한 교과서에 수록된 400여 개 항목의 고사성어에 포함된 것이다. 올해의 사자성어로 선정된 21개 항목과 추천을 받은 70여 개의 사자성어를 합치고 중복된 것을 빼면 총 93개 항목인데, 그중 교과서에도 수록된 사자성어는 24개 항목으로 약 26퍼센트에 이른다.(추천받은 사자성어를 모두 이 표에 수록하지 않았음을 미리 밝혀 둔다.)

연도	사자성어	뜻	출전
2001	**오리무중** (五里霧中)	'5리 앞이 모두 안개 속'이란 뜻으로 어떠한 일의 진행에 대하여 예측할 수 없음을 비유한다.	《후한서》 〈장해열전〉
다사다난(多事多難), 점입가경(漸入佳境), 새옹지마(塞翁之馬), 설상가상(雪上加霜), 빈익빈 부익부(貧益貧富益富)			

2002	이합집산 (離合集散)	헤어졌다 모이고, 모였다 흩어진다. 아무런 소신이나 뚜렷한 자기 철학 없이 이해 관계, 주로 정치적 득실만 따져서 이리저리 모였다가 흩어지는 행태를 비유한다.	우리식 성어(?)
안하무인(眼下無人), 동상이몽(同床異夢), 우왕좌왕(右往左往), 사면초가(四面楚歌), 전전긍긍(戰戰兢兢), 암중모색(暗中摸索), 제행무상, 제법무상(諸行無常, 諸法無相)			
2003	**우왕좌왕** **(右往左往)**	이리저리 왔다 갔다 하며 일이나 나아가는 방향을 종잡지 못한다. 어찌할 바를 몰라 갈피를 못 잡는 상황이나 상태를 비유한다.	일본식 성어
점입가경(漸入佳境), 이전투구(泥田鬪狗), 지리멸렬(支離滅裂), 아수라장(阿修羅場)			
2004	당동벌이 (黨同伐異)	같은 무리와는 당을 만들고 다른 자는 공격한다. 자기편과 생각을 같이하는 자들끼리만 패거리를 지어 생각이 다르거나 정치적 견해를 달리하는 사람은 무조건 공격한다.	《후한서》 〈당고열전〉
지리멸렬, 이전투구, 진퇴양난(進退兩難), 이판사판(理判事判)			
2005	상화하택 (上火下澤)	위는 불, 아래는 못. 불과 물처럼 서로 어긋나는 모습으로 서로 이반하고 분열하는 것을 비유한다.	《주역》 〈화택규〉
양두구육(羊頭狗肉), 설망어검(舌芒於劍), 취모멱자(吹毛覓疵), 노이무공(勞而無功)			
2006	밀운불우 (密雲不雨)	구름은 빽빽한데 정작 비는 오지 않는 것처럼 여건은 조성되었으나 일이 성사되지 않아 답답함과 불만이 폭발할 것 같은 상황을 비유한다.	《주역》 〈풍천소축〉
교각살우(矯角殺牛), 만사휴의(萬事休矣), 당랑거철(螳螂拒轍)			
2007	자기기인 (自欺欺人)	자기도 속이고 남도 속인다. 자신도 믿지 않는 말이나 행동으로 남까지 속인다.	이도전 《주자어류》
산중수복(山重水複), 수락석출(水落石出), 목불인견(目不忍見), 도행역시(倒行逆施)			
2008	호질기의 (護疾忌醫)	질병을 감추고 의사를 기피한다. 문제가 있는데도 다른 사람의 충고를 꺼려 듣지 않으려는 행동을 비유한다.	주돈이 《통서》
토붕와해(土崩瓦解), 욕속부달(欲速不達), 일엽장목(一葉障木), 설상가상			
2009	방기곡경 (旁岐曲逕)	일을 정당하고 순탄하게 하지 않고 그릇된 수단을 써서 억지로 한다. 정당한 방법이 아닌 꼼수로만 일을 처리하려는 것을 가리킨다.	이이 《동호문답》
중강부중(重剛不中), 갑론을박(甲論乙駁), 서자여사(逝者如斯), 포탄희량(抱炭希凉)			
2010	장두노미 (藏頭露尾)	꼬리를 드러낸 채 머리를 숨긴다. 진실을 숨겨 두려고 하지만 거짓의 실마리는 이미 드러나 있음을 비유한다	《맹자》 〈진심 편〉
반근착절(盤根錯節), 자두연기(煮豆燃萁), 계우포상(繫于苞桑), 혹약재연(或躍在淵)			

2011	엄이도종 (掩耳盜鐘)	귀를 막고 종을 훔친다. 나쁜 일을 하면서 남의 비난을 듣기 싫어서 귀를 막지만 소용이 없음을 비유한다	《여씨춘추》 〈자지 편〉
여랑목양(如狼牧羊), **다기망양(多岐亡羊)**			
2012	거세개탁 (擧世皆濁)	세상이 온통 다 흐리다. 지위의 높고 낮음을 막론하고 모든 사람이 다 타락하여 세상이 어지럽다는 뜻이다.	《사기》 〈굴원열전〉
대권재민(大權在民), 무신불립(無信不立)			
2013	도행역시 (倒行逆施)	도리를 거슬러 거꾸로 일을 행한다. 애당초 어쩔 수 없는 상황에서 상식을 거스를 수밖에 없다는 뜻이었으나 잘못된 길을 고집하거나 시대착오적으로 나쁜 일을 꾀하는 뜻으로도 인용한다.	《사기》 〈오자서열전〉
와각지쟁(蝸角之爭), 이가난진(以假亂眞)			
2014	**지록위마 (指鹿爲馬)**	사슴을 가리켜 말이라 한다. 진실과 거짓을 제멋대로 조작하고 속이는 것을 비유한다.	《사기》 〈진시황본기〉
삭족적리(削足適履), 지통재심(至痛在心), 참불인도(慘不忍睹)			
2015	혼용무도 (昏庸無道)	어리석고 무도하다. 어리석고 무능한 군주의 실정으로 나라가 암흑에 뒤덮인 것처럼 온통 어지럽다.	《논어》 〈계씨 편〉
사시이비(似是而非), 갈택이어(竭澤而魚), 대우탄금(對牛彈琴), 인누수구(因陋守舊)			
2016	군주민수 (君舟民水)	군주는 배, 백성은 물이다. 물(민심)은 배(권력, 권력자)를 뜨게 하지만 배를 뒤집을 수도 있다는 비유로 민심의 중요성을 강조한다.	《순자》 〈왕제 편〉
역천자망(逆天者亡), 노적성해(露積成海), 빙공영사(憑公營私), 인중승천(人衆勝天)			
2017	**파사현정 (破邪顯正)**	사악하고 그릇된 것을 깨고 바른 것을 드러낸다.	길장 《삼론현의》
해현경장(解弦更張), 수락석출, 재조산하(再造山河), **환골탈태(換骨奪胎)**			
2018	임중도원 (任重道遠)	짐은 무겁고 갈 길은 멀다.	《논어》 〈태백 편〉
밀운불우(密雲不雨), 공재불사(功在不舍), 운무청천(雲霧靑天), 좌고우면(左顧右眄)			
2019	공명지조 (共命之鳥)	목숨을 함께 하는 새	《아미타경》
어목혼주(魚目混珠), 반근착절(盤根錯節), 지난이행(知難而行), 독행기시(獨行其是)			
2020	아시타비 (我是他非)	나는 옳고 남은 그르다. 사회적으로 유행한 '내로남불'을 한자로 나타낸 것으로 무조건 나만 옳고 상대는 그르다는 자세를 말한다.	우리식 성어
후안무치(厚顔無恥), 격화소양(隔靴搔癢), 첩첩산중(疊疊山中), 천학지어(泉涸之魚), 중구삭금(衆口鑠金)			

2021	묘서동처 (猫鼠同處)	고양이와 쥐가 함께 있다.	《구당서》
인곤마핍(人困馬乏), 이전투구, **각주구검(刻舟求劍)**, **백척간두(百尺竿頭)**, 유자입정(孺子入井)			

출처를 중심으로 간략하게 분석하면 이렇다. 2001년부터 2021년 까지 선정된 총 21개 항목 중 우리식 성어와 일본식 성어를 제외한 18개 항목의 출처가 있다. 그중 《사기》에서 세 항목, 《주역》, 《논어》, 《후한서》에서 각각 두 항목이 선정되었음을 알 수 있다. 교과서 고사성어 분석에서도 확인했듯이 올해의 고사성어에서도 《사기》의 비중이 16퍼센트로 가장 높았다. 역사서에서 모두 여섯 항목이 선정되어 단연 비중이 높았고, 경전류는 《논어》, 《주역》을 비롯하여 《맹자》와 《순자》의 유가 경전류가 여섯 항목을 차지했다. 불교와 주자학 계통 서적에서 각각 두 항목이 나왔고, 잡가류에 속하는 여불위가 편찬한 《여씨춘추》와 조선시대 율곡 이이의 《동호문답》에서 각각 한 항목이 나왔다.

선정된 사자성어를 포함한 전체 93개 항목으로 범위를 넓혀 보면 이렇다. 역시 역사서가 26개 항목에 약 28퍼센트로 가장 많았고, 이 26개 항목 중 《사기》는 총 10개 항목으로 3분의 1에 이른다. 전체 93개 항목 중에서 차지하는 비중은 11퍼센트다.

다음은 제자백가류가 21개 항목으로 23퍼센트를 차지하는데 분포는 다양하다. 이어 사서삼경으로 불리는 유가 경전이 17개 항목으로 약 19퍼센트를 차지한다. 17개 항목 중 《논어》와 《주역》이 각각 5개 항목을 차지한 반면 《중용》, 《대학》, 《서경》은 한 항목도 없었다. 이 밖에 불교 관련 서적이 7개 항목을 차지했는데 대부분《경덕전등록》에서 인용되었다. 역사서, 제자백가서, 유가 경전이 70퍼센트를 차지한다.

다음으로 선정된 사자성어의 의미와 내용을 보면 정치 비판적 성어가 가장 많이 선정되었고, 사회 현상에 대한 비판과 풍자가 주를 이루는 반면 희망적인 메시지는 거의 없다. 우리 정치와 사회의 현실을 반영하는 것이긴 하지만 현실 참여에 소극적이고, 이른바 상아탑에 숨어 자기들만의 관점으로 세상을 진단하려는 교수 사회의 냉소적 분위기와도 관계가 있을 것이다. 이는 지난 21년 동안 선정된 21개 항목 중 최고 지식인의 집합소인 대학과 교수들의 사회적 역할과 책임감에 대해 자성하는 항목이 단 하나도 없다는 사실에서 어느 정도 확인된다. 좀 더 심하게 말하자면, 다분히 방관자적 위치에서 현실을 아주 쉽고 편하게 재단하는 것은 아닌가, 하는 생각이 든다. 물론 다사다난한 365일 한 해를 네 글자로 진단하는 것 자체가 무리이고, 그런 점에서 나름 그해의 가장 큰 문제점을 짚어낸다는 점은 충분히 인정해야 할 것이다. 그럼에도 불구하고 이 상투적인 연례행사를 계속해야 하는가에 대해서는 의구심이 들 수밖에 없다.

이제 이런 점을 염두에 두고 지난 21년 동안 선정된 21개 항목의 사자성어와, 함께 추천된 사자성어를 살펴보고자 한다. 선정된 배경 등을 중심으로 그 의미와 관련 고사 등에 관한 정보를 제공할 것이다.

2001년, 한 치 앞이 보이지 않는 21세기의 첫해
오리무중(五里霧中)

　실질적인 21세기의 시작인 2001년, 〈교수신문〉은 한 해를 마무리하면서 그해의 가장 두드러진 특징을 사자성어로 나타냈다. 이름하여 '올해의 사자성어' 선정이 시작되었다. 그 첫 사자성어로 '오리무중'을 선정하면서 정치판을 겨냥하여 '우리 사회가 상식이나 예측으로는 한 치 앞도 내다보기 어려워져 원칙과 기본 질서를 찾아보기 힘들어졌기 때문'이라고 그 이유를 밝혔다.

　'오리무중'은 《후한서》〈장해전(張偕傳)〉에서 유래했다. 장해는 동한 안제(安帝, 재위 106~125년) 때 사람으로 학문이 매우 뛰어나 그를 추종하는 사람이 백 명이 넘을 정도였다. 부귀와 명성에 뜻이 없었던 장해는 사람들을 피해 산속으로 숨어들었다. 그래도 사람들이 그를 찾아오니 그의 집 주변이 한순간 시장 바닥으로 변해 버렸다. 여기서 '공초시(公超市)'라는 재미난 단어가 유래했다. 장해의 자가 공초였기 때문에 그의 자를 따서 이 단어가 만들어진 것이다.(재미있게도 슈퍼마켓을 뜻하는 중국어가 초시超市다. 영어의 슈퍼마켓을 의역한 단어지만 공교롭게 '공초시'의 초시와 일치한다.) 누군가의 명성 때문에 그 주변이 시장을 이룰 만큼 붐빈다는 뜻을 담고 있다.

　장해는 환제(桓帝, 재위 146~167년) 때 모함을 받고 옥에 갇혀서 경적(經籍)을 외우며 《상서주(尚書注)》를 지었다. 석방 후 조정에서 좋은 마차를 보내 초빙했으나 병을 핑계로 거절했다. 일흔 살에 집에서 편안하게 죽었다. 《엄씨춘추(嚴氏春秋)》와 《고문상서(古文尙書)》에 능통했다고 한다.

장해는 집안이 가난하여 늘 약초 따위를 팔아 생계를 유지했고, 도술(道術)을 부릴 줄 알았다. 특히 그는 사방 5리를 자욱한 안개로 뒤덮는 '오리무(五里霧)'라는 도술로 명성이 높아 이를 배우려는 자가 많았다.

'오리무'는 한 치 앞을 내다볼 수 없을 정도로 앞이 어두워져 일이 어떻게 전개될지 갈피를 잡을 수 없음을 비유하는 '오리무중'이란 사자성어로 정착해 여러 분야에서 다양하게 활용된다. 특히 정치 국면이 꼬여 이를 해결할 묘수가 없을 때 '안개 정국'이니 정국의 앞날이 '오리무중'이니 하는 표현을 즐겨 쓴다.

'오리무중'은 본래 장해가 일으킨 5리의 안개에서 나온 말인데, 처음에는 '오리무(五里霧)'였으나, 5리나 되는 안개 속에서 길을 잃으면 방향을 전혀 분간할 수 없다는 데서 훗날 가운데 중(中)이 붙은 것이라고 한다. 그래서 '오리무중'은 방향이나 갈피를 잡지 못하거나 일의 실마리를 찾지 못하는 경우를 뜻하게 되었다.

'오리무중'과 함께 추천된 성어들을 표로 간략하게 소개한다. 굵은 글씨는 교과서에 나오는 성어를 나타내며, 비고란에는 성어의 출처가 없거나 우리식 표현일 경우 같거나 비슷한 뜻을 가진 성어로 중국에서 흔히 쓰는 성어나 기타 관련 정보를 나타냈다. '다재다난'은 '다사다난'과 같은 뜻으로 중국에서 많이 쓰는 성어다. '새옹지마' 비고란의 '초·중·고'는 초·중·고 교과서에 모두 나오는 성어를 나타내고, '설상가상' 항목 비고란의 '엎친 데 덮친 격'은 '설상가상'과 같은 뜻의 우리 속담을 나타낸 것이다.

함께 추천된 성어들

성어	뜻과 함축된 의미	출처	비고
다사다난 多事多難	일도 많고 어려움도 많다. 여러 가지 일이 발생하여 곳곳에서 어려운 상황이 벌어졌음을 의미	우리식 표현	다재다난 多災多難
점입가경 漸入佳境	갈수록 좋아진다. 경치나 문장 또는 어떤 일이 진행되는 상황이 점점 재미있어진다는 뜻.	《진서》	
새옹지마 塞翁之馬	변방에 사는 노인의 말. 세상사 좋은 일이 나쁜 일이 되기도 하고, 나쁜 일이 좋은 일이 되기도 하므로 미리 예측하기 어렵다는 뜻	《회남자》	초·중·고
설상가상 雪上加霜	눈 내린 위에 서리까지 내린다. 어려운 일이 계속 생기는 상황을 비유	《경덕전등록》	엎친 데 덮친 격
빈익빈부익부 貧益貧富益富	가난한 사람은 더 가난해지고 부자는 더 부유해진다. 불평등 격차가 갈수록 더 벌어지는 사회 현상을 비유	신조어 우리식 성어	

2002년, 또 반복된 정치 모리배(牟利輩)들의 행태

이합집산(離合集散)

2002년 〈교수신문〉은 그해를 상징하는 사자성어로 '이합집산(離合集散)'을 선정했다. 〈교수신문〉은 이해에 해외 부문 올해의 사자성어도 발표했는데 '안하무인(眼下無人)'이 뽑혔다.(당시는 김대중 대통령 정권 시기였다.)

'이합집산'은 출처가 분명치 않다. 대개 우리식 표현의 성어로 보인다. 글자만 놓고 보면 '헤어졌다 모이고, 모였다 흩어지다'라는 뜻이다. 우리 현실에서 '이합집산'은 주로 정치판을 겨냥한 성어로, 아무런 소신이나 뚜렷한 자기 철학 없이 이해관계, 주로 정치적 득실만 따져서 이리저리 모였다가 흩어지는 행태를 비유한다.

'이합집산'은 이른바 '철새'라는 비유적 표현으로 불리는, 즉 권력과 실세를 좇아 헤어지고 합치기를 반복하는 정치 모리배들의 행태를 꼬집는 의미에서 선정되었다. 이런 '이합집산'의 행태는 주로 선거철에 등장한다. 2002년은 16대 대통령 선거를 앞둔 해였기 때문에 정치적 이해관계에 따라 이리저리 당을 바꾸는 '철새' 정치꾼이 대거 등장했다. 한편 '안하무인'은 세계인의 우려 속에서 강경 외교 노선을 고수한 부시 미국 대통령의 일방적 외교 노선을 풍자한 비유로 해석된다.

교수들은 또 올 한 해 가장 기억에 남는 사건 1위로 '월드컵 개최 및 4강 진출'을 꼽았으며, '미군 탱크의 여중생 압사 사건과 촛불시위', '붉은악마의 응원'과 'SOFA(한미행정협정) 개정 운동', '민주당의 국민경선과 후보 단일화'가 뒤를 이었다.

'이합집산' 다음으로 추천을 받은 사자성어는 북핵 문제를 비롯해 한반도를 둘러싼 남과 북, 북한과 미국, 남한과 미국, 북한과 일본 등 이해 당사국들의 잇따른 판단 착오와 엇박자 및 북한 문제를 선거와 연계하여 일희일비한 여야의 행태를 빗댄 '동상이몽(同床異夢)'이 뽑혔다.

한편 '우왕좌왕(右往左往)'과 '좌충우돌(左衝右突)' 등도 추천을 받았는데, 이는 규범과 원칙이 제대로 지켜지지 않고 미래에 대한 국민적 공감대(컨센서스)가 희박한 한국 사회의 행태를 지적하는 사자성어들이다.

교수들 스스로는 2002년 한 해를 전반적으로 엉거주춤한 해였다고 진단하면서 '안하무인(眼下無人)', '사면초가(四面楚歌)', '전전긍긍(戰戰兢兢)', '암중모색(暗中摸索)', '제행무상(諸行無常)', '등하불명(燈下不明)' 등의 사자성어를 언급하기도 했다. 이런 고사성어들은 교수 사회의 치열한 업적 경쟁, 외부 용역 수주 경쟁 등 학문을 벗어난 업무 때문에 받는 압박과 스트레스를 에둘러 표현한 것으로 보인다.

함께 추천된 성어들

성어	뜻과 함축된 의미	출처	비고
안하무인 眼下無人	눈 아래 사람이 없다. 잘난 체하며 겸손하지 않고 건방져서 다른 사람을 업신여기는 것을 비유	《이각박안경기》	안저무인 眼底無人 방약무인 傍若無人

동상이몽 同床異夢	같은 침상에서 다른 꿈을 꾼다. 겉으로는 같이 행동하면서 서로 다른 생각을 하고 있음을 비유	〈여주원회비서서〉	적과의 동침 Sleeping with the Enemy
우왕좌왕 右往左往	오른쪽으로 갔다 왼쪽으로 갔다 한다. 바른 방향을 잡지 못하거나 차분하게 행동하지 못하고 갈팡질팡하는 모습을 비유	일본식 성어	동포서찬 東跑西竄 지동지서 之東之西
좌충우돌 左衝右突	왼쪽으로 치받고, 오른쪽으로 부딪치다. 이리저리 닥치는 대로 부딪친다는 뜻으로 아무 사람이나 가리지 않고 함부로 대들어 정신이 없음을 비유	《삼국연의》	동분서주 東奔西走
사면초가 四面楚歌	사방에서 들리는 초나라 노래. 사방이 (적에게) 둘러싸인, 누구의 도움도 받을 수 없는 외롭고 곤란한 상황, 처지를 비유	《사기》 〈항우본기〉	고립무원 孤立無援
전전긍긍 戰戰兢兢	두려워하고 조심하다. 아주 신중하게 조심스러워하는 모습을 비유	《시경》	긍긍업업 兢兢業業
암중모색 暗中摸索	어둠 속에서 더듬어 찾는다. 어림으로 무엇인가를 알아내거나 찾으려는 것을 비유	《수당가화 (隋唐嘉話)》	노마식도 老馬識途
제행무상 諸行無常	세상의 모든 행위는 늘 변하여 한 가지 모습으로 정해져 있지 않다. 한 가지 일이나 의미에 집착하지 말라는 뜻	《경덕전등록》	불교 '삼법인 (三法印)'의 하나
등하불명 燈下不明	등잔 아래가 밝지 않다. 가까이에 있는 사물이나 일에 대해 잘 모르는 것을 비유	《동언해》 《백언해》	우리 속담을 한문화

우왕좌왕(右往左往)

교수들은 2003년 한국의 상황을 '우왕좌왕(右往左往)'이란 네 글자로 압축했다. '우왕좌왕'은 2002년에도 추천을 받은 사자성어인데, 재수 끝에 2003년의 사자성어로 선정되었다. 〈교수신문〉은 2003년 11일부터 15일까지 기고한 필진과 주요 일간지 칼럼니스트 출신 교수들을 대상으로 설문 조사를 실시한 결과, 한국의 정치·경제·사회를 정리하는 사자성어로 '우왕좌왕'을 꼽았다. 16퍼센트 비율로 뽑힌 '우왕좌왕'은 '오른쪽으로 갔다 왼쪽으로 갔다 한다'는 뜻으로, 바른 방향을 잡지 못하거나 차분하게 행동하지 못하고 갈팡질팡하는 모습을 비유하는 일본식 성어로 추정된다.

노무현 정부 출범 이후 정치·외교·경제 방면의 정책에서 혼선을 빚고, 대구 지하철 참사가 일어나는 등 사회 각 분야가 제자리를 찾지 못하고 갈 곳을 잃은 모습을 보인 것이 가장 큰 선정 이유였다. 참고로 이해에 터져 나온 주요 사건들을 정리해 보겠다.

먼저 '2003년 한국 최악의 사건'으로 '대선 자금 비리'를 꼽았다. 구태의연한 정경유착 시스템이 여전하다는 사실에 지식인들이 크게 실망했음을 보여 준다. 같은 맥락에서 '노무현 대통령 재신임 발언'이 그 뒤를 잇고 있어 여전히 정치 영역이 개혁 대상 1호임이 드러났다.

또 여론을 제대로 수렴하지 않고 강행한 '부안 핵폐기장 건설',

'이라크 파병', '대구 지하철 참사', '생계형 자살 급증' 등이 주요 사건으로 지목되었다.

반면 '2003년에 가장 기분 좋은 일'을 묻는 질문에는 응답자의 38.2퍼센트가 '없다'거나 응답하지 않아 2003년의 분위기를 잘 드러냈다. 하지만 대선 자금 비리와 재신임 발언에도 불구하고 '노무현 정권의 출범'이 기분 좋은 일이었다고 답해, 현 정부에 대한 기대가 컸음을 함께 나타냈다.

'2003년 교수 사회와 대학 사회에서 가장 기억에 남는 일'은 '지방대 문제'였다. 학생 정원 미달과 휴학생 수의 급격한 증가, 학과 통폐합 및 폐과 현실은 1년 내내 지방대 교수를 괴롭힌 일이었다. 양심 지식인 '송두율 교수 구속'은 사회적 파장만큼이나 교수 사회에 파란을 일으켰는데, 송 교수에 대한 인간적 배신감(?)과 분단 상황의 희생양으로 바라보는 시선이 교차되는 모습을 보였다. 이 밖에 '교수 채용 비리'와 '사학 재단의 전횡', '교수 성폭력' 등은 2003년을 씁쓸하게 한 사건이었다고 밝혔다.

교수들은 다가올 2004년에 대해 '부정부패 없고 원칙이 통하는 사회'와 '안정적으로 연구하고 교육할 수 있는 대학'을 소망하여 상투적이고 다분히 집단이기주의적인 경향을 은연중에 드러냈다.

2003년은 새 정권이 출범한 해다. 그러나 대선 자금 문제가 걷잡을 수 없이 확대되며 정쟁이 심화되었다. 또 경제는 침체일로에서 벗어나지 못했다. 이런 상황을 빗대어 '점입가경(漸入佳境)'과 '이전투구(泥田鬪狗)'가 추천되었다. 이 밖에 '지리멸렬(支離滅裂)'과 '아수라장(阿修羅場)' 등도 추천을 받았다. 전반적으로 2003년을 부정적으로 정리했음을 알 수 있다. '점입가경'은 2001년에 이어 또 한 번 추천을 받았다.

함께 추천된 성어들

성어	뜻과 함축된 의미	출처	비고
점입가경 漸入佳境	갈수록 좋아진다. 경치나 문장 또는 어떤 일의 상황이 점점 갈수록 재미있게 전개된다는 뜻	《진서》	재추천
이전투구 泥田鬪狗	진흙탕에서 싸우는 개. 자기 이익을 위해 비열하게 다투는 것을 비유	《택리지》	우리식 성어
지리멸렬 支離滅裂	이리저리 흩어지고 찢기다. 체계가 없이 마구 흩어져 갈피를 잡을 수 없는 상황을 비유	일본식 성어	사분오열 四分五裂
아수라장 阿修羅場	아수라는 불교의 악신으로 아수라가 싸우면 피바다의 전쟁터를 방불케 한다고 한다. 여기서 '아수라장'은 난장판을 비유하는 성어가 되었다.	《능엄경 (楞嚴經)》	난장판

2004년, 나와 다르면 무조건 친다
당동벌이(黨同伐異)

교수들은 2004년 한국의 정치·경제·사회를 가장 잘 대변할 수 있는 사자성어로 '같은 무리와는 당을 만들고 다른 자는 공격한다'는 뜻의 사자성어인 '당동벌이'를 꼽았다. 설문 조사에 참여한 162명 중 약 20퍼센트가 '당동벌이'를 추천했다.

'당동벌이'는 중국 동한(東漢) 시기(25~220)의 역사를 기록한 범엽의 《후한서》〈당고열전(黨錮列傳)〉 서문에 나온다. 동한 정권이 쇠퇴할 무렵, 정치가는 물론 지식인까지 모조리 나서서 자신들과 뜻을 같이하는 사람들과는 붕당(朋黨)을 만들어 패거리를 짓고, 자신과 뜻을 달리하는 사람들은 공격하고 배척해 당을 만드는 것이 사회적 풍조가 됐다. 이 때문에 동한은 얼마 가지 못해 망했다. 범엽은 이러한 '당동벌이'의 풍조가 동한 시기에 다시 횡행하는 바람에 동한의 멸망이 앞당겨졌다고 진단했다.

이처럼 '당동벌이'는 자신과 뜻을 같이하는 자는 깨끗하고 정당하며, 자기와 생각이 다른 사람은 부도덕하고 부정하다고 보는 태도를 지적하는 대표적인 고사다. '당동벌이'는 그 후 송나라나 명나라 때 당쟁이 성행할 때도 흔히 분파주의, 당파주의를 비판하는 용어로 널리 쓰였고, 조선 중기 이후 당파가 극심하게 성행할 때도 사용됐다.

2004년은 연초부터 한 해가 끝날 때까지 정파의 입장과 이해관계를 앞세워 정치권이 치열하게 대립했고, 이것이 '당동벌이'를 올해의 사자성어로 선정하게 한 가장 큰 원인이 되었다. 굵직한 사건만 들어 봐도 당시 상황을 충분히 떠올릴 수 있다. 말도 안 되는 이유로 발의한 대통령 탄핵, 기득권의 격렬한 저항을 불러온 수도 이전, 안보팔이와 수구 반공 세력의 낡은 인식을 적나라하게 보여 준 국가보안법 폐지안 논쟁, 저질 언론의 길을 걷는 언론의 현주소를 잘 보여 준 언론 관계법 대립, 타락한 사학의 현주소를 극명하게 드러낸 사립학교법 개정안 논란, 여전히 현재의 발목을 잡고 있는 과거사 규명법 논쟁 등에서 정치권은 당리당략과 사리사욕에만 집착하여 상대를 설득하려는 논리나 대화는 보여 주지 못했다.

이와 함께 '2004년 한국 최악의 사건'으로는 당연히 '대통령 탄핵'이 꼽혔다. 교수들은 대통령 탄핵이 합리적인 이유와 명분보다는 당파적인 이해관계를 앞세워 무리하게 시도되었고, 결과적으로 한국 민주주의를 위협하는 결과를 초래했다고 지적했다. 뒤이어 선정된 '수도 이전의 위헌 판결'은 수구 기득권의 저항이 얼마나 막강한가를 잘 보여 준 사건이자 대통령 탄핵과 마찬가지로 민주주의에 대한 위협이라는 아주 안 좋은 선례를 남겼다. 이 밖에 한국의 현재와 미래를 암담케 한 '수능 부정', 계속되는 '경제 불황'도 잊을 수 없는 사건으로 기억되었고, '유영철 살인 사건'과 '이라크 파병' 역시 최악의 사건 중 하나로 꼽혔다.

'2004년 한국 사회에서 가장 기분 좋은 일'을 묻는 질문에는 응답자의 20퍼센트 이상이 '기분 좋은 일 없음'이라고 대답해 전반적으로 우울한 한 해로 정리됐다. 하지만 '한국 선수들의 아테네 올림픽 선전', '황우석 교수의 줄기세포 복제 성공'은 2004년의 쾌거로 선정했고, '4·15 총선 결과와 진보 정당의 국회 입성', '대통령 탄핵에 대한 시민 사회의 대응'이 기분 좋은 일로 선정되었다.

'2004년 대학 사회에서 가장 큰 문제'는 '사립학교법 개정'을 압도적으로 꼽았다. 그런데 교수들은 법 개정에 대해 사립학교법 개정이 대학 민주화의 초석이 될 수도 있고, 건전 사학을 해치는 악법이 될 수도 있다는 이중적인 태도를 취함으로써 역시 교수 사회의 한계를 잘 드러냈다는 비아냥을 듣기도 했다.

2004년은 한 해 내내 정치 집단의 고질적인 '당동벌이'가 이어졌다. 그 결과 우리 사회는 통합보다는 분열로 몸살을 앓았다. 이 때문에 '당동벌이'와 함께 추천을 받은 사자성어도 대동소이(大同小異)하게 '지리멸렬(支離滅裂)', '이전투구(泥田鬪狗)', '진퇴양난(進退兩難)', '이판사판(理判事判)' 등이었다. 2004년은 전반적으로 대립하고 정체된 한 해로 기록되었다. 이를 반영하듯 '이전투구'와 '지리멸렬' 두 항목이 2003년에 이어 다시 추천받는 진기록을 세웠다.

함께 추천된 성어들

성어	뜻과 함축된 의미	출처	비고
지리멸렬 支離滅裂	이리저리 흩어지고 찢기다. 체계가 없이 마구 흩어져 갈피를 잡을 수 없는 상황을 비유	일본식 성어	사분오열 四分五裂 재추천
이전투구 泥田鬪狗	진흙탕에서 싸우는 개. 자기 이익을 위해 비열하게 다투는 것을 비유	《택리지》	우리식 성어 재추천
진퇴양난 進退兩難	나아가기도 물러나기도 어렵다. 이러지도 저러지도 못하는 어려운 상황이나 곤란한 입장을 비유	〈주공섭정 (周公攝政)〉	진퇴유곡 進退維谷
이판사판 理判事判	이판 승려(수도승)와 사판 승려(살림승). 조선시대 불교 탄압으로 당시 스님이 된다는 것은 마지막을 의미하여 끝장이란 뜻이 되었다.	조선시대 유래	'난장판' 과는 뜻이 다름

2005년, 우리 모두는 불과 물처럼 서로 상극
상화하택(上火下澤)

 2005년 한국 사회를 진단하는 사자성어로 선정된 '위에는 불, 아래에는 못'이라는 뜻의 '상화하택'은 《주역》 64괘 중 제38괘인 '규괘(睽卦)'의 이름이다. 이 괘에 대한 풀이를 보면 기본적으로 서로 어긋난다는 것이다. 서로 갈라지는 현상을 상징한다. 지난 2004년과 다를 바 없이 계속된 한국 사회의 소모적인 분열과 갈등이 선정의 주된 배경이다.

 국정은 방치한 채 정쟁에만 몰두한 국회의 행태, 행정복합도시 건설을 둘러싼 비생산적인 논쟁과 지역 갈등, 해방 60주년이 되도도 계속되는 이념 갈등으로 여전히 상생하지 못한 채 분열만 거듭했다는 지적이 많았다. 교수들은 이 와중에 사회 양극화가 심각해져 농민들의 삶은 피폐해지고 비정규직 노동자는 확산됐다고 입을 모았다.

 "올해 내내 국회는 토론 끝에 합의에 이르기보다 싸움 끝에 표결에 들어가고, 그 표결 결과조차 받아들이지 않는 옹졸함을 보였다."(정희준 교수)

 행정복합도시 건설에 따른 끊이지 않는 논쟁 역시 분열상만 드러냈을 뿐 소모적이기는 마찬가지였다. 2004년 10월 '신행정수도건설특별법'에 대해 수구 기득권 세력의 극렬한 저항에 힘입은 헌법재판소가 위헌 판결을 내렸다. 그때부터 1년이 지나 노무현 대통령과 여당(열린우리당)은 '행정도시특별법'을 제정하여 국회를 통과했지만 또다시 위헌 소송이 제기되었다. 다행인지(?) 이번에는 헌법재판소가 합헌 결정을 내려 행정도시 건설을 둘러싼 논란에 종지부를 찍었다. 그러나 이해 당사자라 할 수 있는 서울시 의회 의원들은 행정도시 건설 계획을 저지하는 방침을 세웠고, 역시 수구 기득권을 대변하는 한나라당 수도분할반대투쟁위원회도 수도권 발전 문제를 둘러싸고 문제를 제기하여 행정도시 논란은 다시 불이 붙었다.

수도 이전의 좌절, 행정복합도시 건설에 따른 저항과 반발은 한국 사회 수구 기득권 세력의 위세와 탐욕이 얼마나 막강한지 적나라하게 보여 준 사건이었다. 이들은 자기 이익 앞에서는 누구를 막론하고 일치단결하여 격렬하게 저항한다. 역사적으로 거의 모든 개혁이 혁명보다 더 어려웠다는 원칙 아닌 원칙이 이 일로 또 한 번 확인되었다.(지금 와서 보면 당시 수도 이전이나 행정복합도시 건설이 얼마나 정확한 개혁 노선이었는지 실감한다. 이른바 전국 각지의 혁신도시가 바로 이 미완의 개혁에 따른 결실이다.)

'6·25는 통일 전쟁이었다'는 글과 '만경대 정신 이어받아 통일 위업 이룩하자'는 평양 방문 기념 방명록을 꼬투리 잡아 국가보안법으로 강정구 교수를 구속시킨 사건은 해방 이후 60년 동안 지긋지긋하게 이어지는 '비생산적인' 이념 논쟁의 절정을 보여 주었다. 강교수의 발언이 학문적 영역 내에서 그 타당성을 꼼꼼히 따져 봐야 하는 내용임에도 불구하고, 당사자를 친북좌파로 몰아가며 '사상과 표현의 자유'에 재갈을 물리는 등 자유민주주의 체제의 근간을 부정하는 행태가 사회 곳곳에서 보였다. 한국 현대사 최악의 악법인 국가보안법은 2023년 현재 아직도 폐지되지 않았다.

'2005년 한국 사회에서 가장 안타까운 일'은 단연 '황우석 교수와 PD수첩 사태'(58.0퍼센트)를 꼽았다. 이어 '사회적 빈곤의 심화', '대책 없는 쌀 개방과 연이은 자살', '철 지난 이념 대립' 등을 안타까운 일로 기억했다.

'2005년 가장 기쁜 일'을 묻는 질문에는 응답자의 20퍼센트 이상이 '없다'고 대답한 가운데, 대학 민주화의 토대가 될 '사립학교법 개정안 통과'를 가장 자랑스러운 일로 선정했다. '한반도 평화 분위기 조성', '역사 바로 세우기' 등도 기쁜 일로 꼽았다.

'2005년 최고의 실천가'는 무분별한 개발주의에 맞선 '지율스님'이 뽑혔다. 국가에 목숨을 걸고 맞선 한 개인의 힘겨운 노력이 깊은 인상을 남겼기 때문일 것이다. 이 밖에 청계천을 복원한 '이명박 서울시장', 노블레스 오블리주를 조용히 실천하는 '박원순 변호사', '묵묵히 자신의 자리를 지킨 익명의 사람들' 등도 2005년 최고의 실천가로 거론됐다.

2005년 추천을 받은 올해의 사자성어는 이전에 비해 다양한 편이었다. 사회지도층 인사들의 위선이 그 어느 해보다 많이 드러났음을 지적한 '양두구육(羊頭狗肉)', 정제되지 못한 언어가 난무한 한 해를 빗댄 '설망어검(舌芒於劍)'을 비롯하여 '취모멱자(吹毛覓疵)', '노이무공(勞而無功)' 등이 추천을 받았다. 그 풀이와 의미 등은 표로 정리했다.

2005년에 추천받은 사자성어 중 '양두구육'이 17년이 지난 2022년 대선 이후 논공행상(論功行賞)과 공신 숙청 과정에서 여러 차례 등장

하여 수많은 사람의 입에 오르내리는 기이한 현상으로 이어졌다.('양

두구육'은 2022년 한 해를 통틀어 가장 많이 인용된 사자성어로 등극할 가능성이 크다.)

함께 추천된 성어들

성어	뜻과 함축된 의미	출처	비고
양두구육 羊頭狗肉	양머리를 내걸고 개고기를 판다. 좋은 물건이라고 내걸어 놓고는 실제로는 그보다 못한 물건을 파는 사기 행각을 비유	《안자춘추》	현우수매마육 懸牛首賣馬肉
설망어검 舌芒於劍	혀가 검보다 날카롭다. 입에서 나오는 말이 검보다 날카로워 사람을 해칠 수 있음을 비유	《천록각외사 (天祿閣外史)》	설망우검 舌芒于劍
취모멱자 吹毛覓疵	털을 불어서 흠을 찾아낸다. 일부러 흠을 잡으려 하거나, 도발하여 실수하게 만들어 약점을 찾는 것을 비유	《한비자》	취모구자 吹毛求疵
노이무공 勞而無功	힘만 들이고 공이 없다. 쓸데없이 수고만 하고 효과가 없음을 뜻하는 성어로 '헛수고'를 의미	《묵자 (墨子)》	도로무공 徒勞無功

2006년, 구름이 잔뜩 낀 하늘과 같았던 해
밀운불우(密雲不雨)

"노아의 홍수나 홍수 끝의 참담한 땅에 뜨는 무지개는 결코 바라지 않지만, 이제는 저 구름이 과연 비를 내릴 힘은 있는 구름인지 조금씩 의심스럽다."(고인석 이화여대 교수)

2006년 우리 사회 전반을 진단하여 정리한 사자성어로 '하늘에 구름만 빽빽하고 비가 되어 내리지 못하는 상태'를 뜻하는 '밀운불우(密雲不雨)'가 선정됐다. 2005년에 이어 또 한 번 《주역》의 괘를 택했다. '밀운불우'는 '소축(小畜)'이란 괘에 대한 설명 부분에 나오는 것으로 여건은 무르익었으나 일이 성사되지 않아 답답함과 불만이 폭발할 것 같은 '폭발 직전'의 상황을 비유한다. '밀운불우'는 50퍼센트에 가까운 압도적인 추천을 받았다. 체증에 걸린 듯 순탄하게 풀리지 않는 정치 상황과 경제, 동북아 정세가 이번 선정의 가장 큰 배경이 되었다는 진단이다.

우리 지식인 계층을 대표한다는 교수들은 2003년 '우왕좌왕(右往左往)'을 시작으로 2004년 '당동벌이(黨同伐異)', 2005년 '상화하택(上火下澤)'과 2006년 '밀운불우'까지 4년 연속 한국 사회에 대해 대단히 부정적인 인식을 드러냈다. 이는 우리 사회에 대한 인식의 정확성 여부를 떠나 계속 이런 상태라면 자칫 나라 자체가 좌초할 수 있다는 상아탑 지식인들의 우려를 반영하는 하나의 지표이기도 했다.

2005년과 달라진 것 없는 상생 정치의 실종을 비롯해 대통령의 리더십 위기로 정치가 사회적 갈등을 증폭시키고, 이 때문에 사회 각계각층의 불만이 임계점에 달했다는 지적이 주를 이루었다. 또한 치솟는 부동산 가격, 충분한 사회적 합의 없이 진행돼 갈등만 불러일으키는 한·미 FTA 협상 등은 국민들에게 답답함만 안겨 주었다고 보았다. 한편 북한의 핵실험으로 한반도 평화 정착이 더욱 어려워진 점은 답답함을 넘어 불안감을 준 사실로 거론했다.

'2006년 한국 사회에서 가장 안타까운 일'은 '북한 핵실험'을 첫손가락에 꼽았다. 이어 '부동산 정책 실패', '황우석 교수의 논문 조작 사건', '노무현 대통령의 정치적 리더십 위기', '한·미 FTA 졸속 추진' 등이 그 뒤를 이었다.

한편 '2006년의 기쁜 일'을 묻는 질문에는 응답자의 무려 절반이 '없다' 또는 답변을 하지 않았다. 나머지 절반 중 절반 가까이가 '반기문 前 외교통상부 장관의 유엔 사무총장 당선'을 가장 자랑스러운 일로 선정했다. 이 밖에 '수출 3천억 달러', '한국 야구의 WBC 대회 선전', '한국 영화와 드라마의 약진', '하인스 워드 어머니와 아들 이야기' 등도 목록에 올랐으나 그 비율은 미미했다.

'2006년 의미 있는 실천가'를 뽑아 달라는 질문에는 '악조건 속에서도 제자리를 지키거나 이름 없이 이웃을 도운 이웃들'을 선정했다. 이와 함께 '반기문 유엔 사무총장', '박원순 변호사와 아름다운 재단' 등을 2006년 한국 사회를 빛낸 실천가로 거론했다.

'밀운불우'와 함께 추천을 받은 성어는 어설픈 개혁으로 오히려 나라가 흔들렸음을 의미하는 '교각살우(矯角殺牛)', 한국 사회의 모순이 해결될 전망이 보이지 않는 것을 빗댄 '만사휴의(萬事休矣)'가 그 뒤를 이었고, 개혁에 미흡한 전략과 전술로 강고한 기득권층과 맞서려는 행태를 묘사한 '당랑거철(螳螂拒轍)'도 추천을 받았다.

함께 추천된 성어들

성어	뜻과 함축된 의미	출처	비고
교각살우 矯角殺牛	소뿔을 바로잡으려다 소를 죽이다. 작은 흠이나 문제를 고치려다가 일을 그르치는 것을 비유	일본식 성어	교왕과정 (矯枉過正)
만사휴의 萬事休矣	모든 일이 끝났다. 모든 일이나 시도가 실패로 돌아가 어찌해 볼 수 없음을 의미	《송사》	
당랑거철 螳螂拒轍	사마귀가 수레를 막아서다. 자기 힘은 생각하지 않고 강한 상대에게 무모하게 대드는 행위를 비유	《장자》	

2007년, 도에 넘친 욕망이 분출돼 나타나는 인간의 행동
자기기인(自欺欺人)

지식인들이 보기에 2007년 역시 아주 부정적인 한 해였다. 이해 역시 '자기를 속이고 남을 속인다'는 뜻의 '자기기인(自欺欺人)'이 과반 가까운 추천으로 선정되었기 때문이다. 지식인의 속성을 누군가 '회색분자'라고 했듯이, 중립과 신중을 자처하지만 자신들은 나서지 않고 뒤에 숨어 냉소(冷笑)를 일삼는 우리 지식인의 특징이 올해의 사자성어에 고스란히 담겨 있다는 생각을 지울 수 없다. 2007년 이후도 마찬가지지만 2001년 올해의 사자성어가 발표된 이래 단 한 번도 긍정적인 메시지가 선정되지 않았다는 사실이 아주 씁쓸하게 다가온다.

다만 '올해의 사자성어'가 2006년까지 정권에 대한 실망과 불신이 주를 이뤘다면 2007년은 사회 지도층 전반의 도덕불감증으로 초점을 넓혔다.

"자신이 믿지 않는 말로 남을 속인다기보다는 상습적으로 거짓을 농하다 보니 스스로 도취돼 자신까지 속이는 지경까지 온 것이다."
(성환갑 중앙대 교수)

"남들 몰래 거짓을 행하는 일이 이처럼 사회 저변에 널리 깔려 있음은 개탄할 일이다."(임경석 성균관대 교수)

'자기기인'을 선정한 까닭을 말한 것인데, '자기기인'이 뜻하는 대로 그 자체가 한국 지식인 사회를 향한 손가락질이 아닐 수 없다.

'자기기인'은 "남을 속이는 것은 곧 자신을 속이는 일인데 이는 자신을 속이는 일이 심해진 것이다"라고 언급한 《주자어류》를 비롯하여 《불경》에 자주 등장하는 사자성어로 알려져 있다.

'자기기인'을 올해의 사자성어로 추천한 한 대학 교수는 "자기기인은 인간의 도에 넘친 욕망이 분출돼 나타나는 행동"이라면서 "지난 한 해 신정아와 사회 저명인사들의 학력 위조, 대학 총장과 교수들의 논문 표절, 유력 정치인들과 대기업의 도덕 불감증 등 자기기인 성어에 들어맞는 사건을 너무도 많이 접했다"라고 선정 이유를 밝혔다. (놀랍게도 15년이 지난 2022년 지금도 이와 똑같은 문제가 세상을 시끄럽게 하고 있다. 어떤 면에서는 더 심각해졌다. 한국 지식인 사회, 대학의 부패와 타락이 갈 데까지 갔다.)

특히 신정아 씨를 시작으로 학계·문화·예술계로 일파만파(一波萬波) 번진 학력 위조 문제는 '실력보다 간판'을 중시하는 병폐를 다시 확인하는 계기가 됐다. 흥미로운 점은 공교롭게 정신과 전문의들이 신정아 씨의 증세로 진단한 '공상허언증(空想虛言症)'이 2007년의 사자성어로 선정된 '자기기인'의 뜻과 정확하게 일치한다는 사실이다.

추천자들은 사회적 의혹을 받는 당사자들이 오히려 큰소리치는 현실에서 거짓과 진실의 경계가 흐려지는 상황을 빗대 '자기기인'을 선택했다고 밝혔다. 이는 사회적 지위와 금전만 추구하는 풍토에서 우리 사회가 자성과 자정의 능력을 잃은 것은 아닌지 큰 걱정을 안겨 주었다.

'올 한 해 가장 안타까운 일'은 충남 태안 원유 유출 사건이, '올한 해 가장 기쁜 일'은 김연아 선수의 그랑프리 파이널 2연패와 박태환 선수의 선전이 꼽혔다.

교수들의 진단 모음

이 밖에 전국의 교수들이 '자기기인' 외에 다양한 사자성어를 추천하면서 2007년 한 해를 진단했는데, 그 의견들을 한데 모아 보았다.

"정치적 민주화를 거쳐 사회·경제 민주화로 넘어가는 길목에서 나타난 것"(정연태 가톨릭대 교수)

"2007년은 온통 거짓말로 점철된 한 해였으며 이러한 지도층의 도덕적 해이가 전 국민을 도덕 불감증 환자로 몰아가고 있다."(구혜영 상지대 교수)

"더 큰 문제는 이 같은 일들이 마치 당연한 일인 양 넘어가는 현실이다."(최태욱 한림국제대학원대학 교수)

"젊은이부터 대기업, 정부까지 각종 의혹과 도덕불감증이 판을 치면서 정의를 교육하는 교육자가 설 땅을 잃게 만들었다."(오재호 부경대 교수)

"우리 사회가 진정으로 선진국에 진입하려면 신뢰가 바탕이 돼야 한다. 이제부터는 자신도 믿지 않는 말이나 행동을 하면서 남까지 속이려는 마음은 떨쳐 버리고 서로가 믿는 사회, 서로를 배려하는 사회로 나아가자."(방재욱 충남대 교수)

"해결할 과제가 산적하고 갈 길이 바쁜데도 소위 정치인들을 비롯한 지도층은 산이 없는 듯, 물이 없는 듯 맹목(盲目)한 해였다."(류문일 고려대 교수)

"정치·사회적으로 추한 일이 많이 밝혀졌지만 새로운 현상이라기보다는 그간의 부도덕하고 비양심적인 행태가 일시에 드러난 것"

(송정인 광주과학기술원 교수)

"선거라는 정치적 광풍이 지나간 뒤에 현 정부의 공과와 선거 결과에 대한 역사적 함의도 결국 드러날 것이라고 기대한다."(서강목 한신대 교수)

"국민들이 참여정부의 실정에 실망하면서 공약과 비전 없이 정권교체가 가능해졌다."(이창용 서울대 교수)

'자기기인' 외에 추천된 사자성어는 난제가 가득한 형국을 묘사한 '산중수복(山重水複)', 의혹의 실체가 밝혀지면서 치부가 드러난다는 '수락석출(水落石出)', 차마 눈 뜨고 볼 수 없는 사건들이 이어졌다는 뜻의 '목불인견(目不忍見)', 순리대로 하지 않고 거꾸로 일을 처리한다는 뜻의 '도행역시(倒行逆施)' 등이 있었다.

함께 추천된 성어들

성어	뜻과 함축된 의미	출처	비고
산중수복 山重水複	산과 물이 겹친다. 산과 물이 겹겹이 가로막고 있어 앞으로 나아갈 수 없다는 뜻으로 어려운 일이 잔뜩 쌓여 있음을 비유	〈유산서촌 (游山西村)〉	
수락석출 水落石出	물이 줄어야 돌이 드러난다. 수위가 낮아져야 잠겨 있던 돌이 모습을 드러내듯 일의 진상은 그것을 덮고 있는 껍질을 벗겨야 드러난다는 것을 비유	〈취옹정기 (醉翁亭記)〉 〈후적벽부 (後赤壁賦)〉	
목불인견 目不忍見	차마 눈 뜨고 볼 수 없다. 눈으로 볼 수 없을 정도로 비참하고 안타까운 상황을 표현	《광동군무기 (廣東軍務記)》	목불인시 目不忍視
도행역시 倒行逆施	순리를 거슬러 행동하다. 일이나 상황이 급하고 절박하여 일상적인 방법이나 과정에서 벗어난 변칙적인 행동을 나타내는 표현	《사기》 〈오자서열전〉	일모도원 (日暮途遠) 과 대구

2008년, 손바닥으로 하늘을 가린 한 해
호질기의(護疾忌醫)

정권이 이명박 정권으로 바뀌었다. 그 첫해인 2008년 한 해를 진단하는 사자성어로 대학 교수 180명 중 30퍼센트가 '병을 숨기면서 의사에게 보이지 않는다'는 다소 어려운 '호질기의(護疾忌醫)'를 골랐다.

'호질기의'는 중국 북송시대 유학자 주돈이(周敦頤)가 《통서(通書)》에서 남의 충고를 귀담아듣지 않는 세태를 비판하며 "요즘 사람들은 잘못이 있어도 다른 사람들이 바로잡아 주는 것을 달가워하지 않는다. 이는 마치 '병을 감추고 숨기면서 의원을 기피해' 자신의 몸을 망치면서도 깨닫지 못하는 것과 같다"라고 말한 데서 비롯된 사자성어다.

추천자들은 미국산 광우병 쇠고기 파문, 촛불시위, 미국발 금융위기에 대한 이명박 정부의 대응이 환자(정부)가 병을 감추고 의사(국민 여론)를 기피하는 '호질기의'와 같다고 본 것이다. 희망으로 시작한 한 해가 한순간 절망으로 바뀐 2008년이었고, 남은 4년의 미래를 어둡게 만드는 지표가 곳곳에서 터져 나왔다.

윤리 도덕과는 거리가 먼 전과 13범 이명박이 압도적인 표 차이로 대통령이 된 것은 경제를 살려 달라는 국민들의 염원(?) 때문이었다. 그러나 이런 바람은 2008년 정권 첫해에 산산이 부서졌다. 미국에서 시작된 금융위기로 국가, 기업, 가계 할 것 없이 휘청거렸다. 한국 경제는 온갖 처방전에도 회복 기미를 보이지 않았고,

경기 불황이 언제까지 이어질지 불안감이 증폭되었다.

상반기에는 미국산 쇠고기 파동과 촛불시위가 한국 사회를 뒤흔들었다. 정책 혼선과 미흡한 대응은 정권 불신을 부추겼다. 촛불시위는 민주주의의 일대 진전이라는 평가와 국론 분열을 부추겼다는 이념 갈등의 중심에 서기도 했다.

남북 관계는 금강산 관광 중단, 개성 공단 폐쇄 등으로 악화일로를 걸었다. 지난 10년 동안 다져 놓은 남북의 평화 관계가 한순간에 얼어붙었다. 이 밖에 부동산 정책, 언론 정책, 역사 교과서 개정 등으로 곳곳에서 갈등이 일었다. 그럼에도 불구하고 이명박 정권은 이런 갈등을 조정하기보다 강행을 선택했다. 이 때문에 교수들은 국민과 전문가들의 조언을 귀담아듣지 않는 정부와 지도층의 태도가 위기와 갈등을 키웠다면서, 시행착오를 줄이기 위해서라도 소통의 부재와 일방통행식 정책 추진은 개선돼야 한다고 입을 모았다.

조국 서울대 교수(법학)는 "이명박 정부와 여당이 추진하려는 '우향우' 정책이 만들어 낸 문제에 많은 비판과 우려가 제기되고 있는데도 이를 전혀 고려하지 않는다"면서 "이런 불소통 현상은 대한민국의 병을 더욱 깊게 만들 것이다"라고 우려했다. 조국 교수의 예상대로 이명박 정권은 무모하고 무리한 4대강 밀어붙이기, 비리로 얼룩진 자원 외교 등을 강행하여 나라를 엉망으로 만들었다.

'올 한 해 가장 안타까운 일'은 미국산 광우병 쇠고기 파동과 촛불시위를 꼽은 응답자가 35퍼센트로 가장 많았다. 응답자 절반 가까이는 베이징 올림픽 야구 우승과 스포츠 선수들의 활약이 '가장 기쁜 일'이었다고 답했다.

'호질기의'와 함께 추천된 사자성어는 전 세계를 강타한 금융위기의 후유증을 비유한 '토붕와해(土崩瓦解)', 일을 서두르면 도리어 이루지 못한다는 뜻의 '욕속부달(欲速不達)', 나뭇잎 하나로 눈을 가린다는 의미의 '일엽장목(一葉障目)', 엎친 데 덮친 격이라는 '설상가상(雪上加霜)' 등이었다. '설상가상'은 2001년에 이어 다시 추천을 받았다. 2008년 역시 부정적인 사자성어가 대부분이었다.

함께 추천된 성어들

성어	뜻과 함축된 의미	출처	비고
토붕와해 土崩瓦解	흙이 무너지고 기왓장이 깨진다. 나라의 근본(흙=백성)이 무너지고 나라의 기반(기왓장)이 내려앉는 것을 비유	《사기》	
욕속부달 欲速不達	빨리 가려고 하면 이르지 못한다. 일을 서두르면 도리어 일이 제대로 이루어지지 않는다는 표현	《논어》	
일엽장목 一葉障目	나뭇잎 하나가 눈을 가린다. 자질구레하고 단편적인 현상에 홀려 사물의 본모습이나 문제의 본질을 파악하지 못함을 비유	《갈관자 (鶡冠子)》	일엽폐목 一葉蔽目
설상가상 雪上加霜	눈 내린 위에 서리까지 내린다. 어려운 일이 계속 생기는 상황을 비유	《경덕전 등록》	엎친 데 덮친 격 재추천

2009년, 꼼수와 위선으로 일관한 정권의 진면목
방기곡경(旁岐曲逕)

2009년 한 해를 정리하는 '올해의 사자성어'에 '샛길과 굽은 길'이라는 '방기곡경'이 선정됐다. 절반 가까이가 '방기곡경'을 추천했다. 정도(正道)는커녕 꼼수가 판을 친 한 해로 인식한 결과를 반영한다.

'방기곡경'은 정당하게 순리대로 일하는 대신 그릇된 수단을 써서 꼼수로, 특히 몰래 저지르는 것을 비유하는 표현이다. 조선 중기 유학자 율곡 이이(李珥, 1536~1584)가 《동호문답(東湖問答)》에서 군자와 소인을 가려내는 방법을 설명하며 소인배는 "제왕의 귀를 막아 제 이익을 꾀하기 위해 '방기곡경'의 행태를 자행한다"고 말한 데서 비롯되었다. 율곡은 또 송강 정철에게 보낸 편지에서 "공론(公論)이 허락하지 않더라도 '방기곡경'을 찾아 억지로 들어가려는 짓은 절대 하지 않는다"라고도 말했다.

'방기곡경'은 2년 차 이명박 정권이 정치·사회적 갈등을 안고 있는 각종 정책(4대강 사업 등)과 법(세종시법, 미디어법 등) 추진 등을 여론 수렴과 국민의 동의를 거치지 않고 꼼수로 처리한 행태를 꼬집은 사자성어다. 이명박 정권의 이런 행태는 5년 내내 계속되어 국론을 분열시키고 나라의 발전을 후퇴시킨 것은 물론 역사의 진전을 가로막았다.

무엇보다 정권의 무능과 비리를 감추고, 지지율 하락을 만회하기 위한 수단으로 전직 노무현 대통령에 대해 무자비하고 무모한 박해를 가해 극단적 선택을 하게 만든 만행은 두고두고 역사의 심판을 받을 것이다. 특히 이때 정권의 앞잡이를 자처한 검찰은 우리 사회를 병들게 만드는 최악의 병폐이자 척결 대상으로 떠올랐다.(검찰을 비롯해 법을 집행하는 부도덕한 집단의 민낯은 그 후 계속 드러났지만 그를 청산하고 척결하기도 전에 2022년 놀랍게도 검찰 출신을 대통령으로 뽑는 기이한 상황이 벌어졌다. 그리고 불과 몇 달 만에 그 선택이 얼마나 어리석었는지 뼈저리게 후회하고 있다.)

한편 올해 가장 안타까운 일로 전직 대통령 두 명(노무현, 김대중)과 김수환 추기경의 서거를 꼽은 응답자가 가장 많았다. 김연아·신지애 선수 등 스포츠 선수들의 활약을 가장 기쁜 일로 꼽았고, 사회적으로 뜻 깊은 실천을 한 사람은 많은 응답자가 故 김수환 추기경을 꼽아 눈길을 끌었다.

'방기곡경'과 함께 추천된 사자성어는 삼중으로 겹쳐진 강이 서로 옳음을 주장하지만 중도를 얻지 못한다는 뜻인 '중강부중(重剛不中)', 서로 논란하고 반박하는 소모적인 논쟁을 거듭했다는 뜻의 '갑론을박(甲論乙駁)', "가는 세월이 물과 같다. 흘러가는 것이 이와 같구나. 밤낮을 두고 그침이 없구나"라는 시에서 '(세월이) 흘러가는 것이 이(물)와 같다'는, 즉 한번 가면 돌아오지 않음을 비유하는 '서자여사(逝者如斯)', 숯불을 안고 있으면서 서늘하기를 바란다는 뜻으로 목적과 행동이 다른 경우에 사용하는 '포탄희량(抱炭希凉)' 등이 있었다. 이중 '포탄희량(抱炭希凉)'은 믿음을 주지 못하는 행동을 하면서 다른 사람들이 믿어 주기를 바라는 이중적이고 위선적인 행위를 비유하는 사자성어인데, 선정되지는 않았지만 이를 언급한 사람이 적지 않아 눈길을 끌기도 했다.

함께 추천된 성어들

성어	뜻과 함축된 의미	출처	비고
중강부중 重剛不中	강(剛)이 자리를 잃었다. 제자리를 찾지 못한다는 뜻으로 서로 옳다고만 고집하여 합의를 찾지 못함을 비유	《주역》	중강실위 中剛失位
갑론을박 甲論乙駁	갑이 논하면 을이 반박한다. 자기 의견을 내세우고 남의 의견을 반박한다는 뜻으로 대개 소모적인 논쟁을 비유하는 성어로 사용	일본식 성어	설왕설래 (說往說來)보다 강한 표현
서자여사 逝者如斯	흘러가는 것이 이와 같다. 흘러가는 세월이 물과 같다는 뜻으로 한번 가면 돌아오지 않음을 비유	《논어》	
포탄희량 抱炭希凉	(뜨거운) 석탄을 끌어안고 시원하길 바란다. 바라는 바와 행동이 다른, 겉과 속이 다른, 말과 행동이 다르면서 믿어 주길 바라는 위선을 비유	《삼국지》	

2010년, 머리만 처박으면 안 보인다(?)

장두노미(藏頭露尾)

꿩이나 타조는 누군가에게 쫓겨 도망가다가 갈 곳이 없으면 머리를 덤불 속에 숨기는데 머리만 처박는다. 당연히 꼬리와 몸통은 그대로 드러난다. 2010년, 집권 3년 차 이명박의 정권의 꼴을 우리 지식인들은 이런 꿩이나 타조에 비유하여 '장두노미'를 올해의 사자성어로 선정했다. '장두노미'는 '머리는 숨겼지만 꼬리는 숨기지 못하고 드러낸 모습'을 뜻한다. '장두노미'는 40퍼센트 넘는 지지를 받아 올해의 사자성어로 선정되었다.

'장두노미'는 진실을 숨기려 하지만 거짓의 실마리는 이미 드러나 있다는 뜻이자, 속으로 감추면서 들통 날까 봐 전전긍긍하는 태도를 빗대기도 한다. 출처는 원나라의 희곡작가 장가구(張可久, 약 1270~약 1350)가 지은 《점강순(點絳脣)》〈번귀거래사(飜歸去來辭)〉이고, 그 후 《얼해화》나 《홍루몽》 등 주로 문학 작품에 등장했다. 해당 대목은 다음과 같다.

"일찌감치 관직을 버리고 쉬면서 속세의 시비를 멀리하지만 그것은 '장두노미'라는 것임을 깨닫는다."

'장두노미'와 비슷한 뜻의 성어로 '몸통을 감추고 그림자마저 숨긴다'는 '장형닉영(藏形匿影)'이 있다. 출처는 《등석자(鄧析子)》다.

2010년 한 해는 그야말로 '눈 가리고 아웅'이란 표현이 어울렸다. 대국민 기만극임을 드러낸 4대강 사업, 민간인 불법 사찰, 미숙한

한·미 FTA 협상, 새해 예산안 졸속 통과, 검찰의 편파 수사, 천안함 침몰 등 많은 사건이 터질 때마다 정부는 진실을 덮고 감추기에 급급했다. 이는 우리 사회에 이른바 사이비(似而非) 보수 정권이 들어설 때마다 반복된 행태였다. 겉으로는 공정과 공평을 내세우지만 정작 뒤에서는 불공정한 짓거리를 서슴지 않기 때문이다.

올해 가장 '안타까운 일'은 천안함 침몰과 연평도 사건을 꼽는 응답자가 가장 많았다. '가장 기쁜 일'은 광저우 아시안 게임에서 우수한 성적을 거둔 선수들의 활약이었다. 6·2지방선거 결과와 G20 정상회의 개최도 기쁜 일로 꼽았다. '의미 있는 실천을 한 인물'은 한국 현대사의 지성을 대표하는 故 리영희 교수를 선정한 답변이 많았다.

2011년 신년에 대한 전망도 나왔는데 하나같이 우려가 앞섰다. 특히 동북아 지역의 세력 구도 변화, 여야의 정치 지형 움직임 등을 거론하면서 리더십의 패러다임(틀)을 크게 바꾸어야 할 것이라는 진단이 나왔다.

'눈 가리고 아웅'의 '장두노미'와 함께 추천받은 사자성어는 갈등과 정세 변화가 심한 국내외 상황을 표현한 '반근착절(盤根錯節)', 골육상쟁의 관계를 상징적으로 나타낸 '자두연기(煮豆燃萁)', 안전할 때일수록 위기를 잊지 말아야 한다는 '계우포상(繫于包桑)', 이전보다 발전했지만 아직 안정된 상태가 아니라는 뜻의 '혹약재연(或躍在淵)' 등이 있었다.

한 가지 흥미로운 것은 교수들이 뽑은 올해의 사자성어에 대하여 트위터리언들이 교수들이 쉬운 일을 너무 어렵게 설명한다며 자신들이 선정한 사자성어를 발표한 사실이다. 추천을 받은 '자두연기(煮豆燃其)'라는 다소 어려운 사자성어를 겨냥한 것으로 보인다. '자두연기'는 '콩을 삶는데 콩깍지를 태워 삶는다'는 뜻으로 콩과 콩깍지는 같은 콩줄기에 달린, 말하자면 형제와 같은 관계를 가리킨다. 콩을 삶는데 다른 땔감이 아닌 형제와 같은 콩깍지를 꺾어 태우니, 이는 형제가 서로 싸우는 모습이나 다름없다는 비유다.

'자두연기'에는 이런 고사가 있다. 삼국시대 위나라 조조에게는 조비와 조식이란 두 아들이 있었는데 늘 마음이 맞지 않아 다투었다. 큰아들 조비가 조조의 뒤를 이어 권력자가 된 다음 껍데기만 남은 동한을 멸망시키고 자신이 황제가 되었다. 바로 위(魏) 문제(文帝)다. 하루는 조비가 동생 조식에게 "내 앞에서 일곱 걸음을 걷는 동안 시 한 수를 짓지 못하면 엄벌에 처하겠다"고 위협했다. 총명한 조식은 바로 일곱 걸음 안에 이런 시를 지어냈다.

콩을 삶는데 콩깍지를 태우니
콩이 가마솥에서 우는구나.
본래 같은 뿌리에서 나왔건만
어찌 이리 심히 들볶는가!

트위터리언들은 바로 이 시의 첫 대목에 나온 '자두연기'에 맞추어 '명박상득(命薄相得)'으로 대통령 형제 이름과 같은 발음의 네 글자를 따서 '명이 짧으면 서로에게 이득이 된다'는 뜻의 사자성어를 만들어 내는 기발함을 선보였다. 예산안 날치기 때 등장한 형님(이

상득) 예산 같은 문제를 비꼬아 두 형제가 일찍 사라질수록 나라와
국민에게 이득이 된다는 날카로우면서 해학적인 풍자였다.

함께 추천된 성어들

성어	뜻과 함축된 의미	출처	비고
반근착절 盤根錯節	서린 뿌리와 뒤틀린 마디. 얽히고설켜 해결하기가 몹시 어려운 상황을 비유	《후한서》	
자두연기 煮豆燃其	콩을 삶는데 콩깍지를 태운다. 형제들끼리 서로 싸우는 모습을 비유	《세설신어》	
계우포상 繫于包桑	뽕나무 그루에 매어 두다. 물건을 튼튼한 밑둥에 묶어 두면 든든하듯 마음을 단단히 다잡아 주의를 게을리하지 말라는 비유	《주역》	
혹약재연 或躍在淵	뛰어올랐으나 아직 연못에 있다. 조금 나아가기는 했지만 여전히 멀었으니 조심하고 겸손하라는 뜻	《주역》	

2011년, 내 귀에만 안 들리면 그만이다
엄이도종(掩耳盜鐘)

먼저 《여씨춘추》에 나오는 우화 하나를 보자.

춘추시대 말기 산서성 일대의 큰 제후국 진(晉)나라는 공실의 권위가 무너지면서 권력을 나눠 가진 여섯 집안이 대립하는 국면이 전개되었다. 기원전 491년, 범씨(范氏)와 중항씨(中行氏) 집안이 나머지 네 집안의 공격을 받아 멸망했다. 범씨 일가의 사람들은 이 와중에 죽거나 뿔뿔이 흩어져 집 안에는 아무도 남지 않았다.

어느 날 누군가 텅 빈 범씨 집에 들어와 큰 종을 하나 발견했다. 가져가서 녹여 다른 공구를 만들면 딱 좋을 것 같았다. 종이 너무 무거워 들고 갈 수 없자 종을 부수어 가져가기로 작정하고 망치로 종을 때렸다. 순간 큰 종소리에 깜짝 놀란 그는 자신의 귀를 막았다. 귀를 막으니 소리가 자연히 작게 들릴 수밖에. 귀를 막고 종을 깨면 되겠다 싶어 귀를 막은 채 큰 망치로 마구 종을 때렸다. 온 동네로 종소리가 울려 퍼졌음은 말할 것도 없다.

이 성어는 원래 '도종엄이(盜鐘掩耳)'로 썼으나 후대에 '엄이도령(掩耳盜鈴)' 또는 '엄이도종(掩耳盜鐘)'으로 바뀌었다. 어리석은 자가 자신의 짓거리를 감추려는 자기기만(自己欺瞞)을 비꼬는 성어다. 뻔한 거짓말을 천연덕스럽게 해대는 자들에게 들려주고 싶은 절묘한 비유가 아닐 수 없다. 우리 속담의 '귀 막고 방울 도적질한다'는 '엄이투령(掩耳偸鈴)'은 '엄이도종'의 변형이다.

2011년 한 해를 정리하는 '올해의 사자성어'로 '엄이도종'이 선정되었다. 약 37퍼센트의 추천을 받았다. 집권 4년 차에 접어든 이명박 정권의 '귀를 막은 채 종을 훔치는' 자기기만 행태를 염두에 둔 선택이었다. 국민은 다 잘 알고 있는데 모르는 척 외면한 채 엉뚱한 짓, 나쁜 짓을 일삼는 정권과 정치의 짓거리에 대해 야유를 보낸 것이다.

'엄이도종'은 《여씨춘추》 외에도 《통감기사본말(通鑑紀事本末)》, 《문헌통고(文獻通考)》 등 역사서를 비롯한 많은 문헌에 인용되었다. 추천한 사람들의 목소리를 들어 보자.

"FTA 문제라든가 중앙선거관리위원회 홈페이지 공격에 대한 의혹 등이 겹쳤지만 국민이 납득할 만한 설명은 거의 없었다. 여론의 향배에 관계없이 자신들의 생각만 발표하고 나면 그뿐이었다. …… 소통할 의지도, 능력도 없다."(김풍기 강원대 교수)

"독단적으로 처리해 놓고 자화자찬식으로 정당화하면서 국민의 불만에 전혀 유념하지 않는다."(조명래 단국대 교수)

"선관위 해킹 사건 역시 개인의 단독 범행이라는 비상식적인 주장을 서슴지 않는다. 6월과 10월의 두 차례 선거에서 민의가 무엇인지 확인할 수 있는 기회가 있었는데도 여전히 권력 다툼에 매몰돼 있다."(김용찬 순천대 교수)

"올 한 해도 대통령 측근 비리, 내곡동 사저 부지 불법 매입, 한미 FTA 비준 동의안 날치기 통과 등의 문제로 하루도 바람 잘 날이 없었는데, 아직도 선관위 디도스(DDos, 분산 서비스 거부) 공격 등 그 끝이 보이지 않는다. 이 모든 것이 소통 부재에서 연유한다고 생각한

다."_(최민숙 이화여대 교수)

엄이도종 다음으로는 '여랑목양(如狼牧羊)'이 추천되었다. '여랑목양'은 '이리에게 양을 기르게 하는 격'이란 뜻으로, 탐욕스럽고 포학한 관리가 백성을 착취하는 일을 비유한다. '고양이에게 반찬 가게 지켜 달란다'는 우리 속담과 같은 뜻이다. 또 '갈림길이 많아 잃어버린 양을 찾지 못한다'는 '다기망양(多岐亡羊)'도 추천받아 공교롭게 '양'이란 동물이 함께 등장했다. 이때 '양'은 국민, 세금 등을 비유하는가 하면 목표, 목적, 초심(初心) 등을 가리키기도 한다.

함께 추천된 성어들

성어	뜻과 함축된 의미	출처	비고
여랑목양 如狼牧羊	이리에게 양을 기르게 하다. 관리가 가혹하게 백성들을 다스리는 바람에 백성이 큰 해를 입는 것을 비유	《사기》 〈혹리열전〉	
다기망양 多岐亡羊	갈림길이 많아 양을 잃다. 사물이나 일이 복잡하고 변화가 많아 정확한 방향을 잡지 못하고 잘못된 길로 가고 있음을 비유	《열자》	

2012년, 깨어 있기 힘든 시대를 한탄하다

거세개탁(擧世皆濁)

이명박 정권 마지막 해를 맞이했다. 2008년 이후 5년 내내 달라진 것은 없었다. 아니, 악화일로(惡化一路)를 걸었다. 역사는 실감 나게 보여 준다. 나라 잘되게 하는 데는 열 충신으로도 모자라지만, 나라 망치는 데는 간신(奸臣 또는 간군奸君) 하나로 충분하다는 사실을!

〈교수신문〉이 매년 연말 '올해의 사자성어'를 선정한 지 10년이 지나 11년째 접어들었다. 상아탑의 지성(?)들은 열한 번째 올해의 사자성어로 '거세개탁'을 선정했다. '세상이 온통 흐리다'는 뜻이다. '거세혼탁(擧世混濁)'으로도 많이 쓴다.

'거세개탁'은 전국시대 말기 초나라 애국 시인 굴원(屈原)이 지은 〈어부사(漁父辭)〉에 나오는 성어이고, 사마천이 《사기》〈굴원열전〉에서 이를 다시 인용하여 후대에 널리 알려졌다. 굴원이 어부와 나눈 대화와 '거세개탁'의 해당 대목을 보자.

어부 : 아니, 당신은 삼려대부(三閭大夫, 굴원)가 아니시오? 한데 어찌하여 여기까지 오셨소?

굴원 : '세상은 온통 흐린데 나만 홀로 맑고, 모두가 취했는데 나만 깨어' 있어서, 이렇게 쫓겨난 것이라오.

어부 : 대저 성인은 어떤 대상이나 사물에 얽매이지 않고 세상과 더불어 밀고 밀리는 것이오. 온 세상이 혼탁하다면서 어째서 그 흐름을 따라 그 물결을 뒤바꾸지 않고, 모든 사람이 다 취했다면서

어째서 술 찌꺼기를 먹고 그 모주를 마시지 않는 것이오? 대체 무슨 까닭으로 아름다운 옥과 같은 재능을 가지고도 내쫓기는 신세가 되었단 말입니까?

굴원 : 듣자 하니 '머리를 새로 감은 사람은 갓에 앉은 먼지를 털어 내며(신목자필탄관新沐者必彈冠), 새로 몸을 씻은 사람은 옷에 묻은 티끌을 떨어 버린다(신욕자필진의新浴者必振衣)'했소. 깨끗한 모습을 가진 사람이 때 끼고 더러워진 것을 어떻게 받고 견딜 수 있단 말이오? 장강에 몸을 던져 물고기 뱃속에서 장례를 지낼지언정 어찌 희고 깨끗한 몸으로 세상의 먼지를 뒤집어쓴단 말이오?

이 대화를 마친 굴원은 돌을 품은 채 멱라수로 걸어 들어가 가라앉아 자결했다.

'거세개탁'을 추천한 윤평중 한신대 교수는 "바른 목소리를 내야 할 지식인과 교수들마저 정치 참여를 빌미로 이리저리 떼거리로 몰려다니면서 파당적 언행을 일삼는다. 진영 논리와 당파적 견강부회(牽强附會)가 넘쳐나 세상이 더욱 어지럽고 혼탁해진다"며 "이명박 정부의 공공성 붕괴, 공무원 사회의 부패도 급격히 악화되는 상황이지만 해법과 출구는 잘 눈에 띄지 않는다"고 추천 이유를 밝혔다. 지식인 사회는 물론이고 정치권, 공무원 사회의 혼탁함이 한국 사회에 만연하다는 지적이다.

'거세개탁'을 추천한 사람들이 내세운 이유는 대동소이(大同小異)했다. 이명박 정부의 부패, 견강부회, 공공성의 붕괴, 분노 사회, 개인 및 집단이기주의 팽배, 이념 갈등은 물론 세대와 계층 갈등, 불만과 불신 등 거의 모든 방면에서 갈등과 모순이 심화되어 사회가 붕괴된다고 진단한 것이다.

특히 "선거철만 되면 자기 분야를 떠나 특정 후보의 대변인을 자처하며 오로지 당선만을 위한 궤변의 논리를 펴는 지식인들 때문에 국민들이 혼란을 겪고 국가에 대해 불안해한다"라고 지적했는데, 올해의 사자성어를 추천하고 선정하는 지식인부터 자기반성이 필요하다는 지적도 나왔다.

2012년에 추천받은 올해의 사자성어는 상위 3개가 고른 득표율을 보였다. 이는 이해가 전반적으로 혼탁했음을 방증한다. '거세개탁' 다음으로는 '대권재민(大權在民)'이 추천받았다. 나라를 다스리는 힘은 백성에게 있음을 말하는 지극히 상식적인 이 사자성어가 높은 지지를 받은 것은 총선과 대선이 겹친 2012년의 현실이 고려되었음을 보여 준다. 믿음이 없으면 일어설 수 없다는 의미의 '무신불립(無信不立)'이 그 뒤를 이었다. '무신불립'을 추천한 허형만 목포대 교수는 "올 한 해는 청와대부터 시작해 정치인, 검찰, 경찰, 언론인에 이르기까지 도저히 신뢰할 수 없는 언행들로 국민이 피곤했다"라고 추천 이유를 밝혔다.

참고로 〈교수신문〉은 다가올 '2013년 희망의 사자성어'로 '제구포신(除舊布新)'을 선정했다. ('제포구신'의 출처는 춘추시대 역사서 《좌전》이다.) '묵은 것을 제거하고 새로운 것을 펼쳐 낸다'는 뜻으로 한껏 부푼 기대를 반영하고 있다. 그 기대가 어떤 결과로 나타났는가는 이어지는 2013년의 '올해의 사자성어'를 보면 되겠다.

성어	뜻과 함축된 의미	출처	비고
대권재민 大權在民	대권은 국민에게 있다. 나라를 다스리는 모든 힘은 국민으로부터 나온다는 헌법 제1조 2항의 정신을 반영	주권재민 (主權在民)	루소 《민약론》
무신불립 無信不立	믿음이 없으면 일어설 수 없다. 백성의 믿음을 얻지 못하면 나라가 무너진다는 뜻	《논어》	

2013년, 거꾸로 가는 역사의 시계
도행역시(倒行逆施)

바닷물을 다 마셔야 맛을 아는가? 한 숟가락 떠먹어 보면 알지. 부패와 탐욕으로 가득 찬 이명박 정권에 이어 국민들은 기어이 바닷물을 다 마실 작정을 한 것인 양 독재자의 딸을 대통령으로 선택했다. 역사적으로는 해방 이후 일제의 잔재를 청산하지 못한 과거사가 현재의 발목은 물론 목덜미까지 얼마나 세게 잡고 있는지 새삼 실감한다.

〈교수신문〉 연말 기획 '올해의 사자성어'로 '도행역시'가 선정됐다. '도행역시'는 도리나 상식을 거슬러 거꾸로 일을 행한다는 뜻이다. 원래는 부정적인 의미를 담고 있지 않았으나 후대에 잘못된 길을 고집하거나 시대착오적으로 나쁜 일을 꾀하는 것을 비유하는 성어가 되었다. '도행역시'는 2007년 추천을 받은 적이 있어 재수 끝에 선정되었다. '도행역시'의 출처는 《사기》 〈오자서열전〉다. 오자서는 아버지와 형님을 죽인 초나라 평왕의 무덤을 파헤쳐 그 시신에다 채찍질을 해서 원한을 풀었다.(여기서 '무덤을 파헤쳐 시신에 채찍질을 하다'라는 고사성어 '굴묘편시掘墓鞭尸'가 나왔다.) 오자서의 친구 신포서(申包胥)가 지나치다고 나무라자 오자서는 '도행역시'로 받아쳤다. 어쩔 수 없는 처지 때문에 도리에 어긋나는 줄 알면서도 어쩔 수 없이 순리에 거스르는 행동을 했다는 뜻이다.

최초의 여성 대통령이라는 화려한 수식어와 함께 세계적인 관심 속에서 출범한 독재자의 딸 박근혜 정부의 1년은 유감천만(遺憾千萬)이자 절망(絶望)이었다. 상식과 역사를 거스르는 일들이 조작되고 관철된 참담한 한 해였다. 종북·빨갱이몰이, 새마을운동과 정보 정치의 부활, 성장우선주의, 교과서 국정화 작업 등 시대착오적인 단어들이 좀비처럼 부활해 진영을 나누고 국민을 분열시켰다. 교수들은 2013년을 역사의 시계를 거꾸로 돌린 해로 규정하고 '도행역시'를 올해의 사자성어로 선정했다. 요컨대 '도행역시'의 선정은 〈교수신문〉이 지난해 말 올해의 사자성어와 함께 '2013년 희망의 사자성어'로 선정한 '제구포신(除舊布新)'이 얼마나 순진한 기대였는가를 여실히 보여 주었다.

박근혜 정권의 과거 회귀가 프랑스 혁명 이후의 왕정복고 시기와 어느 정도 닮았다는 진단도 나왔다. 즉 혁명이 무너뜨렸다고 확신한 구체제(앙시앵레짐)의 특권들이 부르봉 왕가의 부활과 함께 복귀했듯이, 박근혜 정부의 초반 행보는 '유신 체제의 추억'을 되새김질하려는 억압적인 국가 권력과 심화된 사회·경제적 불평등을 동반했다는 것이다. 그리고 공교롭게도 때를 맞추었는지 모르겠지만 영화 〈레미제라블〉의 흥행 성공은 2013년의 한국 상황과 전문가들의 이런 지적을 역설적으로 입증하기도 했다.

박근혜 정권의 출범과 역주행은 역사의 진보가 단선이 아닌 나선형임을 잘 보여 준다. 인간의 역사는 결국은 진보하지만 성큼 나갔다가 그만큼은 아니지만 다시 돌아오는 모습을 보였다. 비유하자면 큰 지진 이후의 여진(餘震)과 같은 것이다. 바로 이 여진이 일어날 때 냉철하게 큰 지진의 원인을 분석하고 대비할 줄 알아야만 역행의 정도를 줄이고 역행의 과정에서 발생하는 모순과 갈등을 최소화할 수 있다. 박근혜 정권은 그런 능력이 아예 없었고, 그 결과 국민의 희생이라는 처참한 상황으로 나타났다. 2014년은 그런 점에서 한국 현대사에서 가장 비극적인 한 해로 기록될 것이다. 2013년을 진단한 한 역사가의 목소리를 인용해 둔다.

"거꾸로 가는 시대와 함께 되돌아오는 것은 '유신의 상속자나 올드보이'뿐만이 아니다. 역사가 계속 시대착오적인 것에 정비례해서 7080 '왕년의 운동선수들'과 저항의 기억도 되살아난다. '혁명은 되지 않고 방만 바꾸었다'는 김수영의 시가 다시 읽히고, 역사가들은 '역사(교과서) 분쟁'에 불씨를 지피며, 영혼 치유에 분주해야 할 종교인들도 '세상 걱정'으로 몸살을 앓는다. '도행역시'로 마감된 2013년에 남은 한 가닥 빛이 있다면, '혁명 이후 세대'인 이 땅의 청(소)년들이 스스로 새로운 역사 의식을 벼리고 있다는 사실이다. 현재진행형으로 전개되는 '안녕들 하십니까?' 대자보 네트워킹이 비누 거품처럼 번져 어둡고 천박한 시대의 얼룩을 씻고 역사의 수레바퀴가 궤도에서 벗어나지 않고 전진하도록 도와줄 것으로 기대한다. 덧붙이자면 직업으로서 역사가의 슬픈 운명은 과거를 항상 회고적으로 추수해야 한다는 점이다. '죽은 과거'를 분류하고 해석하는 지점에서 역사가의 작업은 종료되며 내일을 예언하려는 욕망은 그의 존재 이유를 소멸시킨다."(육영수 중앙대 교수)

'도행역시' 다음으로는 '와각지쟁(蝸角之爭)'이 추천되었다. '달팽이 뿔 위에서 싸우는 격'이라는 뜻이다. 손가락 크기밖에 되지 않는 달팽이, 그것도 뿔 위에서 서로 다투니 그 꼴이 얼마나 볼썽사납겠는가? 그런데 '와각지쟁'은 달리 말하자면 지식인들의 '모두 비판한다'는 '양비론(兩非論)'의 진부한 속성을 잘 반영하고 있어 씁쓸한 추천이었다.

당시 필자는 '가짜가 진짜를 어지럽힌다'는 뜻의 '이가난진(以假亂眞)'을 추천한 바 있는데, "한 해 동안 나라가 온통 국가 기관의 선거 개입으로 혼란에 빠져 있다. 사이버상에서 가짜들이 거짓말과 비방으로 여론을 호도하고 국민을 우롱했다"라며 "거짓이 진실을 가린 한 해였다"라고 지적한 뒤 박근혜 정권 자체를 '사이비'로 규정했다.

함께 추천된 성어들

성어	뜻과 함축된 의미	출처	비고
와각지쟁 蝸角之爭	달팽이 뿔 위에서 싸운다. 아주 작은 사물이나 일을 두고 크게 벌여 싸우는 한심한 꼴을 비유	《장자》	
이가난진 以假亂眞	거짓 모습으로 진짜를 혼란시킨다. 상대를 속이기 위해 가짜나 가상을 조작하여 진짜처럼 내세운다는 뜻	《안씨가훈》	

2014년, 예견된 참사 '가라앉은 대한민국'
지록위마(指鹿爲馬)

왜 나쁜 예감은 틀린 적이 없나? 이런 노랫말도 있지만 정권 출범 불과 1년 2개월 만에 일어나서는 안 되는 비극이 터졌다. 사실 이런 참사는 출범 첫해에 보여 준 정권의 행태와 능력 등을 통해 어느 정도 예견된 일이었다는 점에서 더 화가 날 수밖에 없었다. 4월 16일 이후 한국은 오랫동안 슬픔과 절망에 빠져 헤어 나오지 못했고, 어쩌면 영원히 지울 수 없는 상처로 남을 것이다.

2014년을 대표하는 '올해의 사자성어'로 '지록위마'가 선정됐다. 30퍼센트가 채 되지 않는 추천 비율이었다. 2014년 한 해에 터진 숱한 사고와 사건, 그리고 그에 대응하는 정권의 무능함과 일관된 거짓이 선정 배경이겠지만 세월호 참사를 생각한다면 대단히 상투적인 선정이라는 생각을 지울 수 없다. 역시 먹물들답다는 말밖에.

'지록위마'는 '사슴을 가리켜 말이라고 한다'는 뜻이다. 출처는 《사기》〈진시황본기〉다. 진시황이 갑자기 죽은 뒤 유서를 조작하여 태자 부소를 죽이고 자신의 꼭두각시나 다름없는 작은아들 호해를 황제로 앉히는 무혈 쿠데타에 성공한 조고는 더 큰 욕심을 부리기 시작했다. 이에 하루는 사슴 한 마리를 조정에 끌고 들어와 호해에게 말이라 소개했다. 호해가 농담하지 말고 하자, 조고는 조정 대신들에게 일일이 사슴인지 말인지를 물어 자기편과 그렇지 않은 사람들을 가려낸 다음 자기를 편들지 않은 사람들을 제거했다. '지록위마'는 진실을 호도한다는 뜻이지만 그 이면에는 그런 방법으로 자기편과 반대편을 가려내려는 술수가 숨어 있다. 때로는 억지를 부려 상대를 궁지로 몰아넣는 경우에도 사용된다.

이런 점에서 '지록위마'의 선정은 2014년 한 해의 모습과 상황을 제대로 반영했다고 보기에는 무리가 있다. 이 때문인지 세월호 비극을 염두에 둔 '지통재심(至痛在心)'과 '처참하기가 차마 눈 뜨고 볼 수 없다'는 '참불인도(慘不忍睹)'가 높은 추천을 받기도 했다.

'지통재심'은 '지극한 아픔에 마음이 있다'는 뜻으로, 효종이 청나라에 당한 수모를 씻지 못해 표현한 말이다. 이를 추천한 곽신환 숭실대 교수는 "세월호 사건이 우리의 마음에 지극한 아픔으로 남아 있다"며 "정치지도자들이 지녀야 할 마음이자 자세"라고 밝혔고, 많은 교수가 세월호 참사의 희생자를 기리는 이유로 '지통재심'을 선택했다. 그러나 솔직히 말해 '지통재심' 역시 제대로 번지수를 찾은 성어로 보기는 힘들다.

'참불인도'는 당나라 시인 이화(李華)의 〈조고전장문(弔古戰場文)〉에 나오는 "상심참목(傷心慘目), 유여시야(有如是也)"라는 대목을 변형한 것으로 '세상에 이런 참혹한 일은 없다'는 의미를 담고 있다. 이를 추천한 김언종 고려대 교수는 "세월호 사고처럼 충격적인 일은 없었다. 이를 늘 기억하고 나라를 재정립하는 계기로 삼아야 한다"고 말했다. 별다른 스토리는 없지만 차라리 '참불인도'가 솔직한 표현으로 느껴진다.

문제는 참사 이후에 벌어진 천벌을 받을 짓거리들이었다. 누가 보아도 인재(人災)인 이 참사를 사고라고 우기는 정치배들, 자식을 잃은 가족들 옆에서 자행하는 먹방질 등 온갖 패악질과 역겨운 패러디를 일삼는 자들을 보면서 과연 저들이 인간이 맞는가 하는 절망적인 의문을 품지 않을 수 없었다.(이런 천인공노할 만행이 2022년 10·29 참사 이후 또 벌어지고 있다.) 이 참사는 결국 정권의 수명을 앞당겼고, 역사는 바다 밑으로 가라앉은 어린 영혼들의 외침에 또 한 번 각성하기에 이르렀다.

2014년에 터진 주요 사건은 대부분 세월호 참사와 관련된 것이고, 대선 공약인 기초연금 인상을 거부함으로써 노년층의 노후가 막막해졌다는 씁쓸한 사건이 한 귀퉁이를 차지한 정도였다.

'지록위마'의 뒤를 이어 추천을 받은 성어는 '삭족적리(削足適履)'였다. 신발이 발에 맞지 않자 '발을 잘라 신발에 맞춘다'는 뜻이다. 한 해 동안 선거용 공약, 전시 행정 등에 동원된 많은 정책이 대부분 원칙 없이 억지로 꿰맞추는 방식으로 시행되었다는 지적에서 나왔다. '삭족적리'는 《회남자》 권17 〈설림훈(說林訓)〉에 나오는 우화에서 비롯되었다.

흥미로운 사실은 2012년 '거세개탁', 2013년 '도행역시', 2014년 '지록위마'에 이르기까지 3년 내리 《사기》에 나오는 성어들을 선택했다는 점이다. 절대 역사서 《사기》의 언어가 그만큼 세상과 인간의 본질을 통찰하는 힘을 가졌다는 방증일 것이다. 이 밖에 '지통재심'과 '참불인도'가 추천을 받았다.

함께 추천된 성어들

성어	뜻과 함축된 의미	출처	비고
삭족적리 削足適履	발을 잘라 신발에 맞춘다. 현재의 조건을 불합리하게 바꾸거나 구체적 조건을 무시하고 억지로 일을 밀어붙이거나 꿰맞추는 어리석음을 비유	《회남자》	
지통재심 至痛在心	지극한 아픔에 마음이 있다. 마음이 너무 아프다는 뜻	《조선왕조실록》	숙종실록 45
참불인도 慘不忍睹	처참하기가 차마 눈 뜨고 볼 수 없다. 너무 안타깝고 처참하여 눈으로 보기가 힘들다는 뜻	〈조고전장문〉 《고향잡억(故鄕雜憶)》	목불인견 目不忍見

2015년, 통치와 통치자의 자화상 '혼용+무도'

혼용무도(昏庸無道)

한국을 대표하는 지성인, 소위 대학 교수들이 연말이면 연례행사처럼 발표하는 2015년 올해의 사자성어로 '혼용무도'가 선정되었다. '혼용'과 '무도'를 합친 합성어였다. '혼용'은 말 그대로 '어리석다'는 뜻인데, 좀 더 구체적으로는 '두뇌가 모자라고, 어떤 재능도 없는' 상태나 사람을 가리킨다. '무도'는 글자대로라면 '도가 없다'는 뜻인데, 대개는 '대역무도(大逆無道)'나 '황음무도(荒淫無道)'라는 네 글자를 많이 쓴다.('대역무도'는 순리나 상식을 멋대로 거스르는 짓이나 그런 자를 가리키며, '황음무도'는 음탕하기 짝이 없다는 뜻이다.) '무도'는 덕을 베풀지 않는 포악한 정치, 그로 인해 조성된 암울하고 혼란한 정치 상황, 그런 정치를 일삼는 통치자를 나타내는 단어로 수천 년 동안 수없이 사용되었다.

이렇듯 대단히 부정적인 두 단어가 합쳐졌으니 그 의미는 말할 것도 없이 충격적으로 다가온다. 혹자는 지난 15년 동안 발표된 〈교수신문〉 올해의 사자성어 중 가장 강력하다는 촌평까지 내놓았다.

'혼용'은 비교적 후대에 등장한 단어다. 송나라 문학가 소동파가 〈사자대부(思子台賦)〉에서 어리석고 멍청하다는 뜻으로 사용한 사례가 확인되고, 그 후 몇몇 문인이 비슷한 뜻으로 사용했다. 소동파와 같은 송나라 왕명청(王明清)은 《옥조신지(玉照新志)》(권1)에서 사회의 정치가 암울하다는 뜻으로 '혼용'을 사용한 바 있다.

한편 '무도'의 출전은 《논어》〈계씨(季氏)〉편을 비롯하여 《한비자》, 《사기》 등 여러 곳에서 찾아볼 수 있는데, 뜻하는 바는 약간씩 차이가 난다. 즉 사회와 정치의 분란을 가리키는 경우, 바른길을 걷지 않는 경우, 보편적 상식과 정리를 벗어나는 것을 두루 가리키는 경우, 정도를 걷지 않고 나쁜 짓을 일삼는 사람과 폭군을 가리키는 경우, 할 말이 없다는 뜻, 방법이 없다는 뜻 등 다양한 편이다. 특히 《사기》〈진섭세가〉에서는 '벌무도(伐無道)'라 하여 포악한 군주를 토벌한다는 뜻으로 사용했다.

2015년 우리의 상황을 대변하는 가장 대표적인 단어로 '혼용무도'가 선정되었다는 것 자체만으로도 충격이 아닐 수 없었다. 더욱이 혹자는 '혼용무도'의 대표적인 통치자로 간신에게 휘둘려 최초의 통일제국 진나라를 불과 15년 만에 망하게 만든 호해를 들 정도였다. 그만큼 상황이 엉망이라는 지적이었다. 통치자에게 붙일 수 있는 최악의 수식어가, 그것도 합성이라는 부자연스러운 방식을 통해 선정될 정도니 얼마나 심각한 상황인가를 알 수 있다.

문제는 '혼용무도'한 통치자와 그것을 바로잡기는커녕 부추긴 측근들의 행태에 대한 철저한 비판과 추상같은 책임 추궁이 따르지 않는 한 이런 상황이 더욱 악화될 것이라는 암울한 예측들이다. 역사상 '혼용무도'한 통치자들의 행태와 그 최후를 살펴보고, '혼용무도'한 통치자를 가능케 했던 요인들을 분석하여 우리 현황을 반성하고 바로잡기 위한 역사적 교훈으로 삼았으면 한다.

2015년은 세월호 참사 이후 붕괴된 국가 시스템과 통치자와 정치가들의 무능함이 모든 국민을 절망으로 몰아넣은 한 해였다. 여기에 연초에 터진 메르스(중동호흡기증후군) 사태에 대처하는 정부의 무능과 무기력은 세월호 참사가 인재였음을 또 한 번 입증했다. 이어 여당 원내대표에 대한 청와대의 사퇴 압력은 삼권분립과 의회주의 원칙을 크게 훼손했고, 후반기의 역사 교과서 국정화 시도는 국론의 분열과 낭비만을 초래했을 뿐이다. 이 밖에도 십상시 파동, 성완종의 정치인 뇌물 리스트, 해외 자원 비리, 뒷북 외교, 노동법 개정과 열정페이 논란 등이 2015년 통치자와 정권의 '혼용무도'를 총체적으로 반영한 사건들이었다.

역사 교과서 국정화 논란은 정부에 대한 불신을 더욱 키웠다. 설문에 응답한 한 교수는 "역사 교과서 국정화는 민주주의의 후퇴이며 모든 다양성의 후퇴다. 대통령은 국가를 사유화하고 여당은 이에 굴종하고 있다. 모든 국가 조직과 사조직이 개인의 이익만 추구하고 있다"며 개탄했다. 전체적으로 2015년의 모든 지표는 '혼용무도'한 통치자와 정권의 처절한 몰락을 예견하는 조짐으로 읽혔다.

2015년은 '혼용무도'에서 보다시피 모든 사람이 심각하고 부정적인 성어들을 추천했다. '사시이비(似是而非)', '갈택이어(竭澤而漁)', '위여누란(危如累卵)', '각주구검(刻舟求劍)' 등이 추천을 받았다. 모두 위태롭고 혼란스러운 2015년 한국 사회를 걱정스러운 시선으로 바라보는 성어들이다. '혼용무도'와 함께 추천된 성어들을 소개한다.

'사시이비'는 '사이비'로 많이 쓴다. '겉은 옳은 것 같으나 속은 다르다'는 뜻으로, 겉으로 보기에는 그럴듯하나 사실은 틀린 경우에 쓰는 말이다. 이를 추천한 사람은 "사회 각 분야에서 올바르게 큰 방향을 잡은 듯했지만 자기 이익을 대변하는 소인배의 결과로 나타났다"고 지적했다.

'갈택이어'는 '연못의 물을 모두 퍼내어 물고기를 잡는다'는 뜻이다. 목전의 이익만 추구하여 미래의 생산적 기회를 상실하는 모습을 일컫는 말이다. 관련하여 "정치인들이 목적을 잊고 개인의 이익을 추구함이 지나쳐서 나라의 국력을 고갈시키고 있다"라는 비판이 따랐다.

'위여누란'은 '달걀을 쌓은 것같이 위태로운 모습'이라는 말로 매우 위험한 일이라는 뜻이다. '(가는) 배에 표시해 놓고 검을 찾는다'는 '각주구검'은 판단력이 둔하여 융통성이 없고 세상일에 어둡고 어리석다는 의미로 쓰인다.

후보로 선정된 사자성어 외에도 '마른 나무에서 물을 짜내려 한다'는 뜻으로 사회적 약자의 일방적인 희생을 강요하는 사회 분위기를 꼬집은 '건목수생(乾木水生)'과 '목이 말라야 우물을 판다'는 뜻으로, 일을 당하고 나서야 황급히 서두른다는 '임갈굴정(臨渴掘井)'도 추천되었다. 또 정부가 역사 교과서 국정화를 추진해 자유로운 역사 연구를 제한한다며 이를 '분서갱유(焚書坑儒)'로 표현한 일도 있었다. 이 밖에도 '대우탄금(對牛彈琴, 소 앞에서 거문고를 연주한다)', '은감불원(殷鑑不遠, 멸망한 은나라의 전철을 밟고 있다)', '인누수구(因陋守舊, 고루하고 불합리한 옛 제도와 정책을 인습해 고수한다) 등 비판적인 사자성어들이 2015년의 어지러운 현상을 압축적으로 보여 주었다.

함께 추천된 성어들

성어	뜻과 함축된 의미	출처	비고
사시이비 似是而非	같아 보이는데 아니다. 옳은 것 같은데 아니다. 진짜 같은데 가짜인 경우, 뭔가 있어 보이는데 실은 비어 있는 것 등을 가리킬 때 흔히 쓰는 성어	《포박자 (抱朴子)》	
갈택이어 竭澤而漁	연못을 말려 물고기를 얻다. 눈앞의 이익에 급급해 장래를 생각하지 않는 것을 비유	《여씨춘추》 《사기》	갈택후어 竭澤涸漁
위여누란 危如累卵	달걀을 쌓아 놓은 듯한 위태로움. 알을 층층히 쌓아 놓은 것 같은 위태로운 상황을 비유	《한비자》	누란지위 累卵之危
각주구검 刻舟求劍	가고 있는 배에서 (검을 빠뜨려 놓고) 배에다 표시해 놓고 검을 찾는다. 어리석고 미련하여 융통성이 없음을 비유	《여씨춘추》	
건목수생 乾木水生	마른 나무에서 물을 짜내다. 불가능한 일을 억지로 이루려 하거나 무리한 요구를 비유	우리식 성어	
임갈굴정 臨渴掘井	목이 말라야 우물을 판다. 일이 닥쳐서야 황급하게 서두른다는 비유	《안자춘추》 외	
분서갱유 焚書坑儒	책을 태우고 유학자를 파묻는다. 학문과 사상 그리고 학자를 탄압한 진시황의 만행	《사기》	
대우탄금 對牛彈琴	소 앞에서 거문고를 연주한다. 아무리 좋은 말이라도 알아듣지 못하는 사람에게는 쓸모가 없다는 비유	〈이혹론 (理惑論)〉	쇠귀에 경 읽기
은감불원 殷鑑不遠	은나라의 동거울이 멀지 않다. 은나라의 멸망을 거울삼아야 한다는 뜻으로 남의 실패에서 교훈을 얻어야 한다는 의미	《시경》	
인누수구 因陋守舊	낡고 오랜 것을 고집한다. 고루하고 불합리한 제도 등을 고집한다는 뜻	《송사》	

2016년, '혼용무도'한 통치자와 정권을 가라앉힌 촛불
군주민수(君舟民水)

세월호 참사를 통해 적나라하게 드러난 권력자와 정권의 무능과 사악함은 결국 박근혜-최순실 게이트로 폭발했다. 이를 세상에 환하게 드러낸 것은 전국의 촛불이었다. 촛불은 바람을 타고 권력의 심장까지 바짝 다가갔고, 가을과 겨울을 함께 불태웠다. 시민들은 거리에서 민주주의를 실천했다. 단 한 사람의 희생도 없이 시민혁명을 이루어 냈다. 민주주의 만세!

상아탑에 틀어박힌 교수들은 과연 성난 민심의 촛불로 활활 타오른 2016년 한 해를 어떤 사자성어로 진단했을까. 전국의 교수들이 선택한 2016 올해의 사자성어는 '군주민수(君舟民水)'다. '군주는 배요, 백성은 물이다'라는 뜻이다. 《순자》〈왕제(王制)〉 편에 나오는 말이다. 해당 대목의 앞뒤를 함께 소개하면 이렇다.

"백성은 물, 임금은 배다. 물은 배를 띄우기도 하지만 배를 엎을 수도 있다. 군주가 이를 교훈 삼아 위기를 생각하면 위기가 닥치지 않는다."

물이 아닌 촛불이 배를 엎었고, 수천 년 하나의 법칙처럼 전해져 내려온 '민심을 막는 것은 홍수를 막는 것보다 어렵다'는 격언이 또 한 번 입증되었다. 촛불혁명과 박근혜 탄핵으로 모든 이슈가 덮였다. 민심의 바다에 권력자와 정권은 침몰했고, 수구 세력의 대다수는 서로 살겠다고 침몰하는 배에서 다투어 뛰어내렸다. 그리고 그

자들은 좀비처럼 부활하여 2022년 다시 정권을 잡았다. 개혁을 미루는 동안 이들은 기득권을 한껏 이용하여 재기했다. 개혁이 혁명보다 힘들다는 또 하나의 역사 법칙이 입증되었다.

2016년은 '혼용무도'처럼 모조리 세태의 단면들과 부합하는 성어들이 경합했다. 주요 사건을 회고하는 대신 추천을 받은 성어들을 분석해 보기로 하겠다. 2016년의 이런 현상은 사실 2015년에 이미 나타났고, 이는 박근혜 정권을 몰락을 예견하는 지표였다.

'군주민수'와 가장 경합을 벌인 성어는 '역천자망(逆天者亡)'이었다. '천리를 거스르는 자는 망한다(죽는다)'는 뜻으로, 앞부분의 '천리에 순응하는 자는 살아남는다'는 '순천자존(順天者存)'과 대구를 이룬다. 박근혜의 헌정농단을 '천리', 즉 민주주의의 기본 원칙을 거스르는 짓으로 본 것이다.

다음은 '노적성해(露積成海)'가 추천을 받았다. '이슬이 쌓여 바다가 된다'는 뜻이다. 추천자는 "작은 이슬방울이 모여 창대한 바다를 이루듯, 과거의 낡은 시대를 폐기하고 성숙한 공화정인 2017 모델로 나아가는 한국 역사의 큰길을 시민들의 촛불바다가 장엄하게 밝혔다"고 추천 이유를 들었다.

다음으로 '빙공영사(憑公營私)', '인중승천(人衆勝天)' 등이 올라왔다. '빙공영사'는 공익을 빙자하여 사익을 추구한다는 뜻으로 최순실 국정농단에 대한 분노를 나타낸 것이다. '인중승천'은 '사람이 많으면 하늘도 이긴다'는 뜻으로 촛불집회로 탄핵을 이끌어 낸 민중의 위대한 힘을 대변하는 성어라 할 것이다.

그 밖에 '중도복철(重蹈覆轍)'과 '제궤의혈(堤潰蟻穴)' 등을 추천했다.

'중도복철'은 '앞에서 벌어진 잘못된 일을 반복한다'는 뜻이다. 어리석은 과거를 반복하는 행태를 지적하는 성어다. '제궤의혈'은 제방은 개미구멍에서 터진다는 뜻으로 작은 실수와 잘못이 큰일을 망친다는 비유다.

당시 상황을 비유한 '백척간두(百尺竿頭)'도 추천을 받았다. 촛불의 힘으로, '백 척 장대 끝에서 한 걸음 더 나아가야만 한다'는 메시지를 담고 있다.

'백사불해(百思不解)'라는 성어도 추천을 받았다. '백 번을 생각해도 이해할 수가 없다'는 뜻으로 박근혜 정권이 벌인 일련의 행위를 상식적으로 이해할 수 없다는 다소 밋밋한 이유를 달았다. 먹물의 속성을 잘 보여 준 성어가 아닐 수 없다. 박근혜 정권의 속성은 쉬운 말로 '바닷물을 다 마셔야 맛을 아는가'에 다름 아닐 정도로 분명했기 때문이다. 박근혜 정권의 탄생은 다수결을 원칙으로 하는 제도의 결함을 똑똑히 보여 준 상징적 사례였고, 이런 어처구니없는 일은 국민의 근본적인 자각과 제도적 보완이 없는 한 언제든 반복될 수 있다.

대통령의 리더십에 의문을 던지면서 '양두구육'을 추천한 사람도 있었다. '양고기를 내걸고 개고기를 판다'는 뜻으로 "입만 열면 '자신은 국가와 국민만 생각하며 사심은 전혀 없다'고 주장하고 '신뢰와 원칙의 정치인'임을 자랑하는 최악의 리더십을 보였다"고 지적했지만 이 역시 번지수를 제대로 짚은 진단으로 보기에는 어렵다. 지성을 대표한다는 대학 교수로서 박근혜의 정체와 진면목을 몰랐단 말인가? '양두구육'은 2005년에 이어 또 추천을 받았고, 2022년 대선 이후에는 폭발적으로 많은 사람의 입에 오르내리는, 속된 말로 '핫'한 성어가 되었다.

'지족무욕(知足無辱)'이란 하나 마나 한 성어가 추천을 받기도 했다. '만족을 알면 치욕을 당하지 않는다'는 뜻이다. '욕심이 지나치면 그 것을 채우려는 마음에 도량이 없어지고 경거망동한다. 경거망동하면 재앙이 생긴다'는 내용의 이 성어를 추천한 사람은 "크게는 제후의 자리에 오르고 작게는 천금의 부를 쌓아도 그 이상을 바라면 결국 형벌이나 사형보다 더 지독한 고통에 빠진다"라고 설명했다. 박근혜를 염두에 둔 성어로 보인다. 그런데 박근혜가 만족을 아는 사람이었다면 어찌 대통령 자리를 넘볼 수 있었겠는가?

함께 추천된 성어들

성어	뜻과 함축된 의미	출처	비고
역천자망 逆天者亡	천리를 거스르면 망한다. 상식과 원칙을 역행하면 일을 망치고 심하면 망한다는 뜻	《맹자》	순천자존 順天者存
노적성해 露積成海	이슬방울이 쌓여 바다가 된다. '티끌 모아 태산'이란 속담과 같은 뜻으로 작은 일이나 움직임이 모여 큰일을 이룬다는 뜻	우리식 성어 《순자》	적토성산 積土成山
빙공영사 憑公營私	공익을 빙자하여 사익을 추구한다. 사사로운 이익을 위해 공공의 이익을 해친다는 뜻	우리식 성어 《한서》	탁공보사 托公報私
제궤의혈 堤潰蟻穴	제방은 개미구멍으로 무너진다. 작은 실수와 사소한 잘못이 큰 화를 초래한다는 비유	《후한서》	
백척간두 百尺竿頭	백 척의 장대 끝. 오갈 데 없는 지극히 위태로운 상황을 비유	《경덕전등록》	
백사불해 百思不解	백 번을 생각해도 이해가 안 된다. 아무리 생각해도 도저히 이해할 수 없는 경우를 의미	《열미초당필기》	
양두구육 羊頭狗肉	양머리를 내걸고 개고기를 판다. 좋은 물건이라고 내걸어 놓고는 실제로는 그보다 못한 물건을 파는 사기 행각을 비유	《안자춘추》	
지족무욕 知足無辱	만족을 알면 치욕이 없다. 더 욕심부리지 않고 만족할 줄 알면 치욕을 피할 수 있다는 뜻	《노자》	지족불욕 知足不辱

2017년, 어둠은 빛을 이기지 못한다
파사현정(破邪顯正)

위대한 국민이 촛불혁명을 이끌어 냈다. 박근혜 대통령이 탄핵되고, 조기 대선을 치렀다. 촛불정부가 들어섰다. 정의가 승리했다. 교수들은 이 위대한 승리에 답하는 2017년 올해의 사자성어로 '파사현정'을 선정했다. 요컨대 '적폐청산(積弊淸算)'을 요구한 것이다. '파사현정'은 2012년에도 추천된 바 있다.

'파사현정'은 사악한 생각, 나쁜 도리를 부수고 바른 생각을 환히 드러낸다는 뜻이다. '파사현정'은 불교 삼론종(三論宗)의 기본 교의로 수·당 시기 삼론종의 중요 논저인 길장(吉藏)의《삼론현의(三論玄義)》에 나온다. 이를 추천한 사람들의 목소리를 들어 보자.

"지난해에 이어 올해도 시민들은 그릇된 것을 깨뜨리고 올바름을 구현한다는 마음으로 촛불을 들었고, 결국 정권 교체를 통해 국정농단 세력이 어지럽힌 나라를 바르게 세울 수 있는 기반을 마련했다. 사견(邪見)과 사도(邪道)가 정법(正法)을 누르고 세상에 횡행하는 일이 다시는 없기를, 그리고 적폐청산이 제대로 이루어지기를 바라는 마음을 담아 '파사현정'을 추천한다."

"사견과 사도가 정법을 눌렀던 상황에 시민들은 올바름을 구현하고자 촛불을 들었으며, 나라를 바르게 세울 수 있는 기반이 마련되었다."

"적폐청산이 제대로 이뤄졌으면 한다."

"최근 적폐청산의 움직임이 제대로 이뤄져 '파사(破邪)'에만 머물지 말고 '현정(顯正)'으로 나아갔으면 한다."

요컨대 민주주의 원칙에 위배하는 사악한 방법과 절차로 나라를 엉망으로 이끌었던 전 정권을 확실히 단죄, 즉 '파사'하고, 촛불혁명이 갈망한 개혁을 완수, 즉 '현정'하라는 요구의 반영이었다. 이제 우리의 미래는 촛불혁명의 준엄한 명령인 '적폐청산'과 '확실한 개혁'에 달려 있다.

'파사현정' 다음으로 많은 추천을 받은 사자성어는 '해현경장(解弦更張)'이었다. '거문고 줄을 풀어 다시 조인다'는 뜻으로 느슨해진 물건을 다시 팽팽하게 당기거나 개혁의 의지를 단단히 조이는 것을 비유한다. 추천자들은 이 성어를 단순히 거문고 줄만 바꾸는 뜻으로 이해하여 문재인 정부의 개혁 의지가 느슨해졌다고 지적했는데 성어의 본뜻에서 다소 비켜난 해석이 아닐 수 없다.

다음은 '수락석출(水落石出)'이었다. '수락석출'은 2007년에도 추천된 성어로 '물이 빠지자 바닥의 돌이 드러난다'는 뜻이다. 촛불혁명과 정권 교체로 전 정권의 온갖 추악한 모습이 드러나기 시작한 것을 비유한 말이다.

다음은 '재조산하(再造山河)'가 추천을 받았다. '산하(나라)를 다시 만든다'라는 뜻인데, 적폐를 청산하고 나라를 다시 바꾸자는 의미를 담고 있다. 뒤를 이은 '환골탈태(換骨奪胎)'도 같은 맥락이다.

후보로 추정된 5개 성어 외에 왕이 백성과 더불어 낙을 함께 나눈다는 '여민동락(與民同樂)', 온 정신을 기울여 정치에 힘쓴다는 '여정도치(勵精圖治)', 태평성대를 의미하는 '곤상건하(坤上乾下)' 등 안정된

치세를 내다보는 사자성어들이 후보로 추천됐다. 이 밖에도 '새옹지마(塞翁之馬, 새옹의 말. 즉 변방 노인의 말처럼 세상만사에는 변화가 많다)', '내자가추(來者可追, 이미 지나간 일은 어쩔 수 없으나 앞으로 다가올 일은 경계해야 한다)', '사필귀정(事必歸正, 모든 일은 결국 옳은 이치로 돌아간다)'이 추천을 받았다.

함께 추천된 성어들

성어	뜻과 함축된 의미	출처	비고
해현경장 解弦更張	거문고 줄을 풀어 다시 조인다. 느슨해진 물건을 다시 팽팽하게 당기거나 개혁의 의지를 단단히 조이는 것을 비유	《한서》	
수락석출 水落石出	물이 줄어야 돌이 드러난다. 수위가 낮아져야 잠겨 있던 돌이 모습을 드러내듯 일의 진상은 그것을 덮고 있는 껍질을 벗겨야 드러난다는 것을 비유	〈취옹정기〉 〈후적벽부〉	
재조산하 再造山河	산과 강을 다시 만든다. 나라를 다시 세우자는 비유	《선조실록》	이순신의 유성룡 추천
환골탈태 換骨奪胎	뼈를 바꾸고 껍질을 벗는다. 낡은 제도나 관습 따위를 고쳐 모습이나 상태가 새롭게 바뀐 것을 비유	《냉재야화 (冷齋夜話)》	

2018년, 같이 가지 않는 길
임중도원(任重道遠)

예의 먹물들의 냉소적인 태도가 1년을 견디지 못하고 다시 드러난 한 해였다. '맡은 바 책임은 무거운데 갈 길은 멀다'는 '임중도원'이란 지극히 상투적인 네 글자를 골랐기 때문이다. '임중도원'의 출처는 《논어》〈태백(泰伯)〉 편이다. 올해의 사자성어 선정과 관련하여 언론은 2년 차 문재인 정권에 대해 이렇게 비판했다.

"기회는 평등하고, 과정은 공정하며, 결과는 정의롭게'를 모토로 출범한 문재인 정부가 집권 2년 차에 들어섰다. 남북 관계 개선과 적폐청산 등에서는 나름 진전을 이루었음에도 불구하고 반감과 갈등이 끊이지 않고, 사회·경제 개혁에서는 이렇다 할 성과를 내지 못하고 있다. 특히 '소득 주도 성장, 혁신 성장, 공정 경제'라는 경제 기조는 아직까지 레토릭에 가깝게 느껴지고, 재벌·부동산·노동·복지·세제 분야의 개혁은 지지부진하게만 보인다. 정치와 경제가 한 치 앞을 내다볼 수 없을 만큼 불투명한 지금 문재인 정부는 중대한 기로에 서 있다."

교수들은 과연 이런 한 해를 어떤 사자성어로 짚어 냈을까. 개혁이 성과를 내지 못하는 근본적인 원인에 대한 분석은 외면한 채 반감, 갈등, 레토릭, 지지부진, 불투명 같은 부정적인 단어들을 동원하여 개혁의 김을 빼놓고 있다. 이런 김 빼기는 '기레기'로 전락한 언론의 아주 상투적인 수박 겉핥기식 '레토릭'에 지나지 않는다. 교수들이 선정한 '임중도원' 역시 김빠진 맥주와 같았다. 이런 점에서 한계가 뻔한 사자성어에만 한정해서 선정하는 기준 자체를 바꿀 필요가 있다. 글자 수가 좀 늘면 어떻고, 네 글자보다 더 짧으면 어떤가? 한 해를 더욱 적확하게 지적해 낼 수 있다면 그 편이 낫지 않겠는가?

예컨대 집권 2년 차 정부의 적폐청산과 개혁이 지지부진한 가장 큰 원인이 어디에 있는가? 이른바 수구 기득권 적폐 세력의 저항 때문 아닌가?

청나라 말기의 사상가 위원(魏源, 1794~1857)은 《회북표염지략(淮北票鹽志略)》 서문에서 다음과 같은 말을 남겼다.

"폐지난거(弊之難去), 기난재앙식우폐지인(其難在仰食于弊之人)."

"폐단(적폐)을 없애기 힘든 것은 그 폐단(적폐)에 기생하여 살아가는 자들이 있기 때문이다."

마치 우리 현실에 맞춘 지적으로 들린다. 위원은 청나라 말기의 사상가로 아편전쟁에서 청나라가 패하자 세계 정세의 정보와 자강의 중요성을 강조한 《해국도지(海國圖志)》를 편찬한 인물이다. 위 명구는 위원이 지적한 개혁의 어려움에 대한 의미심장한 지적이다. 폐단을 제거하려면 먼저 그 폐단을 비호하는 자들을 제거해야 한다는 뜻이다.

개혁의 어려움은 개혁 자체에 있을 뿐만 아니라 사람, 특히 사회적 폐단이란 존재와 현상에 빌붙어 이익을 취하는 자들에게 있다. 이자들은 죽을힘을 다해 적폐를 끌어안고 놓아주지 않는다. 개혁의 길에서 가장 큰 걸림돌은 바로 이것이다.

적폐를 구조적으로 받쳐 주는 제도와 법의 청산도 필요하고 중요하지만 낡고 부패한 제도와 법에 기생하여 우리 사회에 고루 돌아가야 할 이익을 독차지해 온 자들을 청산하는 일이 훨씬 중요하고 시급하다. 혁명보다 개혁이 더 힘들다고 하는 것도 이 때문이다.

위원은 개혁과 관련하여 '소혁즉소치(小革則小治), 대혁즉대치(大革則大治)'라고도 했다. '작게 개혁하면 작게 다스려지고, 크게 개혁하면 크게 다스려진다'는 것이다.

물론 개혁을 지지하는 목소리가 없는 것은 아니었지만 '구체적 열매 없는 희망적 전망', '집단 최면', '구태의연한 행태를 답습하는 여당과 정부 관료', '소득 주도 성장의 부작용이 크고 적폐청산의 성과가 더디니' 등과 같은 부정적 논조가 대부분이었다.

2018년 가장 주목할 만한 성과는 남북 관계 개선이었다. 연초 북한의 평창 동계올림픽 참가 의사 표명은 실제로 올림픽 참가로 이어져 남북 관계가 큰 진전을 이루었다. 4월 27일, 북한의 김정은 위원장이 우리 땅으로 내려왔고 문재인 대통령도 판문점의 경계석을 훌쩍 넘어섰다. 5월 26일 통일각에서 열린 제2차 정상회담은 역사적인 북미 정상회담 준비에 청신호를 켰고, 6월 12일 싱가포르에서 트럼프 미 대통령과 김정은 위원장이 새로운 북미 관계를 만들기로 합의했다. 김대중 대통령, 노무현 대통령의 정책을 계승한 남북 관계가 전례 없는 진전을 이룬 쾌거였다.

'임중도원'에 이어 추천을 받은 성어는 '밀운불우(密雲不雨)'였다. '밀운불우'는 2005년 올해의 사자성어로 선정된 바 있는데, 2018년 다시 추천되었다. 구름은 빽빽한데 정작 비는 오지 않는 것처럼 여건은 조성되었으나 일이 성사되지 않아 답답함과 불만이 폭발할 것 같은 상황을 비유하는 성어다. 한반도의 정세와 남북 관계를 염두에 둔 것으로 보이는데 상투적인 추천이라는 인상을 지울 수 없다.

다음으로 많은 추천을 받은 성어는 '공재불사(功在不舍)'였다. '성공은 그만두지 않는 데 있다'는 뜻으로 중도에 포기하지 않고 꿋꿋하게 밀고 나가면 성취하는 바가 있다는 격려성 메시지를 담고 있다. 그러나 정작 추천자는 격려보다 이 성어를 앞세워 무작정 밀고 나가면 성과가 있을 것이라는 집단 최면에 빠진 것은 아니냐고 힐난했다.

이 밖에 '운무청천(雲霧青天)'과 '좌고우면(左顧右眄)'이 추천을 받았다. 이에 대해서는 표를 참고하라.

함께 추천된 성어들

성어	뜻과 함축된 의미	출처	비고
밀운불우 密雲不雨	구름은 잔뜩 끼어 있지만 비는 오지 않는다. 여건은 조성되었으나 일이 성사되지 않아 답답함과 불만이 폭발할 것 같은 상황을 비유	《주역》 〈풍천소축〉	
공재불사 功在不舍	성공은 그만두지 않는 데 있다. 중도에 포기하지 않고 끝까지 노력하면 성공한다는 뜻	《순자》	
운무청천 雲霧青天	구름과 안개를 헤치고 푸른 하늘을 본다. 어려운 시간을 보내고 마침내 모든 것이 정상으로 돌아온 상황을 비유	《삼국연의》	
좌고우면 左顧右眄	왼쪽을 둘러보고 오른쪽을 곁눈질로 살핀다. 어떤 일에 대한 고려가 지나쳐서 결단을 내리지 못하고 망설이는 태도를 비유	《이견지 (夷堅志)》	

공명지조(共命之鳥)

　어떤 일이나 사건이 사회적으로 물의를 일으키고 논란이 될 때 참 지성인이라면 그 본질이 무엇인지 탐구해야 한다. 공부하는 사람의 자세이자 본분이다. 그런데 우리 먹물들은 근엄하게 팔짱을 낀 채 그 논란에서 한참을 비켜서서 꼰대 같은 훈수를 둔다. 너도 틀렸고, 너도 틀렸다고. 잘못의 경중조차 깡그리 무시한 채 모두를 나무란다. 그러면서 그렇게 싸우면 둘 다 망한다고 협박까지 한다.

　2019년을 정리하는 〈교수신문〉 올해의 사자성어로 선정된 '공명지조'는 이런 교수 사회의 고질병을 잘 보여 준다. 근엄하게 《불경》을 인용하긴 했지만 그 실상은 안타까움을 넘어 저주에 가까운 선정이 아닐 수 없다.

　'운명을 함께 하는 새'란 뜻의 '공명지조'는 《아미타경(阿彌陀經)》을 비롯한 많은 불교 경전에 등장하는, 설산(雪山)에 사는 '한 몸에 두 개의 머리'를 가진 신비한 새를 가리킨다. 글자 그대로 '목숨을 함께하는 새'다. 서로가 어느 한쪽이 없어지면 자기만 살 것같이 생각하지만 실상은 함께 망하는 '운명공동체'를 비유한다.

　여러 《불경》에 따르면 이 새는 한 머리는 낮에 일어나고 다른 머리는 밤에 일어난다. 한 머리가 몸을 위해 항상 좋은 열매를 챙겨 먹자, 다른 머리가 이를 질투했다. 다른 머리는 화가 난 나머지 어느 날 독이 든 열매를 몰래 먹었다. 결국 두 머리가 모두 죽었다. '공명지조'를 올해의 성어로 추천한 사람들의 의견을 들어 보자.

"한국의 현재 상황은 상징적으로 마치 '공명조'를 바라보는 것만 같다. 서로를 이기려 하고, 자기만 살려고 하지만 어느 한쪽이 사라지면 죽는 것을 모르는 한국 사회에 대한 안타까움이 들어 선정했다."

"한국 사회의 가장 큰 문제는 좌우 대립이며 진정한 보수와 진보를 새롭게 정립할 필요가 있다."

"정치가 좌우로 나뉜 것은 그렇다 치고, 왜 국민들까지 이들과 함께 나뉘어서 편싸움에 동조하고 있는지 안타깝다."

"지도층이 분열을 해결하려는 노력보다는 이용하고 심화하려는 생각이 강한 것 같다. 국익보다 사익을 위한 정쟁에 몰두하는 듯하다."

이상의 지적들이 틀린 말은 아니지만 '양비론'으로는 우리가 처한 상황을 제대로 분석할 수 없고, 더욱이 불거진 문제들을 해결할 수도 없다. 여러 모순과 갈등을 일으키는 근본적 원인은 지극히 불공평한 우리 사회의 구조적 문제에 있고, 이와 같은 구조가 정착된 것은 역사 문제와 맞닿아 있다. 해방 이후 봉건왕조와 일제 강점으로 인한 잔재를 청산하지 못한 채 부도덕하고 반민족적인 세력이 기득권으로 뿌리내려 갖은 혜택과 기회를 독점하는 현상이 보편화되었기 때문이다.

한국 사회의 이런 기형적 기득권 세력의 특징을 정확하게 지적한 사람은 외국 학자였다. 미국 콜게이트대학의 마이클 존스턴 교수는 한국 기득권 세력의 부패 현상을 '엘리트 카르텔'이라는 말로 진단하면서, 한국은 사회 각 분야의 엘리트들이 온갖 연줄(학연, 지연, 종교연, 군대연 등)을 통해 권력과 자리를 지키면서 갖은 부패로 이익을 추구한다고 했다. 존스턴이 말하는 우리 사회의 엘리트는 친일, 친미, 친독재 세력에 다름 아니다. 이런 역사·구조적 문제를 해결하지 않는 한 우리 사회의 불공정, 불공평 현상은 더욱 심화될 것이다. '공명지조'는 피상적이고 지극히 점잖 빼는 진단이 아닐 수 없다.

'공명지조'의 뒤를 이어 추천된 성어는 '어목혼주'(魚目混珠)였다. '어목'(물고기 눈)이 진주로 혼동을 일으켜 무엇이 어목이고 진주인지 분간하기 어렵다는 뜻으로, 가짜와 진짜가 마구 뒤섞인 상태를 비유하는 고사성어로 사용된다. 이를 추천한 사람은 "올해 우리 사회에 가장 큰 충격을 준 사건은 누가 뭐래도 조국 전 법무부 장관 일가에 대한 검찰 수사"라며 "대통령이 법무부 장관으로 임명한 조국과 윤석열 검찰총장 중 하나는 어목이거나 진주일 수 있고, 아니면 둘 다 진주이거나 어목일 수 있다. 그러나 아직은 판단하기 어렵다. 그래서 올해는 무엇이 진짜 어목이고 진주인지 혼동으로 남을 수밖에 없다"고 추천 이유를 밝혔다. 참으로 겁 많고 비겁한 지식인의 '물 타기' 내지 '물 흐리기' 어법이 아닐 수 없다.

바닷물을 다 마셔야 맛을 아는가? 한 점만 찍어 맛보면 알 수 있는 것을. 물고기 눈알과 진주조차 가리지 못한다면 공부는 해서 무엇하겠는가? 한 사람의 과거를 제대로 보면 그 사람의 현재가 보이고, 그 현재는 미래의 그림자이자 나침반이다. 지식인을 비롯한 우리 기득권 세력의 이런 물 타기와 물 흐리기는 결국 문제의 본질을 흐리고, 뻔한 사람의 정체조차 둔갑시켜 국민들의 올바른 판단을 방해하는 것이다. 이런 비겁함의 결과를 2022년 지금, 그것도 정권이 출범한 지 몇 달도 채 되지 않았는데 처참하게 겪고 있다.(오죽했으면 국민들이 누구 하면 맨 먼저 떠오르는 단어로 '절망絶望'을 꼽았을까?)

이 밖에 추천을 받은 사자성어는 '반근착절'(盤根錯節), '지난이행(知難而行)', '독행기시(獨行其是)' 등이 있었다. '반근착절'은 2010년에 이어 또 추천을 받았다.

함께 추천된 성어들

성어	뜻과 함축된 의미	출처	비고
반근착절 盤根錯節	서린 뿌리와 뒤틀린 마디. 얽히고설켜 해결하기가 몹시 어려운 상황을 비유	《후한서》	
지난이행 知難而行	어려움을 알면서도 행동한다. 《좌전》에는 '지난이진(知難而進)'으로 나온다.	《좌전》	지난이진 知難而進
독행기시 獨行其是	혼자 옳다고 행동한다. 다른 사람의 의견은 고려하지 않고 자기만 옳다고 밀어붙인다는 뜻	《맹자》	독행기도 獨行其道

2020년, 자신들을 향한 '내로남불'
아시타비(我是他非)

    누군가에게 손가락질을 하면 한 손가락은 상대를 가리키지만 나머지 네 손가락은 자신을 가리킨다. 무턱대고 아무런 근거 없이 무조건 상대를 손가락질하는 이런 행태가 우리 사회의 고질병처럼 뿌리박힌 지 오래다. 최고(?)의 지성으로 불리는 대학 교수들이 선정한 2020년 올해의 사자성어는 엽기(獵奇) 그 자체였다. 속세의 신조어인 '내로남불(내가 하면 로맨스 남이 하면 불륜)'을 점잖게 '나는 옳고 너는 틀렸다'는 뜻의 '아시타비'로 바꾸어 선정한 것이다. '내로남불'을 한자로 바꾼 것이 문제가 아니라 여전히 너도 틀렸고, 너도 틀렸다는 양비론의 극치를 보였기 때문이다. 이런 기계적 중립은 비겁한 먹물들의 속성을 대변하는데, '아시타비'는 결국 자신들을 향한 네 손가락에 지나지 않는다. 대표적인 추천 이유를 들어 보자.

    "모든 잘못을 남 탓으로 돌리고 서로를 상스럽게 비난하고 헐뜯는 소모적 싸움만 무성할 뿐 협업해서 건설적으로 문제를 해결하려는 노력은 보이지 않는다."

    "여야, 진보와 보수, 법무부 장관과 검찰총장 사이는 물론 코로나19 바이러스 발생을 두고서도 사회 도처에서 '내로남불 사태'가 불거졌다."

    "조국에 이어 추미애, 윤석열 기사로 한 해를 도배했는데 골자는 한 줄이다. '나는 깨끗하고 정당하다'."

"진보 정권은 잘못을 인정하는 일이 없고 보수 세력은 과거를 뉘우치지 않는다."

"도덕적 시비에 빠진 적폐청산과 야당의 방어 전략으로 추상적, 도덕적 차원에 국정이 고립됐다."

지난 20년 동안 추천을 받고 선정된 사자성어를 얼핏 살피기만 해도 교수 사회를 비롯한 이른바 지성인들의 행태, 이를테면 폴리페서(Polifessor, 교수라는 자리를 발판으로 출세, 특히 정치판을 기웃거리는 자들을 부르는 부정적 의미의 신조어)들의 행태, 점잖은 척 늘 모두를 나무라는 비겁한 처신 등을 비판하는 목소리는 물론 자성의 목소리조차 거의 찾아보기 힘들다. 과연 이들에게 우리 사회를 제대로 진단할 수 있는 능력이 있는 것일까? 말장난에 가까운 '올해의 사자성어' 추천과 선정이란 연례행사가 과연 필요한 것일까? 이런 의문이 들지 않을 수 없다.

참고로 지금은 하나의 성어처럼 자리를 잡은 '내로남불'이 어떻게 나왔는가를 찾아보았다. '내로남불'이 언제 어디서 누구로부터 나왔는지 분명치 않다고 한다. 이중 잣대를 꼬집는 관용구로 간간이 쓰이다가 1996년 국회 본회의장에서 박희태 신한국당 의원의 입을 타면서 주로 정치판의 레토릭이 됐다. 그해 6월 13일자 〈경향신문〉 보도는 이렇게 전한다. "박 의원은 '야당의 주장은 내가 바람을 피우면 로맨스고 남이 하면 불륜, 내가 부동산을 사면 투자고 남이 사면 투기라는 식'이라고 익살을 부렸다." 이후 박근혜 정권 아래서 '내로남불'이라는 줄임말로 다시 급속도로 퍼져 나갔고, 문재인 정부 출범과 지난해 '조국 사태'를 거치면서 사용량이 폭증했다. '아시타비'란 한자 신조어가 만들어진 것도 이 무렵이다. 일종의 사자성어처럼 쓰이게 된 '내로남불'에 대응하는 한자를 골라 네 자로 엮은 것이다.

'아시타비'의 뒤를 이은 성어는 '후안무치(厚顔無恥)'다. 이 역시 이쪽 저쪽 다 싸잡아 비판하는 비겁하고 이중적인 자세를 반영하는 성어였다. 코로나19 바이러스 팬데믹에 집중하는 선택도 있었다. '첩첩산중(疊疊山中)'과 '천학지어(泉涸之魚)'다. '천학지어'는 '말라 가는 샘의 물고기'란 뜻인데, 이런 상황에서도 물고기들이 서로를 돕는다는 의미도 내포되어 있다. 이와 같은 뜻을 가진 성어는 《장자》(《대종사》)에 나오는 '상유이말(相濡以沫)'이 있다. '침으로 서로를 적셔 주다'라는 뜻으로 샘물이 마르자 물고기들이 뭍에 나와 몸의 물기로 서로 적셔 주고 침으로 서로 축여 주는 것을 말한다. 2020년 한 해 우리 국민들은 힘들었지만 이렇게 서로를 '적셔 주며' 고난을 극복했다.

함께 추천된 성어들

성어	뜻과 함축된 의미	출처	비고
후안무치 厚顔無恥	두꺼운 얼굴에 부끄러움이 없다. 다른 사람의 시선이나 비판을 아랑곳하지 않는 것은 물론 부끄러움조차 모른 채 말과 행동을 일삼는 자를 비유	《북산이문 (北山移文)》 《열녀전》	강안여자 強顔女子
첩첩산중 疊疊山中	겹겹이 둘러싸인 깊은 산속. 아주 어려운 상황에 처해 있음을 비유	우리식 성어	중중첩첩산 重重疊疊山
천학지어 泉涸之魚	마른 연못의 물고기. 어려움에 처한 상황에서 힘들지만 서로를 돕는 모습을 비유	《장자》	상유이말 相濡以沫
중구삭금 衆口鑠金	여러 사람의 입은 쇠도 녹인다. 같은 말이라도 여러 사람이 계속 떠들면 그 말이 옳든 그르든 받아들이게 된다는 뜻으로 말, 특히 유언비어의 위력을 비유	《전국책》 《사기》	적훼소골 積毀消骨

2021년, 기계적 중립의 또 다른 말

묘서동처(猫鼠同處)

2021년도 여전했다. 안 되면, 막히면 양비론으로 흐르는 지식인의 행태가 반복되었다. 정권 마지막 해여서인지 권력의 항문을 핥아 온 기레기들이 총궐기하여 정권에 저주를 퍼부었다. 2년 전부터 불어 닥친 코로나19라는 인류적 재앙에 대처하느라 혼신의 힘을 다한 정부에 힘을 실어 주기는커녕 사사건건 발목을 잡았고, 이에 편승한 수구 정당과 그에 기생하는 탐욕으로 가득 찬 기득권 떼거리들이 함께 물어뜯었다. 무엇보다 불공정이 몸에 밴 세력, 특히 검간(檢奸, 검사 부류의 간신들)과 판간(判奸, 판사 부류의 간신들)들이 공정을 들고 나오는 기현상이 벌어졌다. 법을 오용하고 악용하며 무소불위의 권력을 휘둘러 온 자들이 정치 전면에 나섰다. 기레기, 즉 언간(言奸, 언론 부류의 간신들)과의 끈끈한 연대로 자신의 정체를 철저히 감추는 교활한 면까지 보여 주었다.

여기에 또 2020년에 이어 구조적으로나 제도적으로 가장 많은 혜택, 아니 특혜를 받고 일류 대학을 간 젊은이들의 삐뚤어진 인식도 적나라하게 드러났다. 큰 부정과 비리에는 아예 눈을 감고, 검·판간과 언간들이 조작하고 날조한 사건에 열을 올리며 악을 쓰는 참으로 씁쓸한 청춘의 모습에 실망하지 않을 수 없었다. 이런 암담한 현실을 두고 이들을 가르치는 교수들의 반성과 자성은 찾아보기 힘들었다.

결국은 이들 또한 엘리트 카르텔에 자연스럽게 편입되어 권력과 부를 독점하고, 역시 자연스럽게 그것을 지키기 위해 부패의 길로 빠지는 악순환이 반복될 것이다. 사회 전반의 기풍을 혁신하지 않는 한, 그래서 노블레스 오블리주 정신을 확고한 시대 정신이자 기본으로 정착시키지 않는 한 이런 구조적 부패 카르텔은 없애지 못할 것이다.

〈교수신문〉은 대선을 3개월 앞둔 2021년 연말에 올해의 사자성어로 '묘서동처'라는 아리송한 성어를 선정했다. '고양이와 쥐가 한 곳에 있다'는 뜻으로 얼핏 영화 〈적과의 동침〉을 떠올리게 하는 성어였다. '묘서동처'의 출처는 《신당서》 〈오행지〉(1)다. '묘서동처'는 '고양이와 쥐가 같은 젖을 빤다'라는 '묘서동유(猫鼠同乳)'나 '고양이와 쥐가 함께 잠을 잔다'는 '묘서동면(猫鼠同眠)'과 같은 뜻이다. 곡식을 훔쳐 먹는 쥐와 쥐를 잡는 고양이는 원래 서로 원수라 할 수 있다. 그런데도 위아래 벼슬아치들이 결탁하여 나쁜 짓을 함께 저지르는 행태를 지적한 것이다. 관련하여 《구당서》에 다음과 같은 일이 기록되어 있어 참고로 인용해 둔다.

낙주(洛州)의 조귀(趙貴)라는 사람 집에 '고양이와 쥐가 같은 젖을 빨고' 서로 해치지 않는 일이 생겼다. 조귀의 상관이 쥐와 고양이를 황제에게 바쳤다. 조정 관리들은 상서로운 일이라며 소란을 떨었다. 그러나 최우보(崔佑甫)는 "이것들이 제 본성을 잃고 실성했다"며 바른말을 했다. 도둑을 잡는 자가 도둑과 한통속이 되었음을 바로 본 것이다.

'묘서동처'를 추천한 사람들에게 그 이유를 들어 보았다.

"각처에서, 또는 여야 간에 입법, 사법, 행정의 잣대를 의심하며 불공정하다는 시비가 끊이지 않았다."

"국정을 엄정하게 책임지거나 공정하게 법을 집행하고 시행하는 걸 감시할 사람들이 이권을 노리는 사람들과 한통속이 되어 이권에 개입하거나 연루된 상황을 수시로 봤다."

예의 "현 난국은 여야, 진보와 보수 구별 없이 기득권층의 야합으로 나타난 것"이란 지극히 상투적인 지적도 다수였다. 또 내년 대선을 걱정하는 의미로 '묘서동처'를 선택한 사람들도 있었다. 그러면서 "누가 덜 썩었는가 경쟁하듯, 리더로 나서는 이들의 도덕성에 의구심이 가득하다"라거나 "상대적으로 덜 나쁜 후보를 선택해 국운을 맡겨야 하는 상황"이라고 거들었다. 역시나 상황과 문제의 본질을 외면하는 훈장질에 지나지 않았다. 어쩔 수 없이 덜 썩은 사람을 골라야 한다면 덜 썩은 쪽의 장단점을 제대로 드러내어 현명한 선택을 위한 정보라도 제공해야 하거늘, 말은 덜 썩은 쪽을 고르는 것이라 해 놓고 사실은 모두 다 썩었으니 어느 쪽을 찍어도 똑같다고 하는 식이었다.

코로나19로 온 나라가 사투를 벌였고, 지금도 벌이고 있다.(K-방역이라는 말이 만들어질 정도로 전 세계의 칭찬을 받은 코로나19 방역이 2022년 3월 9일 이후 한순간에 무너졌다.) 그러나 가장 불공정하고 몰상식한 자가 공정과 상식을 내걸고 수구 정당의 대권 후보로 선출되는 엽기적인 사태가 실제로 벌어졌다. 2022년 대선의 전망이 복잡해진 것은 물론 우리 사회의 윤리·도덕적 기풍과 기준이 이렇게 타락했는가, 의심을 품지 않을 수 없었다. 많은 우려가 터져 나왔고, 그 우려는 결국

끔찍한 현실이 되어 우리 앞에 나타났다. 어떤 대학의 교수들은 환히 켜져 있는 불을 보듯 분명한, 세상이 다 아는 김모씨의 학위 표절에 대해 재검증 여부를 기도 안 차게 투표로 부결시켰다. 게다가 해당 대학 교수협회 회장이란 자는 한술 더 떠서 이것이 집단 지성의 결정이라며 허세를 떨었다. 국민들은 이들을 향해 '집단 실성'이라고 비꼬았다. 과연 2022년, 우리의 잘난 지성인들은 올해의 사자성어로 무엇을 고를지 그야말로 기대만빵(?)이다.

2022년 올해의 사자성어로 《논어》〈〈위령공〉 편)의 '과이불개(過而不改)'를 골랐다. '잘못하고도 고치지 않는다'는 뜻이다. 윤석열 정권을 겨냥한 것으로 보이는데, 역시 번지수를 한참 잘못 짚었다. 그들은 결코 '잘못한다'고 생각하지 않는다. 부끄러움을 모르는 자들이기 때문이다. 부끄러움을 모르면 못 할 짓이 없다. 한국 사회가 또 한번 큰 시련에 빠질 것이다. 선량한 국민들이 희생당하지 않길 바랄 뿐이다.

함께 추천된 성어들 역시 그저 그런 상투적인 것들뿐이었다. 게다가 이미 여러 번 추천을 받은, 최소한의 신선함조차 상실한 식상한 메뉴에 지나지 않았다. 참고로 표만 제시해 둔다. '이전투구'는 2003년과 2004년에 이어 세 번째로 추천되는 단골 후보가 되었다. (한 번도 선정되지 못하는 비운?의 사자성어이기도 하다.)

함께 추천된 성어들

성어	뜻과 함축된 의미	출처	비고
인곤마핍 人困馬乏	사람은 피곤하고 말은 지치다. 먼 길을 달려와 사람과 말이 모두 지쳤다는 뜻으로 기진맥진(氣盡脈盡)한 상태나 상황을 비유	〈유성마〉	
이전투구 泥田鬪狗	진흙탕에서 싸우는 개. 자기 이익을 위해 비열하게 다투는 것을 비유	《택리지》	우리식 성어
각주구검 刻舟求劍	뱃전에 표시했다가 검을 찾으려 한다. 판단력이 아둔하고 세상일에 어둡다는 뜻이나 현실에 맞지 않는 낡은 생각을 고집하는 어리석음을 비유	《여씨춘추》	
백척간두 百尺竿頭	백 척의 장대 끝. 오갈 데 없는 지극히 위태로운 상황을 비유	《경덕전등록》	
시민여상 視民如傷	백성 보기를 상처 입는 사람처럼 여긴다. 국민을 어루만지고 보살피는 심정으로 나랏일을 돌보라는 비유	《좌전》 《목민심서》	
유자입정 孺子入井	어린아이가 우물로 들어간다. 막다른 기로에 서 있음을 비유하거나 큰 위험에 처해 있음을 비유	《맹자》	

독서 관련 고사성어 모음*

1. 우각괘서(牛角掛書)

풀이 소뿔에 책을 걸어 두다.

의미 부지런히 분발하여 공부하는 모습을 나타낸다.

출전 《신당서(新唐書)》 권84 〈이밀전(李密傳)〉 외

내용 수나라의 이밀(582~618년)은 공부에 전념하기 위해 잠깐이라도 낭비하지 않으려고 애를 썼다. 평상시 존경하는 포개(包愷)를 방문하기 위해 이밀은 역사책 《한서》를 챙겼는데, 길을 가면서도 어떻게 하면 책을 읽을 수 있을까 궁리한 끝에 갯버들을 뜯어 안장을 만들고 소 등에 앉은 다음 소뿔에 책을 걸어 놓고 읽었다고 한다.

----

*부록으로 마련한 독서나 공부와 관련한 고사성어 71개 항목은 《中國讀書大辭典》〈中外讀書典故〉(南京大學出版社, 1999)의 중국편(pp.657~687)을 참고하여 요약·정리한 것이다. 여기에 소개된 고사성어는 역대로 수많은 문장과 서적에 인용되었을 뿐만 아니라 다양한 형태로 변용되어 폭넓고 깊은 영향을 남긴 것이다. 각자의 공부법이나 공부 단계 및 공부 수준을 비추어 볼 수 있는 유익한 고사성어가 많다.

영향 이 일화는 그 후 많은 사람의 입에 오르내리는 독서와 관련된 가장 유명한 고사가 되었다. 이런 식으로 공부하는 선비를 '우각서생(牛角書生)'이라 부르기도 했다. 중국의 전통적인 아동용 교과서로 그 영향력이 컸던 《삼자경》에서도 이 이야기를 인용하여 후학들에게 분발하여 열심히 공부하라고 권유한다.

2. 부신독서(負薪讀書)

풀이 장작을 등에 진 채 책을 읽는다.

의미 언제 어디서든 책 읽을 것을 권하는 고사성어다.

출전 《한서》 권64 〈주매신전(朱買臣傳)〉

내용 서한시대 관리였던 주매신은 젊어서 너무 가난하여 땔나무를 팔아 생계를 유지했다. 책을 좋아한 주매신은 다른 일은 하지 않고 늘 땔나무를 지고 나르면서 틈틈이 공부를 했다. 고생을 견디다 못한 아내는 주매신 곁을 떠났다.

영향 언제 어디서든지 부지런히 공부하라는 고사지만 때를 만나지 못한 가난한 생활을 가리키기도 한다. 또는 이렇게 힘들게 공부해서 성공하라는 격려의 의미로도 사용할 수 있다. '부신' 대신 '부초(負樵)'로 쓰기도 하지만 뜻은 매한가지다. 이 고사 역시 《삼자경》에 수록되어 있다.

3. 대경이서(帶經而鋤)

풀이 책을 들고 땅을 간다.

의미 가난하더라도 공부의 뜻을 굳게 지키라는 의미의 고사성어다.

출전 《한서》 권58 〈예관전(倪寬傳)〉

내용 한나라 때 예관은 공안국(孔安國)에게 오경(五經, 《시경》, 《상서》, 《예기》, 《주역》, 《춘추》)을 배웠는데 집이 가난하여 학비를 낼 수 없어서 공안국의 제자들 밥을 해 주려고 때로는 밭에 나가 일을 해야만 했다. 밭에서 일할 때는 늘 책(경서)을 가지고 나갔으며, 쉬는 시간이 되면 바짝 정성을 들여 공부했다.

영향 집이 가난하여 노동해 가며 공부해서 성공한 예관과 같은 예는 많았다. 이 때문에 이 고사는 시인들의 시에도 자주 인용되곤 했는데 '대경서(帶經鋤)'란 단어가 가장 많이 사용되었다. 좋지 못한 자신의 환경을 비관하여 공부를 포기하는 일은 없어야 한다는 격려의 의미도 들어 있는 고사성어다.

4. 협책독서(挾策讀書)

풀이 죽간을 끼고 공부한다.

의미 오로지 한 마음으로 공부에 집중한다는 뜻의 고사성어다.

출전 《장자》 〈외편(外篇) · 병무(騈拇)〉

내용 옛날 장(臧)과 곡(穀) 두 사람이 함께 양을 치러 나갔다가 둘 다양을 잃어버렸다. 장에게 어찌 된 일이냐고 묻자 장은 책을 보다가 잃었다고 했고, 곡은 다른 놀이를 하다가 그렇게 되었다고 했다.

영향 이 고사는 '협책망양(挾策亡羊)', '독서망양(讀書亡羊)'으로도 쓴다. 다 같은 뜻으로 때와 장소를 불문하고 늘 책을 끼고 다니며 공부하는 자세를 비유하는 성어로 널리 인용되고 있다.

5. 고봉유맥(高鳳流麥)

풀이 고봉이 보리를 떠내려 보내다.

의미 공부에 열중하느라 다른 일을 잊는다는 의미의 고사성어다.

출전 《후한서》 권113 〈일민전(逸民傳)〉 중 '고봉'

내용 동한시대 고봉은 젊은 날 독서를 워낙 좋아했다. 그의 집은 농사를 지으며 살았으나 그는 공부를 고집하여 밤낮으로 책에 파묻혀 살았다. 하루는 고봉의 아내가 일하러 나가면서 마당에 말리고 있던 보리를 잘 보라고 신신당부했다. 어느새 하늘에서 비가 쏟아졌으나 고봉은 닭 쫓는 작대기를 든 채 책을 읽느라 보리가 빗물에 다 떠내려가는 것도 몰랐다.

영향 보리가 떠내려간다는 뜻의 '유맥'은 훗날 '맥류(麥流)', '기맥(棄麥, 보리를 버리다)', '맥불수(麥不收, 보리를 거두지 못하다)', '중정맥(中庭麥, 뜰의 보리)', '고봉' 등 다양하게 변용되어 마음을 다하여 책을 읽거나 공부하는 모습을 나타내게 되었다.

6. 온서편포(溫舒編蒲)

풀이 온서가 부들에다 글을 쓰다.

의미 언제 어디서든 부지런히 공부하는 것을 일컫는 고사성어다.

출전 《한서》 권51 〈노온서전(路溫舒傳)〉

내용 한나라 때 노온서는 거록(鉅鹿) 출신이었고, 그 아버지는 그 지역에서 문지기를 했다. 온서가 양을 방목할 때면 손 가는 대로 부들을 꺾어 마치 죽간처럼 만들어서는 거기에다 글을 썼다.

영향 이 고사성어는 주로 '편포(編蒲)'라 하여 배움을 권하는 다른 고사성어들과 함께 많은 사람의 입에 오르내렸다. 아동용 교과서인 《삼자경》에도 수록하여 힘들게 공부하는 사람들을 크게 격려했다.

7. 착벽투광(鑿壁偸光)

풀이 벽을 뚫어 빛을 훔친다.

의미 어두워도 등을 밝힐 수 없을 정도로 가난하여 남의 집 벽을 뚫어 그 사이로 흘러나오는 빛으로 글을 읽었다는, 힘들게 공부하는 모습이나 사람을 형용하는 고사성어다.

출전 《서경잡기(西京雜記)》 권2(서한시대 유흠이 편찬한 서한시대의 이런저런 이야기를 수록한 책. 진晉의 갈홍葛洪이 편찬했다고도 한다.)

내용 서한시대 광형(匡衡)은 집이 가난했으나 공부를 너무 좋아했다. 밤이 되어 어두워도 등불을 켤 수 없자 광형은 이웃집 벽을 뚫고 그 불빛을 빌려서 독서했다.

영향 이 고사는 훗날 '착벽차광(鑿壁借光)', '착벽차휘(鑿壁借輝)', '천벽차광(穿壁借光)', '투광착벽(偸光鑿壁)' 등 여러 가지 비슷한 성어로 재활용되었고, 간단하게 '착벽(鑿壁)', '투광(偸光)', '광벽(匡壁, 광형의 벽)' 등으로도 사용되었다. 당나라 원진은 이 고사를 빌려 "하루해는 짧아서 아쉽고, 벽을 뚫어 빛을 빌리자니 벽이 너무 두껍구나"라는 시를 짓기도 했다. 이 고사는 모르는 사람이 없을 정도로 유명하며, 가난함에 굴하지 않고 분발하여 공부하는 사람들을 격려하는 고사로 전해 온다.

8. 영월독서(映月讀書)

풀이 달빛을 비추어 책을 읽는다.

의미 가난하고 힘든 생활에서도 공부를 버리지 않음을 비유하는 고사성어다.

출전 《남제서(南齊書)》 권55 〈강필전(江泌傳)〉

내용 남제시대 강필은 어려서 집이 너무 가난하여 낮에는 짚신을 삼아 생계를 유지해야만 했다. 저녁이면 시간을 내서 책을 읽었는데 집이 가난하다 보니 등불을 밝힐 수 없었다. 강필은 책을 들고 지붕으로 올라가 달빛을 빌려 힘들게 책을 읽었다.

영향 이 고사 역시 널리 전파되어 다양한 형식으로 변형되었는데, 흔히들 '영월(映月)'이란 단어를 많이 썼다. 탕현조(湯顯祖)는 시 〈목단정(牧丹亭)〉에서 "옛사람은 반딧불이를 자루에 담거나 달빛을 빌려 책을 읽었다"라고 썼다. 그런가 하면 맹교(孟郊)는 시 〈북교빈거(北郊 貧居)〉에서 "가난한 집 밤 등불 끊어지니 밝은 달빛이 내 책을 비추는구나"라고 노래했다.

9. 낭형영설(囊螢映雪)

풀이 반딧불이를 주머니에 담고 눈빛에 비춘다.

의미 가난하고 힘든 삶 속에서도 고학하는 모습을 묘사한 고사성어다.

출전《예문유취(藝文類聚)》권97

내용 진나라 때 차윤(車胤)과 손강(孫康)은 공부를 좋아했으나 집이 너무 가난하여 등불을 밝힐 여력도 없었다. 차윤은 여름이면 반딧불이를 주머니에 담아 와 그 불로 밤중에 공부했고, 손강은 겨울밤이면 눈빛을 빌려 책을 읽었다.

영향 우리에게는 '형설지공(螢雪之功)'이란 고사성어로 잘 알려져 있다. 여기서 파생되어 나온 비슷한 형식만도 수십 종이 넘는다고 하니 이 고사성어의 위력과 영향을 충분히 알 수 있다. 부귀영화는 때가 있지만 공부는 책만 있으면 어떤 방법으로도 할 수 있으니 힘들고 가난하더라고 낙담하지 말고 공부하라는 격려의 메시지가 강하게 들어 있다. 《삼자경》에도 "반딧불이를 담아서 달빛에 비추고, 집은 가난하지만 배움은 끊임없이"라고 했다.

10. 감택용서(闞澤傭書)

풀이 감택이 책을 빌려 베껴 주면서 공부하다.

의미 힘들고 어려운 조건에서도 스스로 공부하여 성공한 사람이나 경우를 가리키는 고사성어다.

출전《삼국지》〈오서(吳書)·감택전(闞澤傳)〉제8

내용 삼국시대 감택은 집안 대대로 농사를 지어 왔다. 감택은 책을 읽고 공부하길 너무 좋아했다. 하지만 집안이 너무 가난해서 다른 사람을 위해 책을 베껴 주는 것으로 생활을 꾸렸다. 감택은 책을 베끼면서 집중하여 책을 읽었고, 훗날 스승을 찾아 가르침을 청했다. 감택은 이렇게 해서 다양한 책을 두루 읽고 천문, 역법 같은 학문에도 정통한 지식인이 되었다.

영향 동한의 유명 인사 반초(班超)도 집안 사정 때문에 남을 위해 책을 베껴 주는 일을 했다고 한다. 이 때문에 '감택용서'는 반초의 고사로 많이 알려지기도 했다. 이와 비슷한 성어로 '용서(傭書)', '용서성학(傭書成學, 책 베껴 주는 일로 학문을 이루다)' 등이 있다.

11. 현량자고(懸梁刺股)

풀이 머리카락을 대들보에 매달고, 허벅지를 송곳으로 찌른다.

의미 고통을 참아 가며 지독하게 공부하는 모습을 나타내는 고사성어다.

출전 《태평어람(太平御覽)》 권61 ; 《전국책》 〈진책〉1 ; 《사기》 권69 〈소진열전〉

내용 소진이 몇 차례 유세에 실패한 다음 절치부심(切齒腐心) 공부에 매달릴 때의 공부법을 말한다. 책을 읽다가 졸지 않기 위해 머리카락을 대들보에 묶었고, 허벅지를 송곳으로 찌르는 바람에 피가 나서 발꿈치까지 흘렀다고 한다.

영향 위 고사는 모두 자신을 다그쳐 계속 공부하라는 자극적인 공부법을 대표하면서 오랫동안 인구에 회자되었고, 또 그 영향이 작지 않았다. 《삼자경》에는 공부와 관련하여 지식인의 분발을 촉구하고 격려하는 이야기로 실려 있다.

12. 마천철연(磨穿鐵硯)

풀이 쇠로 만든 벼루를 갈고 뚫는다.

의미 남의 말에 흔들리지 않고 굳센 의지로 공부하겠다는 강인한 의지를 비유하는 성어다. 독서와 공부를 향한 변치 않는 마음을 가리키기도 한다.

출전 《신오대사(新五代史)》 권29 〈상유한전(桑維翰傳)〉 ; 《구오대사(舊五代史)》 권89 〈진서·상유한전〉

내용 오대시대 상유한이 처음으로 진사 시험을 보려는데 고시관이 '상(桑)'이라는 그의 성이 죽음을 뜻하는 '상(喪)'과 발음이 같다 하여 그를 몹시 미워했다. 이에 누군가가 상유한에게 시험을 보지 말고 다른 길을 찾으라고 권했다. 상유한은 크게 분개하며 〈해는 부상(扶桑)에서 뜬다〉는 글을 써서 자신의 뜻을 밝히는 한편 쇠 벼루를 하나 만들어서 다른 사람에게 보여 주며 "만약 이 쇠 벼루를 갈거나 뚫을 수 있다면 내가 다른 길을 찾으리라!"라고 선언했다. 상유한은 마침내 진사에 급제했다.

영향 쇠 벼루는 갈기도 뚫기도 어렵다. 공부에 대한 의지를 쇠 벼루에 비유한 것이다. 이 고사 역시 '철연마천(鐵硯磨穿)'이나 '철연천(鐵硯穿)', '마철연(磨鐵硯)' 같은 표현으로 변형되어 널리 퍼졌다.

13. 위편삼절(韋編三絶)

풀이 가죽 끈이 세 번 끊어지다.

의미 책을 묶는 데 사용한 가죽 끈이 세 번이나 끊어지도록 열심히 책을 읽고 공부한다는 의미를 담은 고사성어다.

출전 《사기》 권47 〈공자세가〉

내용 만년에 공자는 《주역》을 좋아하여 여러 종의 주석을 남기기도 했다. 공자가 《주역》을 공부할 때 죽간을 엮은 소가죽 끈이 세 번이나 닳아서 끊어졌다. 공자는 "내게 몇 년의 시간이 더 주어진다면 《주역》은 제대로 통달할 것이다"라고 말했다.

영향 공부나 독서와 관련하여 이만큼 유명한 고사성어도 드물 것이다. 헤아릴 수 없을 정도로 다양한 형식으로 전파되어 큰 영향을 미쳤다. '위편(韋編)', '절편(絶編)', '위삼절(韋三絶)', '절삼편(絶三編)', '삼절위편(三絶韋編)' 등과 같은 표현으로 각고의 노력으로 진지하게 공부하는 지식인을 나타냈다. 이렇게 열심히 공부한 결과 마음은 형통하고 만사가 느긋해졌다고 노래한 사람도 있었다.

14. 형단정서(衡石程書)

풀이 (읽어야 할) 문서의 무게를 달아서 양을 정해 놓다.

의미 독서할 양을 정해 놓는다는 뜻의 고사성어다. 하지만 정확하게는 진시황이 검토할 문서의 양을 저울로 달아 놓고 그것을 다 검토하지 못하면 잠도 자지 않았다는 고사에서 유래했다.

출전《사기》권6〈진시황본기〉

내용 진시황은 천하의 크고 작은 일을 모두 직접 결정했다. 또 읽고 검토해야 할 문서의 무게를 달아서 매일 양을 정해 놓고 그 양을 채우지 못하면 쉬지도 않았다. 〈진시황본기〉의 원문은 '형단양서(衡石量書)'로 나오지만 훗날 '형단정서'로 많이 사용되었다.

영향 진시황은 지독한 일 중독자였다. 〈진시황본기〉를 면밀하게 분석해 보면 진시황의 공부가 만만치 않았음을 확인할 수 있는 이 고사성어가 가장 유력한 증거다. 다만 통일된 방대한 제국의 일을 위임하지 못하고 모든 것을 혼자 처리하려다 보니 많은 문제가 발생할 수밖에 없었다. 훗날 이 성어는 독서할 시간이나 양을 정확하게 정해 놓고 그에 따라 책을 읽거나 공부하는 것을 가리키는 의미가 되었다.

※石은 무게 단위를 나타낼 때는 '단'으로 읽는다.

15. 하유독서(下帷讀書)

풀이 휘장을 내리고 독서하다.

의미 문을 걸어 잠그고 손님도 사절한 채 전심전력을 다해 공부하는 것을 가리키는 고사성어다.

출전《사기》권121〈유림열전〉중 '동중서(董仲舒)'

내용 동중서는《춘추》연구에 정통하여 한나라 경제 때 박사가 되었다. 그는 집 안에 걸어 놓은 모든 휘장을 내리고 대문을 걸어 잠근 채 강학하기로 유명했다. 이런 분위기에서 제자들은 순서대로 그에게 가르침을 청했다. 이렇게 동중서는 3년 동안 외부와 일절 접촉을 끊고 전심전력을 다해 공부에 열중했다.

영향 이 고사도 후대에 적지 않은 영향을 주어 다양한 형식으로 전해졌다. 줄여서 '하유(下帷)'로도 쓰이고, '하서유(下書帷)', '폐호수유(閉戶垂帷)' 등으로도 쓰였다. 동중서를 부르는 존칭 동생(董生)이나 이름을 따서 '동생유(董生帷)'나 '중서유(仲舒帷)' 같은 표현도 나왔다. 단단히 결심하고 공부에 열중하는 자세를 가리키는 성어로 널리 활용되었다.

16. 삼여독서(三餘讀書)

풀이 세 가지 남는 시간에 독서한다.

의미 시간을 잘 활용하여 책 읽고 공부하라는 뜻의 고사성어다.

출전 《삼국지》 〈위서〉 '종요·화흠·왕랑전'에 인용된 《위략(魏略)》

내용 삼국시대 동우(董遇)는 《노자》와 《좌전》을 깊게 연구하여 정통했다. 누군가 그에게 배우려 했으나 그는 가르치려 하지 않으면서 "먼저 책을 백 번 이상은 읽어야 한다. 그러면 뜻이 자연스럽게 분명해질 것이다"라고 했다. 그 사람은 그럴 시간이 어디 있냐고 생각했다. 동우는 '삼여'의 시간을 이용하라고 가르쳐 주면서 '삼여'란 겨울, 밤, 흐리고 비 오는 날이라고 풀이해 주었다.

영향 농업이 중심이던 사회에서 겨울과 밤, 흐리고 비 오는 날은 나가 일하지 않기 때문에 남는 시간이 된다. 동우는 그 시간을 잘 활용하여 공부할 것을 제안했다. 이 고사성어는 변형된 표현이 많지는 않지만 '삼여'라는 표현은 아주 널리 활용되었다.

17. 분고계구(焚膏繼晷)

풀이 날이 밝을 때까지 불을 밝히다.

의미 낮부터 공부를 시작하여 어두워지자 등불을 밝히고 날이 샐 때까지 계속 공부했다는 고사성어다. 밤을 새워 열심히 공부하는 모습을 비유한 것이다.

출전 《창려집(昌黎集)》 권12 〈진학해(進學解)〉

내용 당나라의 대문장가 한유(韓愈)의 문집인 《창려집》에 나오는 고사다. 한유는 오랫동안 유가 경전의 저술들은 물론 제자백가의 책들을 꾸준히 공부해 왔는데, 사건을 기록한 문장이건 논설문이건 그 문장에 내재된 맥락과 정교한 의미를 진지하게 파고들었다. 이렇게 낮부터 공부를 시작하여 어두워져 등불을 밝히고 계속 공부하길 날이 밝을 때까지 했다.

영향 이 고사성어는 이후 천 년 넘게 널리 퍼져 집집마다 모르는 사람이 없을 정도로 유명해졌다. 한유가 당대 최고의 문장가이자 학자라는 평을 들은 것도 이렇게 꾸준히 공부했기 때문이다. '분고계구'는 훗날 공부에 뜻을 둔 사람들을 크게 격려하는 고사성어로 남았다.

18. 유향연여(劉向燃藜)

풀이 유향을 위해 명아주 지팡이를 태우다.

의미 부지런히 공부하는 모습을 비유하는 고사성어이자 진정한 독서인은 누군가 알아주고 돕는다는 의미도 내포되어 있다.

출전 《삼보황도(三輔黃圖)》 권6 〈각부(閣部)〉

내용 서한 성제(成帝) 말기의 학자 유향이 궁중 도서관인 천록각(天祿閣)에서 고서를 교감하고 있었다. 그는 무엇이든 배우길 좋아하고 또 그 이치를 깊게 생각했다. 어느 날 늦은 밤 누런 옷을 입고 파란 명아주 지팡이를 든 노인이 천록각으로 들어와 공부 삼매경에 빠져든 유향을 보았다. 노인은 지팡이에 입김을 불어 넣고 지팡이 끝에 불을 붙여 조명으로 삼게 하고는 유향에게 '오행홍범(五行洪範)'이란 문장을 전수해 주었다. 노인은 떠나면서 자신이 태을신선(太乙神

仙)이라고 했다.

영향 이 신비로운 일화는 미신적 색채가 강하지만 일심으로 노력하여 공부하면 언젠가는 크게 빛을 볼 날이 있다는 의미로 훗날 공부에 뜻을 둔 많은 지식인을 격려하는 이야기가 되었다. 간혹 '청여학사(靑藜學士)'란 표현으로 박학다식한 사람을 비유하기도 하고, '여장취화(藜杖吹火, 명아주 지팡이에 불을 붙이다)', '취여(吹藜, 명아주 지팡이에 입김을 불어 넣다)'라 하여 한마음으로 공부하는 사람에게는 신의 도움이 따른다는 것을 비유하기도 한다.

19. 삼년불규원(三年不窺園)

풀이 3년 동안 정원을 엿보지 않았다.

의미 문을 단단히 걸어 잠근 채 장기간 전심전력으로 공부하는 것을 비유하는 고사성어다.

출전 《한서》 권56 〈동중서전〉

내용 앞서 '하유독서'라는 고사를 남긴 동중서의 공부법을 나타내는 또 다른 성어다. 공부에 전념하느라 3년 동안 정원에도 나와 보지 않았다는 동중서의 고학을 이렇게 나타냈다.

영향 훗날 '불규원포(不窺園圃)', '불규원정(不窺園井)', '절규원(絶窺園)', '불리전원(不履田園)' 등 여러 형식으로 고군분투 공부에 임하는 모습을 나타내기에 이르렀다. 훗날 도연명(陶淵明)을 비롯한 많은 문인이 이 고사를 빌려 공부를 권하거나 자신의 공부를 격려하는 문장을 남겼다.

20. 십년창하(十年窓下)

풀이 10년 동안 창을 닫아 걸다.

의미 오랜 세월 문을 걸어 잠그고 힘들게 공부하는 것을 비유하는 고사성어로 '십년한창(十年寒窓)'이라고도 한다.

출전《귀잠지(歸潛志)》권7

내용 금나라가 몽고의 침공으로 갈수록 땅을 잃어 하남과 섬서 일대만 겨우 남게 되었다. 사람은 많고 일자리는 적어 공명을 이루고자 하는 독서인들이 적당한 자리를 얻어 재능을 발휘하기가 매우 어려웠다. 그래서 이런 이야기가 나돌았다. "옛사람은 사람을 만나지 않고 10년 고학하면 일거에 명성을 얻었다. 그러나 지금은 일거에 명성을 얻는다 해도 10년 동안 창 아래로 아무도 찾지 않는구나."

영향 이 고사성어는 훗날 '한창지하(寒窓之下)', '십재한창(十載寒窓)', '한창십재(寒窓十載)', '등창십재(燈窓十載)' 같은 형식으로 오랜 세월 청빈하게 자신을 지키며 고학하는 모습을 나타낸다. 때로는 이렇게 공부하고도 명성을 얻지 못하는 현실을 한탄하는 성어로 사용되었다.

21. 반표(半豹)

풀이 원표의 반

의미 폭넓은 독서를 나타내는 전고(典故)다.

출전《세설신어》〈문학(文學)〉제4

내용 동진(東晉) 때 사람 은중문(殷仲文)은 글쓰기에 천재적인 재능을 갖고 있었다. 하지만 독서량이 많지 않았다. 이에 부량(傅亮)은 "은중문이 읽은 책이 원표(袁豹)의 반만 되어도 그 문장이 반고와 별 차이가 나지 않을 텐데"라고 아쉬워했다.

영향 이 일화는 《진서》 권99 〈은중문전〉에도 실려 있다.(다만 부량이 한 말이 당시 유명 인사였던 사령운謝靈運으로 되어 있다.) 책 많이 읽기로 이름난 원표에 빗댄 이 이야기는 후대에 '표반(豹半)', '원표반(袁豹半)', '반원표(半袁豹)' 등으로 변형되어 책을 많이 읽은 사람을 가리키거나 책을 많이 읽으라고 격려하는 용어로 정착했다.

22. 변소복사(邊韶腹笥)

풀이 책 상자처럼 생긴 변소의 배

의미 학식이 풍부하거나 책을 많이 읽은 사람을 비유하는 전고다.

출전 《후한서》 권110(상) 〈문학전(文學傳)〉 '변소'

내용 변소는 학문이 뛰어나 수백 명의 제자를 거두었다. 한번은 변소가 옷을 입은 채 낮잠을 자고 있었다. 제자 하나가 슬며시 "변 선생의 배가 아주 크네. 공부할 생각은 않고 잠만 자다니"라며 비웃었다. 변소가 이 말을 듣고는 "내 배는 오경이 가득 찬 책 상자다. 내가 눈을 감은 것은 학문을 생각하고 꿈에서 주공과 공자를 뵙기 위해서인데 네놈들은 어째서 스승을 비웃느냐"라고 말했다.

영향 '변소복사'에서 '사(笥)'는 상자를 말한다. 상자처럼 생긴 변소의 배란 말인데, 책이 가득 들어 있는 책 상자를 염두에 둔 표현이다. 이 고사에서 '변소복(邊韶腹)', '복사(腹笥)', '오경사(五經笥)', '군서사(群書笥)' 같은 표현이 파생되어 나왔다. 모두 책을 많이 읽고 공부하여 학식이 풍부한 것을 비유한다.

23. 학륭쇄복(郝隆晒腹)

풀이 학륭이 배를 말리다.

의미 학문이 가득 찬 사람이나 그런 상태를 말할 때 사용하는 전고다.

출전 《세설신어》〈배조(排調)〉제25

내용 진나라 때는 음력 7월 7일이면 볕에다 의복을 말리는 습관이 있었다. 그런데 학륭은 이날이 되면 집을 나가 태양 아래에 누웠다. 남들이 왜 그러냐고 물었더니 "나는 내 뱃속에 있는 책을 말리는 중이요"라고 대답했다.

영향 이 일화는 대단히 널리 퍼져 많은 시인이 시에 차용했다. '단복쇄서(袒腹晒書, 배를 드러내 놓고 책을 말리다)', '포복중서(曝腹中書, 뱃속의 책을 말리다)', '쇄복중서(晒腹中書)' 등으로 변형되기도 했고, 간결하게 '쇄복(晒腹)'으로도 차용되었다. 그런가 하면 이 전고를 조롱조로 인용하기도 했는데, 양만리(楊萬里)는 "뱃속이 글자 하나 없이 비어 있다고 부끄러워 마라. 그래야 가을볕이 사람 죽이는 것을 피할 수 있다"라고 했다.

24. 학부오거(學富五車)

풀이 배운 것이 다섯 수레를 넘는다.

의미 책이 아주 많거나 학식이 대단히 풍부함을 일컫는 전고다.

출전《장자》〈잡편〉'천하' 제33

내용 (장자의 친구) 혜시(惠施)는 도술이 다양하고 읽은 책이 수레 다섯 대를 채우고도 남을 만큼 많다. 그가 말하는 이치는 복잡하고 불순하며 언어는 설득력이 있지만 적합하지는 않다.

영향 훗날 사람들은 '다섯 수레의 책(오거서五車書)', '책 다섯 수레(서오거書五車)', '혜시의 수레(혜시거惠施車)' 등으로 책이 많다는 것을 나타냈다. 송나라의 정치가이자 문장가 왕안석(王安石)은 외손자에게 "어릴 때는 배나 밤 따위를 좋아하지만 커서는 모름지기 다섯 수레의 책을 읽어야지"라는 글을 남겼다. 그런가 하면 '다섯 수레의 책을 읽다', '공부한 책이 다섯 수레를 넘는다' 등과 같은 표현으로도 활용되었다.

25. 삼십승서(三十乘書)

풀이 30수레의 책

의미 장서가 아주 많거나 학식이 넓고 깊은 것을 비유하는 전고다.

출전《진서》권36〈장화전(張華傳)〉

내용 서진(西晉)의 문학가 장화는 책을 얼마나 좋아했던지 죽을 때

집에 다른 재산은 없고 집 안을 가득 채운 각종 문학서와 역사서뿐
이었다. 장화가 이사한 적이 있는데 책 상자만 30수레에 이르렀다.
서진의 국가 도서관을 관장하는 관리 지우(摯虞)도 도서를 교정할
때 장화의 장서를 참고하지 않으면 안 될 정도였다.

영향 이 고사는 훗날 여러 사람의 글에 차용되었는데, '책을 실었더
니 30수레나 되었다', '30대의 수레에 책을 보관했다' 등으로 장서의
풍부함을 나타냈다. 유우석(劉禹錫)은 "천 일을 술에 취하고, 30수레
의 책을 보관하고 있다"고 했다. 또 '30수레의 책을 읽다'라는 말로
방대한 학식을 뽐내기도 했다. '30수레'는 훗날 책을 논하는 많은 사
람에게 영향을 주었고, '30'이란 숫자도 상징적인 수가 되었다.

26. 만첨삽가(萬籤挿架)

풀이 책꽂이에 매달린 만 개의 책갈피
의미 책이 아주아주 많다는 것을 나타내는 표현이다.
출전 《창려집》 권7
내용 당나라 때 업후(鄴侯) 이필(李泌)의 집에는 책이 대단히 많았는
데, 3만 축에 상아로 만든 책갈피가 다 매달려 있었다.

영향 기록에 따르면 당나라 때의 장서 관습은 붉은색 상아 책갈피
로는 경전류를, 초록색으로는 역사책을, 청색으로는 제자백가서
를, 백색으로는 문집을 표시하였다고 한다. 이 고사는 그 뒤 '아첨
만축(牙籤萬軸, 상아 책갈피가 만 축)', '아첨삽가(牙籤挿架, 상아 책갈피가 서가에

꽂혀 있다)', '아첨만가(牙籤滿架, 상아 책갈피가 서가에 가득하다)' 등으로 차용되었는데, 어느 것이나 책이 많다는 것을 나타낸다. 하지만 때로는 '아첨'이란 표현으로 서적을 대표하기도 한다.

27. 한우충동(汗牛充棟)

풀이 (책을 나르면) 소가 땀을 흘리고, (책을 쌓으면) 용마루까지 가득 찬다.

의미 책이 아주 많음을 형용하는 전고다.

출전 유종원이 육문통을 위해 쓴 비문

내용 공자가 《춘추》를 지은 이래 그것에 전(傳)을 붙인 책만 모두 다섯 종이 나왔다. 《좌전》, 《공양전》, 《곡량전》, 《추씨전》, 《협씨전》인데 지금까지 전해 오는 것은 앞 세 종류다. 그 후 수천 명이 정성을 다해 주를 달고 해설을 붙여 저마다 다른 견해들을 드러냈다. 이 책들을 쌓아 놓으면 용마루까지 가득 채우고, 실어 나르면 소나 말이 땀을 흘릴 정도로 많다.

영향 책과 관련한 전고 가운데 가장 유명한 것으로 '충동(充棟)', '충양동(充梁棟)', '영옥충동(盈屋充棟)', '한우새옥(汗牛塞屋)', '우한(牛汗)' 등 여러 가지 단어로 변형되어 후대에 널리 전파되었다. 하지만 가장 널리 인용되기로는 유종원의 묘지명에 나온 내용을 간명하게 요약한 '한우충동'이 단연 으뜸이라 할 수 있다. 어떤 표현이든 장서가 아주 많다는 것을 형용하는 전고다.

28. 서통이유(書通二酉)

풀이 책이 대유산에서 소유산까지 통한다.

의미 책을 보관한 장서처를 나타내거나 장서가 아주 많음을 비유하는 전고다.

출전《태평어람》권49에 인용된《형주기(荊州記)》

내용 이 전고에서 '이유(二酉)'란 소유산(小酉山)과 대유산(大酉山)을 가리킨다. 여기에 얽힌 이야기는 이렇다. 옛날 소유산 한 동굴에 책이 수천 권 있었다. 전해 오는 말로는 진(秦)나라 때 사람이 이곳에서 책을 읽다가 남겨 놓은 것이라 한다.

영향 이 전고는 주로 '이유(二酉)'로 줄여서 많이 차용되었다. 명청시대의 일부 장서가들은 '이유'를 자신들의 장서각 이름으로 삼길 좋아했다. '이유산방'이니 '이유재' 등이다. 이와 함께 사람들은 장서가 많다는 의미의 '서통이유'와 함께 '재관이유(才貫二酉)'라 하여 '재능과 학식이 소유산과 대유산을 관통할' 정도로 대단함을 비유하기도 했다. 소유산은 유양산(酉陽山)이라고도 불렀는데, 여기서 희귀한 도서를 비유하는 '유양지전(酉陽之典)'이란 전고가 탄생하기도 했다.

29. 남면백성(南面百城)

풀이 남면하여 백 개의 성을 통치하다.

의미 장서가 대단히 풍부함을 형용하는 전고다.

출전《위서》〈이밀전〉

내용 후위의 이밀은 대장부가 만 권의 책을 갖고 있으면 남면하여 백 개의 성을 통치하는 것과 다를 바 없다고 했다.

영향 '남면'이란 원래 제왕의 자리를 뜻한다. 제왕은 늘 북쪽을 등지고 남쪽을 향해 앉기 때문이다. 존귀함과 부귀의 상징이기도 한데 이밀은 책이 많으면 제왕 부러울 것 없다는 의미로 이런 전고를 남겼다. 사람들은 이 전고를 빌려 장서의 풍부함과 그 즐거움을 일쑤 나타냈다. 이외에 '좌옹백성(坐擁百城, 앉아서 백 개의 성을 차지하다)', '백성독옹(百城獨擁, 백 개의 성을 혼자 차지하다)', '서성(書城)', '서성좌옹(書城坐擁, 책의 성을 앉아서 차지하다)', '자옹서성(自擁書城, 서성을 스스로 차지하다)' 등과 같은 형식으로 변용되었다.

30. 침중비보(枕中秘寶)

풀이 베개 속의 비밀스러운 보물

의미 다른 사람에게 보여 주고 싶지 않은 진귀한 도서를 형용하는 전고다.

출전《한서》권36 〈초원왕전(楚元王傳)〉

내용 한나라 선제(宣帝)는 신선방술을 제창하며 부귀영화와 불로장생을 추구했다. 공교롭게도 그해 회남왕(淮南王) 유안(劉安)의 베개 속에는 아주 진귀한《홍보(鴻寶)》와《원비서(苑秘書)》가 있었는데, 책에는 신선의 도술과 수명을 연장하는 추연(鄒衍)의 방중술 등이 들어 있었다. 하지만 이런 일들을 세상 사람들은 본 적이 없었다.

영향 회남왕 유안은 이런 비기들을 베개 속에 감추어 두고는 말하지 않았다고 한다. 이에 후세 사람들은 '홍보(鴻寶)', '비보(秘寶)', '비침서(秘枕書)', '침함서(枕函書)', '비지침중(秘之枕中)', '침중지비(枕中之秘)', '침중비서(枕中秘書)' 등으로 도술서 또는 진귀해서 남에게 보여주고 싶지 않은 도서를 비유했다.

31. 개권유익(開卷有益)

풀이 책을 들추기만 해도 도움이 된다.

의미 사람들에게 책 읽기를 권하고 격려하는 전고다.

출전 《민수연담록(澠水燕談錄)》 권6 〈문유(文儒)〉

내용 송나라 태종은 하루에 수많은 일을 처리하지만 매일 《태평어람(太平御覽)》을 세 권씩 읽었다.(《태평어람》은 천 권에 이르는 백과사전 부류의 방대한 책이다.) 일이 많아 거르면 한가할 때 보충해서 읽었다. 태종은 늘 "책을 들추어 보기만 해도 얻는 것이 있다. 이건 하나도 힘든 일이 아니지 않은가"라고 말했다.

영향 《민수연담록》은 송나라의 왕벽지(王辟之)가 편찬한 책으로 독서나 학자들과 관련된 일화가 많이 실려 있다. 송 태종보다 훨씬 앞서 시인 도연명이 "책을 들추기만 해도 얻는 것이 있어 문득 밥 먹는 것도 잊곤 한다"(개권유득開卷有得, 편흔연망식便欣然忘食)라는 문장을 남겼지만 송 태조의 '개권유익'이 더 많이 인용되었다. 노신도 이

전고를 인용한 바 있다. 간혹 '전권유익(展卷有益)'으로도 쓰는데 뜻은 매한가지다.

32. 반부논어치천하(半部論語治天下)

풀이《논어》절반으로 천하를 다스린다.
의미 유가 경전의 학습을 강조한 전고다.
출전《학림옥로》권7
내용 송나라 개국 공신으로 재상이 된 조보(趙普)는 책이라곤《논어》만 읽었다. 그가 일찍이 송 태종에게 자신은 과거《논어》절반으로 태조가 천하를 얻는 데 도움을 주었으니 이제부터는 나머지 절반의《논어》로 태종의 천하 통치를 보좌하겠다고 했다.
영향 이 전고는 사실 공자와 맹자의 도로 치국의 근본을 삼으라는 유가의 선전 구호처럼 들린다. 유가가 학술과 사상은 물론 통치의 근본으로 자리매김하면서 이 전고의 영향력은 더욱 커졌다. 어떤 책이든 깊게 파고들어 그 이치를 깨치면 공부는 물론 사회생활에도 큰 도움을 받을 수 있다는 의미로 받아들이면 무난할 것 같다.

33. 한서하주(漢書下酒)

풀이《한서》를 읽으면서 술을 마신다.

의미 문인이나 공부하는 사람이 독서를 너무 좋아하여 좋은 책과 술을 함께 벗 삼았다는 우아한 모습을 형용하는 전고다.

출전 《중오기문(中吳紀聞)》권2 〈소자미음주(蘇子美飮酒)〉

내용 전하는 이야기에 따르면 송나라 때 문학가 소순흠(蘇舜欽)은 매일 저녁 책을 읽으면서 술 한 말을 마셨다고 한다. 《한서》를 읽을 때는 더 큰 잔으로 마셨다. 그의 장인이 이 이야기를 듣고는 좋은 책은 한 말로는 부족하겠다며 웃었다고 한다.

영향 옛날 사람들이 책과 술을, 또는 책과 밥을 함께 했다는 일화는 상당히 많이 전한다. 시인들의 시에도 심심찮게 등장한다. 독서와 술을 함께한다는 것이 좋은 습관은 아니지만, 책에 관해 담소를 나누면서 술을 곁들이는 것으로 이해하면 한결 운치가 난다.

34. 독서종자(讀書種子)

풀이 독서의 씨앗

의미 자손 대대 독서인 집안은 마치 밭에 씨앗을 뿌리듯 독서가 끊이지 않음을 비유하는 표현이다.

출전 《동제야어(東齊野語)》권20 〈서종문종(書種文種)〉

내용 당나라의 배도(裴度)는 후손들에게 "우리 같은 사람들은 문장의 씨앗이 끊어지지 않도록 해야 한다. 하지만 문장으로 성공하여 재상이 되느냐 아니냐는 천명에 달린 것이다"라고 훈계했다.

영향 송나라의 황정견 역시 다른 건 몰라도 "독서의 씨앗이 단절되어서는 안 된다"면서 독서의 맥을 살려 열심히 공부하다 보면 그중에서 재상이 나올 수도 있다고 했다. 이 표현은 줄여서 '서종(書種, 책의 씨앗)'으로도 많이 활용되며, 간혹 '독서종(讀書種, 독서의 씨앗)'이라고도 한다.

35. 청상세업(青箱世業)

풀이 대대로 전해 오는 파란 상자

의미 대대로 전해 오는 독서 생활을 형용하는 전고다.

출전《송서》권60 〈왕준지전(王准之傳)〉

내용 왕준지 일가는 증조할아버지 왕표지(王彪之) 때부터 박학다재하고 조정 예의에 정통한 집안이었다. 뿐만 아니라 이 학식을 대대로 전했다. 왕준지가 이런 것들을 전부 기록으로 남겨 파란 상자에 보관했다.

영향 양(梁)나라의 명사 심약(沈約)에게는 대단히 총명한 어린 자식이 있었는데 독서를 아주 좋아했다. 심약이 이 아들을 몹시 예뻐하며 자신의 문장과 학식을 이어받게 하고 싶어 아들 이름을 '청상'이라 지어 주었다. 이런 고사들로부터 '청상'이니 '청상업'이니 하는 표현들이 파생되어 독서인에게 많은 영향을 주었다.

36. 회독남화(悔讀南華)

풀이 〈남화〉 편 읽은 것을 후회하노라.

의미 폭넓고 깊이 있는 학문을 가지고도 타인들에게 배척받는 경우나 지식인을 형용하는 전고다.

출전 《당시기사(唐詩紀事)》 권54 〈온정균(溫庭筠)〉

내용 당나라 재상 영호덕분(令狐德棻)이 옛날 어떤 고사를 가지고 온정균에게 가르침을 청했다. 온정균은 "이 고사는 《장자》에 나오는 것입니다. 《장자》가 별스러운 책도 아닌데, 정무를 돌보고 남는 시간에 고서 좀 읽으시지요"라고 했다. 이 말에 비위가 상한 영호덕분은 온정균이란 자가 재주는 있는지 몰라도 덕이 없다고 황제에게 아뢰었다. 이 때문에 온정균은 과거에 급제하지 못했다. 온정균의 시 "그 고사를 알았다고 사람들의 원망을 샀으니 남화 제2편 읽은 것을 후회하노라"라는 대목이 바로 이 일을 두고 한탄한 것이다.

영향 역대로 공부 많이 한 것 때문에 수난을 당한 지식인이 적지 않았다. 그래서 '공부한 걸 후회한다'고 말한 사람이 적지 않았다. 개인의 명예와 세속의 이익을 위해 공부를 일삼은 자들은 출세하여 부귀영화를 누리는 데 반해 제대로 반듯하게 공부한 참 지식인들은 냉대를 받는 일이 많았고 지금도 별반 나아진 것은 없어 보인다. 온정균의 한탄이 안타깝지만 그래도 독서인의 자부심이 한껏 묻어나는 전고라 할 수 있다.

37. 속지고각(束之高閣)

풀이 문설주에 묶어 두다.

의미 지식인이나 책을 사용하지 않고 한쪽에 치워 둔다는 의미의 전고다.

출전《세설신어》〈호상(豪爽)〉제13

내용 동진의 유익(庾翼)은 가슴에 큰 뜻을 품고 늘 중원 수복을 꿈꾸었다. 당시 두의(杜義)나 은호(殷浩) 같은 사람들은 고상한 담론과 박학다식으로 세상 사람들의 칭찬을 들었다. 그러나 유익은 그렇게 생각하지 않고 늘 "지금 그런 사람들은 높다란 문설주에 묶어 두고 쓰지 않는 것이 옳다. 천하가 평정된 다음 다시 그들에게 어떤 재능이 있는지 살펴야 한다"고 말했다.

영향 이 전고는 원래 책과는 상관없는데 후세 사람들이 왕왕 이 전고를 빌려 책을 한쪽으로 치워 놓고 보지 않거나 사용하지 않는다는 것을 나타냈다. '속각(束閣)', '속고각(束高閣)' '속치고각(束置高閣)' 같은 표현들이 파생되었다.

38. 독서격검(讀書擊劍)

풀이 책을 읽고 검술을 익힌다.

의미 문무를 겸비한 고대 문인들의 모습을 형용하는 전고다.

출전《사기》권7〈항우본기〉;《한서》권65〈동방삭전〉

내용 항우는 어렸을 때 글을 배웠으나 끝내지 못했고, 검술을 배웠으나 이 또한 마치지 못했다. 숙부 항량이 그에 대해 성을 내자 항우는 "글은 이름을 쓸 줄 아는 것으로 충분하고, 검은 한 사람만 상대하는 일이라 배울 것이 못 되니 만 명을 대적할 수 있는 것을 배우겠습니다"라고 했다. 그래서 항량은 항우에게 병법을 가르쳤다. 항우는 아주 좋아했으나 역시 그 뜻만 대략 알고는 끝까지 배우려 하지 않았다. 한나라 무제 때의 기인 동방삭도 독서와 검술을 함께 배웠다. 그는 열다섯에 검술을 배웠고, 열여섯에 《시》와 《서》 등 경전을 읽었는데 무려 22만 자를 외울 정도였다.

영향 항우는 글과 검을 다 배웠지만 뭘 배워도 마무리를 하지 못했다. 하지만 이 전고는 훗날 지식인의 문무 겸비를 가리키는 것으로 활용되었다. '서검(書劍, 책과 검)', '독서마검(讀書磨劍, 책을 읽고 검을 간다)'으로 표현되기도 한다.

39. 삼분오전(三墳五典)

풀이 삼분과 오전

의미 중국의 고대 문화와 관련한 전적을 가리키는 전고다.

출전 《좌전》 소공 12년조

내용 춘추시대 초나라 영왕(靈王)과 그 대신 자혁(子革)이 대화를 나누는데 초나라 사관 의상(倚相)이 잰걸음으로 그 앞을 지나갔다. 초왕이 "저 사람은 우수한 사관이니 잘 대해야 할 것이오. 그는 《삼분》

과 《오전》, 《팔색(八索)》과 《구구(九丘)》를 읽어 알고 있소"라고 했다.

영향 초나라 영왕이 언급한 책들이 어떤 것인지 확실치는 않지만 오래전부터 전해 오는 역사와 문화, 제도, 문물과 관련된 서적일 것으로 추측한다. 이 전고는 간단하게 줄여서 '전분(典墳)' 또는 '분전(墳典)'으로 표현되기도 하고, '분적(墳籍)'이나 '구분(丘墳)' 등으로도 나타난다.

40. 정전(鄭箋)

풀이 정현의 주석

의미 고서에 대한 주석과 해설 따위를 가리킨다.

출전 《후한서》 권79 〈위굉전(衛宏傳)〉

내용 동한시대 정현(鄭玄)은 모공(毛公)이 전한 《모시(毛詩)》에 주석을 달았다.

영향 한나라 때 《시경》을 전수한 지역이나 사람은 원래 제(齊)·노(魯)·한(韓)·모(毛)의 4가였다. 그중 《모시》가 가장 늦었다. 나머지 3가의 《시경》은 이미 전문적으로 전수하는 학관까지 들어설 정도로 정부의 인가를 받았다. 훗날 정현은 《모시》를 중시하고 거기에 주석을 달았는데 《시경》에 대한 해석이 다른 3가보다 더 정확하고 정교했다. 이에 따라 《모시》의 영향력이 갈수록 커졌다. 이 모두가 정현 덕분이었다. 이른바 '정전'이란 정현이 지은 《모시》에 대한 주석을 줄여서 부르는 이름이다.

41. 소재(蕭齋)

풀이 편액이 걸려 있는 서재

의미 옛날 사람들의 서재에 대한 별칭을 가리킨다.

출전《국사보(國史補)》;《역대명화기(歷代名畵記)》권1

내용 남북조시대 양(梁)나라 무제(武帝)는 독실한 불교도로 절을 많이 지었다. 절을 짓고는 소자운(蕭子雲)에게 비백체(飛白體)로 '소(蕭)'라는 글자를 쓰라고 했다. 이 글씨는 당나라 때까지 보존되었다. 이약 (李約)이 많은 돈을 들여 강남에서 이 글씨를 산 뒤 낙양으로 가져와 액자를 씌워 작은 정자에 걸어 두고 '소재(蕭齋)'라는 이름을 붙였다. 이 글자는 그 뒤 장언원(張彦遠)의 선조 손에 들어갔다.

영향 지식인의 운치 있는 서재를 나타내는 이 용어는 종종 '소사(蕭寺)'라 하여 절을 대신하는 용어로도 쓰였다.

42. 문방사보(文房四寶)

풀이 문인의 방에 필요한 네 가지 보물

의미 옛날 문인이 문장을 쓰거나 그림을 그릴 때 필요한 종이와 먹, 붓과 벼루 네 가지 문구를 일컫는 용어다.

출전《문방사보》5권

내용 북송 때 소역간(蘇易簡)이 지은《문방사보》에서 유래한 용어다. 흔히 '문방사우(文房四友)'라 부르며, 간혹 '문방사사(文房四士)'로도 쓴다.(시인 육유는 "물 겹겹 산 겹겹 나그네 드물고, 문방사사만이 서로서로 의지하누나"라는 시를 남겼다.) 줄여서 '문방'이라고도 한다. 소역간은 이 책에서 네 가지 문구의 품종과 고사 등에 대해 자세한 기록을 남겼다. '문방사보'란 명칭이 늦어도 북송 때 이미 나타났음을 알 수 있다. '사보' 또는 '사우'가 만들어진 역사는 그보다 훨씬 오래다. 종이는 선지(宣紙, 안휘성 경현涇縣)가, 먹은 휘묵(徽纆, 안휘성 흡현歙縣)이, 붓은 호필(湖筆, 절강성 오흥吳興)이, 벼루는 단연(端硯, 산동성 고요高要)이 오랜 역사를 가진 명품으로 알려져 있다.

43. 목불식정(目不識丁)

풀이 눈으로 丁 자도 못 읽는다.

의미 쉬운 글자조차 모르거나 학문이 없음을 비유하는 전고다.

출전 《구당서》 권129 〈장홍정전〉

내용 당나라 때 위응 등이 군사들에게 다음과 같은 말로 욕하고 놀렸다. "지금은 천하태평이라 싸움이 필요 없다. 네놈들이 힘은 셀지 모르나 아무짝에도 쓸모없다. 글자 하나 모르니 말이다."

영향 '낫 놓고 기역 자도 모른다'는 우리 속담과도 같은 전고다. '정(丁)' 자 같은 간단한 글자도 모른다는 뜻이지만, 어떤 사람의 고증에 따르면 '丁'이 아니라 '個'의 잘못이라고 한다. 그럴 경우 한 글자도 모른다는 의미가 된다. 아무튼 무식한 사람이나 배운 게 없는 상태를 비유하는 성어로 널리 알려졌다. '정자불식(丁字不識)', '일정불식(一丁不識)', '불식정(不識丁)' 등으로 변형되어 사용되기도 한다.
뜻은 다 같다.

44. 오하아몽(吳下阿蒙)

풀이 오나라 땅의 여몽

의미 학식이 아직 얕은 단계에 있는 사람을 비유하는 용어다.

출전《삼국지》〈오지〉'여몽전'

내용《삼국지》에 나오는 유명한 고사성어다. 애당초 손권은 여몽(呂蒙)에게 독서를 권했다. 여몽은 군대 일이 바빠 공부할 시간이 없다고 변명했다. 그러자 손권은 "네가 바쁘면 나만큼 바쁘겠냐? 나는 그래도 시간을 내서 책을 읽는다"라고 나무랐다. 여몽은 깨달은 바가 있어 분발하여 힘들게 책을 읽었다. 오래지 않아 여몽의 학문은 보통 유학자들을 뛰어넘었고, 심지어 노숙과 얘기해도 부족함이 없을 정도였다. 노숙은 문무를 겸비한 인재라며 여몽을 칭찬했고, 지난날 '오나라에 (무식한) 여몽이 살고 있지'라는 말은 더 이상 존재하지 않게 되었다.

영향 이 고사는《삼국지연의》의 영향으로 대단히 유행했다. 하지만 그 형태는 크게 달라지지 않았다. '아몽오하(阿蒙吳下)', '아몽(阿蒙)' 등이 남아서 전한다.

45. 심장적구(尋章摘句)

풀이 문장 몇 개를 뒤지거나 구절 몇 개를 가려낸다.

의미 문장의 단편적인 단어 정도만 살피고 그 실질적인 의미는 깊게 탐구하지 않는 것을 형용하는 표현이다.

출전《삼국지》〈오서〉 '오주(孫權)전'

내용 오나라 대신 조자(趙咨)가 위나라에 사신으로 갔다. 위 문제(文帝) 조비(조조의 아들)가 그를 몹시 중시하면서도 농담 삼아 "그대 오왕도 책이란 걸 읽는가"라고 물었다. 조자는 "오왕은 구름처럼 많은 전함과 비처럼 많은 병사를 거느리고 있으며, 유능한 인재를 기용하고 마음으로는 천하 대사를 생각하는 사람입니다. 시간이 남을 때는 잊지 않고 여러 가지 책을 보며 자신의 부족함을 보충하는데 문장 몇 개를 뒤지거나 구절 몇 개를 가려내는 백수 서생의 공부와는 다를 뿐입니다"라고 대답했다.

영향 깊이 있는 공부나 실질적으로 운용할 수 있는 공부가 아니라 그저 일부 문장이나 자기 눈에 드는 단어 몇 개로 공부했다고 뻐기는 경우를 비꼬는 표현으로 사용되기도 한다.

46. 단장취의(斷章取義)

풀이 문장이나 뜻을 맘대로 잘라서 취한다.

의미 자신의 생각이나 주장을 대변하기 위해 글쓴이의 원래 의도와는 상관없이 남의 문장 일부를 잘라 내는 행위를 가리키는 표현이다.

출전《좌전》양공 28년조

내용 춘추시대 여러 제후국이 외교 활동을 벌일 때 사신들은 《시》등에서 문장을 따와 자기 쪽 의사를 나타내는 수단으로 삼았다. 하지만 말하는 쪽이나 듣는 쪽 모두 《시》의 본래 의미는 상관하지 않고 자신들이 이해한 쪽으로만 해석했다.

영향 이 표현은 지금도 비교적 많이 사용되고 있다. 하지만 좋지 않은 의미로 완전히 변했다.

47. 일목십행(一目十行)

풀이 한눈에 열 줄을 읽다.

의미 책 읽기가 아주 빠름을 형용하는 표현이다.

출전《후한서》권78〈응봉전(應奉傳)〉

내용 동한시대 응봉은 대단히 총명하여 어릴 때부터 어른이 될 때까지 겪은 일을 모두 기억했으며 책을 읽는 속도도 대단히 빨라 다섯 줄을 한 번에 읽었다.

영향 양나라 간문제(簡文帝)도 책을 무척 빨리 읽었다고 한다. 그는 한눈에 열 줄을 그냥 읽어 냈을 뿐만 아니라 읽은 책은 잊지 않았다. 여기서 '일목십행'이란 전고가 정착하기에 이르렀다. 훗날 사람들은 이를 바탕으로 '오행구하(五行俱下)', '십행구하(十行俱下)', '목하십행(目下十行)', '일목십행구하(一目十行俱下)' 같은 표현으로 빠른 독서를 묘사했다.

48. 계창야정(鷄窓夜靜)

풀이 밤 깊도록 창문 앞 닭과 이야기를 나눈다.

의미 고상하고 깊이 있는 대화를 형용하는 전고다.

출전《예문유취(藝文類聚)》권91에 인용된《유명록(幽明錄)》

내용 진나라의 송처종(宋處宗)이 긴 울음소리를 내는 닭을 한 마리 사서는 애지중지 길렀다. 닭장을 자신의 창 앞에 놓아두었는데 놀랍게도 이 닭이 사람 말을 할 줄 알았다. 둘은 하루 종일 고상한 대화를 나누었는데 사용하는 언어가 대단히 아름답고 재미있었다. 이로써 송처종의 말솜씨도 크게 진보했다.

영향 이 고사는 너무 황당하여 믿을 수 없다. 하지만 훗날 사람들은 이 재미난 고사를 빌려 '담계(談鷄)', '계담(鷄談)', '창중벽계(窓中碧鷄)' 등으로 유창한 말솜씨나 고상한 대화를 비유했다.

49. 필경(筆耕)

풀이 붓으로 밭을 간다.

의미 옛날 문인들은 붓을 놀려 글을 쓰거나 저술하는 일을 필경이라 했는데, 농부가 농사를 짓는 것과 같다는 의미에서 이렇게 표현했다.

출전《예문유취》권58에 인용된《후한서》

내용 동한시대 반초는 다른 사람을 위해 책을 베껴 주는 일을 하며 아주 힘들게 살았는데 문득 붓을 내던지며 "대장부가 나라를 위해 공을 세워 공명을 떨쳐야지 어찌 이런 별 볼 일 없는 문자 놀음 같은 필경이나 하고 있어야 한단 말인가"라고 탄식했다.

영향 반초의 일화는 훗날 책을 베껴 생계를 유지하는 행위를 가리키는 단어로 정착했다. 당나라 시인 왕발은 문장 좋기로 이름났는데 각처에서 그의 글과 글씨를 얻으려는 사람들이 몰려들어 많은 보수를 받을 수 있었다. 당시 사람들은 이를 두고 '심직필경(心織筆耕)'이라 했다. 여기서 종이를 밭에 비유하는 글도 나왔고, '필경'과 함께 '목경(目耕)'이란 용어로 독서 생활을 나타내기도 했다. 또 '설경(舌耕)'이란 표현도 나왔는데 글을 가르쳐 생활하는 것을 비유한다.

50. 강엄몽필(江淹夢筆)

풀이 강엄이 붓 꿈을 꾸다.

의미 문장이 크게 진보하거나 문장을 쓰는 재능이 탁월함을 형용하는 전고다.

출전 《남사》 권59 〈강엄전〉

내용 일찍이 강엄이 야정(冶亭)에서 숙박하게 되었다. 꿈에 자칭 곽박(郭璞)이란 사람이 나타나 강엄에게 "내가 너한테 몇 년 동안 붓 한 자루를 맡겨 놓았는데 이제 돌려 달라"고 했다. 강엄이 품에서 오색필(五色筆)을 꺼내 그 사람에게 주었다. 그날 이후 강엄은 더 이상 좋은 문장을 쓸 수 없었다.

영향 《태평광기(太平廣記)》에 따르면 강엄이 어릴 적 꿈에서 누군가에게 오색필을 받은 뒤로 문장이 대단히 좋아졌다고 한다. 《남사》의 이야기와 연결해 보면 강엄이 그 오색필을 돌려 준 뒤로 문장력이 떨어졌다는 것이다. 이 고사는 인구에 회자되어 널리 퍼져 나갔다. 흔히 '몽필(夢筆)'이란 단어를 많이 사용했다.

51. 몽필생화(夢筆生花)

풀이 붓에서 꽃이 피는 꿈을 꾸다.

의미 문인의 문장이 크게 진보하거나 빼어난 문장력을 비유하는 전고다.

출전 《개원천보유사(開元天寶遺事)》(하)

내용 이백이 젊을 때 꿈에서 자기가 쓰는 붓끝에서 꽃이 피는 모습을 보았다. 이후 그의 문장이 크게 진보하고 창작의 천재가 되어 천하에 이름을 떨치는 대시인이 되었다.

영향 이 이야기는 다양한 형식으로 변용되어 많은 사람에게 영향을 주었다. 간결하게 줄여서 '몽화(夢花)' 또는 '몽생화(夢生花)'로 쓰기도 하고, '채필생화(彩筆生花)', '화종필생(花從筆生)' 등의 표현으로 크게 달라진 문인의 문장력을 비유했다. 또 '필화입몽(筆花入夢)'이라고 하는데, 《요재지이(聊齋志異)》라는 걸출한 괴기소설집을 남긴 포송령(蒲松齡)은 이 표현을 사용하여 "붓에서 꽃이 피는 꿈을 꾸니 명사의 풍류는 모두가 우러러보는구나"라는 시를 남겼다.

52. 왕순연필(王珣椽筆)

풀이 왕순의 서까래만 한 붓

의미 중요하고 우수한 작품이나 문장 또는 뛰어난 글솜씨를 형용하는 전고다.

출전 《진서》 권65 〈왕도전(王導傳)〉

내용 진나라의 왕순이 잠을 자다 누군가에게 서까래만 한 큰 붓을 받는 꿈을 꾸었다. 꿈에서 깬 왕순이 다른 사람들에게 이 이야기를 하면서 "나라에 큰일이 나서 중요한 문장이 필요할 것 같다"고 했다. 얼마 뒤 효무제가 죽고 관련된 중요한 문장을 모두 왕순이 맡아서 기초했다.

영향 이 전고는 이야기의 극적인 부분 때문에 후대에 상당한 영향을 주었다. '여연필(如椽筆)', '여연건필(如椽健筆)', '연필(椽筆)', '필여연(筆如椽)' 등 다양하게 변용되었는데, 모두 '서까래만 한 붓'이란 뜻이다. 또 '대수필(大手筆)'이라고 하여 중요한 문장을 나타내기도 했다. 《진서(陳書)》 〈서릉전(徐陵傳)〉에 "세조와 고종 때 국가의 대수필(중요한 문장)은 모두 서릉이 기초했다"라는 대목이 보인다.

53. 칠보성시(七步成詩)

풀이 일곱 걸음에 시를 완성하다.

의미 시를 짓는 재능이 빠르고 뛰어남을 형용하는 전고다.

내용 삼국시대 위나라 문제 조비는 평상시 미워하던 자신의 동생 조식에게 일곱 걸음을 걷는 사이 시 한 수를 지으라는 명령을 내린 적이 있다. 그사이 시를 완성하지 못하면 목을 베겠다고 으름장을 놓았다. 조식은 일곱 걸음을 다 떼기도 전에 시를 완성했는데, 형제가 서로 싸우는 것이 얼마나 잔인한 일인가를 암시하는 내용이었다. 이에 조비는 몹시 부끄러워했다.

영향 이 고사는 '칠보지재(七步之才)'로도 잘 알려져 있다. '일곱 걸음(안에 시를 짓는) 재능'이란 뜻이다. 문인 백박(白朴)은 "뱃속에는 시서와 일곱 걸음 안에 시를 짓는 재주가 가득 찼다"는 시에서 '칠보재(七步才)'란 표현을 사용했다. 이 밖에 '칠보재화(七步才華)', '칠보장(七步章)', '칠보시(七步詩)', '재고칠보(才高七步)' 같은 표현으로 문장을 쓰는 재주가 민첩하고 남다른 문인을 상징했다. 줄여서 '칠보(七步)'라고도 썼다.

54. 문불가점(文不加點)

풀이 점 하나 보탤 것 없는 문장

의미 단숨에 써낸 문장이지만 고치거나 손댈 필요가 전혀 없는 것을 형용하는 전고다.

출전《초학기(初學記)》 권17에 인용된《문사전(文士傳)》

내용 한나라의 장순(張純)은 어릴 때부터 유명했다. 한번은 진남장군주거(朱据)에게 인사를 드리러 갔다. 주거는 장순에게 어떤 사물을 가지고 문장 하나를 지어 보라고 했다. 장순은 그 자리에서 단숨에 문장을 완성했는데 점 하나 보탤 것이 없었다.

영향 이 전고는 '단숨에 문장을 완성했다'는 '일기가성(一氣呵成)'과 함께 널리 유행했다. 형식도 다양하게 변용되어 사용되었는데, '불가점찬(不可點竄)', '불가점(不可點)' 등이 보인다. 당나라 시인 잠삼(岑參)은 "만 자의 글에 점 하나 보탤 것 없는 문장"이라는 '만언불가점(萬言不可點)'이란 표현을 남겼다.

55. 각촉성편(刻燭成篇)

풀이 초가 타는 시간을 재서 문장을 짓는다.

의미 문장을 짓는 재능이 대단히 민첩함을 형용하는 전고다.

출전 《남사》 권59 〈왕승유전(王僧孺傳)〉

내용 제(齊)나라 경릉왕(竟陵王) 소자양(蕭子良)이 한밤중에 문인 학사들을 소집하여 초가 타들어 가는 시간을 재고 시를 짓게 했다. 한 치짜리 초 하나가 다 탈 때까지 8구의 시를 지어야만 했다. 소문염(蕭文琰)은 "한 치 초가 타는 시간 안에 8구 시를 짓는 게 뭐가 어렵단 말인가"라며 다른 사람들과 함께 동바리를 치면 짓기 시작하여 바리 소리가 그치기 전에 시를 완성했다.

영향 훗날 사람들은 이 고사에서 영감을 얻어 많은 글을 남겼는데, '각촉시(刻燭詩)', '각촉분전(刻燭分箋)', '각촉분제(刻燭分題)' 같은 표현들이 나왔다. 그런가 하면 '각촉(刻燭)'이나 '음촉(吟燭)'처럼 간단하게 줄여서 나타내기도 한다. 시인 한구는 "초 한 자루 타들어 가는 동안 또 한 편의 시를 지었구나"라는 구절에서 '각촉제시(刻燭題詩)'란 표현을 사용했다.

56. 회연제참(懷鉛提槧)

풀이 석묵(石墨)을 품고 목간을 든다.

의미 부지런히 자료를 찾고 글 쓰는 모습을 형용한 전고다.

출전《서경잡기(西京雜記)》권3

내용 양웅(揚雄)은 늘 석묵(흑연)과 목간을 지니고 다녔는데, 그는 각지의 인사, 호구, 세금 등의 일을 관리하는 사람으로 전국 각지의 방언을 잘 이해했다. 석묵과 목간을 항상 지니고 다니면서 과거 방언 자료를 보완했기 때문이다.

영향 이 전고 역시 다양한 형식으로 활용되었지만 간단하게 '연회'나 '제참' 또는 '악참(握槧, 목간을 쥐고 다니다)'으로 쓴다. 여기서 '회연악참'이란 표현도 나왔고, 간혹 '회연연묵(懷鉛吮墨)'이라고도 쓴다. 먹은 물이 있어야 하는데 물이 없을 때는 침을 묻혀서 사용했기 때문에 '연묵'이라고 했던 것이다. 흑연과 목간을 쥐고 다닌다 해서 '파연참(把鉛槧)'이란 표현도 사용했다.

57. 이하시낭(李賀詩囊)

풀이 이하의 시 주머니

의미 심혈을 기울여 시를 창작하는 모습을 형용하는 전고다.

출전 《이장길소전(李長吉小傳)》

내용 이 전고는 당나라 시인 이상은(李商隱)이 지은 이장길, 즉 이하
의 짧은 전기에서 나오는 내용이다. 이하는 늘 노새를 타고 노복
하나를 데리고 등에는 낡은 비단 주머니를 메고 외출했다. 그러다
좋은 시구가 생각나면 바로 써서는 그 주머니에 넣어 두었다. 저녁
에 집으로 돌아오면 이하의 어머니는 하녀를 시켜 먹과 종이를 가
져오게 하고는 "내 아들이 이렇게 심혈을 기울이지 않으면 좋을 텐
데"라며 한숨을 내쉬었다. 밤이 되면 이하는 낮에 써 놓은 시구들
을 가지고 완전한 한 편의 시로 완성한 다음 다른 비단 주머니에
넣었다.

영향 이하의 주머니 이야기는 역대로 많은 시인에게 영향을 주어
자신의 작품에 인용하곤 했다. 대부분 '금낭(錦囊)'이나 '시낭(詩囊)'으
로 표현되었고, '금시낭(錦詩囊)' 또는 '해낭(奚囊)'으로도 쓰였다. 어느
쪽이든 심혈을 기울여 시를 짓는 모습이나 뱃속까지 가득 찬 재능
을 가리킨다. 때로는 '금낭시(錦囊詩)', '금낭시권(錦囊詩卷)', '금낭가구
(錦囊佳句, 비단 주머니에 든 아름다운 구절)', '금리경인구(錦里警人句, 사람을 놀라
게 하는 비단 주머니 속의 시구)' 등으로도 나타난다.

58. 앙옥저서(仰屋著書)

풀이 대들보를 올려다보며 글 쓸 생각만 한다.

의미 문을 걸어 잠그고 손님도 사절한 채 저술에만 전심전력하는 모습을 형용하는 전고다.

출전《양서》권22 〈태조오왕전(太祖五王傳)〉

내용 양(梁)나라 원제(元帝) 소강(蕭綱)은 생활이 매우 검소하고 소박했다. 오로지 저술에만 힘을 기울일 뿐 다른 향락에는 관심이 없었다. 소공(蕭恭)이 사람들에게 "내가 세상에 이렇게 즐거움을 멀리하는 사람은 본 적이 없다. 집의 문을 잠그고 침대에 누워 두 눈으로 대들보를 올려다보며 오로지 글 쓸 생각만 한다. 하지만 그렇게 쓴 글을 누가 읽을 것이며, 또 누가 그것을 널리 퍼뜨릴까? 청풍명월을 벗 삼아 산수를 유람하며 마음껏 현실의 환락을 추구하는 것이 낫지 않겠는가"라고 말했다.

영향 후세 사람들은 이 고사성어로 부지런히 글 쓰는 모습을 나타냈는데, 종종 병에 걸린 것도 아닌데 신음 소리를 내며 글을 짓는다는 식의 조롱기 섞인 표현도 있었다.

59. 고재학사(高齋學士)

풀이 남조 양나라 때 10인 학사의 별칭

의미 원래는 나라의 명을 받고 사서 등을 편찬하는 문인 학사들을 가리키는 용어다.

출전《남사》권50 〈유견오전(庾肩吾傳)〉

내용 진(晉)의 안왕(安王) 소강(蕭綱)은 인사 이동이 있을 때마다 유견오를 가까이 두었다. 소강이 황태자가 되어서는 유견오와 유효위(劉孝威) 등 10인과 함께 서적을 편찬했는데 이들을 아주 우대하며 '고재학사'라 불렀다.

영향 이 용어는 대단한 학문으로 서적 편찬에 힘을 쏟는 문인 학사들을 칭찬하는 용어로 정착하여 널리 사용되고 있다.

60. 궁수저서(窮愁著書)

풀이 궁지에 몰리고 시름겨울 때 책을 짓는다.

의미 인생에서 뜻을 얻지 못해 힘들거나 곤경에 처했을 때 책을 읽고 글을 쓰는 방식으로 자신의 시름과 울분을 발산하는 것을 형용하는 전고다. '발분저술(發憤著述)'과 같은 뜻이다.

출전《사기》권76 〈평원군우경열전〉

내용 전국시대 우경(虞卿)은 형세를 분석하여 조나라를 위해 대책을 내놓았는데 대단히 훌륭했다. 그 뒤 위제(魏齊)의 간청을 거절하지 못해 개봉에서 곤경에 빠졌다. 사람들은 우경과 같이 뛰어난 인재가 조나라를 떠나서는 안 된다는 것을 알았다. 그러나 우경이 이런 고난을 겪지 않았더라면 책을 써서 자신의 명성을 후대에 전하지 못했을 것이다.

영향 이 전고는 다양한 형식으로 전해졌는데 '궁수유작(窮愁有作)', '궁수한간(窮愁汗簡)' 등으로도 쓰였다. 우경이 책을 쓴 사실에 입각하여 '우경서(虞卿書)'라는 표현도 나타났다. 이 표현을 써서 한유는 "은근한 말로 사양하지 못했다고 나무라지 마라. 우경이 바로 책을 남기지 않았던가"라는 시를 남기기도 했다.

61. 등신서(等身書)

풀이 키만큼 쌓인 책(저술)

의미 책과 저술이 아주 많음을 형용하는 전고다.

출전 《송사》 권265 〈가황중전(賈黃中傳)〉

내용 송나라의 가황중은 어려서부터 총명하여 무엇이든 금세 깨우치곤 했다. 막 다섯 살이 되었을 때 아버지는 매일 아침 가황중을 똑바로 세워 놓고는 책에서 아들의 키만큼이나 되는 장편의 문장을 펼쳐 하루 만에 다 읽게 했다.

영향 이 고사를 빌려 후세 사람들은 책이 아주 많음을 비유할 때 흔히 이 표현을 사용했는데, 책을 키 높이만큼 쌓아 올린다든지 하는 말은 원래 전고와 조금 다르다. 문인 팽조손(彭兆蓀)은 〈독서〉라는 글에서 "사람이 자기 키만큼의 책을 읽는다면 10만 군대를 거느리는 것과 같다"고 했다. 또 많은 저술을 가리킬 때도 사용되는데, '저술등신(著述等身)', '등신저작(等身著作)' 등으로 표현된다.

62. 일자천금(一字千金)

풀이 한 글자에 천금

의미 문장이나 책을 정성 들여 창작하거나, 그 문장과 책의 가치가 지극히 높다는 것을 형용할 때 사용하는 전고다.

출전《사기》권85〈여불위열전〉

내용 여불위는 자신의 문객들에게 자신이 보고 들은 바를 쓰게 해서 총 20만 자가 넘는《여씨춘추》를 편찬했다. 여불위는 이 책에 천지만물, 고금의 모든 일이 다 들어 있다는 자부심에서 진나라 수도 함양의 성문에다 이 책에서 한 글자라도 빼거나 더할 수 있는 사람이 있다면 한 글자에 천금을 주겠다는 방을 내붙였다.

영향 이 전고는 '일자천금' 외에도 '천금자(千金字)', '금현진시(金懸秦市, 진나라 저잣거리에 현상금을 걸다)', '현금(懸金, 현상금을 걸다)' 등으로 활용되었다. 문인이 자신의 글이나 저술에 대한 자부심을 이렇게 표현하기도 한다.

63. 금석지성(金石之聲)

풀이 금속이나 돌이 울리는 소리

의미 문장이 뛰어나고 아름다우며 성조가 우아하다는 것을 형용하는 전고다.

출전《세설신어》문학 제4

내용 동진의 손흥공(孫興公, 손작孫綽)은 《천태부(天台賦)》를 쓰고 나서 범영기(范榮期)에게 보여 주며 "이 문장을 땅에 떨어뜨려 보시오. 아마 금속이나 돌이 내는 악기 같은 소리가 들릴 것이오"라고 말했다. 범영기는 웃으며 "아마 당신이 말하는 그 소리라는 게 무슨 특별한 음악 소리겠소"라며 농담을 했다. 하지만 범영기는 매번 좋은 문장을 읽을 때마다 "우리 같은 문인은 이런 문장을 써야 해"라며 칭찬을 아끼지 않았다.

영향 후대에 아주 널리 전파된 전고다. 특히 시인들의 작품에 자주 등장한다. 주요 형식으로 '금석성(金石聲)', '금옥성(金玉聲)', '금석운(金石韻)', '척지성(擲地聲, 땅에 내던지는 소리)', '금석갱여(金石鏗如, 쇠나 돌이 울리는 듯한 소리)', '금성옥진(金聲玉振, 쇠와 옥이 울리는 소리)' 등이 보인다.

64. 낙양지귀(洛陽紙貴)

풀이 낙양의 종이가 귀해지다.

의미 저술이 한 시대를 풍미하여 저마다 구하고 베끼려고 다투는 것을 의미하는 전고다.

출전 《진서》 〈좌사전〉

내용 서진시대의 좌사(左思)가 〈삼도부(三都賦)〉를 지었으나 처음에는 사람들이 알아주지 않았다. 좌사는 이 문장을 당시 문단의 명망가 황보밀(皇甫謐)에게 보여 주었다. 황보밀은 크게 칭찬하며 직접 서문까지 써 주었다. 이어 장재(張載)와 유규(劉逵) 같은 문인들이 앞서

거니 뒤서거니 서문과 주석을 썼다. 이름난 문장가 장화도 감탄을 아끼지 않으면서 반고와 장형의 작품에 견줄 수 있다고 했다. 이에 돈 많은 귀족들이 앞을 다투어 이 작품을 베끼려 했고, 이 때문에 낙양에 종이가 부족하여 종이 값이 폭등했다.

영향 '낙양의 종이 값을 올리다'는 말로 흔히 사용되어 왔다. 《세설신어》에도 비슷한 이야기가 전한다. 누군가의 문장이나 책이 한 시대를 주름잡는 베스트셀러가 되어 책을 찍어 내느라 종이 값이 껑충 뛰었음을 의미한다. 옛날에는 그 작품을 서로 베끼려다 보니 종이 값이 올랐다. 오늘날의 '베스트셀러'를 비유하는 용어로도 활용된다. '도중지귀(都中紙貴)', '장안지귀(長安紙貴)', '지귀(紙貴)', '지증가(紙增價)' 등으로 변용되었다.

65. 계림거고(鷄林巨賈)

풀이 계림의 거상

의미 외국 사람들까지 구하고 싶어 할 정도로 뛰어난 문장이나 작품을 형용하는 전고다.

출전 〈백씨장경집서(白氏長慶集序)〉

내용 이 전고는 원진의 글 〈백씨장경집서〉에 나오는 이야기다. 《구당서》 권166 〈백거이전〉이나 《신당서》 권119 〈백거이전〉에도 같은 내용이 실려 있다. 그 내용인즉 대체로 다음과 같다. 계림(당시 신라)의 상인이 중국으로 와서 백거이(白居易)의 시를 전문적으로 사겠다며 "우리 재상께서 백거이의 시를 무척 좋아해서 늘 거금으로 구입하는데 가짜도 가려내실 정도다"라고 말했다. 문장이 생겨난 이래 백거이의 시처럼 이렇게 널리 퍼진 경우는 없었다.

영향 후대에 이 전고는 '계림거고'나 '계림지고(鷄林之賈)' 같은 형태로 전파되었다. 때로는 '시입계림(詩入鷄林, 시가 계림으로 들어가다)', '계림득야광(鷄林得夜光, 계림이 야광, 즉 훌륭한 글을 얻다)', '구만계림(句滿鷄林, 문장이 계림에 가득 차다)', '시재계림(詩在鷄林, 시가 계림에 있다)' 등 다양한 형식으로 나타나기도 했다. 당나라의 걸출한 시인 백거이의 명성이 계림까지 알려졌음을 알 수 있다.

66. 장지명산(藏之名山)

풀이 명산에 보관하다.

의미 작품의 가치가 대단하여 매우 귀하게 여기는 것을 형용하는 전고다.

출전 《한서》 〈사마천전〉에 실린 〈보임안서〉

내용 사마천은 《사기》를 완성한 다음 친구 임안에게 편지를 보내 자신의 심경을 다음과 같이 털어놓았다. "이제 이 일을 마무리하고 명산에 깊이 보관해서 제 뜻을 알아줄 사람에게 전해져 이 마을 저 마을로 퍼져 나감으로써 지난날 치욕에 대한 보상이라도 받을 수 있다면 얼마든지 벌을 받는다 해도 후회는 없습니다."

영향 이 전고는 사마천이 자신의 모든 심혈을 기울여 완성한 《사기》

가 행여 당대에 인정받지 못하거나 다른 원인으로 박해를 받아 사라질지도 모른다는 염려에서 나온 것이다. '장제명산(藏諸名山)', '명산장(名山藏)', '장명악(藏名岳)', '장저술(藏著述)', '명산전(名山傳)', '명산사업(名山事業, 불후의 명작을 비유)' 등 아주 다양한 형식으로 활용되었다. 고염무는 "이제 책이 완성되었으니 그 판본을 명산에 보관하여 훗날 옛것을 믿는 사람을 기다리련다"라는 글에서 '장판명산(藏版名山)'이란 표현을 사용하기도 했다.

67. 복장부(覆醬瓿)

풀이 항아리를 덮다.

의미 아무런 가치가 없음을 형용하는 전고다.

출전 《한서》 권87(하) 〈양웅전〉

내용 양웅(揚雄)은 집이 가난한데도 술을 좋아하여 그의 집을 찾는 사람이 거의 없었다. 그러나 거록 사람 후파(侯芭)는 늘 양웅과 함께 지내면서 그에게 《태현(太玄)》과 《법언(法言)》을 배웠다. 유흠도 와 본적이 있는데 양웅에게 "정말 헛수고를 하시는구려. 지금 학자들은 생활 여건은 좋아졌지만 《주역》도 제대로 모르거늘 하물며 당신의 《태현》을 어찌 알아듣겠소? 훗날 당신의 저작을 가져다 항아리를 덮지나 않을까 두렵소"라고 했다.

영향 뛰어난 저술이나 문장이 가치를 인정받지 못하고 항아리 따위를 덮는 뚜껑으로 사용되는 것을 안타까워하는 심정이 반영된 전고다. 이 전고는 줄여서 '복부(覆瓿)'라고 많이 쓴다. '복장(覆醬)', '복 앙(覆盎)', '개장(蓋醬)' 등으로도 활용된다.

68. 강장수도(絳帳授徒)

풀이 휘장을 내리고 제자를 가르친다.

의미 스승이 강단을 설립하여 학생들에게 지식을 전수하는 모습을 가리키는 전고다.

출전 《후한서》 권90(상) 〈마융전(馬融傳)〉

내용 한나라의 마융은 학문이 깊은 큰 유학자로 천여 명의 제자를 거두고 있었다. 그는 피리도 잘 불고 거문도 연주도 아주 좋아했다. 사람도 통이 크고 호탕하여 유가의 예절에 얽매이지 않았다. 그는 늘 당 위에다 휘장을 쳐 놓고 그 뒤에 연주자들을 안배하여 음악을 들으면서 학생들을 가르쳤다.

영향 이 전고는 훗날 '강장(絳帳)', '사장(紗帳)', '강악(絳幄)', '강사(絳紗)', '강위(絳幃)' 등 다양한 방식으로 전파되었고, 마융의 휘장이란 뜻의 '마융장(馬融帳)', '마장(馬帳)' 같은 표현도 종종 사용되었다.

69. 정문입설(程門立雪)

풀이 정이의 집 문 앞에서 눈을 맞고 서 있다.

의미 스승을 존중하고 도를 중시하는 독서인의 모습을 형용하는 전고다.

출전《송사》권428 〈양시전(楊時傳)〉

내용 양시가 마흔 살 때 당대 최고의 학자 낙양의 정이(程頤)를 스승으로 모시고 싶어 하루는 동창과 정이의 집을 찾아가서 가르침을 청했다. 그런데 공교롭게 정이는 정좌한 채 잠이 들어 있었다. 두 사람은 조용히 서서 기다렸는데 마침 큰 눈이 내리기 시작했다. 정이가 깨어났을 때 눈은 이미 한 자 이상 쌓여 있었다.

영향 '입설'과 관련해서는 불교에도 비슷한 고사가 전한다. 선종의 2조인 혜가(慧可)가 1조 달마를 찾아가 법을 구하려 했을 때도 큰 눈이 내렸다. 선종의 메카인 소림사에는 이를 기념하기 위한 건물인 '입설당(立雪堂)'이 남아 있다. 이 고사는 불교 쪽이 먼저였지만 훗날 유가의 위상이 커지면서 '정문입설'이 더 큰 영향력을 발휘했다. 이에 따라 이 전고는 '입설정문(立雪程門)', '정문탁설(程門度雪)', '정문비설(程門飛雪)' 등 다양한 형식으로 나타났다. 어느 쪽이든 공경하는 태도로 스승에게 가르침을 청하는 지식인의 모습을 비유하고 있다.

70. 노어해시(魯魚亥豕)

풀이 노가 어로, 해가 시란 글자로 바뀌다.

의미 서적을 베끼고 인쇄하는 과정 등에서 비슷한 글자가 잘못 바뀌는 현상을 형용하는 전고다.

출전 《포박자내편(抱朴子內篇)》 권19 〈하람(遐覽)〉; 《여씨춘추》 권22
〈신행론(愼行論)〉

내용《포박자내편》의 내용은 이렇다. "서적을 여러 차례 베끼다 보
면 어(魚)가 노(魯)로, 제(帝)가 호(虎)로 잘못 바뀔 수도 있다." 한편
《여씨춘추》의 내용은 대체로 이렇다. 자하가 진나라로 가다가 위나
라에 들렀다. 누군가 사서에 근거하여 "진나라 군대의 돼지 세 마
리가 황하를 건넜다"고 했다. 자하는 "그게 아니라 진나라 군대가
기해(己亥)에 해당하는 날에 황하를 건넜다. '기(己)' 자와 '삼(三)' 자
그리고 '시(豕)' 자와 '해(亥)' 자는 서로 비슷하기 때문이다. 진나라에
도착해서 물으니 정말 자하의 말이 옳았다.

영향 이 전고는 두 글자씩 떼어서 각자 사용되는 경우가 많다. 간
혹 '삼시지의(三豕之疑, 삼과 시를 혼동하다)'라는 표현이 사용되기도 하고,
'어시(魚豕)'로도 사용된다.

71. 불구심해(不求甚解)

풀이 해석을 깊게 추구하지 않는다.

의미 문장의 글자나 구절의 해석이란 제한에 얽매이지 않음을 비유
하는 표현이다.

출전 《도연명집》 권6

내용 (도연명은) 천성이 한가롭고 차분한 것을 좋아했다. 공명과 이익
을 좇지 않았다. 독서를 좋아하되 자구의 뜻을 풀이하는 따위의 제

한을 받지 않고 늘 마음으로 깨닫는 것이 있으면 먹고 자는 것도 잊었다.

영향 이 전고의 본래 의미는 독서란 자구의 해석에 마음을 쓰지 않고 그 정신과 요지만 깨우치면 된다는 것이었다. 하지만 후대로 갈수록 대충만 이해하고 깊게 들어가지 않으려는 천박하고 엉성한 독서를 비유하는 것으로 완전히 의미가 뒤바뀌었다.

독서 관련 고사성어 가나다순 정리

각촉성편(刻燭成篇)	문방사보(文房四寶)	위편삼절(韋編三絶)
감택용서(闞澤傭書)	문불가점(文不加點)	유향연여(劉向燃藜)
강엄몽필(江淹夢筆)	반부논어치천하 (半部論語治天下)	이하시낭(李賀詩囊)
강장수도(絳帳授徒)	반표(半豹)	일목십행(一目十行)
개권유익(開卷有益)	변소복사(邊韶腹笥)	일자천금(一字千金)
계림거고(鷄林巨賈)	복장부(覆醬瓿)	장지명산(藏之名山)
계창야정(鷄窓夜靜)	부신독서(負薪讀書)	정문입설(程門立雪)
고봉유맥(高鳳流麥)	분고계구(焚膏繼晷)	정전(鄭箋)
고재학사(高齋學士)	불구심해(不求甚解)	착벽투광(鑿壁偸光)
궁수저서(窮愁著書)	삼년불규원(三年不窺園)	청상세업(靑箱世業)
금석지성(金石之聲)	삼분오전(三墳五典)	칠보성시(七步成詩)
낙양지귀(洛陽紙貴)	삼십승서(三十乘書)	침중비보(枕中秘寶)
남면백성(南面百城)	삼여독서(三餘讀書)	필경(筆耕)
낭형영설(囊螢映雪)	서통이유(書通二酉)	하유독서(下帷讀書)
노어해시(魯魚亥豕)	소재(蕭齋)	학륭쇄복(郝隆晒腹)
단장취의(斷章取義)	속지고각(束之高閣)	학부오거(學富五車)
대경이서(帶經而鋤)	심장적구(尋章摘句)	한서하주(漢書下酒)
독서격검(讀書擊劍)	십년창하(十年窓下)	한우충동(汗牛充棟)
독서종자(讀書種子)	앙옥저서(仰屋著書)	현량자고(懸梁刺股)
등신서(等身書)	영월독서(映月讀書)	협책독서(挾策讀書)
마천철연(磨穿鐵硯)	오하아몽(吳下阿蒙)	형단정서(衡石程書)
만첨삽가(萬簽揷架)	온서편포(溫舒編蒲)	회독남화(悔讀南華)
목불식정(目不識丁)	왕순연필(王珣椽筆)	회연제참(懷鉛提槧)
몽필생화(夢筆生花)	우각괘서(牛角掛書)	

- 가정이 사람을 만든다.(새뮤얼 스마일즈/영국의 저술가, 의사, 정치평론가)
- 설득력 있는 유일한 교재는 모범이라는 교재다. 생활이 학교보다 이런 교재를 더 많이 제공한다.(로망 롤랑)
- 부모란 중요한 직업이다. 그렇지만 지금까지 자식을 위해 이 직업의 적성검사가 행해진 적은 없다.(버나드 쇼)
- 가정교육의 임무는 먼저 부모의 교육과 학습이다.
- 뛰어남이란 습관이다. 자녀를 뛰어난 사람으로 만들려면 좋은 습관을 기르게 도와라.
- 자녀를 장차 어떤 사람으로 키울 것인가가 자녀의 현재 성공보다 영원히 더 중요하다.
- 부모는 교육을 하기 전에 먼저 자신부터 공부하는 것이 가장 좋다.
- 아이의 편식은 부모가 어떤 것을 먹기 싫어하는 것으로 시작된다.
- 가정은 부모와 자녀가 함께 성장하는 공간이다.

----

*이 부록은 독서와 관련한 역대 명인들의 어록과 속담·격언을 모은 것으로 중국뿐만 아니라 서양의 어록도 일부 소개했다.

- 자녀의 성장은 매번 부모의 가슴에 스며든다.
- 입장을 바꿔 생각해 보는 것은 부모와 자녀의 거리를 좁히는 지름길이다.
- 아버지의 역할을 어머니가 대신할 수 없고, 어머니의 역할을 아버지가 대신할 수 없다.
- 나쁜 자녀란 없다. 단지 불행한 자녀가 있을 뿐. 그들은 불행한 교육을 받는다.
- 한 방울의 바닷물을 이해하면 바다를 이해하는 전주가 되듯이 자녀를 이해하면 생명을 이해하는 전주가 된다.
- 생명의 꽃은 알아주는 중에 피어나고, 원망(질책) 속에서 시든다.
- 살아 있는 동안은 자식의 몸을 대신하길 바라고 죽은 뒤에는 자식의 몸을 지키길 바란다. 《불경》
- 부모의 습관보다 더 좋은 교육은 없다.
- 사랑하는 자식에게는 격려와 충고를 주고, 미워하는 자식에게는 먹을 것을 많이 준다.
- 부모가 백 명의 교사보다 낫다.
- 자식에 대해 부모는 책임과 의무만 있을 뿐이지 권리란 없다.
- 공자 이래 성인들의 학문은 반드시 책을 보고 읽는 것으로 시작되었다.
- 책이 많다는 것은 바다 속으로 들어가는 것과 같다. 만물이 거기다 있다. 《소동파》
- 억만금의 재산이 독서만 못하다. 《안씨가훈》
- 사람이 사람다운 것은 뱃속에 시서(詩書)가 들어 있기 때문이다.
- 공부는 부지런함으로 정교해지고, 노는 것 때문에 망가진다. 행동은 생각에서 이루어지고, (생각 없이) 남 따라 하다가 망가진다.

• 독서는 많이 읽지 못하는 것을 걱정하고, 생각은 분명하게 하지 못하는 것을 걱정한다. 만족하고 공부하지 않는 것을 걱정하고 배우고도 행동하지 않는 것을 걱정한다.(한유)

• 어려서는 배와 밤 따위를 좋아하지만 커서는 모름지기 다섯 수레의 책을 읽어야 한다.(왕안석)

• 독서하고 싶은 마음이 있으면 어디에서나 독서할 수 있다. 독서의 즐거움을 안다면 학교가 되었건 학교 밖이 되었건 어디서나 언제든 독서하게 된다. 세상에 학교가 없어도 독서할 줄 안다.(임어당)

• 독서는 가깝게는 개인의 지식과 능력을 증대시켜 사회에 쓸모 있는 사람이 될 수 있게 준비하며, 멀리는 정교하게 학문의 이치를 연구하여 사회 국가 인류에 가장 가치 있는 공헌을 하게 한다.(채원배蔡元培)

• 바람 소리 빗소리 책 읽는 소리 소리소리 다 귀에 들리고, 집안일 나라일 천하일 일마다 마음이 쓰이는구나.(고헌성顧憲成)

• 독서를 글 팔기와 혼동하는 사람은 독서인이 아니다.

• 독서를 한자리 차지하기 위해 하는 것으로 혼동하는 사람은 독서인이 아니다.

• 독서를 유행을 위해 장식으로 하는 사람은 더욱 독서인이 아니다.

• 독서인은 책의 모든 교훈을 자신의 행동을 위해 발전시켜야 한다.

• 세상과 사람을 도와 세상을 경략할 수 있어야만 진정한 중국의 독서인이라 할 것이다.(양옥청楊玉淸)

• 어느 곳에서든지 우리 시대뿐만 아니라 서적은 모든 지식의 원천이자 각종 과학의 첫 페이지였다. 누구든 책과 가깝게 접촉할수록 그 사람은 더욱 심각하게 생활의 통일을 느낄 수 있다. 그의 인격이 부활하기 때문이다. 그는 자신의 눈으로 관찰할 뿐만 아니라

헤아릴 수 없이 많은 심령의 눈을 활용한다. 그들의 숭고한 도움 덕분에 그는 진지한 동정심을 갖고 이 세계를 두루 다닌다.(오스트리아의 작가 스테판 츠바이크)

- 책을 사냥하는 즐거움(에드워드 뉴튼)
- 책은 약과 같다. 잘 읽으면 어리석음을 치료한다.(유향)
- 이상적인 책은 지혜의 열쇠다.(톨스토이)
- 책은 젊은이들과 떼려야 뗄 수 없는 생명의 반려자이자 안내인이다.
- 내가 책 위에 쓰러지는 것은 굶주린 사람이 빵 위로 쓰러지는 것과 같다.
- 책은 인류 진보의 사다리다.
- 책은 어쩌면 인류가 미래의 행복과 부강으로 가는 길에서 창조한 모든 기적 중에서도 가장 복잡하고 가장 위대한 기적일 것이다.
- 책을 열렬히 사랑하자. 이 지식의 원천을! 지식이 있어야만 쓸모가 있고, 그것이 있어야만 우리 자신을 정신적으로 강인하고 충성스러우며 이지적인 사람으로 만들 수 있고, 진정으로 인류를 사랑하고, 인류의 노동을 존중하고, 충심으로 끊임없는 인류의 노동이 생산해 낸 아름다움을 감상할 수 있는 사람이 되게 한다.(고리키)
- 생활 속에 책이 없다는 것은 햇빛이 없는 것과 같으며, 지혜 속에 책이 없다는 것은 새에게 날개가 없는 것과 같다.
- 책은 전 인류의 영양제다.(셰익스피어)
- 좋은 책을 읽는다는 것은 수많은 고상한 사람과 대화를 나누는 것과 같다.(괴테)
- 책이 없는 집은 영혼이 없는 몸뚱이와 같다.(키케로)
- 책은 시대의 파도를 헤치고 항해하는 사상의 배다. 조심스럽게 진귀한 화물을 한 세대 또 한 세대 운반한다.

- 독서의 목적은 완전한 인격을 만드는 데 있다.
- 독서는 웅변과 반박을 위해서도 아니며 가볍게 믿고 맹종하기 위해서도 아니다. 사고와 균형을 위해서다.(베이컨)
- 우리가 좋은 책을 처음 읽는 일은 좋은 친구를 찾은 것과 같으며, 그 책을 다시 읽는 일은 옛 친구를 다시 만나는 것과 같다.(볼테르)
- 책은 거대한 힘이다.(레닌)
- 만 권의 책을 독파하면 귀신처럼 붓을 놀릴 수 있다.(두보)
- 만 권의 책을 읽고 만 리를 여행하라(독만권서讀萬卷書, 행만리로行萬里路).(고염무顧炎武)
- 독서는 음식을 먹는 것과 같다. 조용히 잘게 씹으면 그 맛이 오래가지만 시끄럽게 마구 씹어 삼키면 끝까지 맛을 모른다.
- 처음 독서(공부)할 때는 의문이 생기는지 알지 못한다. 조금 지나면 점차 의문이 생긴다. 중간쯤 가면 곳곳에서 의문이 생긴다. 이런 과정을 한바탕 치르고 나면 의문은 점점 풀리고 모든 것이 한데 모여 하나로 관통하고 모든 의심이 없어진다.(주희)
- 죽은 책을 읽으면 자신을 해치고 입을 열면 남을 해친다. 하지만 책을 읽지 않는 것도 결코 좋은 일은 아니다.
- 마음을 활짝 열고 대담하게 두려움 없이 있는 대로 흡수하라.
- 스스로 사색하고, 스스로 주인이 되어라.(노신)
- 세상에서 가장 귀한 것도 '지금'이고 가장 잃기 쉬운 것도 '지금'이다.(이대소李大釗)
- 책을 다 믿느니 책이 없는 편이 낫다.(맹자)
- 사회가 곧 책이고, 사실이 곧 교재다.(루소)
- 책이란 당대의 진정한 대학이다.(칼라일)
- 책과 함께 생활하면 영원히 탄식하지 않는다.(로망 롤랑)

- 외부 사물의 맛은 오래되면 싫증나지만, 독서의 맛은 시간이 갈수록 깊어진다.(정이程頤)
- 독서는 사람을 모자라게도 넘치게도 한다.(여곤呂坤)
- 사람은 살아 있고 책은 죽은 것이다. 산 사람이 죽은 책을 읽으면 책을 살려서 읽을 수 있다. 죽은 책으로 산 사람을 읽으면 읽다가 사람을 죽일 수도 있다.(곽말약)
- 책을 백 번 읽으면 그 뜻이 절로 드러난다.(배송지裵松之)
- '학문(學問)'이란 두 글자는 반드시 떼어 놓고 보아야 한다. '학'은 학이고, '문'은 문이다. 사람이 배우기만 하고 의문을 가지지 못하면 만 권의 책을 읽어도 그저 멍청이밖에는 안 된다. 책을 읽으면 잘 물어야 한다. 한 번 물어서 안 되면 두 번 세 번이라도 물어야 한다. 한 사람에게 물어서 안 되면 수십 명에게 물어서 의문을 풀고 이치를 드러내야 한다.
- 참으로 책 속에 책이 있고, 책 밖에 책이 있다는 것을 알아야 한다.(정섭鄭燮)
- 공부하는 사람은 의문을 품지 않는 것을 걱정해야 한다. 의문을 품으면 진보한다. 작게 의심하면 작게 진보하고, 크게 의심하면 크게 진보한다.(육구연陸九淵)
- 무릇 배움에는 의심이 없을 수 없으니 의문을 가지는 것이 곧 배움이요 행동이다. 또 의심이 없을 수 없으니 생각이 있기 때문이다. 생각이 곧 배움이요 행동이다. 또 의심이 없어서는 안 되니 분별력이 생기기 때문이다. 분별력이 곧 배움이요 행동이다. 분별력이 있으면 분명해지고, 생각을 하면 신중해지며, 의문을 품으면 살피게 되고, 배우면 능력이 생긴다. 이렇게 쉬지 않고 공을 들이는 것을 독행(篤行, 행동을 돈독히 하는 것)이라 한다.(왕수인)

- 책은 노예다. 따라서 나의 의지에 복종해야 하며 나를 위해 사용되어야 한다.(마르크스)
- 회의(懷疑)는 지혜의 문이자 모든 학문의 출발점이다. 모든 발명과 창작이 회의에서 출발한다.(양규楊逵)
- 타고난 것이 아니라면 노력해서 배우지 않으면 안 된다. 노력하여 배우지 않으면 재능을 넓힐 수 없고, 뜻을 세우지 않으면 배운 바를 성취할 수 없다.(제갈량)
- 세계는 얼마나 좁으며, 네모난 책은 얼마나 넓은가!(이지李贄)
- 독서는 우리의 작은 거울이다. 서적이라는 큰 거울에 대고 과거로부터 지금에 이르는 수없이 많은 총명하고 지혜로운 심령이 비추어 주는 세상의 사물과 진리를 우리가 독서하는 작은 거울에 반사시켜 볼 줄 알아야 한다.(당군의唐君毅)
- 돈 냄새를 없애거나 썩는 것을 방지하는 가장 좋은 방법은 책 냄새를 맡는 것이다.(유무기柳無忌)
- 공부의 적은 자기만족이다. 진지한 공부는 반드시 불만족에서 시작되어야 한다.
- 필묵을 움직이지 않으면 책을 읽는 것이 아니다.
- 조사(調査, 공부)가 없으면 발언권도 없다.(이상 모택동)
- 스스로 만족한 날이 곧 무엇인가 부족했던 날이다.(광아명匡兒明)
- 바람 좋고 상쾌한 날 나가 놀지 않음은 천시(天時)를 거스르는 일이요, 깨끗하게 닦은 창을 내다보며 책을 읽지 않음은 지리(地利)를 거스르는 일이며, 좋은 친구들이 집을 가득 메웠는데 술 마시지 않음은 인화(人和)를 해치는 일이다.
- 사람의 밉고 곱고 여부는 잘생겼느냐 못생겼느냐에 있는 것이 아니라 그 사람이 책을 읽었느냐, 즉 뱃속에 시서(詩書)의 기운이 가

득 찼느냐에 있다.(이상 정일매鄭逸梅)

- 독서도 어렵지만 장서는 더 어렵다. 오랫동안 간직하면서 흩어지지 않게 하는 것은 더더욱 어렵다.(황종희黃宗羲)
- 옛것(고전)을 충분히 익혀 새로운 것을 알아내라.(온고이지신溫故而知新)
- 배우고 생각하지 않으면 애매해지고, 생각만 하고 배우지 않으면 확신이 안 선다.
- 아는 것보다는 좋아하는 것이 낫고, 좋아하는 것보다는 즐기는 것이 낫다.(이상 공자)
- 새로운 눈으로 옛 책을 보면 옛 책이 모두 새로운 책으로 보인다. 반대로 낡은 눈으로 새 책을 보면 새 책 역시 낡은 책이 된다.(손보선孫寶瑄)
- 배우길 좋아하고 깊게 생각하면 마음으로 그 뜻을 알게 된다.(호학심사好學深思, 심지기의心知其意)(사마천)
- 오래 의심하고 깊게 생각하라.(요평삼蓼平三)
- 그 책에 들어가지 못하면 옛사람의 마음 씀씀이를 알 수 없고, 그 책에서 빠져나오지 못하면 그 글 밑에 깔려 죽는다. 들고 나가는 것을 아는 일이야말로 제대로 된 독서법이다.(진선陳善)
- 촛불은 밝음을 추구하고 독서는 이치를 추구한다.
- 벌이 달콤한 꿀을 위해 수많은 꽃을 찾아다니듯, 사람은 진리를 밝히기 위해 수많은 책을 읽는다.
- 밥을 먹지 않으면 배가 고프듯 책을 읽지 않으면 어리석어진다.
- 독서가 실제와 결합하지 못하면 지식은 하늘에 뜬 구름에 지나지 않는다.
- 책 한 권을 읽으면 지혜가 한층 늘어난다.
- 읽기만 하고 생각하지 않는 것은 신발을 신은 채 가려운 발을 긁

는 것과 같다.

- 책을 읽고도 의리를 모르면 나무껍질을 씹는 것과 같다. 좋은 책은 좋은 친구와 같아 평생 떨어지지 않는다.
- 보답을 위해 선을 행하는 것이 아니듯 어찌 공명을 위해 독서하랴.
- 독서의 귀중함은 의심을 품는 데 있다. 의심을 품어야 배움과 유익함을 얻을 수 있다. (이상 중국 속담)
- 한 권의 좋은 책이 어떤 보물보다 낫다. (아랍 속담)
- 이걸 읽으면서 저걸 탐내지 마라. 이걸 끝내지 못하고서 저걸 들지 마라.
- 고개 숙여 읽고 고개 들어 생각하라.
- 새는 곳을 막으려면 맑은 날 하듯이, 독서는 젊어서 하라. (이상 잠언)
- 책은 세상을 내다보는 창구와 같다. (소련 속담)

- 《현자들의 평생 공부법》, 김영수 저(위즈덤하우스, 2011)
- 《하루 명언공부》, 김영수 편저(유유, 2013)
- 《나를 세우는 옛 문장들》, 김영수 저(한국물가정보, 2013)
- 《사기를 읽다: 중국과 사마천을 공부하는 법》, 김영수 저(유유, 2014)
- 《사기를 읽다, 쓰다》, 김영수 저(위즈덤하우스, 2016)
- 《사마천 인간의 길을 묻다》, 김영수 저(위즈덤하우스, 2016)
- 《사마천과 사기에 대한 모든 것》(전2권), 김영수 저(창해, 2016)
- 《인간의 길: 나를 바로 세우는 사마천의 문장들》, 김영수 저(창해, 2018)
- 《제자백가, 경제를 말하다: 고대 현자들의 경제치국 방법론》, 김영수 편저(아이필드, 2019)
- 《리더의 역사 공부: 역사책을 읽는 자가 승리한다》, 김영수 저(창해, 2020)
- 《리더의 망치》, 김영수 저(창해, 2021)
- 《리더와 인재, 제대로 감별해야 한다》, 김영수 저(창해, 2021)
- 《사마천과 노블레스 오블리주》, 김영수 저(아이필드, 2020)
- 《완역 사기 본기》(전2권), 사마천 저, 김영수 역(알마, 2010~2019)
- 《완역 사기 세가》(전2권), 사마천 저, 김영수 역(알마, 2014~2019)
- 《속담사전》, 이기문·조남호 공편(일조각, 2014)
- 《고사성어대사전》, 임종욱 엮음(시대의 창, 2008)
- 《史記辭典》, 倉修良主編, 山東教育出版社, 1991.
- 《中國成語大辭典》, 上海辭書出版社, 2007.
- 《中國格言大辭典》, 上海辭書出版社, 2008.
- 《中國典故大辭典》, 上海辭書出版社, 2012.
- 《中國成語典故總集》(전4권), 巴城主編, 内蒙古大學出版社, 2001.
- 《中華成語故事》(전4권), 彭朝丞, 王秀芬編著, 北方文藝出版社, 2007.
- 《中華成語典故》(전4권), 中國戲劇出版社, 2008.
- 《中國成語故事》(전2권), 王成綱, 王其方著, 新世界出版社, 2008.
- 《史記研究集成》(제4권 史記論贊與世情研究), 華文出版社, 2005.
- 《史記研究集成》(제5권 史記精言妙語), 華文出版社, 2005.

중국의 대표적인 성어 사전 몇 종을 골라 전체 항목에서 《사기》의 성어가 차지하
는 비율을 조사한 결과 아래와 같았다. 정도의 차이는 있지만 대체로 평균 10퍼센
트 이상의 비율을 차지하는 걸 확인할 수 있었다. 이 책에 소개한 각급 학교 교과
서에서 추출한 193개 항목의 고사성어 가운데 《사기》가 차지하는 비율 20개 항목
약 10퍼센트와 거의 일치한다.

- 《中國典故大辭典》은 성어와 전고 관련 사전으로, 중대 국가 출판물 계획에 따
  라 출간된 가장 방대한 규모다. 주요 항목 4천여 개 중 《사기》가 차지하는 비율
  은 409개 항목으로 전체의 약 10퍼센트를 차지한다.
- 《中國成語典故總集》(전4권)의 약 2천 항목 중 《사기》가 차지하는 비율은 1,206
  개 항목으로 전체의 약 10퍼센트를 차지한다.
- 《中華成語故事》(전4권) 총 1,001개 항목 중 《사기》가 차지하는 비율은 166개 항
  목으로 17퍼센트를 조금 넘는다.
- 《中華成語典故》(전4권) 총 568개 항목 중에서 《사기》가 차지하는 비율은 83개
  항목으로 약 15퍼센트를 차지한다.
- 《中國成語故事》(전2권) 총 1,481개 항목 중에서 《사기》가 차지하는 비율은 115
  개 항목으로 약 8퍼센트를 차지한다.

개정증보판을
펴내며

《알고 쓰자 고사성어》가 독자들의 꾸준한 관심 덕분에 1년 만에 개정증보판을 내게 되었다. 본문 항목에서 찾아낸 오탈자를 바로 잡고, 해당 고사성어와 어울리는 우리 속담을 보완했다. 그리고 개정판 서문에 2023년 올해의 사자성어에 대한 글쓴이의 생각을 전해드리고, 책의 말미에 숫자로 시작하거나 숫자가 들어 있는 음미할 만한 고사성어들을 부록으로 소개했다.

현재 글쓴이는 초중고 교과서에 나오는 고사성어 가능한 전부 모아 하나의 사전으로 만들고 있는 중이다. 독자들에게 좀 더 나은 콘텐츠를 드리고 싶은 마음에서이다. 과정을 관심 있게 지켜봐 주시고 격려를 보내주시면 감사하겠다.

2023년 올해의 사자성어 '견리망의(見利忘義)'에 대한 생각

〈교수신문〉이 2023년 한 해를 대변하는 사자성어로 '견리망의(見利忘義)'를 골랐다. '이익을 보면 의를 잊는다'는 뜻으로 역사서 《한서》가 그 출처이다. 여기서 말하는 '의'란 의리, 옳음, 정당함 등을 말한다. 이익을 보면 그것이 옳은 것이든 정당한 것이든 따지지 않고 덥석 그 이익을 취한다는 것이다. 최근 권력자의 처가 명품 백을 서슴없이 뇌물로 챙기는 영상이 전국을 뒤흔든 탓에 '견리망의'가 선택 받은 것으로 추정한다. (이밖에 도적이 도리어 몽둥이 든다는 '적반하장', 숫자만 채우는 악대, 자리만 차지한 채 밥만 축내는 자들에 대한 비유한 남우충수濫竽充數' 등이 추천을 받았다. 하나 같이 이 정권의 무능과 행태를 지적하는 부정적인 사자성어들이었다.)

사마천은 '견리망의'와 비슷한 뜻의 '이령지혼(利令智昏)'을 언급한 바 있다. '이익이 지혜를 어둡게 만든다'는 뜻인데, 여기서 말하는 지혜란 올바른 판단력을 가리킨다.

공자는 '견리사의(見利思義)'라 했다. '이익을 보면 의리를 생각하라'는 뜻으로 눈앞의 이익을 보면 그것이 의롭고 정당한 것인가를 먼저 생각하라는 것이다. 《논어》〈헌문〉 제자 자로(子路)가 성인(成人)에 대해 묻자 스승 공자는 이렇게 답했다.

"견리사의(見利思義), 견위수명(見危授命), 구요불망평생지언(久要不忘平生之言), 역가이위성인의(亦可以爲成人矣)."

"이익을 보면 (그것이) 의로운 것인가를 생각하고, 위기를 보면 목

숨을 바치며, 오랜 약속을 평생 잊지 않는다면 역시 성인이라 할
수 있다."

　자로가 물은 '성인'이란 '완전한 사람'을 가리키는데, 공자는 완전
한 사람이 되기 위한 자격과 과정을 말하고 있다. 이 대목에서 '견
리사의'는《논어》뿐만 아니라 제자백가의 다른 사상과 비교할 수
있다는 점에서 매우 중요하다. '견리사의'를 좀 더 자세히 살펴보기
로 한다.
　'견리사의'는 중국의 전통적 도덕 문제에 있어서 집단과 개인의
관계를 처리하는 기본적인 행위 준칙이자 중국의 전통적 미덕이기
도 하다. 의(義)와 리(利)의 문제는 도덕적 원칙과 물질적 이익의 관
계 문제를 말한다. '의'는 일반적으로 정의와 공익에 합치하거나 공
익과 공정에 합치되는 이치와 행동을 가리킨다. '리'는 물질적 이익
을 가리킨다. '이익을 보거든 의를 생각하라'는 말은 '이익'에 반대
한다는 것이 아니라 이익을 보면 먼저 그것이 도의에 부합하는지
를 생각하라는 지적이다. 그것을 내가 취해도 되는지 아닌지를 고
려하라는 뜻이다. 그래서 공자는 의에 부합한 다음 취하면 사람들
이 그것을 취했다고 미워하지 않는다고 했다.
　'의'와 '리'를 둘러싼 논쟁은 중국 고대 사상사를 관통하는 중요한
문제이기도 하다. 오랜 논쟁사를 정리해보면 대체로 세 가지로 갈
라진다.

　첫째, '의'를 중시하고 '리'를 경시하는 '중의경리(重義輕利)' 사상으

로 주로 공자와 맹자로 대표되는 유가학파가 이를 주장한다. 공자는 "군자는 '의'에 밝고(군자유어의君子喩於義), 소인은 '리'에 밝다(소인유어리小人喩於利)"고 했으며(〈이인〉), 또 "의롭지 못하고 부귀한 것은 내게 뜬구름과 같다(불의이부차귀不義而富且貴, 우아여부운于我如浮雲)."이라고도 했다.(〈술이〉) 맹자(孟子) 역시 같은 입장이었다. 그래서 '인의(仁義)'가 있을 뿐인데 하필 이익을 말하냐고 위나라 혜왕(惠王)에게 핀잔을 주는가 하면, 생명과 의로움 중 하나를 선택하라고 하면 생명을 버리고 의를 취하겠다고도 했다.

둘째, 첫 번째 입장과 반대되는 '중리경의(重利輕義)'를 주장하는 사상으로, 주로 관중(管仲)을 비롯하여 상앙(商鞅), 한비(韓非)로 대표되는 법가학파들이 많다. 관자는 "창고가 차야 예절을 알고, 입고 먹는 것이 넉넉해야 영예와 치욕을 안다"는 유명한 명언을 남겼고, 한비자는 "이익을 좋아하고 손해를 싫어하는 것은 인지상정이다"고 했다. 한비자는 인간이란 스스로의 이익을 추구하기 때문에 인자함을 거론하는 것은 무용할 뿐만 아니라 해롭다고 말한다.

셋째, '의'와 '리'를 함께 중시하는 것으로 주로 묵가(墨家)학파 사람들이 주장한다. 묵자(墨子)는 사사로운 이익에 대한 추구와 도덕, 그리고 이익을 결합시켜 서로를 사랑하면 서로에게 이익이 될 수 있다고 말한다. 이와 관련해서는 순자(荀子)의 논리가 가장 심각한데, 그는 인간의 자연적 속성에서 출발하여 인간의 물질적 이익을 인정하면서 '의'와 '리' 둘 다 필요하다고 주장했다. 즉, 이 둘 모두는 부정할 수 없는 것이지만 '이의제리(以義制利)', 즉 '의로 리를 통제'할 수 있어야 한다고 했다. 그는 이렇게 말했다. "먼저 의로워진

다음 이익을 추구하면 영예롭지만, 이익을 먼저 추구한 다음 의롭
고자 하는 것은 부끄럽다.”

자신이 노력하여 얻은 정당한 이익이라면 당연히 취해야 한다.
역대 사상가들의 견해가 갈라지고는 있지만, 올바르고 정당한 이
익을 부정하지는 않는다는 점에서는 일치한다. 따라서 공직자에
게 이익과 의리는 결국 공사구분과 직결된다. 더욱이 고위 공직자
에게는 공적으로 발생한 이익이라도 나라와 국민에게 돌릴 줄 아
는 노블레스 오블리주 자세가 요구된다. 노블레스 오블리주는커녕
'견리망의'가 일상화된 정권이라면 하루라도 빨리 끌어내려야 한다.
국민과 나라가 골병이 들기 때문이다.

2023년 12월

중국의 역사와 문화에서 가장 중요하고 큰 특색의 하나라면 수천 년을 통해 축적되고 다듬어진 성어(成語, 관용구 Idiom)를 들 수 있다. 이 성어들은 이미 중국 특유의 전통문화가 되어 생활 전반에서 활용되면서 깊은 영향을 미치고 있다. 이 영향은 오랫동안 한자와 한문을 사용한 우리나라에도 큰 영향을 미쳤다. 지식인과 학계는 물론 여러 분야의 사회 리더들에게 성어의 활용은 거의 필수가 되었다. 거친 통계이지만 중국에서 사용되어 온 성어의 항목은 약 5만에 이르며 그중 96%가 사자성어라고 한다.

사자성어는 네 글자로 이루어진 성어이며, 넓은 의미에서 성어에 포함된다. 다시 말해 사자성어는 특별히 네 글자로만 이루어진 성어라 할 수 있다.

사자성어는 두 글자씩 앞뒤로 대구를 이루는 경우가 많아 운율도 맞고 읽기에 편하다. 사자성어는 글자 수가 적당하고 읽기도 좋으며, 대구와 운율도 갖추고 있기 때문에 수천 년 세월을 통해 수많은 사람의 입에 오르내리며 사랑을 받았다. 심지어 글자 수가 많으면 일부러 네 글자로 줄이면서까지 사자성어에 집착하기까지 했다. 대부분의 사람들이 성어가 곧 사자성어인 것처럼 인식하는 까닭도 성어에서 사자성어가 차지하는 비중이 압도적이기 때문이다. 필자가 공부하면서 정리하고 있는 사마천의 《사기》에는 대략 1,200항목 가량의 성어를 포함한 명언명구 중 사자성어의 비중이 절반 가량이다.

5만 항목에 이르는 성어 중에 고사(故事, Story)가 딸린 성어를 '고사성어(故事成語, Story Idioms)'라 부른다. 성어 전체에서 고사성어가 차지하는 비중에 대한 통계는 찾지 못했지만, 고사성어는 비유하자면 성어의 꽃이라 할 수 있다. 흥미롭고 의미심장한 이야기가 함축되어 있기 때문이다. 예를 들어 이 책에도 실린 관포지교(管鮑之交)를 비롯하여 낭중지추(囊中之錐), 단기지계(斷機之戒), 모수자천(毛遂自薦), 배수지진(背水之陣), 삼고초려(三顧草廬), 와신상담(臥薪嘗膽), 지록위마(指鹿爲馬), 형설지공(螢雪之功) 등이 대표적인 고사성어들이다. 이런 고사성어에는 중대한 역사적 사실과 교훈, 감명 깊은 인간관계가 깊숙이 반영되어 있어 우리 삶을 통찰할 수 있는 계기를 마련해준다.

성어가 포함하고 있는 영역은 거의 무궁무진하다. 인간사를 비롯하여 자연계, 동식물, 우주만물에까지 미친다. 그리고 이를 적절하게 표현하는 수단으로 간결한 수(數)를 활용한다. 일(一)부터 조(兆)까지 모두 15개의 숫자를 활용하여 대단히 흥미롭고 의미심장한 성어들을 만들어냈다. 우리가 일상에서 흔히 입에 올리는 일석이조(一石二鳥), 삼고초려, 사면초가(四面楚歌), 구사일생(九死一生), 십중팔구(十中八九), 백발백중(百發百中), 천신만고(千辛萬苦), 만사형통(萬事亨

通), 억조창생(億兆蒼生) 등이 모두 숫자가 들어가는 성어들이다.

이번 《알고 쓰자 고사성어》 개정증보판을 내면서 독자들을 위하여 이 15개의 숫자가 들어 있는 성어들 중 재미있고 음미할 만한 항목을 하나씩 골라 소개하고자 한다. 고사성어를 공부할 때 숫자가 들어가는 고사성어를 골라 보거나, 동식물이 들어 있는 고사성어를 골라 공부하면 지루하지 않고 재미가 있지 않을까 해서이다.

일목삼착(一沐三捉), 일반삼토(一飯三吐)

- 목욕 한 번 하다가 머리카락을 세 번 움켜쥐고, 밥 한 끼 먹다가 먹던 것을 세 번 뱉어내다.
- 찾아온 인재를 극진히 대하는 것을 비유하는 명언이다.
- 《사기》 권33 〈노주공세가〉

이 명언은 주나라 건국의 주역 주공(周公, 생몰 미상 기원전 11세기)이 아들 백금(伯禽)을 훈계하는 대목에서 나온다. 주공은 천하의 현인을 잃지 않으려고 많은 애를 썼다. 이 때문에 목욕을 하다가 손님이 찾아와 씻다가 만 머리카락을 움켜쥔 채 허둥지둥 손님을 맞길 세 번씩이나 했고, 밥을 먹고 있는데 손님이 찾아와 먹던 것을 도로 뱉고 손님을 맞길 세 번씩이나 했다고 한다. 유능한 인재를 찾기가 쉽지 않다는 것을 비유하는 유명한 명언이자 성어이다.

사마천은 《사기》를 편찬하면서 역사를 앞장서 끌고 나간 인물들과 그들의 행위에 중점을 두고 서술했다. 그러다 보니 인간관계의 원칙들을 제시할 수밖에 없었다. 이 중에서도 몇몇 사람들이 보여준 인간관계는 일상적 틀을 벗어나 있다. 따라서 《사기》에 보이는 특출한 인간관계와 관련된 부분은 얼마 되지 않지만 여간 흥미롭지 않다.

주공 희단(姬旦)은 기원전 11세기 주 왕조 초기의 천자였던 무왕(武王)의 동생이다. 그는 형님 무왕의 가장 믿음직스러운 조력자로 주 왕조의 기초를 내리는데 결정적인 공을 세웠다. 무왕이 죽고 그 아들 성왕(成王)이 즉위한 다음에도 조카 성왕을 보좌하며 국정을 주도했다. 먼 훗날 공자가 가장 이상적인 성인의 모범으로 그를 추앙할 정도로 그는 뛰어나고 훌륭한 인물이었다.

아들 백금(伯禽)이 부임지인 노나라로 떠나려 할 때 주공은 아들에게 이런 말을 해준다.

주 문왕의 인재에 대한 극진한 자세는 천하의 민심을 얻는 결과로 나타났고, 그것이 그 아들 무왕 때 가서 결국 은나라를 무너뜨리고 주나라를 건국하는 동력으로 작용했다. 사진은 문왕이 은나라 주왕에 의해 7년 동안 갇혀 있었던 하남성 안양시(安陽市) 유리성(羑里城) 유적 앞의 문왕 석상이다.

"나는 문왕의 아들이자 무왕의 동생이며 지금 왕인 성왕의 숙부이다. 어느 모로 보나 나는 천하에 결코 천한 사람이 아니다. 그러나 나는 '일목삼착(一沐三捉), 일반삼토(一飯三吐)'하면서까지 인재를 우대했다. 오로지 천하의 유능한 인재를 잃을까 봐 걱정되어서였다. 노나라로 가더라도 결코 사람들에게 교만하지 않도록 신중해야 할 것이야!"

아무리 바쁘고 긴장되더라도 사람에게 소홀하지 말라는 충고다. 한순간의 소홀함 때문에 현자를 놓치는 일이 흔히 있기 때문이다. 주공이 하루에 70여 명의 손님을 접대했다는 전설 같은 이야기도 있고 보면, 그가 인간관계를 얼마나 중요하게 생각했는지 짐작하고도 남는다. 인간관계는 모든 일의 알파요 오메가라는 말도 있지 않은가? 다만 그 인간관계가 '도'를 벗어나면 큰 문제다. 관련하여 앞뒤 대목의 원문과 번역문을 함께 소개해둔다.

"연아일목삼착발(然我一沐三捉髮), 일반삼토포(一飯三吐哺), 기이대사(起以待士), 유공실천하지현인(猶恐失天下之賢人)."

"그러나 나는 한 번 목욕하다 머리카락을 세 번 움켜쥐고, 밥 한 끼 먹다가 먹던 것을 세 번 뱉어내면서까지 인재를 우대했다. 오로지 천하의 유능한 인재를 잃을까 걱정되어서였다."

이십병농(二十病農), 구십병말(九十病末)

- 20전이면 농민이 손해를 보고, 90전이면 상인이 손해를 본다.
- 식량 가격이 물가에 미치는 영향을 지적한 명언이다.
- 《사기》 권129 〈화식열전〉

계연은 일반 서민의 물가까지 세심하게 배려하는 상도(商道)를 보여준 상인이자 경제 전문가였다.

이 대목은 춘추시대 경제 사상가 계연(計然, 생졸 미상)이 식량 가격의 안정을 강조하면서 한 말이다. 여기서 '병(病)'이란 '손해를 본다'는 뜻이고, '말(末)'은 '상인'을 가리키는 글자다.

계연의 경제사상은 거시적 통제를 대단히 중시하고 있으며, 또 경제의 현실상황을 주의해서 조사 파악하고 이를 바탕으로 구체적인 대책과 방침을 제기했다. 계연은 자신의 도움을 필요로 했던 월나라의 경제현상을 깊게 연구한 기초 위에서 물가가 평형을 이루어야 하고, 생산(농업)과 유통(상업) 두 방면의 관계를 고려해야 한다고 강조했다. 그는 다음과 같이 말한다.

"식량 가격이 한 되에 20전이면 농민의 이익에 손해가 나고, 90전이면 상인이 손해를 본다. 상인의 이익에 손해가 나면 교역이 정체되고 돈이 돌지 않는다. 농민이 손해를 보면 생산성이 떨어지고 농지가 황폐해진다. 따라서 식량의 가격은 한 되당 최고 80전을 넘지 말아야 하며 최저 30전 밑으로 떨어져서는 안 된다. 그래야만 상인과 농민 모두가 이익을 얻을 수 있다."

계연은 이렇게 해야만 양식의 가격이 안정되고 시장이 활기를 띤다고 생각한 것이다. 식량 값이 안정을 유지하면 다른 화물의 평등한 교환이 뒤따르고 시장교역과 관세 등도 따라서 활기를 띤다는 뜻이다.

농업 본위의 사상이 주도하던 상황에서 계연은 사회적으로 '말석(末席)'에 위치한 상인의 이익과 그 작용을 간파하고 그것의 중요성을 강조했다. 이는 좀처럼 보기 힘든 참으로 귀중한 주장이 아닐 수 없다. 그의 상업경제 사상은 지금 보아도 아주 의미심장하다. 특히 모든 물가의 기본이 되는 식량 가격의 안정을 강조한 대목은 탁견이 아닐 수 없다.

삼지무려(三紙無驢)

- 종이 석 장에 나귀가 없다.
- 말이나 글이 요령을 얻지 못하고 온통 쓸모없는 것만 있다는 비유.
- 《안씨가훈(顏氏家訓)》〈면학(勉学)〉

옛날 재주가 남다른 한 서생이 늘 자신의 유식함을 뽐내고 다녔다. 사람들은 이런 그를 '박사(博士)'라 부르며 비꼬았는데, 그는 그것도 모르고 좋아했다. 하루는 서생의 집에서 나귀를 한 마리 사면서 관례에 따라 간단하게 계약서를 써야 했다. 서생이 거창하게 지필묵을 대령하여 계약서를 써 내려가는데 큰 종이로 석 장을 쓰고도 다 쓰지 못했다.

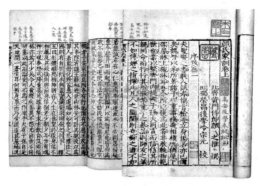
《안씨가훈》의 판본이다.

날은 저물고, 나귀를 파는 사람은 발을 동동 구르며 재촉했지만 서생은 "글도 모르는 무식한 자가 뭐가 급하고 재촉하는가? 곧 나귀 '려(驢)' 자를 쓰려고 하는데……"라고 했다. 석 장을 쓰고도 정작 써야 할 나귀 '려' 자는 나오지도 않았던 것이다. 수나라 때 사람 안지추(顏之推, 531~591)가 편찬한 가훈집 《안씨가훈》의 해당 대목은 이렇다.

"박사가 나귀를 사면서 종이 석 장을 쓰고도 나귀 '려' 자는 없었다."
"박사매려(博士買驢), 서권삼지(書券三紙), 미유려자(未有驢字)."

이렇게 해서 '삼지무려(三紙無驢)'는 문장이나 말이 요령을 얻지 못하고 온통 쓸데없는 것으로 가득 찬 상황을 비유하는 성어가 되었다.

《안씨가훈》은 중국 최초의 가정교육의 교과서로 꼽힌다. 남북조 시대라는 격랑의 시기에 험한 삶을 살았던 안지추가 집안과 자녀들을 위해 남긴 가르침을 기록한 책이다. 평생 바른 삶을 살고자 애썼던 안지추의 사상이 녹아 있는데, 특히 배움은 평생 해야 하는 것이긴 하지만 가능하면 젊었을 때 하면 삶과 생활에 도움이 될 뿐만 아니라 어려움을 헤쳐 나갈 수 있는 쓸모 있는 수단이 될 수 있다는 점을 강조하고 있다.

사지(四知)

- 적어도 넷은 안다.
- 세상에 비밀은 없다는 비유.
- 《후한서(後漢書)》〈양진전(楊震傳)〉

동한 시대의 양진(楊震, ?~124)은 동래(東萊) 태수를 지냈는데 청렴결백하기로 명성이 자자했다. 그는 또 늘 사심 없이 인재를 추천했다. 한번은 왕밀(王密)을 창읍령으로 천거했다. 뜻하지 않은 은혜를 입은 왕밀이 밤에 양진을 찾아와 인사를 올리며 은밀히 돈을 건넸다. 그러면서 "깊은 밤이라 아는 사람이 없을 겁니다"라고 말했다. 그러자 양진은 "하늘이 알고 귀신이 알고 내가 알고 그대가 아는

양진은 중국 역사상 가장 모범적인 청백리로 칭송을 받고 있다. 그의 고향인 지금의 섬서성 화음시에는 양진과 역대 청백리는 기념하는 기념관 '염정박물관'이 세워져 있다. 염정박물관 입구와 양진의 석상이다. 입구 패방의 이름이 '사지방(四知坊)'이다.

데 뭘 모른다는 말이오?"라며 받기를 거절했다.

훗날 이 이야기는 청렴결백한 관리를 칭송하는 전고가 되었고, 세상에 비밀은 없다는 비유로 인용되기도 했다. 또 '사지금(四知金)', 즉 '적어도 넷은 아는 돈'이라고 하여 부정한 돈을 풍자하기도 했다. 눈만 뜨면 부정부패와 뇌물 관련 사건을 접하는 세상에 참 남의 나라 이야기 같다는 생각이 든다. 자신에게 부끄럽지 않은 삶을 먼저 고민해야 한다.

오두미(五斗米)

• 다섯 말의 쌀.
• 아주 박한 녹봉을 비유.
• 《송서(宋書)》〈도잠전(陶潛傳)〉

유토피아 무릉도원(武陵桃源)을 노래한 〈도화원기(桃花源記)〉라는 불세출의 명작을 남긴 시인 도연명(陶淵明, 약 365~427)은 남북조라는 혼란기 속에서 평생을 가난하게 살다간 사람이었다. 시상(柴桑, 지금의 강서성江西省 구강九江) 출신으로 자는 원량(元亮)이고, 송나라가 들어선 다음 이름을 잠(潛)으로 고쳤다. 집 문 앞에 버드나무 다섯 그루를 심어 놓고 스스로를 오류선생(五柳先生)이라 부르기도 했다. 좨주(祭酒) 벼슬을 시작으로 참군(參軍)을 거쳐 팽택령(彭澤令)에 임명되었으나 '쌀 다섯 말' '오두미(五斗米)' 때문에 허리를 굽힐 수 없다며 관직을

버리고 고향 전원으로 돌아가 죽
을 때까지 벼슬하지 않고 살았다.

　관직에서 물러나면서 도연명은
저 유명한 〈귀거래사(歸去來辭)〉를
썼다. 이후 '오두미'는 아주 박한
녹봉을 가리키는 단어이자 도연
명의 정신을 기리는 대명사 같은
비유가 되었다.

명예와 이익을 다 버리고 전원에서 청
빈한 삶을 살고 싶어 했던 도연명의 정
신세계는 훗날 많은 사람에게 적지 않
은 영향을 주었다.

　송나라 때 문인 소식(蘇軾, 1039~
1101)은 "도연명은 벼슬하고 싶으
면 벼슬하고, 은퇴하고 싶으면 은퇴했다. 그렇다고 스스로를 고상
하다고 자랑하지 않았다. 배가 고프면 남의 집 문을 두드리고, 살
림이 펴면 닭을 잡고 술을 빚어 손님을 불렀다"는 말로 그의 삶을
요령 있게 표현했다.

육정육사(六正六邪)

- 여섯 부류의 올바른 신하와 나쁜 신하.
- 공직자에 대한 분류.
- 《설원(說苑)》

　한나라 때 학자 유향(劉向, 기원전 77~기원전 6)은 조정에서 일하는 신

공직자의 종류는 상세히 구분하여 바람직한 공직자의 모습을 제시한 유향.

하(공직자)를 모두 12종류로 나눈 다음 이를 다시 각각 올바른 신하 '정신(正臣)' 여섯 종류와 나쁜 신하 '사신(邪臣)' 여섯 부류로 나누었다.

먼저 '정신' 여섯 부류는 천하 사람들이 모두 충성을 다하는 대신이라고 칭찬하는 '성신(聖臣)', 공적을 임금에게로 돌리고, 자신의 공로는 숨기는 '양신(良臣)', 임금을 격려하여 국가와 사회를 안정시키는 '충신(忠臣)', 임금이 걱정하지 않도록 하는 '지신(智臣)', 의복이 단정하고 음식은 매우 검소한 '정신(貞臣)', 임금의 뜻을 거스르더라도 그 잘못을 지적하며 희생을 두려워하지 않는 '직신(直臣)'이다.

'사신' 여럿 부류는 주관 없이 좌우만 관망하면서 자리만 채우는 '구신(具臣)', 임금의 뜻에 영합하여 결과는 아랑곳하지 않으며, 주인과 함께 쾌락을 누리는 '유신(諛臣)', 상벌의 시행이 옳지 못하고 명령도 실행되지 않게 하는 '간신(姦臣)', 안팎으로는 조정을 어지럽히는 '참신(讒臣)', 임금의 명령을 빌어 자기를 빛내며 위세를 더 높이려는 '적신(賊臣)', 모든 것을 모조리 임금에게 씌워 다른 나라와 백성들로 하여금 임금의 죄악을 낱낱이 알게 하는 '망국신(亡國臣)'이다.

그러면서 유향은 올바른 자세를 지키며 공직을 수행한 사람은

"살아서는 임금의 사랑을 받고 죽어서도 임금이 그리워하는" 신하가 된다고 했다. '육정육사'는 공직자로서 갖추어야 할 기본자세에 대해 많은 것을 생각하게 한다.

칠보성시(七步成詩)

- 일곱 걸음에 시를 완성하다.
- 시 짓는 재능이 빠르고 뛰어남을 형용하는 전고다.
- 《세설신어(世說新語)》〈문학(文學)〉 제4

　삼국시대 조조의 맏아들로 동한을 멸망시키고 위(魏)나라를 세워 삼국시대를 연 문제(文帝) 조비(曹丕, 187~226 조조의 맏아들)는 동생 조식(曹植, 192~232)에게 질투심이 강했다. 황제가 된 조비는 조식에게 일곱 걸음을 걷는 사이 시 한 수를 지으라고 명령을 내린 적이 있다. 그사이 시를 완성하지 못하면 목을 베겠다고 으름장을 놓았다. 조식은 일곱 걸음을 다 떼기도 전에 시를 완성했는데, 형제가 서로 싸우는 것이 얼마나 잔인한 일인지 암시하는 내용이었다. 이에 조비는 몹시 부끄러워했다고 한다. '칠보시'의 내용은 이랬다.

　콩대를 태워서 콩을 삶으니,
　자두연두기(煮豆燃豆箕),

가마솥 속에 있는 콩이 우는구나!

두재부중읍(豆在釜中泣)!

본디 같은 뿌리에서 태어났건만,

본시동근생(本是同根生),

어찌하여 이다지도 급히 삶아대는가!

상전하태급(相煎何太急)!

이 고사는 '칠보지재(七步之才)'로도 잘 알려져 있다. '일곱 걸음 (안
에 시를 짓는) 재능'이란 뜻이다. 백박(白朴)이란 문인은 "뱃속에는 시서
와 일곱 걸음 안에 시를 짓는 재주가 가득 찼다"는 시를 지어 '칠보
재(七步才)'란 표현을 사용했다. 이 밖에 '칠보재화(七步才華)', '칠보장

'칠보시'와 관련한 내용을 그려 놓은 인천 차이나타운의 벽화.

(七步章)', '칠보시(七步詩)', '재고칠보(才高七步)' 같은 표현으로 문장을 쓰는 재주가 민첩하고 남다른 문인을 상징했다. 줄여서 '칠보(七步)'라고도 썼다. 그리고 이 형제의 싸움을 비유하는 사자성어로 '골육상잔(骨肉相殘)'이 있다. 피를 나눈 형제나 친인척이 서로 싸우고 해치는 것을 말한다.

팔선과해(八仙過海), 각현신통(各顯神通)

• 여덟 신선이 바다를 건너는 데 각자 신통함을 드러낸다.

• 누구에게나 각자의 해결할 방법이 있음을 비유한다.

• 청, 이녹원(李綠園)《기로등(岐路燈)》

중국 음식점 벽에 많이 걸려 있는 그림들 중 하나가 여덟 명의 신선이 바라를 건너는 '팔선과해'다. 민간 전설에 따르면 도사 출신의 여동빈(呂洞賓, 796~?)을 비롯한 일곱 남자 신선과 여자 신선 하선고(何仙姑), 즉 팔선은 모두 막강한 도력의 신선들이었다. 하루는 이 여덟 신선이 서왕모(西王母)의 초청을 받아 요지에 가서 반도 잔치에 함께 참석하기로 했다. 반쯤 갔을까, 동해가 가는 길을 막았다.

여동빈은 육로는 험하고 해로가 길을 막고 있으니 각자 가지고 있는 법보를 바다에 던지면 무사히 육지에 이를 것이라고 제안했다. 모두가 동의했고, 더러운 얼굴에 봉두만발의 신선 철괴리(鐵拐李)가 맨 먼저 나서 자신의 법보인 쇠몽둥이를 바다에 던졌다. 쇠몽

둥이는 순식간에 용머리로 장식된 배로 변했고, 철괘리는 배를 타고 유유히 바다를 건넜다.

이렇게 나머지 일곱 명의 신선도 각자 경쟁하듯 가지고 있는 법보를 바다에 던져 바다를 건넜다. 여신 하선고는 대나무 광주리를 타고 날아가듯이 바다를 건넜다. 그중에서도 가장 신기한 법보를 자랑한 신선은 장과노(張果老)였다. 장과노는 조금도 서두르지 않고 느긋하게 천으로 만든 상자에서 종이 노새 한 마리를 꺼냈다. 그러더니 한순간 사랑스럽고 작은 흰 노새로 바꾼 다음 노새의 등에 드러누워 눈 깜짝할 사이에 파도가 넘실대는 바다를 건너갔다.

'팔선과해, 각현신통'은 그 뒤 어떤 문제를 해결해야 할 경우 누구에게나 각자의 방법이 있다는 것을 비유하는 성어로 즐겨 사용되었다. 또 그 방법이 나름 남다르다는 것을 비유하기도 한다.

구우일모(九牛一毛)

- 아홉 마리 소에서 털 한 올
- 아주 보잘것없음을 비유.
- 〈보임안서(報任安書)〉

아주 쉬운 네 글자로 이루어졌지만 그 의미는 그 어떤 고사성어
보다 깊고 처절하다. 이 천고의 유명한 고사성어는 사마천(司馬遷, 기
원전 145~기원전 약 90)이 친구 임안(任安)에게 보낸 편지 〈보임안서〉 중
에 보인다. 사형을 선고받고 말할 수 없이 치욕스러운 궁형을 자청
하고라도 살아나야만 했던 절박한 심경과 역사서 완성에 대한 집
념을 잘 보여주는 이 편지는 사마천의 후배 역사가 반고(班固)가 쓴
《사기》 다음으로 꼽히는 두 번째 정사(正史) 《한서》 〈사마천전〉에 실
려 있다. 해당 부분을 먼저 보자.

"그러니 제가 법에 굴복하여 죽임을 당한다 해도 '아홉 마리 소에
서 털 오라기 하나'가 없어지는 것과 같고, 땅강아지나 개미 같은
미물과도 하등 다를 것이 없습니다. 게다가 세상은 절개를 위해 죽
은 사람처럼 취급하기는커녕 죄가 너무 커서 어쩔 수 없이 죽었다
고 여길 것입니다. 왜 그렇겠습니까? 평소에 제가 해 놓은 것이 그
렇게 만들기 때문입니다. 사람은 누구나 한 번 죽지만 어떤 죽음은
태산보다 무겁고 어떤 죽음은 새털보다 가볍습니다. 이는 죽음을
사용하는 방향이 다르기 때문입니다."

죽음보다 치욕스러운 궁형을 자청하고 혼신의 힘을 기울여 《사기》를 저술하고 있는 사마천(그림은 섬서성 한성시 사마천 사당 내의 기록화 일부).

사마천은 이 편지에서 자신이 지금 이대로 법에 따라 죽는다면 그것은 '아홉 마리 소에서 털 한 올 뽑는 것'에 지나지 않을 정도로 미미하고 보잘것없는 것 아니냐고 했다. 곧이어 그렇게 죽는 것은 땅강아지나 개미의 죽음과 무엇이 다르냐고 반문하고 있다. 그가 삶에 대해 그토록 강하게 집착한 까닭은 역사서 완성이라는 일생의 숙원을 끝내지 못했기 때문이다. 삶에 대한 애착을 '아홉 마리 소의 털 한 올'이라는 성어를 사용하여 극적으로 드러내려 한 사마천의 심경이 참으로 눈물겹다. '죽음은 인간의 정신을 집중하게 만든다.' 아주 하잘것없는 존재나 물건을 비유하는 '구우일모'라는 성어의 이면에서 우리는 한 위대한 역사가의 진솔한 인간미를 읽어낼 수 있다.

'구우일모'는 아주 하잘것없는 것을 비유하는 과장법이 돋보이는 사자성어이다. 비슷한 사자성어로는 '조족지혈(鳥足之血)', 즉 '새 발의 피'가 있지만 '구우일모'의 극적인 표현법에는 미치지 못한다.

십가지산(十家之産)

- 열 집의 재산.
- 상당히 많은 비용.
- 《제감도설(帝鑑圖說)》

서한 3대 황제 문제(文帝) 유항(劉恒, 기원전 203~기원전 157)은 역대 명군의 반열에 늘 오르는 군주였다. 각종 악법을 폐지하는 등 선정을 베풀었고, 백성을 위해 근검절약에 앞장섰다. 한번은 노대(露臺, 지붕이 없는 건축물)를 지으려고 비용을 계산하게 했더니 금 100근이 든다는 보고를 받았다. 이에 문제는 다음과 같이 말하며 노대를 지을 마음을 접었다.

"금 100근이면 보통 백성 '열 집의 재산'과 같다. 내가 앞 황제의 궁실을 물려받아 쓰면서 늘 욕되게 하면 어쩌나 걱정했는데, 대는 지어서 무엇하겠는가?"

여기서 '십가지산'이란 성어가 나와 상당히 많은 비용을

《제감도설》에는 누군가 문제에게 바친 천리마를 물리친 '각천리마(却千里馬)' 일화도 함께 실려 있다. 이를 나타낸 그림이다.

비유를 하게 되었다. 문제의 이런 선정은 훗날 명나라 재상 장거정(張居正)이 편찬한 《제감도설(帝鑑圖說)》에도 실렸다. 《제감도설》은 역대 명군들이 남긴 훌륭한 일화를 그림과 함께 실은 책이다.

백인예지불가밀(百人譽之不可密)

• 백 사람이 칭찬하더라도 지나치게 가까워지려 해서는 안 된다.

• 주위 평판 때문에 편견과 선입견을 갖지 말라는 지적.

• 송, 소순(蘇洵) 〈형론(衡論)〉 '원려(遠慮)'

    송나라 때 문인 소순(1009~1066)은 "백 사람이 칭찬하더라도 지나치게 가까워지려 해서는 안 되고, 백 사람이 비방하더라도 일부러 멀어지려 해서는 안 된다(백인예지불가밀百人譽之不加密, 백인훼지불가소百人毀之不加疏)."라고 말했다. 아무리 많은 사람들이 그를 칭찬하더라도 그것은 그 사람과 친밀한 사람이 많다는 것에 지나지 않다. 또 아무리 많은 사람들이 그를 비방하더라도 그것 때문에 그와 일부러 멀어지려 해서는 안 된다. 사람을 대함에 있어서 자신의 원칙과 주관을 견지하라는 지적이다.

    당나라 태종은 〈금경(金鏡)〉이란 글에서 "내가 좋다고 생각한다고 해서 다 좋은 것은 아니며, 여러 사람이 다 나쁘다고 해서 완전히 나쁜 것은 아니다(기지소위현己之所謂賢, 미필진선未必盡善; 중지소위훼眾之所謂毀, 미필전악未必全惡)."라고 했다.

현인들은 하나같이 객관적 견해를 굳게 견지함으로써 사물과 인간에 대한 오해와 편견의 함정에 빠지지 말 것을 당부하고 있다. 그러기 위해서는 섣부른 판단부터 철저하게 경계해야 할 것이고, 말과 행동, 그리고 그 사람이 하는 일을 다 함께 보려고 하는 자세도 필요할 것이다.

사람과 사물에 대한 편견이나 오해는 다른 사람의 평가나 주위의 평판에서 영향을 받는 경우가 많다. 소순은 이 점을 지적했다.

이 같은 지적을 공부에 적용해도 별반 다르지 않다. 특정한 설에 치우치거나 특정한 주장만 배척하는 편협함을 벗어나 다양한 학설과 주장을 참고하여 자기만의 주장과 학설을 세울 수 있어야 한다.

천금지자(千金之子), 불사우시(不死于市)

- 천금의 부잣집 자식은 저잣거리에서 죽지 않는다.
- 재산이 많으면 처벌도 피한다는 비유.
- 《사기》 권129 〈화식열전〉

《사기》의 실질적인 마지막 편인 〈화식열전〉은 2천 년 넘게 고지식한 유학자들에게 비난을 받은 저주 받은 명편이다. 여기에는 경

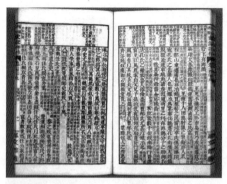

제와 정치의 관계, 돈과 세태의 연관성, 경제와 삶의 질 등을 깊게 통찰하고 있는 명언명구들이 많다. 그 중에서도 위 이 대목은 마치 돈이면 범죄도 감추고 형량도 줄

저주 받은 명편 〈화식열전〉은 오늘날 '〈화식열전〉을 읽지 않고 《사기》를 읽었다고 하지 말라'는 평을 듣는다.

이는 등 황금만능의 현대 사회의 부조리한 현상을 꼬집고 있는 것 같아 놀랍기도 하고 씁쓸하기도 하다.

사마천은 재력이 크면 여간한 잘못이 아니면 법망도 빠져나올 수 있다는 현실 상황도 지적하고, 재력이 궁극적으로는 인간관계까지 바꿀 수 있다는 냉소적인 비판도 덧붙인다. 사마천 자신이 돈 50만 전이 없어 궁형을 자청하는 수모를 겪지 않았던가?

"세간에 '천금을 가진 부잣집 자식이 길거리에서 죽는 법은 없다'고 하는데 빈말이 아니다. 무릇 보통사람들은 자기보다 열 배 부자에 대해서는 헐뜯고, 백 배가 되면 두려워하고, 천 배가 되면 그 사람의 일을 해주고, 만 배가 되면 그의 노예가 된다. 이것이 사물의 이치다."

사마천의 경제관은 부의 추구는 인간의 본능에서 연유한다는 점을 직시한 다음, 부와 재력이 인간의 예의염치와 같은 도덕 내지

인의까지도 결정한다고 파악하고 있다. 재력은 권세를 뒷받침하며 명예에도 영향을 준다. 따라서 부의 추구는 정당하다. 정확한 비유는 못 되지만, 《사기》의 경제사상은 2,100년 전에 벌써 사유재산을 인정하는 자본주의 원칙 비슷한 것을 제시하고 있다. 문제는 부를 추구하고 축적하는 방법과 수단일 것이다.

만부일력(萬夫一力), 천하무적(天下無敵)

• 만 사람이 하나로 힘을 합치면 천하에 적이 없다.

• 많은 사람이 한마음으로 협력하면 누구와 싸워도 승리할 수 있다는 뜻.

• 유기(劉基), 《욱리자(郁李子)》〈성적(省敵)〉

명나라 건국의 공신이자 이름난 군사가였던 유기(1311~1375)는 고대 중국사회 속에서의 인재 문제를 전문적으로 논의한 저술 《욱리자》를 남겼다. 이 책에서 그는 장수의 자질을 언급하면서 이런 말을 남겼다.

"무릇 장수는 한 몸으로 삼군을 이끄는 사람으로 삼군의 눈

유기는 명나라 건국의 일등공신이자 명 태조 주원장의 핵심 참모였다.

과 귀가 모두 그 한 사람에게 집중되어 있다. 따라서 귀와 눈이 하나로 집중되어 있으면 총명해지고, 마음이 집중되어 있으면 하나가 된다. 이렇게 만 사람이 하나로 힘을 합치면 천하에 적이 없다."

단결은 실질상 협력정신, 단체정신이 고도로 뭉친 것이다. 유기의 이 명언은 단결의 엄청난 힘을 말한 것이다.

억만지중(億萬之衆)

- 억만에 이르는 민중.
- 세상 모든 사람, 헤아릴 수 없이 많은 사람.
- 《사기》 권20 〈건원이래후자연표〉

숫자 '억만'은 '조(兆)'에 해당한다. '억'과 '조'는 가장 큰 단위의 숫자다. '억만지중'과 같은 뜻의 성어로는 '억만창생(億萬蒼生)'과 '억조창생(億兆蒼生)'이 있다. '창생'은 푸르른 생명이란 뜻으로 사람을 가리킨다. '억만창생'은 당나라 문장가 한유(韓愈, 768~824)의 '홍구(초한쟁패 때 항우와 유방이 휴전하면서 나누었던 경계)를 지나며'라는 뜻의 〈과홍구(過鴻溝)〉라는 시가 그 출처이며, '억조창생'은 중국에서 가장 오랜 책들 중 하나인 《상서(尙書)》 〈태서(泰誓)〉 편이다. '억만지중'이 나오는 대목은 이렇다.

"하물며 천하를 통일하고, 현명한 천자가 자리에 있으면서 문무를 겸비하고 사해를 석권하여(석권사해席卷四海) 안으로 '억만에 이르는 민중'이 단합되었으니 어찌 태평성대를 위해 변경을 치지 않으리요!"

'억만창생'이란 표현을 쓴 문장가 한유.

한나라 건국 직후 흉노를 비롯한 대외관계는 수세(守勢)에 역점을 둔 소극 정책이었다. 그러나 무제의 즉위를 기점으로 공세(攻勢)로 전환하기 시작했다. 위 대목은 그런 초기 대외정책의 변화를 대변하는 명분이라 할 수 있다. '석권(席卷)'은 돗자리를 둘둘 만다는 뜻으로 영토 따위를 빠르게 차지하는 것을 비유한다. '사해(四海)'는 천하를 가리킨다. '억만지중', '억만창생', '억조창생'은 모두 천하의 모든 사람, 헤아릴 수 없는 많은 사람을 가리키는 표현이다.

찾아보기 항목은 책의 특성을 고려하여 고사성어 항목만 제시했다. 단, 표로 제시한 고사성어 항목은 수량이 너무 많아 찾아보기에서 뺐다.

688

698

사마천 다이어리북 366

김영수 지음 / 고급양장 / 전면원색 / 672쪽/ 값 30,000원

《사마천 다이어리북 366》은
영구적으로 사용할 수 있는 만년 달력!

– 이 다이어리북은 '만세력(萬歲曆)'이자
'사마천 경전(經典)'이다!

새우와 고래가 함께 숨 쉬는 바다

알고 쓰자 고사성어 故事成語(개정증보판)
−고사성어 공부를 통해 얻는 자기주도 학습, 리더십 훈련, 경영지혜

지은이 | 김영수
펴낸이 | 황인원
펴낸곳 | 도서출판 창해

신고번호 | 제2019−000317호

초판 1쇄 발행 | 2023년 02월 27일

개정증보판 1쇄 인쇄 | 2024년 01월 19일
개정증보판 1쇄 발행 | 2024년 01월 26일

우편번호 | 04037
주소 | 서울특별시 마포구 양화로 59, 601호(서교동)
전화 | (02)322−3333(代)
팩스 | (02)333−5678
E-mail | dachawon@daum.net

ISBN 979−11−7174−001−7 (03320)

값 · 35,000원

Publishing Club Dachawon(多次元)
창해·다차원북스·나마스테